TONGXIN NIANJIAN 2020

同心年鉴

（2020）

同心县地方志编审委员会　编

方志出版社
Publishing House of Local Records

图书在版编目(CIP)数据

同心年鉴.2020 /同心县地方志编审委员会编.--
北京:方志出版社, 2020.12

ISBN 978-7-5144-4727-9

Ⅰ. ①同… Ⅱ. ①同… Ⅲ. ①同心县- 2020-年鉴
Ⅳ.①Z524.34

中国版本图书馆CIP数据核字（2021）第010127号

同心年鉴(2020)

编　　者：同心县地方志编审委员会

责任编辑：梅中英

出版者：方志出版社

地址　北京市朝阳区潘家园东里9号(国家方志馆4层)

邮编　100021

网址　http: //www .zgfzcb.cn

发　行：方志出版社图书经销中心

电话（010）67110500

经　销：各地新华书店

印　刷：银川市光华印刷厂

开　本：889x 1194　1/16

印　张：19.9

字　数：497千字

版　次：2020年12月 第1版　2020年 12月第1次印刷

印　数：001~500册

ISBN　978-7-5144-4727-9　　定价: 200.00元

《同心年鉴（2020）》编审委员会

《同心年鉴（2020）》编纂人员

编辑说明

一、《同心年鉴（2020）》以马克思列宁主义、毛泽东思想、邓小平理论、“三个代表”重要思想、科学发展观、习近平新时代中国特色社会主义思想为指导，坚持辩证唯物主义和历史唯物主义的立场、观点、方法。

二、《同心年鉴（2020）》记述了2019年同心县自然、政治、经济、文化、社会、生态各方面发展的基本情况，力求反映以经济建设为中心的社会各项事业的发展历程和主要成就，为社会各界提供可靠的信息，为同心县的改革、发展服务，为广大读者服务。

三、《同心年鉴（2020）》采用分类编辑法，由类目、分目和条目组成，以条目体为主。用规范的语体文，记述体，直陈其事。

四、《同心年鉴（2020）》设27个部类：特载、大事记、同心概览、中国共产党同心县委员会、同心县人民代表大会、同心县人民政府、政协同心县委员会、纪检监察、人民团体、法治军事、经济管理、社会生活、农业和农村经济、工业园区、交通运输、邮政电信、商贸、住房与城乡建设、环境与资源、教育与科技、卫生、文化、财政税务、金融保险、乡镇（开发区）社区、人物荣誉、附录等。

五、《同心年鉴（2020）》的记述时限为2019年1月1日至12月31日。入鉴的资料，均由县直各部门（单位）及驻县所属单位撰写，并经主要负责人审核。文中主要数据和统计资料由县统计局提供，由于统计口径等原因，相关部门的有关数据与统计资料不一致的，请以统计资料为准。

2019年1月24日，召开中共同心县委十三届十三次全体会议

2019年1月2日，同心县召开2019年脱贫攻坚誓师大会

2019年2月27日，同心县召开全县宣传思想工作暨精神文明建设表彰大会

2019年3月6日，同心县召开全县党的建设工作会议

2019年9月9日，召开同心县庆祝2019年教师节表彰大会

2019年，同心县职业技术学校开展“开学第一课”活动

2019年12月31日，吴忠市委常委、同心县委书记马洪海在同心县委十三届十六次全体会议上讲话

2020年1月3日，县长丁炜在同心县第十八届人民代表大会第四次会议上作政府工作报告

2020年1月4日，县人大常委会主任王自成在同心县第十八届人民代表大会第四次会议上作人大工作报告

2020年1月2日，县政协主席田成川在县政协第十一届委员会第四次会议上作县政协工作报告

2019年12月26日，最高人民检察院调研组一行到同心县人民检察院调研指导工作

2019年1月8日，自治区政府主席咸辉（前排左二）调研同心县特色种植业

2019年6月18日，吴忠市委常委、同心县委书记马洪海（右三）在县检察院调研指导扫黑除恶专项斗争工作

2019年1月2日，同心县在行政中心广场举行升国旗仪式

2019年9月30日，同心县举办
庆祝中华人民共和国成立70周年广场文艺演出

2019年3月8日，同心县举行
2019年重点项目集中开工仪式

同心县举办2019年中国农民丰收节

2019年9月，同心县举办“民族团结月”广场文艺演出

同心县对外交流扶贫签约仪式

学校开展新式教学

同心县城中的一河两城

同心文化园区鸟瞰

中核（宁夏）同心防护科技有限公司制衣车间

同心县闽宁协作扶贫车间

国家自然保护区——罗山

罗山东麓葡萄种植基地

同心县生态修复

有机枸杞采摘

覆膜穴播谷子种植

小杂粮种植

芦笋种植

红葱种植

文冠果种植

黄花种植

肉牛养殖

舍饲圈养

下马关镇黑毛驴饲养繁殖基地

序

正值全国人民全面建成小康社会、即将向建设富裕强大的社会主义社会迈进之际，由同心县委、县人民政府主办，同心县地方志编纂委员会办公室编纂的《同心年鉴（2020）》出版面世，是县志办全体同志向全县人民献上的一份厚礼，也是同心县精神文明建设的主要成果。谨向《同心年鉴》全体编纂人员及所有支持《同心年鉴》编辑出版的社会各界人士表示诚挚谢意。

同心县地处宁夏中部干旱带核心区，总面积4662.16平方千米，辖7镇4乡1个开发区，142个行政村，5个居民委员会，总人口38.1万人，是革命老区、民族地区、贫困地区。同心具有深厚的文化底蕴，新石器时期就有人类在此居住，西汉时就设置县府，历代都有建置，至今建县达2200多年。同心县既是唐蕃古道、丝绸之路经过之地，又是回族、汉族人民交往、融汇的地方。同心县具有资源优势，耕地总面积212万亩，其中水浇地40万亩，宜耕、宜牧、宜林、宜发展风能和太阳能，煤炭、石灰石、白云岩等矿藏储量大，且已开采。同心牛、羊肉味道鲜美，“同心圆枣”是中国驰名商标，同心有机枸杞品质优良。同心交通便利，宝中电气化铁路贯通全境，福银、京藏高速及国道G109、省道S101、S203、S304传境而过，加之众多的县道、乡道，形成便捷的交通网络。罗山国家级自然保护区风光旖旎，革命遗址遍布全县，具备发展特色种养、“轻新健”（轻工业、新能源、健康食品）、旅游等产业的优越条件。在长期的历史发展中，勤劳智慧的同心人民创造了辉煌的历史和灿烂的文化，特别是改革开放以来，同心的经济建设和社会发展更是取得了令世人瞩目的成就。久远的历史渊源,光荣的红色文化，深厚的文化底蕴，特别是经济的繁荣与发展，孕育出灿烂的文化品牌，《同心年鉴》正是在这样的历史背景下，应运而生。古人云，“以铜为镜可以正衣冠，以史为镜可以知兴替，以人为镜可以明得失”。《同心年鉴》是镌刻同心历史年轮的综合性地方年鉴，它集中、全面、客观的记述同心“五个文明”建设成果的真实写照，更是社会各界了解同心、认识同心的窗口和县情名片。《同心年鉴（2020）》是同心县志办编辑的第八部年鉴，全书以丰实的资料和新颖的编排，更加突出了行业性、资料性和实用性，具有鲜明的地方特色和时代特点。

为党管档，为国守史，为民服务。编辑出版年鉴，是全县二轮志书修编的重要任务，是一项承上启下、继往开来、服务当代、功在千秋的文化基础事业，是增强中国特色社会主义文化自信的重要载体之一，早已成为社会主义文化建设中的一项系统工程，希望在编辑《同心年鉴》工作中年年有创新、卷卷有提高，传承好同心历史文脉，发挥好资政、存史、育人之功能。用高质量的年鉴聆听历史足音，可以知兴衰、知荣辱，更好地促进我们面向未来，开启时代新篇章。多年来，全县史志工作者执着守望，淡泊名利、辛勤耕耘，求真务实，史志工作走在全区前列，势头良好。盛世修志，志载盛世。当前，全县史志工作者承担着传承文明、记录历史、弘扬文化、服务经济社会、借史鉴今、启迪育人的光荣使命，任务繁重，意义深远。希望全体史志工作者再接再厉，精益求精，继续努力做好县志和年鉴的编纂研究工作。

发展日新月异，历史必将传承。2019年，我们迎来了庆祝中华人民共和国成立70周年大庆隆重庆祝时刻，也迎来了全县总体基本实现脱贫目标神圣时间节点，全县呈现出经济平稳发展，社会和谐稳定的大好局面。2020年，是同心县全面建成小康社会和“十三五”收官之年，更是同心经济社会发展顺应新形势、抢抓新机遇、实现新跨越的重要一年。我们将以习近平新时代中国特色社会主义思想为指导，深入贯彻落实中共十九大和十九届二中、三中、四中、五中全会精神，认真贯彻落实自治区党委、吴忠市党委决策部署，不忘初心、牢记使命，以更严要求、更实作风、更硬举措，深入推进抓党建促发展，接续做好脱贫摘帽后续工作，扎实推进全面从严治党向基层延伸，以硬作风打硬仗，推动经济社会持续健康发展，确保高质量全面建成小康社会，与全国全区同步全面建成小康社会，为建设好经济繁荣、民族团结、环境优美、人民富裕的美丽新宁夏不懈奋斗。

是为序！

中共吴忠市委常委、同心县委书记　马洪海

同心县人民政府县长　丁　炜

2020年11月16日

目　录

特　载

大事记

同心概览

政策研究

机构编制

老干部工作

党校工作

档案史志

同心县人民代表大会

综　述

军　事

经济管理

宏观经济

工业和信息化

市场监督管理

审　计

统　计

社会调查与监督

社会生活

人力资源和社会保障

农业和农村经济

农牧业综述

水　务

工业园区

园区经济

同心羊毛毡

电　力

交通运输

道路建设与管理

教育与科技

综　述

宁夏同心阿语学校

科技工作

防震减灾

气象测报

卫　生

综 述

文　化

综　述

人物·荣誉

附　录

特 载

高举伟大旗帜　勇于担当作为
奋力谱写全面建成小康社会“同心篇章”
——在同心县委十三届十六次全体会议上的工作报告

中共吴忠市委常委、同心县委书记　马洪海

（2019年12月31日）

这次会议的主要任务是：以习近平新时代中国特色社会主义思想为指导，全面贯彻中共十九大、十九届二中、三中、四中全会精神和习近平视察宁夏时的重要讲话精神，认真贯彻落实自治区党委十二届八次、九次全会和市委五届十次全会精神，全面总结2019年工作，安排部署2020年目标任务，动员全县各级党组织和广大党员干部群众振奋精神、务实苦干，为建设经济繁荣民族团结环境优美人民富裕的美丽新宁夏不懈奋斗，确保与全国同步建成全面小康社会。

县委十三届十一次全会以来，县委常委会认真学习贯彻习近平对宁夏工作的重要指示批示精神，坚决贯彻落实党中央和区市党委决策部署，团结带领全县各级党组织和广大党员干部群众，以脱贫攻坚统揽经济社会发展大局，着力推进经济持续健康发展、着力保持社会和谐稳定、着力巩固和发展党的执政基础，统筹做好稳增长、促改革、调结构、惠民生、防风险、保稳定各项工作，党的建设各项事业迈出新步伐，经济社会发展取得新成绩，同心正朝着全面建成小康社会目标昂首阔步前进。

一、一年来，我们聚焦政治建设“强龙头”，扎实推进新时代党的建设新的伟大工程

县委常委会坚持把抓好党建作为最大政绩，认真贯彻新时代党的建设总要求和党的组织路线，坚决扛起全面从严治党政治责任，党的建设质量不断提高，党组织的凝聚力、战斗力不断增强。

——坚定不移推进政治建设。常委会坚持把党的政治建设摆在首位，制定加强党的政治建设任务清单，教育引导全县各级党组织和广大党员干部严守政治纪律政治规矩，不断增强“四个意识”、坚定“四个自信”、做到“两个维护”，始终在思想上政治上行动上同以习近平同志为核心的党中央保持高度一致，坚决维护党中央权威和集中统一领导，切实做到了中央有号召、同心有行动、落实见成效。坚持和加强党的全面领导。组建调整10个县委议事协调机构，全面完成机构改革任务，政府系统新组建的10个部门全部挂牌运行，推动党的领导制度体系日臻完善，不断提高各级党委（党组）把方向、谋大局、定政策、促改革的能力和定力。充分发挥县委总揽全局、协调各方的领导作用，严格落实人大常委会、政府、政协、法检“两院”党组及群团组织定期向县委常委会汇报工作制度，确保了党的全面领导落实到各领域各方面。扎实开展“不忘初心、牢记使命”主题教育。坚持思想建党、理论强党，认真贯彻“守初心、担使命，找差距、抓落实”总要求，毫不放松加强党性教育，用革命理想高于天的信仰固本培元、补钙壮骨，从严从细落实四项重点措施，切实做到了抓思想认识到位、抓检视问题到位、抓整改落实到位、抓组织领导到位，推动主题教育走深走实、取得实效，锤炼了全县各级党员干部忠诚干净担当的政治品格。坚持和发展社会主义民主政治。全力支持人大及其常委会、人民政协依法依章履行职能，支持法检“两院”独立行使职权，确保党的领导、人民当家做主和依法治国有机统一，爱国统一战线不断巩固发展。充分发挥工会、团委、妇联等人民团体桥梁纽带作用，群团组织政治性、先进性、群众性不断增强。坚持党管武装，国防动员和后备力量建设持续加强。

——坚定不移推进思想建设。常委会坚持把党的思想建设作为基础性建设，把坚定理想信念作为思想建设的首要任务，带头强化理论武装，举办理论学习中心组集体学习22次、领导干部专题学习班7次，带动县四套班子集中学习62次，专题研讨25次，讲党课35场次。依托县委党校等教学资源，举办各类党员干部培训班21期5135人次，教育引导广大党员坚定理想信念，切实用党的创新理论武装头脑、指导实践、推动工作。全面加强教育系统党的建设，成立县委教育工委和纪工委，深化新时代中小学校思想政治理论课的改革创新，制度化落实“开学第一课”，引导中小学生坚定理想信念，扣好人生“第一粒扣子”。

——坚定不移推进组织建设。常委会全面贯彻新时代党的组织路线，以提升组织力为重点，突出政治功能，建强组织体系。全面提升基层党组织战斗力。深入实施“三大三强”行动和“两个带头人”工程，整顿销号52个软弱涣散农村基层党组织。全面建立村党组织书记县级备案管理制度，积极落实村党组织书记养老保险、年度体检等制度，激励村干部心无旁骛抓脱贫。坚决清理不合格村干部65人，严格按照法定程序补齐配强。调整充实村级后备力量605人，培养致富带头人730名。深入推进机关党建“三强九严”工程和“机关党建质量提升年”活动，推进党支部标准化规范化建设。深化城市基层党建“五联五化”、社区“联合党委”工作机制，落实在职党员社区报到制度。深入实施非公企业和社会组织“五强五促”行动，选派170名党建指导员全覆盖加强指导，扎实推进基层党组织全面进步、全面过硬。持续加强干部队伍建设。坚持把政治标准放在首位，选拔使用干部267人次，提拔重用60名在脱贫攻坚一线埋头苦干的优秀干部。深入实施“百名年轻干部墩苗育才工程”，打破身份行业界限，分6个类别建立后备人才库180人，提拔任用优秀年轻基层干部21名，树立了“到基层锻炼、在基层成长、从基层选拔”的鲜明导向。积极响应习近平“社会主义是干出来的”伟大号召，制定激励广大干部新时代新担当新作为落实清单，坚持严管厚爱并重、纠错容错并举，对11名影响期满的干部重新任用。不断激发各类人才创新创业活力。优化人才发展环境，组织实施创新创业人才培养等11个项目，柔性引进产业发展急需的高层次人才17人次，培训9000余人次，为经济社会发展提供了强有力的人才支撑。

——坚定不移推进作风建设。常委会坚持

把党的作风建设作为全面从严治党的切入点，班子成员带头贯彻执行中央八项规定及其实施细则精神，自觉做守纪律、讲规矩的模范。结合开展主题教育，以直面问题的勇气检视问题，“面对面”“背靠背”收集群众意见建议230条。班子成员“六不一直接”调研331次，聚焦教育事业发展、信访突出问题等集体调研6次，即知即改、真刀真枪、现场解决问题70多个。以刀刃向内的勇气从严整改，分项制定13项专项整治方案，梳理问题670个，细化制定整改措施1012条，县、乡、村三级同向发力、系统整治、联动整改，清单式管理、项目化推进，以向问题“叫板”赢得人民群众“叫好”。力戒形式主义、官僚主义，严格落实“基层减负年”部署要求，全县性会议减少40%，普发性文件减少41%，县级层面督查检查考核事项减少39.5%，“一票否决”和签订责任书事项减少62.5%。常委会以上率下带头转变作风，放开了基层干部干事创业的手脚，营造了担当干事的浓厚氛围，赢得了基层党员干部的“点赞”。

——坚定不移推进纪律建设和反腐败斗争。常委会坚持把落实全面从严治党政治责任牢牢扛在肩上，先后16次召开会议专题研究党风廉政建设和反腐败斗争，层层压实责任，持续正风肃纪。扎实推进纪检监察体制改革，制定了纪委常委会工作规则、案件审理协调等机制，深化纪委监委派驻机构改革，完成8个派驻纪检监察组挂牌进驻，推动监察监督全覆盖。突出政治巡察，对4个乡镇、12个部门开展巡察，延伸巡察52个村级党组织，发现问题200余条，移交问题线索17件，立案3件，给予党纪政务处分3人，政治巡察“显微镜”“探照灯”作用充分显现。

二、一年来，我们高扬干事创业“风向标”，经济高质量发展迈上新台阶

县委常委会全面加强党对经济工作的领导，坚持稳中求进工作总基调，坚决走好高质量发展的新路子，县域经济发展的质量和效益进一步提升。预计全县地区生产总值增长10%；规模以上工业增加值增长25%；社会消费品零售总额增长6%；地方公共财政预算收入增长7.8%；公共财政预算支出增长3%；城乡居民人均可支配收入分别增长8%和11%以上。

——特色农业扩规提质。持续深化“公司+基地+农户+科技服务团队+基层党建”产业扶贫模式，围绕草畜、有机枸杞、中药材、圆枣等主导产业及小杂粮、红葱等优势特色产业，累计发展有机枸杞14万亩、文冠果29万亩、圆枣8万亩、葡萄1.2万亩、小杂粮35万亩、红葱4万亩、中药材留床16万亩，肉牛、滩羊、黑毛驴、生猪饲养量分别达到23万头、190万只、0.7万头、0.9万头，农业发展的协调性、互补性增强，多元化、特色化、规模化特征显现，农民增收的路子进一步拓宽。

——工业经济提质向好。实施工业强县战略，稳步推进工业园区整合转型发展，完成园区扩规调位，倾力打造低成本、百亿元“智慧园区”，园区承载能力稳步提升，入园企业达到78家。新增规模以上企业6家，全县规模以上企业达到62家。完成工业技改项目9个，兑现工业十条等奖补资金2000余万元，发放助保贷及羊绒产业基金贷款8500余万元，全力破解企业融资难问题。实施创新驱动战略，R&D经费投入2874万元，投入强度0.41%。新认定科技型中小企业4家，盘活僵尸企业3家，企业创新创造活力进一步释放，工业经济“含金量”“含智量”“含绿量”稳步提升。

——第三产业活力增强。坚持改造提升传统产业和发展新业态并举，实施永安路商业街及商贸综合体等12个服务业项目。出台促进服务业发展的意见，服务业业态趋向多元化、融合发展的良好势头。东部风景大道5个旅游驿站投入使用，全域旅游稳步推进。深化“一司一县”帮扶，65家小微企业在宁夏股权托管交易中心挂牌。成立畜牧、枸杞等产业协会，搭建特色农产品采购、销售平台，开拓优质农产品向外省市场销售的便捷通道，40余类产品实现网销1万余单，交易额突破3000万元。

——项目建设全面发力。坚持项目带动、投资拉动，强化经济运行监测预警和分析调度，全年开工重点项目127个，完成投资68亿元。上争项目320项44.9亿元，超额完成吴忠市下达目标任务。认真落实自治区“1+16”优化营商环境政策措施，坚持精准招商、以情招商、服务安商，招商落地重点项目24个，到位资金45亿元，经济发展后劲不断蓄积、内生动力进一步增强。

——全面深化改革稳步推进。认真落实党中央和区市党委改革部署，蹄疾步稳推进89项改革任务。狠抓“放管服”改革，梳理“四级四同”政务服务事项1226项，27个部门467项行政许可事项进驻政务服务中心，“不见面、马上办”事项网上可办率总体达到81%。推行“四十四证合一”，实行“一套材料、一表登记、一窗受理”审批模式，新登记注册各类市场主体3010户，增长12%。企业、专业合作社和不动产抵押登记实现全程网办。农村集体产权制度改革稳步推进。落实减税降费政策，降低企业成本，企业发展活力不断增强，改革红利进一步释放。

三、一年来，我们广泛凝聚磅礴“正能量”，文化事业和文化产业实现新发展

县委常委会坚持团结稳定鼓劲、正面宣传为主，唱响主旋律、壮大正能量，为全县各项事业发展提供了坚强思想保证、强大精神力量和有力文化支撑。

——培育和践行社会主义核心价值观。大力弘扬文明新风，深化社会主义核心价值观“六进”活动，打造核心价值观主题公园街区，推动核心价值观入脑入心、铸魂育人。深化爱国主义教育，举办“不忘初心、牢记使命”主题党日等系列活动，传承红色基因。加强红色文化资源保护利用，依托红军西征纪念馆设置“不忘初心、牢记使命”红色文献展，区内外党员干部群众9万余人到馆参观学习。打造“习近平新时代中国特色社会主义思想一条街”，让党员干部群众在健身漫步时潜移默化接受教育。

——深化公民思想道德建设。精心组织开展中华人民共和国成立70周年庆祝活动，举行万人“同升一面旗、共唱一首歌”暨“我和我的祖国”快闪等系列活动，激发干部群众爱党爱国热情。深入挖掘宣传“一心带领群众增收脱贫好支书”丁建华、“脱贫攻坚优秀共产党员”李国云等一批投身脱贫攻坚的先进典型，激发党员干部学先进、比先进、赶先进的热情，涌现出41名全国全区劳动模范和先进工作者，李进祯荣获“最美奋斗者”荣誉称号。大力推动移风易俗，开展“红白理事会工作加强年”行动，举办移风易俗培训98场次，深入推进16个新时代文明实践站（所）试点，组建县级志愿服务队伍13支2145人，传播文明新风、引领时代风尚。

——推动文化事业和文化产业发展。实施文艺精品创作工程，推出《山歌行》等一批文艺精品，4名文艺家获自治区第九届文学艺术奖，微电影《同心》荣获全区第四届社会主义核心价值观主题微电影大赛一等奖。加快媒体深度融合，建设县融媒体中心，更好宣传凝聚服务群众。加强农村基层文化阵地建设，建成12个村文化活动室和21个文化活动广场、健身广场，城乡公共文化服务体系不断完善。扎实开展“文化三下乡”、广场文艺演出200余场次，群众性文化活动蓬勃开展。大力发展体育健身产业，成功举办2019年全国徒步联动日等4项全国全区赛事活动，推进“体育+文化旅游产业”深度融合。

四、一年来，我们紧盯人民群众“三心事”，社会各项事业取得新进步

县委常委会坚持在发展中保障和改善民生，紧盯人民群众的操心事、烦心事、揪心事，全力解决好人民群众最关心最直接最现实的利益问题，让改革发展成果更多更公平地惠及全县人民。

——高质量脱贫摘帽进展顺利。常委会认真贯彻落实习近平关于扶贫开发工作的重要论述，狠抓责任、政策、工作“三落实”，十万贫困人口稳定实现“两不愁三保障”，整体贫困、绝对贫困全面消除，高质量脱贫摘帽接受党和人民检阅。以责任落实凝聚精锐出战攻坚合力。严格执行“市县抓落实”工作机制，压紧压实县乡村直接责任，三级书记深入一线、明察暗访、严督实导，遍访贫困村、贫困户，142个行政村驻村工作队实现全覆盖。各级党政组织勇挑重担，各级领导干部挂帅出征，扶贫一线干部忘我拼搏，广大群众发奋图强，社会各界整体联动，构建起“三位一体”大扶贫格局，汇聚起磅礴的脱贫攻坚合力。以政策落实补短板强弱项。培育特色产业抓“造血”，构建“公司+基地+农户+科技服务团队+基层党建”产业扶贫利益联结机制，实现了村有致富产业、户有增收项目。23个扶贫车间全部投产运营，安置就业3000余人。实施农村饮水安全巩固提升工程，贫困村安全饮水覆盖率、贫困户安全饮水保障率达到100%，采取“集雨场+水窖+潜水泵+净化器”方式解决自来水不能入户问题的做法得到了省级扶贫开发成效考核组充分肯定。全面鉴定排查近9万农户住房，采取“九个一批”措施，农村危房全面清零，安全住房实现全覆盖，农村危房改造工作得到国务院督查通报表彰。持续加大控辍保学力度，266名辍学学生全部劝返到位，精准资助建档立卡贫困学生实现全覆盖，我县“县城建设不搞大开发，让利大教育”的做法获国务院脱贫攻坚督查组点赞。严格落实健康扶贫“三个一批”“五道防线”，实现贫困人口基本医保和大病医保全覆盖，持续对动态核准患病的11040名贫困人口分类瞄准、精准救治，住院总费用个人自付比例6.75%，极大减轻了患者就医负担，有效防止了贫困群众因病返贫致贫。以工作落实全面提升脱贫成效。实施“四个一”示范带动工程，扶持打造9个产业扶贫示范村，新培育4家扶贫龙头企业、10家扶贫合作组织，带动2000余户贫困群众增加收入。坚持扶贫与扶志扶智相结合，开展“我的脱贫故事”等各类宣讲培训300余场次，引导群众树立光荣脱贫、脱贫光荣的意识。从土地出让金中筹措资金3亿元，实施非贫困村基本公共服务等项目和边缘户产业、教育、医疗等奖励扶持。高质量脱贫摘帽迈出坚实步伐，全县27403户103654人建档立卡贫困人口已累计减贫26840户101927人，89个贫困村全部退出，贫困发生率降至0.61%，顺利通过市级初审和自治区第三方评估，群众认可度95%以上，得到各级评估检查组充分肯定。

——民生福祉持续改善。常委会始终坚持以人民为中心的发展思想，把人民对美好生活的向往作为奋斗目标，全县教育、医疗、就业、养老等各项事业取得长足进步。教育事业发展步伐加快。坚持教育优先发展，实施学前教育、办学条件改善等项目，全力推进“互联网+教育”，教育发展环境不断优化，育人质量稳步提升。27所贫困村幼儿园投入使用，义务教育水平持续提高，高中办学条件持续改善，职业教育加快推进，各类教育均衡发展。深化新时代校长教师队伍建设改革，调整交流中小学校校长，设立教师奖励基金、大病救助基金，对在编教师进行免费体检，让广大教师安心从教、热心从教。医疗卫生服务水平不断提升。加强医疗卫生基础设施建设，新区医院、妇儿综合楼、妇幼中心投入使用，村级标准化卫生室实现全覆盖，医疗卫生服务质量不断提升，群众就医更方便、健康有保障。医疗卫生体制改革扎实推进，全面推行“先诊疗后付费”和“一站式”服务，“互联网+医疗健康”实现优质资源共享，公共卫生服务水平不断提升，健康同心建设稳步推进。民生保障更加有力。坚持就业优先，深入开展“双创”行动，开展各类职业技能培训7724人次，培育发展创业实体457个，新增就业岗位1361个，新增城镇就业1954人，根治欠薪实现“双清零”。有序转移农村劳动力就业7.39万人次，工资性收入7.5亿元。完善社会保障体系，巩固提升城乡社会救助体系，新增城乡低保对象3826户9400人，养老保险登记实现全覆盖。深入开展留守儿童关爱保护行动，强化高龄老人、残疾人等困难群体基本生活保障，综合养老服务中心投入运营。退役军人服务管理保障体系全面建成，退役军人和优抚对象实现信息采集、建档、慰问全覆盖。

五、一年来，我们厚植绿色发展“新优势”，生态文明建设彰显新成效

县委常委会深入贯彻落实习近平生态文明思想，坚决守好改善生态环境的生命线，扎实推进生态环境保护和污染防治，推动美丽同心建设取得新成效。

——坚决打好污染防治攻坚战。重拳出击、铁腕整治中央环保督察“回头看”及水环境问题专项督查反馈意见、转办案件。打赢蓝天保卫战，稳步推进县城建成区集中供暖，全县环境空气质量优良天数比例达到87%。打好碧水保卫战，严格落实河湖长制，全面取缔清水河沿线16个排污口，清水河等河湖水质明显改善。打好净土保卫战，实施化肥、农药减量增效行动，持续加强固废处理、农村面源污染治理，同心的天更蓝、地更绿、空气更清新。

——切实加强生态环境保护修复。严格落实生态环保制度，开展“大棚房”清理整治，推进国土综合整治、矿山环境治理和生态修复，关停取缔2家、停产整顿5家“散乱污”企业，从源头上为生态环境减负。统筹山水林田湖草系统治理，启动生态保护红线、基本农田红线和城镇开发边界线划定。实施大规模国土绿化行动，完成营造林10.5万亩、义务植树85万株，森林覆盖率达到8.9%，县城建成区绿化率达33.6%。

——城乡人居环境持续改善。实施城乡建设项目68个，推动老城区改造贯通提升、新区完善配套提质、镇区规范管理精细化，同心大道等13条市政主干道路建成通车，“五纵六横”城市路网框架全面拉开，城市管理服务功能和承载能力不断提升。以乡村振兴促进城乡统筹协调发展，制定“五大振兴”工作方案，扎实推进“1+5+20+N”乡村振兴战略部署，打造5个特色小镇和12个乡村振兴示范村。实施农村人居环境整治三年行动计划，农村环卫市场化改革全面落地，完成“厕所革命”改厕4125户，行政村实现通硬化路100%，乡村宜居幸福指数不断提高。

打铁必须自身硬。一年来，常委会以更高标准更严要求加强自身建设，带头学习贯彻习近平新时代中国特色社会主义思想，坚决贯彻落实党中央和区市党委决策部署，坚决做到“两个维护”，努力干在实处、走在前列、当好表率。带头严格落实制度，坚决贯彻民主集中制，坚持集体领导和个人分工负责相结合，严格按照议事规则和决策程序办事，确保科学决策、民主决策。带头严肃党内政治生活，班子成员积极参加双重组织生活。带头执行廉洁自律准则和领导干部廉洁从政各项规定，自觉接受监督，树立了常委会的良好形象。

各位委员、同志们，即将过去的一年，我们按照习近平视察宁夏时的重要讲话精神狠抓落实，办成了一批大事要事、实事好事，破解了一批瓶颈阻碍、矛盾困难。实践证明，唯有高举伟大旗帜，坚持用习近平新时代中国特色社会主义思想武装头脑、指导实践、推动工作，才能在开辟新时代中国特色社会主义伟大事业新征程中不忘初心、勇担使命、闯关夺隘襄伟业；唯有不断增强“四个意识”、坚定“四个自信”、做到“两个维护”，才能确保全县上下方向不偏、航速不减、步调一致向前进；唯有牢记习近平“三个着力”殷切嘱托、响应习近平“社会主义是干出来的”伟大号召，紧盯目标、苦干实干，才能确保民族地区经济繁荣、社会进步、脱贫致富奔小康。正是有习近平新时代中国特色社会主义思想的科学指引，有党中央和区市党委的坚强领导，一年来，我们以“周六一定不休息、周日休息不一定”的干劲，坚持精准方略，下足绣花功夫，紧盯“两不愁三保障”，持续补短板、强弱项，以干部脱皮换贫困群众脱贫，高质量脱贫摘帽顺利推进，困扰同心人民千百年来的绝对贫困问题即将在我们手中解决，彰显了同心作风、体现了同心作为；一年来，我们坚持稳中求进工作总基调，有效应对经济持续下行压力，攻坚克难、砥砺奋进，全面完成全年经济涉及发展主要目标任务，部分主要经济指标走在全区前列，体现了同心质量、彰显了同心速度；一年来，我们始终把人民放在心中最高位置，既尽力而为，又量力而行，全力保障和改善民生，让每一名特困群众都有尊严的生活，体现了同心力度、展现了同心温度。在此，我代表县委常委会，向一年来为同心改革发展稳定付出心血和汗水的各位委员、同志们，向全县党员干部群众、社会各界人士，表示衷心感谢并致以崇高敬意！

在总结成绩的同时，常委会认真分析了存在的问题和不足。一是学习贯彻习近平新时代中国特色社会主义思想还不够深入，离学懂弄通做实的要求还有较大差距。二是常委会班子政治能力还有不足，政治历练仍需加强，尚未完全做到观察分析形势把握政治因素、筹划推动工作落实政治要求、处理解决问题防范政治风险。三是县域经济底子薄、总量小的现状还没有根本转变，产业转型发展成效不高，实现高质量发展还需要付出艰苦努力。四是高质量脱贫摘帽基础还不牢固，脱贫成果巩固提升还需久久为功。五是基层组织服务功能还不强，党员干部干事创业本领有待进一步提高。六是全面从严治党主体责任压得还不够紧，形式主义、官僚主义问题依然存在，一些党员干部在推动发展上存在能力不足不会为、动力不足不想为、担当不足不敢为的现象。这些问题，我们将在今后工作中认真研究，切实加以解决。

（尹小莉）

在同心县第十八届人民代表大会第四次会议上的工作报告

同心县人大常委会主任　王自成
（2020年1月4日）

2019年主要工作

2019年是新中国成立70周年，也是地方人大设立常委会40周年。一年来，常委会在县委的坚强领导下，坚持以习近平新时代中国特色社会主义思想为指导，认真贯彻落实中共十九大和十九届二中、三中、四中全会精神，紧紧围绕全县大局，忠实履行法定职责，充分发挥职能作用。全年共召开常委会议8次、主任会议24次，听取审议专项报告16项，形成审议意见18份；组织开展视察调研32次，作出决议决定18项，任免国家机关工作人员48人次，较好完成了十八届三次会议确定的各项任务。

一、旗帜鲜明讲政治，在坚持党的领导中把握工作方向

常委会坚持党的领导、人民当家做主、依法治国有机统一，牢牢站稳政治立场，切实提高政治站位，确保县委决策部署在人大工作中得到全面贯彻执行。

牢牢把握人大工作正确政治方向。坚持把深入学习贯彻习近平新时代中国特色社会主义思想作为首要政治任务，把学习好、宣传好、领会好习近平关于坚持和完善人民代表大会制度的重要思想作为强化理论武装的主要内容，组织开展多种形式的学习贯彻活动，在学懂弄通做实上下功夫，做到思想上“真信”，理论上“真懂”，工作上“真用”，促进常委会及其机关树牢“四个意识”，坚定“四个自信”，做到“两个维护”，始终在思想上政治上行动上同以习近平同志为核心的党中央保持高度一致。及时传达学习中央决策部署和县委工作要求，严格执行重大事项请示报告制度，召开的重要会议、开展的重大活动、决定的重大事项主动向县委请示报告，坚决维护县委总揽全局、协调各方的领导地位，确保人大工作始终保持正确的政治方向。

扎实开展“不忘初心，牢记使命”主题教育。按照县委的统一安排，采取党组中心组研讨学习、党支部集中学习、全体干部职工交流学习等方式，系统深入学习了规定的篇目，并将理论学习、调查研究、检视问题和整改落实有机融合、贯穿始终，切实做到边学习、边调研、边检视、边整改。先后组织集中学习27次，专题研讨9次，集体调研5次，下基层讲专题党课4次。召开了专题民主生活会，领导班子检视问题21个，制定整改措施47条，通过认真检视问题，对照党章党规找差距，深刻剖析反思，明确努力方向和改进措施。

充分发挥党组领导常委会的作用。常委会党组坚持民主集中制原则，先后召开党组会议29次，认真研究“三重一大”事项，切实发挥把方向、管大局、保落实作用。落实全面从严治党主体责任，切实抓好意识形态工作，持续深化党的民族宗教政策教育，旗帜鲜明坚持马克思主义民族观宗教观，引导机关党员干部坚定理想信念，严守共产党员不准信仰宗教和参与宗教活动的政治纪律。认真落实县委各项决策部署，不折不扣完成县委安排的各项任务，尤其是对县委安排的脱贫攻坚、重点项目、“三化”治理、扫黑除恶、整顿软弱涣散基层党组织等重点工作，班子成员勇于担当，积极作为，始终做到县委有号召，人大有行动。

二、突出制度优势，在服务高质量发展中增强监督实效

人大监督制度是人民代表大会制度的重要组成部分。常委会突出监督的政治性、法定性，综合运用多种形式，依法监督、有效监督、持续监督，助推全县经济社会高质量发展。

聚焦脱贫攻坚开展监督。常委会始终把脱贫攻坚工作作为重要政治任务，集中人大力量，多层面夯实责任措施。切实履行法定职责，紧扣脱贫攻坚统筹安排常委会议题，综合运用调研、视察、执法检查、听取审议工作报告等方式，持续发力，跟踪问效。先后两次听取和审议县人民政府关于脱贫攻坚工作情况报告，3次组织“两代表一委员”视察督查扶贫产业发展、建档立卡动态调整、基础设施建设和扶贫车间运营等情况，并将发现的76个问题及时反馈，督促相关职能部门和乡镇进行整改，推动我县脱贫摘帽工作顺利进行。充分发挥代表作用。开展脱贫攻坚“人大代表在行动”活动，向全县700多名各级人大代表发出倡议书，开展“五带头一帮扶”活动，每一位代表包扶3～5户贫困户，为贫困群众捐资助学、教技术、送信息，发挥人大代表在脱贫攻坚中的作用，为实现“如期摘帽”贡献人大力量。坚持班子以身作则，常委会领导真抓实干做表率，带队督查全县脱贫攻坚任务落实及干部帮扶情况，协调解决突出问题。人大机关干部全力以赴做好驻村帮扶工作，为李家山村协调项目4个、落实资金168万元，筹资13.6万元，指导帮助贫困户发展致富产业，受到当地干部群众好评，被自治区扶贫开发领导小组评为驻村帮扶先进集体。

聚焦高质量发展开展监督。紧扣重点项目建设，对2019年国民经济和社会发展计划执行、68个重点项目建设情况开展视察调研，建议县政府积极应对经济下行压力，深入推进供给侧结构性改革，统筹做好稳增长、促改革、调结构、惠民生、防风险、保稳定各项工作，促进经济社会平稳健康发展。助力营商环境优化，对营商环境“1+16”落实情况进行调研，邀请相关领域人大代表同政府有关部门座谈，为解决政策服务“最后一千米”和窗口服务“最后一米”问题建言献策。加强国有资产监督，首次听取国有资产管理情况的报告，推动政府确保国有资产的安全与完整，规范和改进国有资产管理。围绕实施乡村振兴战略，听取审议农业特色产业专项报告，专题调研韦州古镇、丁塘特色小城镇建设情况，就强化产业支撑、创新管理体制、补齐规划短板等提出意见建议，推动高质量发展。

聚焦预算决算开展监督。认真贯彻中央关于人大预算审查监督重点向支出预算和政策拓展的指导意见，研究起草我县实施意见，报请县委审议印发。着眼于提高预算监督实效，听取和审议预算执行情况、决算和审计工作报告，审查批准2019年县级预算调整方案和2018年财政决算，督促政府从源头上管好用好财政资金，防范化解地方政府债务风险，切实将财政资金用于发展经济和改善民生。持续加强部门预算监督，对教育局、农业农村局等4个单位的部门预算和决算进行审查，促进部门预算编制工作更加精细化。推动审计问题整改落实，针对审计报告反映的问题，在督促政府相关部门加快整改落实的基础上，主任会议又专题听取了审计发现问题整改工作情况的报告，审计查出的65项问题基本整改到位，整改率提高到96.2%。

聚焦民生社会事业开展监督。常委会坚持民有所呼、我有所应，牢固树立“以人民为中心”的发展理念，充分发挥人大常委会民意机关作用，以保障和改善民生为监督重点，切实维护最广大人民的根本利益。高度关注生态保护问题，持续听取审议年度环境状况和环境保护目标完成情况报告，视察调研清水湾集中供热、河道治理、农村畜禽养殖污染、国土绿化等情况，提出了要加强环保基础设施建设，加大城乡面源污染治理力度，强化环境监管和工作问责等审议意见，促进了全县环境保护、污染防治各项工作落到实处。高度关注学前教育问题，针对群众普遍反映的“入园难”、“入学难”、大班额等问题，专题调研学前教育情况，推动政府制定学前教育计划，加大财政投入，新建的27所贫困村幼儿园投入使用。高度关注群众就医问题，围绕如何更好让群众就近方便就医，享受良好的服务，组织对医疗服务体系建设、医疗卫生改革情况进行了调研，助推健康同心建设。高度关注“四好公路”建设，集中视察农村公路建设和管理情况，要求政府继续加大农村公路建设力度，提升养护水平，打通农民出行的最后一千米，为脱贫攻坚和乡村振兴提供强有力的保障。高度关注“三化”治理，组织开展宗教事务管理情况专题调研，督促依法加强对宗教活动场所的规范和管理，坚决治理“三化”突出问题，严厉打击非法宗教活动，确保宗教中国化方向。常委会还针对人民群众十分关切的退伍军人服务、农村低保、体育工作、物业管理、社会保障工作等情况，开展视察调研，支持解决群众所急所需所盼，让人民有更多、更直接、更实在的获得感、幸福感、安全感。

三、坚持依法治县，在推进民主法治进程中积极主动作为

常委会全面贯彻依法治国基本方略，充分发挥人大及其常委会在法律实施中的监督作用，促进“一府一委两院”依法行政、依法监察、公正司法。

深入推进依法行政。坚持用法治思维和法治方式推进依法治县，先后对道路交通安全法、预算法、统计法等8部法律法规贯彻实施情况进行了执法检查，提出了建议意见；探索完善监督监察工作的新途径，听取审议县监察委员会工作开展情况报告，充分肯定监察委成立以来取得的工作成绩，支持监察委依法履行监督、调查、处置职责；对县政府报送备案的8件规范性文件，依法进行审查，确保规范性文件的合法性；调研指导公安经济侦查工作，强调要严厉打击和防范非法集资、贷款诈骗等各类违法犯罪活动，切实保障人民群众财产安全。

着力促进公正司法。组织人大代表旁听案件庭审、参与案件执行监督50余人次，充分发挥代表在司法监督中的作用。先后听取和审议法院关于民商事审判情况、检察院关于侦查监督情况的报告，督促司法机关践行为民宗旨，加强内部监管，提高办案质量，维护公平正义。视察公安禁毒工作，要求进一步加大对毒品违法犯罪的打击力度，坚决遏制毒品犯罪在我县的蔓延势头；专题调研“扫黑除恶”专项斗争，支持公安部门严厉惩治黑恶犯罪，促进社会安定。认真接待来信来访，受理人民群众来信来访113件次，对部分重点信访件进行了督办，有效维护了人民群众合法权益。

持续深化法治宣传。修订我县实施宪法宣誓办法，着力维护宪法尊严，推动宪法实施；组织指导第6个宪法日宣传活动，支持相关部门以法制教育课、普法图片展等多种形式开展法制宣传，进一步增强广大干部群众的宪法意识。开展“七五”普法工作调研，审议“七五”普法规划实施工作报告，督促各乡镇、各部门落实普法责任，加强法治宣传教育，加大重点人群普法力度，切实提高普法实效。

四、行使决定任免权，在落实县委决策部署中忠实履行职责

常委会坚持党委决策与人大决定有机统一，集体行使职权，依法做好重大事项决定工作和人事任免工作。

依法行使重大事项决定权。常委会坚持民

主集中制原则，根据讨论决定重大事项有关规定，听取和审议县政府关于2018年决算草案报告、批准2018年决算；批准2019年同心县本级财政地方政府新增债券预算调整方案，为推动棚户区改造工程持续开展，提供强有力的资金保障；全力支持重点领域改革，听取审议政府关于农村环卫市场化服务体系的议案并做出决定；围绕全县行政机关机构改革，听取审议并通过了政府关于机构改革方案的报告，表决通过了有关人事议案，保障行政机关依法履行职责。

依法行使人事任免权。坚持党管干部原则和人大依法任免有机统一，严格按照法律程序，组织28名人员参加任前法律考试、作表态发言，并向宪法宣誓。一年来，任免县人大常委会工作人员4名；决定任免县政府工作人员36名，任免两院工作人员8名。紧扣履职监督，持续开展任职人员述职活动，对民政、卫健、统计等3个部门进行了工作评议，政府组成部门25名正职和“一委两院”6名副职向常委会作了履职报告，并进行满意度测评，进一步强化了干部任后监督。

五、优化服务保障，在激发代表履职活力中发挥主体作用

常委会注重创新代表工作，完善制度机制，支持和保障代表依法履职，引导代表发挥积极作用。

提升代表参与的深度和广度。通过以会代训、代表小组集中学习、组织集中培训等方式，先后培训代表5期，代表政治素养、履职水平明显提高。利用人大网站、短信平台等新媒体，发布县委重大决策、政府重点工作、代表履职信息，进一步拓宽代表知情知政渠道。推荐120多名代表列席政府和法检“两院”有关会议，邀请80多名代表列席人大常委会会议、130多名代表参加常委会组织的视察调研、执法检查，增强了代表履职的责任感。

改进代表议案建议办理方式。组织代表会前广泛开展调查研究，深入了解社情民意，引导代表提交高质量的议案、建议和意见，及时将代表议案建议转交县人民政府及有关部门办理落实。对代表议案建议办理工作开展专项视察检查，通过抓好重点建议督办、听取办理情况报告、实地查看办理成果等举措，推动代表议案建议办理落到实处。县人民政府高度重视，强化领导，落实责任，分类推进，县十八届人大三次会议期间共收到代表提出的议案建议65件，已办结57件，办结率在87%以上。

强化服务保障和监督管理。依托“人大代表之家”和“人大代表活动室”，指导开展学习、调研、联系群众等活动，鼓励代表忠实履行职责。开展走访人大代表活动，听取代表的意见和建议。规范代表履职管理，为每一名县人大代表建立履职档案，激发代表履职热情。组织县乡人大代表开展述职，45名县人大代表、92名乡镇人大代表向选区选民进行了述职，代表接受人民监督的意识进一步增强。

注重加强乡镇人大工作指导。继续推行县人大常委会组成人员联系人大代表、人大代表联系选民的“双联系”制度，采取定期调研、督查考评等方式，加强对乡镇人大建设的业务指导。坚持乡镇人大主席列席县人大常委会会议，继续抓好代表联系群众阵地建设，努力提高乡镇人大履职能力和水平。

六、加强自身建设，在提升机关工作能力中坚持开拓进取

常委会始终把加强自身建设摆在突出位置，全面加强党的建设，不断提高履职能力，保障了各项工作的顺利开展。

加强机关党的建设。认真履行全面从严治党主体责任，始终把党的思想政治建设放在首位，常态化开展“两学一做”学习教育，扎实开展“不忘初心、牢记使命”主题教育，认真落实民主生活会、组织生活会、“三会一课”、谈心谈话等制度，严肃党内政治生活。

全年开展主体党日活动12次，召开民主生活会、组织生活会6次，听取机关党建工作汇报3次；加强党员干部管理，努力营造人大机关良好的政治生态。

加强纪律作风建设。认真落实党风廉政建设“一岗双责”，坚持把纪律挺在前面，让纪律建设融入人大工作的各方面，自觉做到讲纪律、守规矩、比奉献。坚决反对形式主义、官僚主义，大幅度精减文件，严格控制会议时间规模，改进视察调研方式，切实减轻基层负担，巩固执行中央八项规定成果，坚决防止“四风”问题反弹。

加强履职能力建设。坚持常委会会议学法制度，举办宪法、监察法、统计法等法律讲座8场次；先后组织人大干部和部分人大代表到全国人大培训中心、党校、高校等地开展预算审查监督、履职业务知识学习培训，提升了人大干部把握大局、服务中心和法治思维能力。围绕监督议题，开展各类调研19次，撰写调研报告22篇，提升常委会工作质量和水平。

加强人大制度建设。以制度建设为保证，坚持把制度建设贯穿党的各项建设始终，学习党章、遵守党章，把民主集中制作为领导班子的根本工作制度，坚持在工作实践中健全完善相关制度，对开展部门工作评议、强化预算监督、保障代表依法履职、完善审议意见办理、宪法宣誓等36项相关制度进行修订完善，形成了科学有效、务实管用的制度体系。

各位代表！一年来，常委会工作取得的成绩，是在习近平新时代中国特色社会主义思想指引下，在县委坚强领导下，全体人大代表、常委会组成人员、人大机关工作人员扎实工作的结果，是“一府一委两院”和各乡镇密切配合的结果，是全县各级党政组织和广大人民群众大力支持的结果。在此，我代表人大常委会表示衷心的感谢，并致以崇高的敬意！

在肯定成绩的同时，我们也清醒地认识到，县人大常委会工作中还存在一些差距和不足，主要是：人民代表大会制度理论学习宣传覆盖面还不够广；创新监督的方式方法还不够多；服务代表工作还需进一步增强；自身建设和履职能力还需进一步提高等。对此，我们将在今后的工作中高度重视，努力加以改进。

2020年主要任务

2020年是全面建成小康社会和完成“十三五”规划任务的决胜之年。做好今年工作意义重大，使命光荣。县人大常委会要在县委坚强领导下，坚持以习近平新时代中国特色社会主义思想为指导，全面贯彻中共十九大和十九届二中、三中、四中全会和自治区党委十二届八次、九次全会精神，按照县委十三届十六次全会部署，围绕守好促进民族团结、维护政治安全、改善生态环境“三条生命线”，做好调、转、增、融“四篇文章”，充分发挥人民代表大会制度的显著政治优势，坚定制度自信，履行法定职责，增强履职效能，为建设好经济繁荣、民族团结、环境优美、人民富裕的美丽新宁夏贡献人大智慧和力量。

一、强化政治引领，坚持和完善人民当家做主制度

坚持用习近平新时代中国特色社会主义思想武装头脑，引领航向，树牢“四个意识”，坚定“四个自信”，做到“两个维护”，自觉在思想上政治上行动上同以习近平同志为核心的党中央保持高度一致，确保人大工作正确政治方向。深入学习贯彻习近平关于坚持和完善人民代表大会制度的重要思想和党的十九届四中全会精神，更加自觉地把坚持党的领导、人民当家做主、依法治国有机统一作为推进依法履职的根本准则，为推进国家治理体系和治理能力现代化履职尽责。坚持党的全面领导，自觉维护县委总揽全局、协调各方的领导地位，坚持重大事项向县委请示报告，认真落实县委的决策部署。始终坚持以人民为中心的思想，不忘初心，牢记使命，履职尽责，服务人民。大力弘扬社会主义法治精神，全面履行监督、决定、任免三项职责，促进“一府一委两院”依法行政、依法监察、公正司法、厉行法治。

二、增强监督的针对性和实效性，促进经济社会全面发展

坚持以人民为中心，牢牢把握县委十三届十六次全委会确定的目标任务，认真做好法律监督、工作监督，加强对涉及人民群众切身利益及社会关注热点问题的监督，促进经济社会高质量发展。围绕经济社会发展强化监督，围绕“十三五”规划执行和“十四五”规划编制、重点项目建设、民营企业发展等开展监督，高度关注经济运行，强化对计划、预算支出、决算和审计工作的监督，严格执行国有资产报告、非预算支出运行报告制度。对优化营商环境进行持续监督，听取询问建议落实情况报告。同时，听取和审议重点项目建设情况的报告，督促加快项目建设进度，增强县域经济社会可持续发展后劲。围绕“三大攻坚战”强化监督，着眼于健全完善脱贫攻坚长效机制，推动脱贫攻坚成果巩固提升。听取审议环境状况和环境保护目标完成情况、重点绿化工程项目管护工作情况的专项报告，对水污染防治法进行执法检查。开展防范化解重大风险调研，加强宗教事务管理条例检查，提高宗教法治化管理水平。围绕民生领域强化监督，听取审议深化“放管服”改革及优化营商环境、职业教育、医疗保险、食品安全、扫黑除恶等工作情况的专项报告。对全县农村人居环境整治跟踪监督，建设美丽宜居乡村，全力支持政府为人民办更多实事，让群众少一点操心事、烦心事，多一点获得感、幸福感。围绕法律法规实施强化监督，继续深入学习宣传宪法，开展“七五”普法中期调研评估；积极推进依法治理，加大执法检查力度，安排对食品安全法、妇女权益保护法、税收征管法等法律法规开展执法检查；听取审议监察委员会关于开展扶贫领域腐败和作风问题专项治理工作情况的报告；听取审议县人民法院关于执行工作情况、县人民检察院关于控告申诉工作情况的专项报告，促进依法监察，公正司法；做好信访工作，加强规范性文件的备案审查。改进监督方式，运用专题询问、履职视察等监督手段，对改革难度大、存在问题多、社会关注度高、关系群众切身利益的重点工作进行专题询问。同时，继续组织开展“一府一委两院”有关负责人履职视察调研，促进依法履职，为民尽责。

三、依法行使决定权任免权，认真落实县委决策部署

讨论、决定本行政区域内的重大事项是宪法和法律赋予地方人大及其常委会的一项重要职权，是人民当家做主的具体体现。常委会将按照县委的决策部署，抓住事关全局、事关人民群众切身利益的重大问题，深入调查研究，及时提出意见建议，适时作出决议决定，使党的主张通过法定程序转变为全县人民的共同意志和统一行动。在依法进行人事任免上，继续坚持党管干部原则，做到党管干部与人大依法任免相统一，既体现党的意图，又反映人民意愿。继续组织实施好宪法宣誓活动，促使新任命的国家工作人员增强宪法意识、法律意识，忠于宪法、忠于职守。

四、不断完善代表履职工作机制，发挥代表主体作用

进一步深化代表工作，强化代表履职意识。人大代表是国家权力机关的组成人员，是国家根本政治制度的参与者和践行者，每一位代表必须树立强烈的政治意识和担当精神，为人民代言，对人民负责，勇于担当，勤于履责，努力为党和人民当好“宣传员”“监督员”“勤务员”。创新代表活动形式，提高代表履职能力，坚持邀请代表列席人大常委会会议，组织代表参加视察检查和评议测评活动，推荐代表列席县委、县政府重要会议，旁听法院、检察院案件审理，为代表履职创造条件提供平台。完善议案办理机制，抓好代表议案建议办理，及时回应人民关切，保证人大代表提出的议案和建议得到有效落实。加强代表履职管理，拓展和创新代表工作，为代表履职搭建平台，引领代表积极履职、主动作为。

五、切实加强自身建设，不断提高常委会工作效能

全面贯彻新时代党的建设总要求，坚持以政治建设为统领，切实加强思想建设、组织建设、作风建设、纪律建设，把制度建设贯穿其中。坚持用习近平新时代中国特色社会主义思想武装头脑，通过深入学习习近平关于人民代表大会制度的重要论述，不断坚定政治信仰，增强政治本领。巩固深化“不忘初心、牢记使命”主题教育成果，不断提高机关党的建设质量；进一步完善常委会机关管理制度，为人大机关全面规范运行提供制度保障。坚决贯彻执行中央八项规定精神，带头转作风纠“四风”，切实改进文风会风，努力形成务实清廉的机关氛围。加强对乡镇人大工作的指导，推进县乡人大工作同步发展，共同提高。

（马 波）

在同心县第十八届人民代表大会第四次会议上的政府工作报告

同心县人民政府县长　丁　炜

（2020年1月3日）

2019年工作回顾

2019年是中华人民共和国成立70周年，是决胜全面建成小康社会关键之年，也是我县脱贫摘帽之年。我们坚持以习近平新时代中国特色社会主义思想为指导，认真学习贯彻中共十九大及十九届二中、三中、四中全会精神、习近平来宁视察时的重要讲话精神和“建设美丽新宁夏，共圆伟大中国梦”的嘱托，在县委的坚强领导下，在县人大、政协的监督支持下，全面贯彻落实区市县党委决策部署，坚决打好“三大攻坚战”，全面实施“三大战略”，团结和依靠全县人民，攻坚克难，真抓实干，较好地完成了县十八届人大第三次会议确定的各项目标任务。全年地区生产总值增长10%；规模以上工业增加值增长28.3%；社会消费品零售总额增长4.5%；公共财政预算收入增长8.4%，公共财政预算支出增长6.3%；城乡居民人均可支配收入分别增长7.8%、11.9%，部分主要经济指标走在全区前列，主要约束性指标完成区市下达任务。

一是脱贫攻坚取得决定性进展。全县89个贫困村全部退出，累计减贫26840户101927人，贫困发生率降至0.61%，顺利通过了市级初审和自治区第三方评估。棚户区改造、农村危窑危房改造工作得到国务院通报表扬。“集雨场+水窖+潜水泵+净化器”做法得到了扶贫考核组的充分肯定。“央企+特色产业”精准扶贫模式被第七届中国民生发展论坛评为2019年民生示范工程。高质量脱贫摘帽进展顺利，老区人民更加自信地朝着全面建成小康社会阔步前进。

二是经济发展质量稳步提升。全年争取项目资金44.9亿元，招商到位资金45亿元，超额完成区市下达任务。实施了神华宁煤肉牛养殖、罗山东麓葡萄种植等127个项目，完成项目投资68亿元。顺利完成第四次全国经济普查。围绕“4+X”农业布局，累计发展有机枸杞14万亩、文冠果29万亩、葡萄1.2万亩，种植小杂粮35万亩、红葱4万亩，中药材留床面积16万亩，肉牛、滩羊、生猪饲养量分别达到23万头、190万只、0.9万头。新增高效节灌面积10.65万亩。粮食生产实现十六连丰。菊花台庄园、润德庄园枸杞产品分别荣获2019年中国北京世界园艺博览会国际竞赛优质果品大赛金奖和银奖。围绕“轻新健”工业布局，顺利完成园区扩规调位，“智慧园区”建设迈出坚实步伐，入园企业达到78家，主导产业占比80%。累计建成扶贫车间23个。新能源装机总容量达到235万千瓦。新增专精特新示范企业2家、标杆企业1家。自治区认定科技型中小企业4家、星创天地1家。完成R&D投入2874万元，强度达到0.41%。盘活僵尸企业3家。新增规模以上企业6家。围绕提升第三产业，出台进一步促进服务业发展的意见。实施永安路商业街及商贸综合体、河西农贸市场改造等12个服务业项目。创业担保、风险补偿、助贷三大基金撬动银行贷款22.3亿元。伊杨牧业、同亳中药材等61家小微企业在宁夏股权托管交易中心挂牌。成立畜牧、枸杞等3家产业协会。开通邮乐网“同心扶贫馆”，建成“大美同心”电商平台。成功举办黄谷川第二届冰雪旅游节、全国徒步联动日等活动，全县游客接待量和旅游综合收入分别增长8.4%和10%。面对经济下行压力持续加大的严峻形势，县域经济保持了稳中有进的向好态势。

三是城乡一体发展加快推进。同心大道、G70连接线等13条市政主干道建成通车。新建停车场7个。完成棚改拆迁2400套。城镇化率达到43%。高标准建设丁塘美丽宜居小城镇和12个乡村振兴示范村、7个美丽村庄。惠安村入选全国乡村治理示范村。折腰沟村被农业农村部确定为全国10个旱厕建设示范村之一。高质量完成城乡“增减挂钩”拆旧复垦1389亩，跨省域交易300亩。全面完成第三次全国国土调查工作。县城框架全面拉开，城市功能明显提升，农村面貌焕然一新。

四是生态环境质量持续改善。新增300蒸吨集中供热能力，县城建成区楼房实现集中供热全覆盖。全年空气质量优良天数比例达到87%。全面落实河（湖）长制，污水排放、入黄水质、人饮水质稳定达标。完成土壤污染状况详查。改良盐碱地1.8万亩。完成营造林10.5万亩，义务植树85万株，森林覆盖率达到8.9%。清水河岸清水绿，移民迁出区由“黄”变“绿”，小气候明显改善。

五是社会事业发展全面提速。新建九小，扩建实验小学、特殊教育学校等5所学校。27所贫困村幼儿园投入使用。“互联网+教育”实现城乡同上一堂课。完成全县30所中小学校89名管理干部调整交流。新配备教师141名。上好“开学第一课”。率先在全区县级开设校长大讲堂。对在职教师进行免费体检。解决特岗教师养老保险遗留问题。“县城建设不搞大开发，让利大教育”做法被国务院扶贫开发领导小组脱贫攻坚督查组点赞。县人民医院完成搬迁运营。开展肾透析等19项新技术新业务。实现与北京、重庆、广东等17个省市跨省异地直接结算。县人民医院、中医医院被国家卫健委、国家中医药管理局确定为第二批全面提升县级医院综合能力项目单位。举办了“我和我的祖国”快闪活动等中华人民共和国成立70周年系列庆祝活动。自治区第十五届运动会上我县取得历史最好成绩。建设县级融媒体中心。扎实推进新时代文明实践中心试点建设工作。

李进祯被授予全国“最美奋斗者”荣誉称号，勉力义荣登“中国好人榜”，丁秋菊被评为“第六届自治区道德模范”。《让水》《西行漫记之红色同心》入选全国优秀红色旅游文创产品，《同心》获自治区第四届社会主义核心价值观微电影一等奖。城镇新增就业1954人，城镇登记失业率3.8%。农村劳动力转移就业7.39万人次。完成各类培训7724人。扶贫低保两项制度有效衔接，新增城乡低保对象3826户9400人，实现应保尽保。综合养老服务中心投入运营。全面建成退役军人服务体系。我县获评全区民政工作先进县。83%的财政资金用于民生事业，民生福祉显著改善。

六是全面深化改革释放发展活力。高质高效完成党政机构改革。27个部门467项行政许可事项进驻政务大厅集中办理。推进简易注销登记，企业开办即来即办。完成“四级四同”事项梳理，网上可办率85%。实现“四十四证合一”，新增各类市场主体3010户，增长12%。完成农村环卫市场化服务体系和供热体制改革。行政村农村集体资产清产核资实现全覆盖。累计减免税费9043万元。改革创新活力竞相迸发，营商环境进一步优化，发展活力不断增强。

七是社会大局和谐稳定。持续保持扫黑除恶专项斗争高压态势，先后打掉10个涉黑涉恶犯罪团伙。深入推进全区全国禁毒示范县创建工作，破获毒品案件30起，我县由全区毒品问题“重点挂牌整治县区”降为“通报警示县区”，有望摘帽。化解农民工投诉136起，清欠工资1233万元，实现“双清零”。完成民营企业账款清欠年度任务。排查各类矛盾纠纷1826件，解决了皮革厂改制、豫海南街征收拆迁等15个历史遗留问题，调处率100%。全县没有发生重大生产安全事故和食品药品安全事故。依法管理宗教事务，扎实开展“三化”问题专项治理，韦州大寺平稳完成整改。全县保持了民族团结、宗教和顺、社会和谐稳定的大好局面。

八是行政治理效能进一步提升。坚定不移把全面从严治党摆在首位，政府系统各级干部“四个意识”更加牢固、“四个自信”更加坚定、“两个维护”更加坚决。扎实开展“不忘初心、牢记使命”主题教育，高质量发展等13个专项整治取得明显成效，切实解决了供热、土地纠纷等一批群众反映的问题。严格遵守中央八项规定精神及其实施细则和区、市、县若干规定，作风建设取得明显实效。县财政局荣获全国财政系统先进集体称号，县审计局荣获自治区第五届人民满意的公务员先进集体称号。严格执行重大事项提请县委常委会研究决定、向县人大常委会报告、向政协通报制度，自觉接受人大法律监督、政协民主监督、纪委监委纪律监督，广泛接受社会舆论监督。办结人大议案57件、政协提案50件。全面推行行政执法“三项制度”。全县行政村（社区）法律顾问实现全覆盖。推出全区首家互联网无人律所。开展重点领域和关键环节审计36项，节约财政资金1.7亿元。“三公”经费和一般性支出下降5%。巡视、督察等各类反馈问题有效整改。整治和查处侵害群众利益的不正之风和腐败问题71个，营造了风清气正的干事创业环境。

人民防空、国防动员和民兵预备役建设扎实推进；加强统计执法，防范和惩治统计造假、弄虚作假；气象服务经济社会发展能力不断增强，地震、外事、共青团、妇女儿童、老龄、工会、公积金等工作取得新的成绩！

各位代表，这些成绩令人振奋，来之不易，这是县委总揽全局、坚强领导的结果，是县人大、政协加强监督、大力支持的结果，是全县干部群众同心协力、奋力拼搏的结果。

在此，我代表县人民政府，向全县各族人民、广大干部职工，向人大代表、政协委员、工商联、人民团体、离退休老同志，向驻同武警官兵、政法干警，向区市驻同单位，向在同心投资兴业的企业家，向各级扶贫驻村干部，向参与同心建设、关心支持同心发展的社会各界人士致以崇高的敬意和衷心的感谢！

在肯定成绩的同时，我们也清醒地认识到，我县发展中还存在一些问题和困难。一是贯彻落实新发展理念还不到位，产业发展的层次和水平还不高，创新能力还不强，营商环境亟须进一步优化，推动高质量发展的任务艰巨。二是经济下行压力持续加大，县域经济发展底子薄、基础差、总量小，部分企业经营困难，增长点还不多。三是教育、医疗、养老等公共服务还不能很好满足人民群众新期盼，民生领域还有不少短板弱项。四是生态环境依然脆弱，垃圾污水处理等基础设施还不完善，河湖沟道、矿产资源等领域治理仍需持续加强。五是政府系统一些干部执行力还不够强、效率还不高，作风建设仍需持久用力，等等。我们将高度重视这些问题，采取有效措施，认真加以解决。

2020年预期目标和主要工作

2020年是全面建成小康社会和“十三五”规划收官之年，要实现第一个百年奋斗目标，为“十四五”发展和实现第二个百年奋斗目标打好基础，做好全年工作十分重要。总体要求是：以习近平新时代中国特色社会主义思想为指导，深入学习贯彻落实中共十九大和十九届二中、三中、四中全会精神，认真贯彻落实习近平视察宁夏时的重要讲话精神，全面贯彻落实自治区党委十二届八次、九次和市委五届十次全会精神，按照县委十三届十六次全会部署，增强“四个意识”，坚定“四个自信”，做到“两个维护”，紧扣全面建成小康社会目标任务，坚持稳中求进工作总基调，坚持以新发展理念为引领、以供给侧结构性改革为主线、以改革开放为动力，全面做好“六稳”工作，始终抓住“三个着力”重点，坚决打赢“三大攻坚战”，持续实施“三大战略”，统筹推进稳增长、促改革、调结构、惠民生、防风险、保稳定，守好促进民族团结、维护政治安全、改善生态环境“三条生命线”，做好调、转、增、融“四篇文章”，走出一条高质量发展的新路子，不断增强人民群众获得感、幸福感、安全感，确保全面建成小康社会和“十三五”规划圆满收官，为建设好经济繁荣民族团结环境优美人民富裕的美丽新宁夏，实现中华民族伟大复兴的中国梦而不懈奋斗。

预期目标是：力争地区生产总值增长8%；全社会固定资产投资增长5%；规模以上工业增加值增长20%；地方公共财政预算收入增长5%，地方公共财政预算支出增长5%；社会消费品零售总额增长6%；城乡居民人均可支配收入增长8%和11%；主要约束性指标全面完成区市下达任务。

一、持续补短板强弱项提水平，坚决打胜脱贫攻坚战

按照精准扶贫、精准脱贫基本方略，围绕“一收入两不愁三保障”，坚持“四个不减”，紧扣“三个落实”，突出“三个导向”，防松劲、防闯关、防返贫，把脱贫攻坚短板补得更扎实、基础打得更牢靠。县领导和部门乡镇负责人精准帮扶563户1727名未脱贫人口，打好产业扶持、生态补偿、兜底保障等政策组合拳，确保年内稳定脱贫；聚焦14个深度贫困村，因村制宜，项目资金倾斜支持，加大产业培育力度，持续补齐基础设施和公共服务短板；对89个已出列贫困村、26840户101927名已脱贫人口，开展脱贫攻坚“回头看”，及时做好返贫人口和新发生贫困人口监测和帮扶，坚决防止返贫。深化“三位一体”大扶贫格局，闽宁协作更加深入，中核、“百企帮百村”等社会帮扶更加精准，带贫减贫效果更加明显。指导边缘户致富和非贫困村发展。进一步做好易地扶贫搬迁群众后续扶持发展工作。探索建立解决相对贫困长效机制。从严从实抓好各类反馈问题整改落实，持续深入开展扶贫领域作风建设。以高标准、高质量工作成效迎接国家复查复验和普查。

二、践行新发展理念，全力推动经济高质量发展

落实“巩固、增强、提升、畅通”方针，推动形成绿色发展方式，打造名优特色产品，做好“调”和“转”的文章。

推动农业提档增效。围绕“4+X”产业布局，按照“产业做强、结构调优、特色引领、节水优先”的思路，深入实施“四大工程”，主攻“节水革命”。出台文冠果、葡萄、高效节水等产业配套政策，因地制宜发展粮饲兼用玉米、青贮玉米和优质牧草25万亩，新增文冠果8万亩、葡萄1万亩、中药材1万亩。落实最严格的耕地保护制度，全县粮食播种面积稳定在120万亩，粮食产量稳定在33万吨以上。规划建设2个万头奶牛基地、牛羊市场交易中心，健全畜牧防疫体系，发展养殖专业村10个、规模养殖场5个，全县肉牛、滩羊、生猪、奶牛饲养量分别达到25万头、200万只、1.2万头、1万头。建成酒厂1座、酒庄2个，延长枸杞、圆枣、中药材等产业链条，促进一、二、三产业融合发展。推进“互联网+农业”，推广新技术、新品种，提高秸秆综合利用水平，主要农作物、畜禽良种覆盖率达到98%以上，综合机械化率达到79%以上。培育2家市级休闲农业示范点，走内涵式发展路子。发挥好枸杞、畜牧业等产业协会作用，更加叫响有机枸杞、同心圆枣等特色品牌。培育发展富硒产品加工企业2家、品牌1个、产地1个，申请同心红葱地理标志保护，认证枸杞、芦笋、小杂粮等绿色产品5个，3个产品纳入全国名特优新农产品名录。坚持结构调整与节水措施同步发力，培育灌区种植结构调整和节水示范村，压减籽粒玉米10万亩，建成高效节灌10万亩，全年节水1000万方，推进水资源“西节东用”。产业链条不断延伸，与群众的利益联结更加紧密，农业“三大体系”加快构建，努力实现农业增加值增长4%。

加快工业提质扩量。围绕“轻新健”产业布局，按照“完善平台、做大板块、多点发力、轻重并举”的思路，实施“142”工程，坚定不移做大做强以制造业为主的实体经济。加快推进工业园区改革创新，深化园区低成本和循环化改造，完善三个产业区块天然气、道路、供热、给排水等基础设施，建成智慧平台，发挥园区融资平台作用，探索“园区+公司”运营模式，引进项目考虑环保、投资强度、亩均产出、就业、税收等综合效益，提升园区服务力、吸引力、聚合力。打造精细化工产业园区百亿元板块，银山能源二期、水泥减水剂、同德爱心煤化工上半年投产。打造新能源50亿元板块，建成中核汇能、中能新源、妙岭750千伏输变电等电力能源项目，装机总容量力争达到300万千瓦。打造煤炭及深加工50亿元板块，韦二煤矿上半年建成投产，庆华洗煤厂满负荷运行。打造羊绒50亿元板块，发挥羊绒协会作用，稳规模、提效益，以伊兴、帕罗等为带动，新增子轩羊绒、兴博绒毛等8家企业。打造建材（石膏、水泥）50亿元板块，豪龙干法水泥基本竣工，圣雅戈石膏上半年投产，石膏产业园区取得实质性进展。打造农副产品精深加工和服装纺织加工两个10亿元板块，重点提升服装服饰产业装备水平，研发枸杞保健品、葡萄酒、芦笋冷藏、食用菌冷鲜等绿色富硒产品。扎实推进工业对标十大行动，实施祥福粮油等工业技改项目4个，开工建设久兴环保溶剂等30个工业项目，年内建筑骨料、宏业羊绒等23个在建工业项目投产达效，力争10家企业纳规。在稳固工业经济的基础上，整体提升工业企业质量和效益，“一园三区”成为工业经济新动能和新增长点，产业集群优势转化为经济优势、品牌效应，努力实现规模以上工业增加值增长20%。

提速升级第三产业。继续开展“服务业提升年”活动，按照“活商贸、强金融、兴旅游、建物流”的思路，挖掘潜力，做好“互联网+”文章，形成新的增长点和动力源。实施“餐饮名店示范提升工程”，规范豫海南街特色餐饮一条街，建设“两城一体”，建成中影泰德电影院。监管与引导并重，建设“露水”市场，发展假日和夜间经济，活跃“地摊经济”，培育更多消费热点。力争培育限上企业5家。继续实施“引金入同”战略，加快推进中国银行、建信财险等金融机构设立分支机构，争取润德庄园进入上市辅导，德泽发行公司债5000万元，险资直投融资规模扩大到1亿元。探索运用“政府+社会资本”新模式，吸引社会资本投资，扩大投融资规模。加快“一核两线”全域旅游布局，提升“吃住行游购娱”各环节服务水平。设立乡村旅游发展专项基金，同心旅游集散中心投入使用，建成韦州书院、满春村游客服务中心。推动景区内涵式发展，西征纪念馆争创AAAA级红色景区。完善黄谷川运动小镇基础设施，打造折腰沟等4个乡村旅游示范点。以五道岭子写生基地为基础，建设田园文化特色村。办好第三届黄谷川冰雪旅游节。开发红色及非遗文创、旅游产品，推动红色文化、生态观光、旱塬民俗文化融合发展，创建全区“全域旅游”示范县。制定文化产业扶持政策，鼓励发展刺绣、剪纸、炕围画等文化产业，支持文艺团队发展，积极引进影视文化企业落户我县。运营好“邮乐购”“大美同心”电商平台，新增10个电商示范点。拓宽闽宁、中核、区内消费扶贫渠道，推介同心特色农产品走出去。积极发展数字经济，整合端口资源，依托“城市大脑”研发“同心云”。坚持医养康结合，充分发挥健康养老服务中心示范带动作用，发展“互联网+养老”，探索建立老年人长期医疗照护模式。大力发展现代物流业，启动豫海镇仓储物流项目，争取九号仓智能仓储物流项目落地，整合邮政、顺丰、圆通等快递物流资源，培育1~2家规模以上物流运输企业，补齐冷链仓储物流短板。推动人口大县向消费大县转变，区位优势转化为仓储物流优势，努力实现服务业增加值增长6%。

扩大精准有效投资。坚持“稳增长、稳投资”，紧盯国家及自治区产业政策和投资方向，突出交通、水利、能源、信息、生态环境“五大领域”，建立争项目引资金绩效评价制度，正向激励，调动乡镇部门积极性。全年实施农业防护网、朗斐葡萄酒厂等131个项目，全力配合做好银昆高速、宝中铁路复线、G344改建等重大基础设施项目建设，完成投资110亿元以上。围绕黄河流域生态保护和高质量发展等国家战略，充实完善项目库，年内争取清水河综合治理、棚户区改造、自然灾害防治等40个项目落地，全年上争项目资金40亿元。高质量编制完成“十四五”规划。开展“招商引资服务年”活动，推行招商市场化运作模式，落实招商引资“一站式”办理和全程代办服务机制，支持企业围绕现有产业延链补链，主动承接东部产业梯次转移。实施项目既抓开工率，又抓当年投资完成率，招商引资到位资金60亿元以上。力争固投实现恢复性增长。

三、营造良好环境，切实增强县域经济发展活力

改善营商环境，构建亲商、安商、稳商的良好发展环境，做好“增”的文章。

增强科技创新能力。坚持以企业为主体、市场为导向，落实“创新驱动30条”，制定完善科技奖励政策，引导企业加大科技研发投入。支持企业与天津大学、江南大学等院校加强合作，建立枸杞、文冠果、中药材、酿酒葡萄等专家服务基地，申报备案科技计划项目20项。建立高新技术企业培育库，年内培育自治区农业高新技术企业1家、自治区科技型中小企业2家。R&D经费投入达到4000万元，强度达到0.55%，财政投入增长30%。起用人才专家公寓。坚持招商和引才引智相结合，深化闽宁人才对口培养，通过挂职兼职、项目合作、特聘专家和支医、支教等方式，柔性引进20名以上高层次专业人才。加大名医、名师等本地人才培养力度，发挥好志愿者作用，鼓励支持回乡大学生、乡村技术能手、创新创业人才扎根基层。科技、人才等创新要素不断聚集，更加激发全社会特别是骨干优势企业创新活力。

持续优化营商环境。开展“优化营商环境年”活动，全面落实《优化营商环境条例》和自治区“1+16”、吴忠市25条政策，开展营商环境第三方评价。持续深化“放管服”改革，“四级四同”政务服务事项上线运行，审批事项进驻政务大厅应进全进，流程再造、时间再压、并联审批，网上可办率不低于90%。全面推行政务服务“一窗全办、一网通办、容缺先办”等服务模式，建立“好差评”制度。全面实施市场准入负面清单制度。推广区域评、联合审、承诺制等举措，投资项目全流程审批时限压缩50%。工程建设项目全部实现并联审批，审批时限压缩到120个工作日以内。服务不断优化，办事更加便捷，让市场主体和人民群众切实感受到新时代高效优质的政务环境。

全力保障民营企业发展。毫不动摇鼓励、支持、引导非公有制经济发展，全面落实支持民营企业改革发展“中央28条”“自治区20条”，清理精简涉企收费，完成民营企业欠款清欠任务，千方百计降低企业用电、用气、物流等生产经营成本。紧盯重点停减产企业，一企一策，帮助企业渡过难关。用好财政3大基金，争取设立纾困基金，把金融业考核同支持民营经济发展挂钩，降低融资成本，全年新增贷款9亿元，想方设法解决企业无担保银行贷款难等问题。严格落实招商项目承诺事项。积极作为、靠前服务，构建“亲”“清”新型政商关系，促进非公有制经济健康发展和非公有制经济人士健康成长，让民营企业成为县域经济发展的主力军和中坚力量。

全面深化改革。高质量完成乡镇机构改革。全面完成农村集体产权制度改革，继续深入推进农村土地承包经营权抵押贷款国家试点，深化集体林地“三权分置”改革，争取“农村房地一体不动产”抵押贷款、财政支农资金“投改股”试点。探索农村集体经济有效实现形式，创新壮大村集体经济资金使用管理办法。完成工业园区人事薪酬制度改革。深化供销合作社综合改革。继续全面实施预算绩效管理。深化科技管理体制改革，完善“两头严中间松”的科研机制。持续深化应急管理及安全生产领域改革，提高安全生产和防灾减灾救灾能力。突出改革的深度和实效，改革成效更多促进经济社会发展、惠及人民群众。

四、完善设施功能，统筹推进城乡一体发展

把注意力集中到解决城乡发展各种不平衡不充分的问题上，促进城乡融合发展、共同发展，做好“融”的文章。

推进产城融合发展。按照“产城融合、控制节奏、完善配套、提升品位”的思路，开展城市品质提升三年行动计划，提高城镇精细化管理水平。围绕“一河两园三带三片六路”，实施清水河综合治理，建设长征文化公园、老城街心公园，建成清水河、同心大道、G70三条生态绿化带，实施二幼五期等3个片区棚户区改造，打通北环路与西环路延伸段等6条城市主干道，争取实施国道344县城绕道工程，形成“六纵六横”城市路网架构。开工建设房地产项目130万平方米，完成棚户区改造1500户，改造4个老旧小区，新建10个停车场。融合城市大脑、应急指挥中心、雪亮工程等，打造“数字城市”。争取实施县城供水工程，立足长远解决县城生活用水和产业发展用水短缺问题。抓住扶贫产业园拓展区、羊绒产业园拓展区建设机遇，做大做强城市经济。县城路、电、绿、热、气、网、园、厕等配套和功能更趋完善，人居环境宜居度和城市吸引力实现新提升。

推进乡村振兴发展。脱贫攻坚与乡村振兴有机衔接，围绕“1+5+20+N”战略部署，开展“一村一年一事”行动，建设河西、韦州、下马关、预旺、王团5个示范乡镇和团结、沟南等20个示范村。争取实施预旺镇特色小城镇、石狮开发区美丽小城镇及塘坊、麻圪塔等6个美丽村庄。继续开展农村人居环境整治行动，完善农村垃圾收集转运、污水处理网络。示范乡、示范村的产业、人才、文化、生态、组织五大振兴综合示范作用更加明显，全县乡村振兴的基础夯得更实。

推进城乡融合发展。编制完成国土空间规划，推动24个“多规合一”实用性村庄规划编制。建成王预公路、同海公路，新建农村公路350千米，改造危桥30座，新增乡村公路养护人员200人，争取实施张羊公路改建工程，创建全区“四好农村路”示范县。启动宜居型农房建设和抗震农房改造试点，农村存量危窑危房动态清零。开工建设红泉沟综合治理、下马关防洪堤提升改造等16个水利工程，争取实施李沿子水库工程。新建改造同预公路、偏远村庄等信号薄弱地区通信基站35座，加快5G建设步伐。升级改造农村电网614千米。继续实施“增减挂钩”拆旧复垦2000亩，完成跨省交易550亩。城镇化率提高2个百分点。130项“四级四同”事项下沉乡镇到位，切实解决服务群众“最后一千米”的问题。城乡产业发展协同互补、基础设施互联互通、公共服务共建共享，形成以城带乡、城乡一体发展新格局。

五、守好促进民族团结生命线，铸牢中华民族共同体意识

坚持中国特色解决民族问题的正确道路，始终高举民族大团结旗帜，认真落实党的民族政策，坚持不懈用社会主义核心价值观引导群众，坚持不懈用马克思主义祖国观、民族观、文化观、历史观教育群众，坚持不懈用民族团结光荣传统和历史成就凝聚群众，引导各族群众牢固树立“两个共同”“三个离不开”思想，不断增强“五个认同”，促进各民族交往交流交融，构建各民族共有精神家园。依法处理民族事务。持续深化民族团结进步教育“十进”活动，探索“互联网+民族团结”新模式，扎实开展“民族团结进步月”系列活动，打造1条民族团结进步示范街、1个民族团结进步教育主题公园，培育选树一批民族团结进步模范集体和模范个人，民族团结进步创建的形式、载体、内容、效果相统一，民族团结之花在各民族群众心中常开长盛。

六、守好维护政治安全生命线，维护和谐稳定大好局面

贯彻总体国家安全观，坚决维护国家政权安全、制度安全、意识形态安全，筑牢政治安全的铜墙铁壁。严格落实意识形态工作责任制，管好政府门户网站和政务新媒体，抓好网络空间管控，营造清朗的网络空间。严密防范和坚决打击各种渗透颠覆破坏、暴力恐怖、民族分裂、宗教极端、网络攻击等活动。全面贯彻党的宗教工作基本方针，坚持宗教中国化方向，坚持“导”的方略，依法管理宗教事务。建立风险预判预警、应对应战、化解消解机制，守好不发生系统性风险的底线。摸清隐患底数，有效防范企业经营风险。积极稳妥化解政府债务。突出扶贫小额信贷和互助资金监管，加大不良贷款处置力度，严厉打击违法违规金融活动。加强房地产行业监管，全面推行新建商品房预售资金监管，切实稳地价、稳房价、稳预期。落实“四个最严”食品药品监管制度，保障人民生命安全和身体健康。强化口蹄疫、禽流感、非洲猪瘟等动物疫病防控，确保畜牧业健康安全。健全应急管理体系，压实安全生产责任，坚决遏制较大以上生产安全事故发生，守好安全底线。加快完善立体化、法治化、专业化、智能化社会治安防控体系建设，积极探索“互联网+社会治理”模式，切实抓好县域治理。聚焦“两大工程”和“七大战役”，纵深推进扫黑除恶专项斗争、禁毒人民战争，建立健全长效机制。坚持和发展新时代“枫桥经验”，强化矛盾纠纷排查化解，全面提升公共法律服务水平，建设更高水平的平安同心。

七、守好改善生态环境生命线，坚决打赢污染防治攻坚战

牢固树立绿水青山就是金山银山的理念，抓好源头防控，完成生态保护红线、永久基本农田、城镇开发边界三条控制线划定和落地，严格环境监管理，实行生态保护“黑名单”制度，用最严格制度最严密法治保护生态环境。

打好蓝天保卫战。全面落实建筑工地扬尘管控6个100%，城市道路机械清扫率达到85%以上。加大非煤矿山扬尘管控。严控煤炭消费总量，加强煤质管控。开展大型柴油车污染专项治理，完成老旧车辆淘汰任务。严禁焚烧秸秆。从严从实解决好“四尘”污染问题，污染物全面达标排放，全县环境空气质量优良天数达到85%以上。

打好碧水保卫战。全面落实河（湖）长制，建成智慧河湖监控调度中心，综合治理清水河、豫海湖、甜水河，完成20条沟道环境治理，打造边浅沟样板沟道。扩容新区污水处理厂、人工湿地，县城新增污水处理能力1万吨。启用中水处理厂。新建河西、预旺污水处理站，提标改造韦州、下马关污水处理站，逐步实现镇区污水处理站全覆盖。提标改造精细化工产业园污水处理厂。巩固提升小洪沟水源地规范化建设成果。

打好净土保卫战。开展固体废物非法贮存、倾倒和填埋专项排查，防范新增污染，工业园区一般固废储存填埋场建成投用。新建河西、下马关、预旺等5个乡镇垃圾填埋场。完成农户改厕1万户。严格化肥、农药等农业化学品使用，扩大有机肥、缓释肥利用和秸秆还田等技术应用范围，开展规模养殖场种养一体化粪肥综合利用试点，秸秆综合利用率、畜禽粪污综合利用率、农业残膜回收率分别达到87%、94%、95%以上。

加强生态建设和保护。突出“清水河流域生态保护、生态移民迁出区自然修复、村庄及主干道路绿化”三大重点，持续实施大规模国土绿化行动，建立文冠果抚育管护长效机制，完成营造林11.1万亩，草原修复7.75万亩，治理水土流失面积30平方千米，森林覆盖率达到9.2%。建设街心公园、同心大道等主干道路绿化，县城建成区绿地率达到35.8%。实行“林长制”，严格管理考核生态护林员，严格禁牧封育政策，抓好森林草原防火，严格巡查执法，巩固提升罗山、移民迁出区生态修复等生态环境综合整治成果。

八、坚持共建共享，全面提高人民群众幸福指数

坚持尽力而为、量力而行，坚决压缩一般性支出，保工资、保运转、保基本民生，不断满足人民群众日益增长的美好生活需要。

促进扩大就业创业。完成各类培训6000人。培育劳务经纪人580人。全年转移贫困劳动力6万人次。公益性岗位安置520人。提高23个扶贫车间运营质量和效益。积极培育创客空间，青年创业园孵化10家小微企业。发放创业担保贷款3000万元。继续实施援企稳岗等政策措施，城镇登记失业率控制在4%以内。深入开展根治拖欠农民工工资专项行动，政府投资、国有企业和社会投资项目“双清零”。落实好推动就业促进创业政策，扶持有创业梦想的人实现自主创业，帮助有就业能力的人实现充分就业，确保零就业家庭动态清零。

优先发展教育事业。落实“立德树人”根本任务，加强学校思想政治建设，深化“开学第一课”品牌。制定部门、乡镇履行教育职责清单。实施校长素质、教师队伍提升工程，办好校长大讲堂，建好校长后备人才库和骨干教师库。落实定点招生政策，解决好进城务工人员子女上学难问题。持续加大教育投入，新建豫西、新华等4所县城幼儿园，王大套、吊堡子等10所贫困村幼儿园投入使用，解决好“一小”问题；新建河西、下马关等4个中学教学楼项目，完成三小、四小等5个在建项目，有效化解县城大班额，创建县域义务教育发展优质均衡县；扩建回民中学，普及高中阶段教育，高标准迎接自治区普及高中阶段教育评估验收；职业教育创新办学体制和管理机制，办出特色专业，创出同心品牌，全面提升层次和水平。建成82所学校132个在线课堂，争创全区“互联网+教育”示范县。严格落实双线双控责任制，巩固清零成果。用好教育扶贫基金、教师大病救助基金和教师奖励基金，精准资助贫困学生，增强教师获得感。办好人民满意的教育，让每个孩子都能享有公平而有质量的教育。

全力提升医疗服务水平。坚持“预防为主、防治结合”，加大疾病预防控制工作力度，深入推进分类精准救治、分级诊疗。深化公立医院改革，落实好县人民医院、中医医院国家卫健委提升服务能力单位项目要求，办好肝胆外科、康复科、新生儿科等5个特色专科，县人民医院争创三乙医院。完善各项医疗保障政策，确保健康扶贫政策落实到位，切实减轻贫困群众就医负担。建成用好“互联网+医疗健康”平台，所有乡镇配备智能辅助诊疗系统，推进优质医疗资源下沉。严格执行计划生育政策。落实重点传染病专病专策，实施16项健康同心行动。办好人民满意的大医疗大健康，让群众就医更方便、健康有保障。

繁荣活跃文体事业。深入实施公民道德建设工程，认真贯彻实施“两个纲要”，开展好社会主义核心价值观“六进”活动。继续深入推进新时代文明实践中心试点建设工作。持续开展精神扶贫“十大专项行动”。建设县级融媒体中心“网报端微视屏”六位一体传播矩阵，传递同心声音、讲好同心故事。推进文化馆、图书馆、博物馆数字化建设，青少年科技馆投入使用。建成下马关文化广场，打造文艺、民俗、秦腔等特色文化大院，活跃乡村、社区广场舞等文化活动。积极申报“炕围画”国家级“非遗”项目。实施全民健身国家战略，建设全民健身中心，举办同心县第四届全民体育运动会。持续办好徒步走、垂钓大赛、冰雪旅游节等节赛活动，形成品牌优势，不断提升同心影响力和知名度。推出更多群众喜爱的文化精品，广泛开展全民健身活动，为人民群众提供丰富的精神食粮。

健全完善社会保障体系。围绕新时代民政工作“1+5”制度体系，落实以最低生活保障、特困供养人员等十大专项救助为主要内容的大救助工作，倾力打造“同心样板、河西模式、同德做法”。落实全民参保计划，确保法定人群全覆盖。加强困境儿童、老年人、残疾人关爱服务和权益保障，免费开展妇女儿童相关疾病筛查。落实自治区社会救助和保障标准与物价上涨挂钩联动机制，城市低保每人每月再提高40元，农村低保每人每年再提高760元，儿童福利机构孤弃儿童、社会散居孤儿每人每月再提高200元，全力保障困难群众基本生活。采取实物保障和货币补贴相结合的方式，基本实现城镇人口户均拥有或租住一套住房。开展第七次全国人口普查。全面落实“军人三群体”优抚政策，争创全区双拥模范县“两连冠”，有力推进全国双拥模范县创建。加快形成普惠性、基础性、兜底性多层次的社会保障体系，让人民群众共享改革发展成果。

不忘初心、牢记使命，加快建设人民满意的服务型政府

各位代表，推进治理体系和治理能力现代化，对政府工作提出了新的更高要求。我们将不忘初心，牢记使命，按照“五个过硬”要求，进一步解放思想、进一步务实苦干、进一步奋勇争先，努力建设人民满意的服务型政府，着力推进经济持续健康发展，着力保持社会和谐稳定，着力巩固和发展党的执政基础。

坚定不移做到“两个维护”。旗帜鲜明讲政治，以党的建设为统领，落实全面从严治党总要求，严明政治纪律、政治规矩，坚持把党的领导贯穿政府工作全过程、各方面，增强“四个意识”，坚定“四个自信”，把做到“两个维护”作为首要政治任务抓紧抓实，始终在思想上政治上行动上同以习近平同志为核心的党中央保持高度一致，确保党中央、国务院及区市县党委决策部署执行有力、落实到位、取得实效。加强学习型政府建设，强化理论武装，认真学习贯彻习近平新时代中国特色社会主义思想、党的十九届四中全会精神和习近平来宁视察时的重要讲话精神，扎实开展“‘守好三条生命线，走出一条高质量发展新路子’解放思想大讨论活动”，开展做好调、转、增、融“四篇文章”大调研，不断增强学习本领、发展本领、斗争本领。加强政府党组建设，完善党组工作制度，规范党内政治生活，落实民主集中制，严格执行请示报告制度，进一步提升政府系统党建工作水平。严格落实“不忘初心、牢记使命”制度，坚定担当新使命，奋力展现新作为，不断提升政府系统政治执行力。

坚定不移建设法治政府。加强法治政府建设，以法治思维、法治方式化解矛盾、推动工作，让人民群众在每一个司法案件中都感受到公平正义。严格执行重大行政决策集体决策、专家论证、合法性审查、公示听证、第三方评估等程序，坚持重大事项提请县委常委会审定、向人大报告、政协通报制度，自觉接受人大法律监督、政协民主监督、纪委监委纪律监督及社会舆论监督，切实提高行政决策质量和效率。认真办理人大代表议案建议和政协委员提案。严格执行行政执法“三项制度”，动态调整权责清单，加强行政复议和行政应诉规范化建设，提高依法行政水平。加快公共法律服务体系建设，全面完成“七五”普法。严格落实政府信息公开条例，推进政务公开标准化规范化工作，政务过程和结果全公开，让权力在阳光下运行。

坚定不移提升治理效能。大力开展“政府效能提升年”活动，以钉钉子精神抓好各项工作落实，做到件件有结果、事事有回音。牢固树立正确的权力观、政绩观，站稳群众立场，践行为民服务宗旨，切实办实事、解民忧。牢固树立效率意识，强化工作统筹，强化部门协调联动，敢于向形式主义、官僚主义和不作为、慢作为、假作为“亮剑”，确保政令畅通、令行禁止。大力精文简会，改进调查研究，规范督查检查，切实减轻基层负担。支持工会、共青团、妇联、科协、残联等群团组织更好发挥桥梁纽带作用。落实正向激励和容错纠错机制，旗帜鲜明地为担当者担当、为干事者鼓劲，激励广大干部新时代新担当新作为。

坚定不移守好廉洁底线。认真履行党风廉政建设责任制，切实把廉政责任扛牢抓紧。严格执行中央八项规定精神及其实施细则和区市县若干规定。政府系统牢固树立过“紧日子”思想，大力压减“三公”经费和一般性支出，切实把钱花在刀刃上。强化跟踪审计和成果运

用，筑牢制度“篱笆”，防范权力“越线”。

加强重点领域、关键环节和重要岗位监管，严惩损害群众利益的不正之风和腐败行为。强化制度意识，政府系统各级干部带头执行制度，维护制度权威，时刻自重自省自警自励，做到慎独慎初慎微慎友，不断自我净化、修身律己，廉洁从政、廉洁齐家。

【名词解释】

1.三大攻坚战：中共十九大提出防范化解重大风险、精准脱贫、污染防治“三大攻坚战”。

2.三大战略：自治区第十二次党代会提出实施创新驱动、脱贫富民、生态立区“三大战略”。

3.“4+X”产业布局：“4”指有机枸杞、草畜、中药材、圆枣4个主导产业，“X”指其他多种产业。

4.R&D投入：科学研究和试验发展投入。

5.四级四同：国家、省（区）、市、县事项名称、事项编码、事项类型、设定依据相同。

6.双清零：政府投资项目欠薪案件在2019年12月31日前清零，社会投资项目欠薪案件在2020年春节前清零。

7.“六稳”工作：即稳就业、稳金融、稳外贸、稳外资、稳投资、稳预期。

8.三个着力：习近平2016年视察宁夏时提出的着力推进经济持续健康发展、着力保持社会和谐稳定、着力巩固和发展党的执政基础。

9.四个不减：坚持脱贫攻坚工作力度不减、政策扶持不减、资金投入不减、帮扶力度不减。

10.三个落实：脱贫攻坚责任落实、政策落实、工作落实。

11.三个导向：问题导向、目标导向和结果导向。

12.农业“四大工程”：实施农业产业优化增效工程、农业产业科技提升工程、农产品品牌创建提质工程、农产品质量安全保障工程。

13.工业“142”工程：规划打造精细化工产业园区1个百亿元板块，新能源、煤炭及深加工、羊绒、建材（石膏、水泥）4个50亿元板块，农副产品加工、服装纺织加工2个10亿元板块。

14.两城一体：同心商城、鸿德汽车城、永安路商贸综合体。

15.1+5+20+N：同心县乡村振兴战略实施方案部署，即“一核引领、五镇聚集、特色示范、全域提升”。

1—核引领：以同心县城为核心，以豫海镇为主，结合县城周边的石狮开发区、丁塘镇、兴隆乡及王团镇，依托县城资源优势，提升基础设施配套和公共服务水平，建设生态宜居县城；大力发展商贸物流、餐饮、电商、信息服务等多种业态；依托工业园区的产业集聚力，促进产业深度融合，打造县域经济核心引领区。

5—五镇聚集：依托五个重点镇（韦州镇、下马关镇、预旺镇、王团镇、河西镇），发展乡村区域性发展中心，推动特色乡镇、美丽乡镇建设，提升城镇基础设施配套和公共服务水平，增强镇域整体承载力，辐射带动周边区域发展。

20—特色示范村：立足“一镇一特、一村一品”的战略部署，按照“大产业+新主体+新平台”发展模式，通过对全县142个行政村实地调研，筛选20个具有优势和基础的乡村，打造各具特色的示范村，通过示范带动，形成以点带面、全域提升的发展格局。

N—通过典型带动，推动全县乡村振兴。

16.两个共同：共同团结奋斗，共同繁荣发展。

17.三个离不开：汉族离不开少数民族，少数民族离不开汉族，各少数民族之间也互相离不开。

18.五个认同：对伟大祖国、中华民族、中华文化、中国共产党、中国特色社会主义的认同。

19.民族团结进步教育“十进”活动：进机关、进家庭、进社区、进乡村、进企业、进学校、进寺院、进军营、进医院、进市场。

20.四个最严：用最严谨的标准、最严格的监管、最严厉的处罚、最严肃的问责，加强食品药品安全监管。

21.两大工程：反恐维稳“铁桶工程”、“一村（社区）一警”社区警务工程。

22.七大战役：开展“大收戒”和缉毒执法、“攻命案”、“破小案”、“攻侵财”、“扫黑除恶”、“严打涉众型经济犯罪”、“反诈骗”七大战役。

23.建筑工地扬尘管控6个100%：施工现场围挡率达到100%、进出道路硬化率达到100%、工地物料篷盖率达到100%、场地洒水清扫保洁率达到100%、出入车辆清洗率达到100%、项目全工期做到喷雾除尘机除尘应用率达到100%。

24.“四尘”污染问题：烟尘（烧烤摊点油烟、餐饮油烟）、汽尘（汽车尾气）、扬尘（建筑工地、道路、非煤矿山）、煤尘（煤矿、集中供热中心、散煤）。

25.控辍保学“双线双控责任制”：建立县级领导包乡镇、乡镇干部包村、村社干部包户，教育系统干部包片、包校的控辍保学责任制。

26.16项健康同心行动：实施健康知识普及行动、合理膳食行动、中医养生保健行动、全民健身行动、控烟行动、心理健康促进行动、健康环境促进行动、妇幼健康促进行动、中小学健康促进行动、职业健康保护行动、老年健康促进行动、心脑血管疾病防治行动、癌症防治行动、慢性呼吸系统疾病防治行动、糖尿病防治行动、传染病及地方病防控行动。

27.社会主义核心价值观“六进”活动：社会主义核心价值观进社区、进机关、进学校、进企业、进农村、进家庭。

28.精神扶贫“十大专项行动”：一是开展“十星级民风建设模范户”评选活动；二是开展“我脱贫我光荣”评选活动，发挥示范带动作用；三是开展精神扶贫有奖征文活动，为脱贫攻坚鼓劲加油；四是拍摄精神扶贫微电影，传递脱贫正能量；五是编排精神扶贫巡演节目，丰富精神生活；六是创作精神扶贫文艺作品，占领文化阵地；七是开展精神扶贫宣讲活动，提高脱贫政策知晓率；八是举办精神扶贫演讲比赛，激发脱贫强烈愿望；九是开展“脱贫一线红旗飘”评选活动，激励基层党组织发挥战斗堡垒作用；十是开展光荣脱贫事迹展播，营造脱贫氛围。

29.新时代民政工作“1+5”制度体系：《同心县加强新时代基层民政工作提高为民服务能力的实施方案》和《同心县实施大病临时救助工作意见》《同心县加强最低生活保障管理工作的意见》《同心县深化婚丧嫁娶乱象整治指导意见》《同心县关于进一步推进城乡社区治理实施方案》《同心县加强儿童福利院建设的实施意见》。

30.十大专项救助：建立以最低生活保障救助、特困供养人员救助、受灾人员救助、医疗救助、教育救助、住房救助、就业救助、临时救助、社会力量救助、慈善救助等十大专项救助为主要内容的大救助工作。

31.军人三群体：军烈属（含因公牺牲和病故军人遗属）、退伍老兵及现役军人军属。

32.五个过硬：信念过硬、政治过硬、能力过硬、作风过硬、廉洁过硬。

（马建兰）

在政协同心县第十一届委员会第四次会议上的工作报告

同心县政协主席 田成川

（内容节选，2019年1月2日）

2019年是中华人民共和国成立70周年，是中国人民政治协商会议成立70周年，是全面建成小康社会的关键之年，是同心县坚决打赢脱贫攻坚战，实现高质量脱贫摘帽的决胜之年。一年来，县政协以习近平新时代中国特色社会主义思想为指导，在中共同心县委的全面领导下，紧紧围绕全县中心工作，发挥专门协商机构作用，把加强思想政治引领、广泛凝聚共识贯穿政治协商、民主监督、参政议政的各项工作之中，为我县经济社会全面发展作出了积极贡献。

2020年是全面建成小康社会和“十三五”规划收官之年。县政协工作的总体要求是：要以习近平新时代中国特色社会主义思想为指导，认真贯彻执行中共同心县委十三届十六次全会精神，把坚持和发展中国特色社会主义作为巩固共同思想政治基础的主轴，把服务实现“两个一百年”奋斗目标作为工作主线，把加强思想政治引领、广泛凝聚共识作为中心环节，牢牢把握团结和民主两大主题，切实提高政治协商、民主监督、参政议政水平，广泛凝聚思想共识，为全面建成小康社会，建设好经济繁荣民族团结环境优美人民富裕的美丽新宁夏作出贡献。

要坚持用习近平新时代中国特色社会主义思想武装头脑。要把学习十九届四中全会精神，作为当前和今后一个时期的重大政治任务，以高度的政治责任感和使命感，认真组织学习宣传贯彻，推动全会精神深入人心；引导委员当好推进国家治理体系和治理能力现代化的参与者、实践者，为服务全县改革发展稳定贡献智慧和力量；进一步增强“四个意识”、坚定“四个自信”、做到“两个维护”，切实把思想和行动统一到以习近平同志为核心的党中央决策部署上来。要聚焦高质量发展，为决胜全面建成小康社会献计出力。坚持有事多商量、遇事多商量、做事多商量，在建言资政和凝聚共识双向发力，紧紧围绕贯彻落实县委重要决策部署开展协商议政；围绕推进健康同心，就提高全民健康水平进行协商。围绕互联网+教育，就义务教育高质量均衡发展进行协商。围绕加强科技服务，就科技投入、研发、项目实施、科技特派员制度执行情况进行协商。围绕脱贫攻坚，就巩固脱贫成效，建立产业扶贫长效机制进行协商。围绕体育工作，就全民健身活动开展情况进行协商。围绕我县范围清水河整治，就加强水土保持、生态保护、环境治理、产业发展、文化传承等情况进行协商。围绕坚持和完善自治、德治、法治，基层治理体系，就贯彻落实新时代公民道德建设实施纲要进行协商。要着力加强自身建设，推动政协履职提质增效。要加强思想政治引领，把广泛凝聚共识作为履职中心环节。在思想政治引领上下功夫，在做好参加单位和各族各界代表人士凝聚共识上下功夫，在凝聚社会共识上下功夫，通过协商议政，把党的主张转化为社会各界的共识、在各界群众中传播共识，为党领导人民有效治理国家厚植政治基础、社会基础。

（杨彦德）

开展“不忘初心、牢记使命”主题教育纪实

2019年，同心县辖7镇4乡1个开发区、142个行政村、5个社区，有基层党组织585个，党员9795名。是年，县委决定开展“不忘初心、牢记使命”主题教育活动，按照党中央和区、市党委的部署要求，县委坚决贯彻落实教育的方针政策和精神实质，聚焦根本任务，把握目标要求，坚持“四个到位”和“四个注重”，抓紧抓实“十个关键动作”，统筹推进四项重点措施有机融合、贯穿始终，教育活动历经历四个阶段，推动了主题教育深入开展并取得扎扎实实成效。

一、历经四个阶段

一是提高政治站位，精心谋划部署。坚持把主题教育作为重大政治任务，自觉扛起政治责任，精心组织、周密部署，分类指导，扎实推进。一是加强组织领导。中央和自治区主题教育第一批总结暨第二批部署会议召开后，县委常委会及时传达学习会议精神，研究部署主题教育工作，成立了由县委书记任组长的领导小组，下设6个工作组，统筹主题教育各项工作任务。各乡镇各部门也组建了相应的领导小组和工作机构，保证了主题教育有序、有力开展。9月12日，县委以视频会议形式专题安排部署，将中央和区市党委部署会议精神直接传达到最基层。县委主题教育领导小组先后5次召开推进会，及时传达学习中央主题教育领导小组有关会议精神，专题传达学习自治区党委书记陈润儿在调研全区主题教育座谈会上的讲话精神和自治区党委常委、组织部部长石岱到同调研座谈会讲话精神，研究解决问题，强化推进措施，推动全县主题教育走深走实。二是强化分类指导。针对全县参加主题教育单位类型多、党员数量大等实际，加强调查研究，突出分类指导，制定了“1+7”《实施方案》，对应列出重点工作安排，切实增强针对性和实效性。革命传统教育注重用好红军西征纪念馆、王团北堡子等本地红色资源；先进典型教育注重学习全国“最美奋斗者”李进祯等身边典型人物事迹；调查研究聚焦脱贫攻坚、乡村振兴、高质量发展、民族宗教、基层组织建设等工作中心重点，明确了13个调研重点和方向。结合基层实际，明确每周组织一次集中学习、整改解决一批突出问题等“十个一”措施，确保基层党支部开展主题教育不走偏；采取寄送一套学习资料、建立一个微信群等 “六个一”措施，确保流动党员参加主题教育无遗漏；通过送学上门、结对帮学、在线互动等措施，确保年老体弱、行动不便党员参加主题教育全覆盖。三是从严从实督导。成立由县级领导担任组长的8个指导组，24名县级领导干部分别确定基层联系点，乡镇部门分层次成立118个基层指导组，构建了“8+24+118”的督导指导体系。县委主要负责人带头到农村、社区、学校、医院等基层党组织调研督导，其他县级领导深入分管领域调研指导，层层传导压力。先后召开11次指导组联席会议，听取意见建议、分析存在问题、细化推进措施。各指导组通过列席专题研讨、审阅党课讲稿、随机翻书检学、参加专题民主生活会等方式，了解真实情况，及时纠正偏差，推动主题教育各项部署落地见效。

二是聚焦根本任务，深学细悟笃行。紧扣学习贯彻习近平新时代中国特色社会主义思想根本任务，坚持读原著学原文悟原理，持续推动党的创新理论往深里走、往心里走、往实里走。一是层层示范带动学。县党政领导班子带头落实习近平“以思想教育打头”要求，分两

段安排10天集中读书班，先后开展22次集中学习，坐下来、静下心，原原本本深研细读《选编》《纲要》等“必读篇”，深入学习习近平视察宁夏时的重要讲话和对宁夏工作的重要指示批示精神“宁夏篇”，跟进学习习近平庆祝新中国成立70周年系列重要讲话及十九届四中全会精神等“最新篇”。党政班子成员围绕党的政治建设、坚定理想信念、学习贯彻党的十九届四中全会精神等主题开展9次专题研讨，谈体会、找差距、明思路。县四套班子集体到红军西征纪念馆重温入党誓词，接受革命传统教育。各乡镇各部门领导班子普遍开展了不少于7天的读书班，坚持每周安排两个半天集中学习。各级领导班子举办读书班1271天，研讨交流271场次、交流发言1137人次。二是丰富载体灵活学。农村、社区、企业、学校等基层党组织依托新时代文明实践站所、党群活动服务中心等平台，通过“三会一课”、主题党日等形式，采取辅导领学、个人自学、讲微党课、书画摄影展、发表微感言等生动鲜活、喜闻乐见的方式，组织党员学习原文、用心感悟。持续深化马克思主义民族观宗教观学习教育，向基层党组织编印下发《学习读本》5000册，开展“习近平关于民族宗教工作重要论述大宣讲”24场次，教育引导广大党员牢固树立党的意识、党员意识。县委对全县村（社区）党组织书记开展为期5天的专题培训班，各党委分层举办党员轮训班53期11239人次。各级党组织按照就近就便原则，开展革命传统教育799场次，形势政策教育892场次，先进典型教育1399场次，警示教育716场次。三是紧扣节点广泛学。结合庆祝中华人民共和国成立70周年，通过举办“不忘初心、牢记使命”主题诗歌朗诵晚会、“壮丽七十年、奋斗新时代”、“民族团结进步月”等大型文艺会演，举行万人“同升一面旗、共唱一首歌”暨“我和我的祖国”快闪活动，组织广大党员干部集中收听收看国庆大会盛况等，深入开展爱国主义教育，深入学习党史、新中国史。举行“缅怀革命先烈、传承红色基因”主题烈士公祭日活动，举办“党的好战士—张富清同志先进事迹情景报告会”，开展向“人民楷模”王有德和“最美奋斗者”裘志新、李进祯学习活动，激励引导广大党员干部对标先进典型、身边榜样，进一步坚定信仰信念信心、凝聚团结奋斗力量。

三是深入调研检视，查准找实问题。坚持开门搞教育，通过走访座谈、蹲点调研、微信平台、网络信箱等方式，把“群众提、自己找、相互帮”结合起来，拓宽听取意见渠道，找准找实突出问题。一是深入调研找问题。县级领导坚持“六不一直接”，深入田间地头、入园企业、种养基地、学校医院、宗教场所等基层一线蹲点调研632次，形成农村软弱涣散基层党组织整顿提升、优化营商发展环境等28篇调研报告，调研发现问题203条。县委主要领导带头为村党组织书记讲专题党课，深入基层宣讲党的十九届四中全会精神，带动各级领导到分管领域、基层联系点讲党课456场次。各乡镇各部门领导班子聚焦主责主业，重点围绕扫黑除恶专项斗争、优势特色产业发展、持续深化民族团结进步创建等方面，深入基层调研3471次，查找问题2015条，形成调研报告418篇。先后召开调研成果交流会73场次，进一步找准问题、查明原因、理清思路，推动调研成果转化。二是对标对表查问题。全县各级党组织通过发放征求意见表、召开座谈会、公开脱贫热线电话、设置征求意见箱、网络信箱等方式，征求各类意见建议51479条。其中，县四套班子504条，乡镇部门7014条，基层党组织43961条。县委常委会率先召开“对照党章党规找差距”专题会议，班子成员坚持把自己摆进去、把工作摆进去、把职责摆进去，聚焦“18个是否”检视问题144条。各级领导班子对照初心使命，反思工作弱项，深挖思想根源，共对照检视问题3568条，逐一列出问题清单，为精准整改打牢了基础。三是检视剖析摆问题。坚持把开好专题民主生活会和组织生活会作为检验主题教育成效的一项重要内容。县委常委会坚持高标准、严要求，严格按照“四个对照”“四个找一找”的要求检视问题，从思想、政治、作风、能力、廉政方面剖析原因，明确整改措施，达到了红脸出汗、排毒治病的效果。自治区党委常委、组织部部长石岱对县委常委会专题民主生活会给予充分肯定。各级党委（党组）领导班子紧扣主题主线，严格标准要求，检视问题864条，制定整改措施933条；班子成员检视问题4172条，制定整改措施4530条，互相提出批评意见2479条，专题民主生活会普遍开出了高质量新气象。各基层党组织精心召开专题组织生活会，党支部班子围绕开展主题教育、严格党员教育管理、联系服务群众、改进工作作风等方面检视问题3290条，制定整改措施3625条；党员围绕党员意识、担当作为、服务群众、遵守纪律、作用发挥等方面检视问题33734条。按照个人自评、党员互评、民主测评的程序，组织进行民主评议党员，使广大党员经受了一次严格的党内政治生活锻炼。

四是坚持问题导向，狠抓整改整治。坚持从一开始就改起来，始终奔着问题去，盯着问题改，以向问题“叫板”赢得群众“叫好”，以整改成效检验主题教育成果。一是专项推进抓整治。坚决落实党中央和区市党委确定的专项整治任务，结合实际新增 “整治干部队伍建设结构不优、年轻干部储备不够”内容，确定了“8+2+2+1”专项整治任务，成立专项整治领导小组，分别由县级领导牵头主抓，明确责任单位和参与单位，分项制定13个专项整治方案，同时将 “景观亮化工程过度化问题”纳入专项整治内容，共梳理出问题670个，细化整改措施1012条，实行清单化管理、项目化推进。整改完成633个，在整改并长期坚持的37个。针对各类巡视督察检查反馈脱贫攻坚、生态环保、扫黑除恶、宗教领域等方面的问题150个，组建专班、归口办理，已全部整改到位，其中需要长期坚持11个。二是立说立行抓整改。紧盯群众的操心事烦心事揪心事，坚持立说立行，即查即改，切实让群众切身感受主题教育带来的新气象新变化。针对优质教育资源不足问题，划拨10亩土地用于幼儿园建设、规划建设第十小学、实施改扩建第三小学，解决了2006年以来全县所有特岗教师养老保险遗留问题，大力推动教育均衡发展和资源配置优化。针对看病贵、就医不便、医疗水平有限等难题，全面推行“先住院后付费”诊疗模式，并通过实施“互联网+医疗”服务模式，与北京307医院、福建泉州第一医院等医疗机构建立了远程联合会诊系统，实行网上预约挂号、自助缴费等便民措施。县财政筹措资金3494万元成立担保基金，撬动银行贷款1.69亿元，累计减免税费8309万元，有效解决了中小微企业融资难、发展后劲不足等突出问题。各级党组织聚焦群众急难愁盼，共梳理边查边改问题3批次7359条，已整改落实6323条，为群众办实事12119件。三是着眼长远建机制。各级党组织坚持“当下改”与“长久立”相结合，坚持边实践边总结边提升，探索建立健全一批管根本、利长远、重实效的制度机制，持续巩固深化主题教育成果。围绕持续深入学习贯彻习近平新时代中国特色社会主义思想，县委常委会坚持完善理论学习中心组制度，把跟进学习习近平重要讲话和重要指示批示精神作为常委会会议首要议题，深入实施“习近平新时代中国特色社会主义思想教育培训计划”，举办各类党员干部培训班21期5135人次。依托红军西征纪念馆设立“不忘初心、牢记使命”红色文献展，打造“习近平新时代中国特色社会主义思想一条街”，打造党员干部学习贯彻习近平新时代中国特色社会主义思想、锤炼提升党性的政治“熔炉”。围绕促进党员干部担当作为真抓实干，县委制定积极响应“社会主义是干出来的”伟大号召、激励广大干部新时代新担当新作为22条措施，坚持“三个区分开来”，严管厚爱并重、纠错容错并举，对11名影响期满的干部重新任用，提拔重用60名在脱贫攻坚一线埋头苦干的优秀干部，彰显了实干担当的用人导向。围绕提升基层党组织组织力，强化党员教育管理，建立健全软弱涣散村党组织整顿“四个一”机制、村（社区）“两委”成员县级联审、村党组织书记县级备案管理、党员信教参教联审联控、监督排查、党内关怀帮扶等制度，清理受过刑事处罚、存在涉黑涉恶等问题村“两委”成员65人，设立党内关怀帮扶资金50万元，先后对119名违纪违法党员给予党纪处分。围绕密切联系服务群众，持续深化“放管服”改革，梳理四级四同政务服务事项1226项，27个部门467项行政许可事项进驻政务服务中心，“不见面、马山办”网上可办率达到81%。研究制定了《加强新时代基层民政工作，提高为民服务能力实施方案》，健全完善了“1+5”制度体系，倾力打造新时代民政工作“同心样板、河西模式、同德做法”。围绕破解影响改革发展稳定的痛点难点堵点，研究出台农村环卫市场化服务体系、开展依法治理宗教事务及落实乡村两级责任制试点、农村集体产权制度改革等38项长效机制，稳步推进优化营商环境、互联网+教育等89项改革任务，提出了建立健全完善现代乡村治理体系及劳务管理办法等一批制度机制，把建章立制和解决问题有机统一，进一步深化了主题教育成果。

二、主要成效

全县主题教育认真学习贯彻习近平重要讲话精神和党中央决策部署，按照区、市党委部署要求，聚焦根本任务，紧扣目标要求，把握重点措施，有力有序推进。自治区党委高度重视，自治区党委常委、组织部部长石岱深入同心县调研督导，对抓好主题教育作出了指示、提出了要求，给予了有力指导。市委第五指导组全程把关、精心指导。县委常委会以上率下、示范带动，各单位迅速行动、有序推进，广大党员积极参与、主动投入，全县主题教育在理论学习有收获、思想政治受洗礼、干事创业敢担当、为民服务解难题、清正廉洁作表率等方面取得了明显成果。市委第五指导组组织开展的随机测评中，党员干部群众对全县主题教育总体评价为“好”的达97.9%、“较好”占2.1%。

一是在学懂弄通做实上下功夫，理论学习有了新收获。各级党组织牢牢把握学习贯彻习近平新时代中国特色社会主义思想这条主线，把学习教育贯穿始终，全面系统学、深入思考学、联系实际学，持续推动学习往深里走、往心里走、往实里走。县委常委会坚持先学一步、学深一层，将集中学习与个人自学相结合，通过举办读书班、专题研讨交流等方式，坚持读原著学原文悟原理，加深了对习近平新时代中国特色社会主义思想重大意义、科学体系、丰富内涵、实践要求的理解，进一步增强了政治认同、思想认同、情感认同。各乡镇各部门聚焦根本任务，认真学习规定篇目，结合实际思考学、带着问题研讨学，通过理论中心组集中学，个人自学等广泛开展学习。各基层党组织集中学习、互动交流，以理论滋养初心、以理论引领使命论在内心深处扎根铸魂，守初心、担使命的思想自觉进一步增强。

二是在锤炼党性修养上下功夫，思想政治有了新提高。聚焦解决思想根子问题，推动广大党员干部接受了一次生动的政治教育和严肃的党性锤炼。各级党员干部充分发扬自我革命精神和刀刃向内的勇气，对照初心使命、对照党章党规、对照先进典型，对自身思想、政治、作风、廉政、能力等方面存在的问题深入剖析检视，严肃认真的开展批评与自我批评，普遍接受了一次深刻的党性锻炼，从讲政治的高度谋发展、作决策、抓落实的自觉性和主动性更强了，确保了党中央决策部署和区市党委工作要求在同心落地落实落细。各基层党组织通过开展“四项教育”，加强爱国主义教育，组织学习党史、新中国史，进一步坚定了理想信念、厚植了家国情怀、传承了红色基因。通过开展主题教育，广大党员干部进一步筑牢了信仰之基，打牢了从政之基，夯实了廉政之基，“四个意识”更加牢固、“四个自信”更加坚定、“两个维护”更加坚决。

三是在推动事业发展上下功夫，干事创业有了新作为。坚持同贯彻落实习近平重要批示指示精神和党中央决策部署结合起来，推动主题教育和中心工作同频共振、相互促进，引导广大党员干部把主题教育中激发出来的工作热情和奋斗精神，转化为推动改革发展稳定各项工作的强大动力。聚焦高质量脱贫摘帽，紧盯“两不愁三保障”突出问题，深入开展“百日攻坚”行动，狠抓责任、政策、工作“三落实”，以“周六一定不休息、周日休息不一定”的干劲，坚持精准方略、下足绣花功夫，以干部脱皮换贫困群众脱贫，全县贫困发生率降至0.61%，县自评、市初审未发现漏评、错退现象，群众认可度95%以上。深入实施乡村振兴战略，研究制定出台了战略规划，形成一核引领、五镇聚集、特色示范、全域提升的“1+5+20+N”的乡村振兴布局，谋划重大项目141个，概算投资446亿元。针对推动高质量发展方面的问题，县委召开十三届十五次全会，制定出台实施意见，大力开展“项目提质增效年”“高质高效招商引资年”，实施重点项目125个，招商落地项目24个，经济发展后劲不断蓄积，内生动力进一步增强，全县经济发展保持稳中有进的良好态势。通过开展主题教育，广大党员干部的担当意识和责任感更强了，以钉钉子精神抓工作落实的劲头更足了，有力地推动了全县各项工作高质量发展。

四是在密切联系群众上下功夫，为民服务有了新成效。坚持以人民为中心的发展思想，力戒形式主义、官僚主义，深入基层、贴近群众，扎实践行群众路线。县党政领导班子围绕教育事业发展、信访突出问题、软弱涣散党组织整顿、企业脱困、冬季供暖等开展6次集体调研，现场解决各类问题70多个。各级党员干部深入基层一线，聚焦群众急难愁盼，察实情、出实招、办实事，以为民谋利、为民尽责的实际成效取信于民。严格落实“基层减负年”部署要求，全县性会议减少40%，普发性文件减少41%，县级层面督查检查考核事项减少39.5%，一票否决和签订责任状事项减少62.5%。全县医疗行业通过健全“互联网+医疗健康”服务体系等措施，真正实现让患者就近就地看病。深入推进“多证合一”，构建了“不见面、马上办”的审批模式，实现了让信息多跑路、让群众和企业少跑腿。投入资金400万元，为全县4083名在编在岗教师免费体检。在全县142个行政村设立民生服务代办点，下沉办理39项便民服务事项，全程贯通服务群众“最后一千米”。狠抓宗教领域突出问题专项整治，韦州清真大寺违法建筑整改顺利完成并投入使用；依法严厉打击非法宣教活动。深入开展扫黑除恶专项斗争，全面开展“10+8”社会乱象整治，打掉涉黑涉恶团伙9个，侦破涉黑涉恶案件46起，有效净化了社会环境。通过开展主题教育，广大党员干部践行群众路线的自觉性、主动性显著增强，自觉同人民群众想在一起、干在一起的意识普遍提高，人民群众的获得感幸福感安全感持续提升，进一步密切了党群干群关系，提升了做好群众工作的能力。

五是在全面从严治党上下功夫，廉政建设有了新气象。坚决贯彻落实新时代党的建设总要求，以刮骨疗伤的勇气、坚决整治一切影响党的先进性、弱化党的纯洁性的问题。坚持反腐败无禁区、全覆盖、零容忍，处置问题线索470件，立案117件140人，给予党纪政务处分131人，移送检察机关9人。持续深化涉农扶贫领域腐败和作风问题专项整治，立案6件8人。坚持"一案三查"破网打伞，处置问题线索236件，立案36件66人，党纪政务处分58人，移送检察机关7人。通过"四个一"措施，"一支一策"整顿软弱涣散党组织66个，清理受过刑事处罚，存在涉黑涉恶等问题村"两委"成员65人。采取"五个一"措施，全面落实监督排查、联审联控等制度，持续从严整治党员信教参教问题。各基层党组织坚持以日常教育为主，组织观看警示教育，接受保密教育，多措并举开展党风廉政教育，教育引导广大党员干部以案为鉴、警钟长鸣，始终保持为民务实清廉的政治本色。通过开展主题教育，广大党员干部的纪律规矩意识明显增强，在知敬畏、存戒惧、守底线上，认识更加清醒、行动更加自觉，进一步筑牢了理想信念高线、思想道德防线、廉洁从政底线。

三、经验启示

不忘初心方能行稳致远，牢记使命才能开辟未来。主题教育期间，全县各级党组织聚焦根本任务，紧扣目标要求，在深入学习中感悟初心使命，在调研检视中找准问题症结，在整改整治中补齐短板弱项，在狠抓落实中体现担当作为，在制度成果转化中提高治理水平和能力。主题教育的实践启示是：

（一）不忘初心、牢记使命，必须筑牢思想根基、坚定理想信念。习近平指出，理想信念是共产党人的政治灵魂，是共产党人初心的本质要求。共产党人只有树立了崇高而坚定的理想信念，才能做到不忘初心、牢记使命。主题教育以来，广大党员干部通过对照党章党规找差距，对照先进典型查不足，进一步明确了从哪里来、到哪里去、为什么人、担什么责的问题，夯实了坚守初心使命的思想根基。只有始终把不忘初心、牢记使命作为必修课、常修课，时常叩问和守护初心，及时修枝剪叶、补钙壮骨，才能把牢理想信念"总开关"；只有在大是大非面前旗帜鲜明，在风浪考验面前无所畏惧，才能在各种诱惑面前立场坚定，在关键时刻让党信得过、靠得住、能放心。

（二）不忘初心、牢记使命，必须强化理论武装、高举伟大旗帜。习近平强调，政治上的坚定、党性上的坚定都源于理论上的清醒。主题教育以来，广大党员干部通过读原著学原文悟原理，切实提高了理论素养、政治素养，坚定了信念、砥砺了初心，增强了自我改造、自我净化的意识，提升了更好为党和人民工作的能力。只有坚持不懈发扬理论联系实际的马克思主义学风，把习近平新时代中国特色社会主义思想作为全党的一项重大政治任务，持续在学懂弄通做实上下功夫，才能用党的创新理论武装头脑、指导工作、推动发展。

（三）不忘初心、牢记使命，必须提高政治站位、做到"两个维护"。习近平强调，旗帜鲜明讲政治是我们党作为马克思主义政党的根本要求。维护习近平党中央的核心、全党的核心地位，维护党中央权威和集中统一领导，是推动新时代中国特色社会主义不断发展前进的根本政治保证。主题教育以来，广大党员干部通过接受红色教育、重温入党誓词等多种形式的初心体验活动，从讲政治的高度谋发展、做决策、抓落实的自觉性和主动性更强了，贯彻落实党中央决策部署的行动更加坚决。只有旗帜鲜明讲政治，自觉严守政治纪律和政治规矩，不断增强斗争精神，提高斗争本领，才能坚决同违背党的初心和使命、动摇党的根基的各种危险作斗争，不断增强"四个意识"、坚定"四个自信"、做到"两个维护"。

（四）不忘初心、牢记使命，必须坚守人民立场、践行群众路线。习近平强调，不忘初心、牢记使命，说到底是为什么人、靠什么人的问题。以百姓心为心，与人民同呼吸、共命运、心连心，是党的初心，也是党的恒心。主题教育以来，各级党组织和广大党员干部坚持以人民为中心的发展思想，深入基层一线，回应群众关切，解决了一批群众最关心最直接最现实的利益问题，拉近了干群关系，得到了群众拥护。只有想问题、作决策、办事情始终站在群众的立场上，通过各种途径了解群众的意见和要求、批评和建议，真抓实干解民忧、纾民怨、暖民心，才能让人民群众获得感、幸福感、安全感更加充实、更有保障、更可持续。

（五）不忘初心、牢记使命，必须勇于自我革命、永葆政治本色。习近平指出，勇于自我革命，是我们党最鲜明的品格，也是我们党最大的优势。主题教育以来，各级党组织和广大党员干部以正视问题的自觉和刀刃向内的勇气进行自我革命，切实增强了守初心、担使命的思想自觉和行动自觉，干事创业、担当作为的精气神得到提振，群众最急最忧最盼的一些问题得到有效解决，找差距、抓落实和突出问题专项整治成效明显，推动了各项工作落实落细落地。只有以居安思危的政治清醒、坚如磐石的战略定力、勇于斗争的奋进姿态，才能在遇到重大风险挑战、重大工作困难、重大矛盾斗争时处乱不惊，敢于闯关夺隘、攻城拔寨。

四、存在问题及下一步打算

全县主题教育进展顺利、成效明显，也还存在一定的差距和不足，主要表现在：一是对学习习近平新时代中国特色社会主义思想还需持续用力，在学思用贯通、知信行合一上还有差距；二是整改整治上还需持续发力、久久为功，整改力度还需进一步加大、整改责任还需进一步靠实；三是“不忘初心、牢记使命”的制度机制需进一步健全完善。下一步，我们将坚决贯彻落实党中央和自治区党委部署要求，结合学习贯彻党的十九届四中全会精神和自治区党委十二届八次、九次全会精神，持续强化理论武装，加大整改落实力度，注重完善制度机制，不断巩固深化主题教育成果。

（一）持续强化学习教育。坚持把理论武装放在首要位置，总结运用集中学习、专题研讨、交流互学等有效做法，持续推动习近平新时代中国特色社会主义思想往深里走、往心里走、往实里走，进一步增强政治认同、思想认同、理论认同、情感认同。坚持把学习宣传贯彻党的十九届四中全会精神作为当前和今后一个时期重要政治任务，组织广大党员干部通过“三会一课”“学习强国”“网上平台”等开展学习交流，引导党员干部深刻认识中国特色社会主义制度和国家治理体系的科学内涵、本质特征和显著优势，认真领会、准确把握新时代推进国家治理体系和治理能力现代化的目标任务、重大举措和工作要求，切实把学习成果转化为增强“四个意识”、坚定“四个自信”、做到“两个维护”的政治自觉，转化为践行初心使命的不竭动力，转化为守好促进民族团结、维护政治安全、改善生态环境“三条生命线”、实现高质量脱贫摘帽、推动全县经济高质量发展的实际行动。

（二）持续用力抓好专项整治。持续深化13个专项整治，对整治工作情况进行全面“回头看”，对专项整治任务完成情况进行一次全面盘点，查漏补缺，完善措施，确保取得实际成果。对已经完成的，明确巩固提高的具体要求；对尚未整改到位的，研究提出进一步深化整治的措施和办法。坚持开门搞整治，整治情况在适当范围内公布，接受党员群众监督，切实做到问题不解决不松劲、整改不到位不罢休、群众不满意不放过。

（三）健全完善制度机制。围绕建立不忘初心、牢记使命的制度，巩固和深化主题教育成果，引导和推动广大党员干部把不忘初心、牢记使命作为加强党的建设的永恒课题，作为全体党员、干部的终身课题。探索建立学习贯彻习近平新时代中国特色社会主义思想、贯彻落实习近平重要指示批示精神以及巩固专项整治成果、联系服务群众等方面的长效机制，推动党员干部永葆初心、勇担使命。结合整顿软弱涣散基层党组织，提炼总结主题教育期间好的经验做法，有机融入“三会一课”、组织生活会、主题党日等现有制度，引导党员严格遵守、自觉践行，确保党的各项制度在基层落地见效。同时，教育引导广大党员干部强化制度意识，严格按照制度履行职责、行使权力、开展工作，做遵守制度、维护制度、执行制度的表率。

（四）层层压紧压实责任。自觉扛起政治责任，持续强化组织领导，压紧压实各级党委（党组）书记第一责任人责任，层层传导压力，推动主题教育一以贯之、取得实效。继续强化督促指导责任，坚持标准、履职尽责、严督实导。紧扣“四个到位”要求，适时组织开展主题教育“回头看”，确保主题教育善始善终、善作善成。

（县委组织部）

大事记

1月

1日 同心县在黄谷川滑雪运动场举行庆祝改革开放四十周年暨新年徒步登高全民健身活动，全县各单位干部职工、企业员工、体育各协会成员约500人参加。

2日 同心县召开2019年脱贫攻坚誓师大会，安排部署2019年脱贫攻坚工作。吴忠市委副书记朱云出席会议，吴忠市委常委、同心县委书记马洪海出席会议并讲话，县委副书记、县长丁炜主持会议。

8—9日 自治区政府主席咸辉先后到王团镇圆枣村闽宁协作扶贫车间、宁夏伊杨万头安格斯肉牛繁育基地、中核防护科技公司等地，就脱贫攻坚、民生保障和“大棚房”清理整治工作进行调研。

11日 吴忠市委常委、同心县委书记马洪海主持召开全县2018年度党组（党委）书记落实全面从严治党暨抓基层党建和党风廉政建设述职述责述廉汇报会，总结上年从严治党和抓党建、抓党风廉政建设工作检验，安排部署2019年全面从严治党向纵深发展工作。

15日 吴忠市文化科技卫生“三下乡”集中示范活动在丁塘镇团结村举行，吴忠市各主办单位共为同心县赠送价值280余万元的物资。

17日 根据《中国共产党党组工作条例（试行）》，经县委研究决定，设立和撤销县人民政府有关工作部门、直属事业单位党组，党组成员一般设3~7人。

是日 同心县中学生罗淑婷、杨晓楠获得国家足球三级运动员称号。

21日 吴忠市委常委、县委书记马洪海，政府县长丁炜到县统计局调研第四次全国经济普查工作。

24日 中国共产党同心县第十三届委员会第十三次全体会议在县城新区召开， 会议由县委常委会主持，市委常委、县委书记马洪海代表常委会作报告。

是日 全县党风廉政建设和反腐败工作会议传达十九届中央纪委三次全会、自治区纪委十二届三次全会和吴忠市纪委五届四次全会精神，马洪海、丁炜、王自成、田成川等县四套班子领导参加会议。

28日 县家具建材行业商会成立。

29日 县城镇化领导小组2019年第一次会议召开，对工业经济发展规划进行研究。

31日 春节之际，县四套班子领导马洪海、王自成、田成川到武警县中队、县人武部和县消防救援大队慰问。

是日 同心县举行2019年春节联欢晚会，马洪海、王自成、田成川等县四套班子领导与全县干部群众代表观看演出。

是月 夜莺合唱团在中国香港议香园大剧院举办的“2019世界舞台春节联欢晚会香港盛

世录制暨第二十九届世界大舞台中国文艺交流走进港澳”文艺比赛上荣获一等奖。

是月 全县100名建档立卡家庭高中女生获彩虹公益“春蕾计划”助学金，每人1200元。

是月 县公安局在自治区公安厅公布的2018年度执法考评和群众对公安机关满意度“群众执法满意度”测评为96.98%，名列全区各县（市、区）第一。

是月 县纪委监委举办首期村务监督委员会培训班，对全县149名村监会主任进行专题培训。

是月 自治区党委常委、组织部部长盛荣华到县走访慰问部分生活困难党员和兴隆乡王团村驻村工作队。

2月

1日 郑永璘任县人民政府副县长（挂职）。

2日 同心举办2019年新春团拜会，县四套班子领导与各界代表出席团拜会。

15日 同心召开2019年全县安全生产工作会议暨县安委会第一次会议，传达学习国务院总理李克强对全国安全生产电视电话会议的重要批示精神，通报2018年全县安全生产工作情况，安排部署2019年全县安全生产工作。

16日 市委常委、县委书记马洪海，县长丁炜对全县2019年脱贫出列村扶贫项目推进情况进行调研。

17日 市委常委、县委书记马洪海主持召开脱贫攻坚专题会议，听取扶贫工作进展情况汇报，安排部署工作。

18日 县领导马洪海、丁炜、田成川在同心会见中核集团董事长、党组书记余剑锋，并签订了产业扶贫开发协议。

22日 县委政法工作会议和全县扫黑除恶专项斗争推进会召开，会议总结上年工作，安排部署2019年工作。

27日 同心召开宣传思想工作暨精神文明建设表彰大会，研究部署全县宣传思想工作。会议对2018年度全县宣传思想文化工作先进集体和先进个人、精神文明暨民风建设先进集体和先进个人，同心县第六届“道德模范”，同心县第三届“美德少年”，县级文明单位、文明村镇、文明校园等进行表彰奖励。

3月

1日 县委召开新任职干部集体谈话会，市委常委、县委书记马洪海出席会议并讲话。

2日 市委常委、县委书记马洪海在王团镇主持召开县、乡两级党委书记抓党建促脱贫2019年第1次会议，听取各乡镇抓党建促脱贫攻坚工作情况汇报。

4日 在下马关镇三山井村举行“学雷锋志愿服务月”系列活动启动仪式，活动以“传承雷锋精神助力脱贫攻坚”为主题。

5日 全县各界干部群众通过不同方式收听收看十三届全国人大二次会议开幕式盛况。

是日 县长丁炜在县城调研全县棚户区改造工作。

6日 全县党的建设工作会议召开，总结上年组织和统战工作，安排部署2019年工作。

8日 同心县在豫海回民中学举办 “巾帼心向党 建功新时代”三八妇女节联欢晚会，县领导与广大干部职工、群众等观看晚会。

是日 全县举行2019年重点项目集中开工仪式，市、县领导沈左权、马洪海、丁炜等参加开工仪式。2019年计划实施重点建设项目135个，总投资213亿元。

12日 市委常委、县委书记马洪海和政府县长丁炜在同心会见天津银行党委书记、董事长李宗唐，双方就金融支持扶贫工作进行深入交流。

12—14日 全县100名驻村第一书记暨乡

镇扶贫干部集体充电，通过课堂理论讲座和优秀扶贫影片展播的方式，从农村工作方法、乡村振兴战略、扶贫政策解读、项目编制、资金使用和管理等方面对参培人员进行了培训。

18日 全县农村工作暨农村人居环境整治工作会议传达学习中央农村工作会议、自治区和吴忠市农村工作会议暨农村人居环境整治工作会议精神。与各乡镇签订2019年农村人居环境整治和高效节水灌溉工作责任书。

20日 政府县长丁炜到清水河县城段、羊绒产业园、城东防护林、王团镇堡子掌村调研全县部分项目建设和生态造林工作。

21日 市委常委、县委书记马洪海到圣雅戈（宁夏）建材有限公司天然石膏综合利用项目建设点、宁夏回春生物科技有限公司年深加工1万吨葡萄籽产业化项目点，调研全县工业企业项目建设情况。

是日 全县宣传思想文化系统强“三性”增“四力”教育实践工作启动会传达学习2019年全国“两会”精神、全区全市宣传思想战线开展强“三性”增“四力”教育实践工作启动会精神。安排部署全县开展强“三性”增“四力”提升宣传思想文化战线干部队伍本领素质教育实践工作。

是日 自治区扫黑除恶专项斗争第三督导组到河西镇政府、市场、桃山村，豫海镇豫园社区，石狮管委会等地，督导全县扫黑除恶专项斗争工作。

22日 市委常委、县委书记马洪海到张家塬乡调研贫困村脱贫攻坚工作。

23日 吴忠市委常委、县委书记、县委财经委主任、县委全面深化改革委员会主任、县委审计委员会主任马洪海主持召开县委财经委员会第一次会议、县委全面深化改革委员会第一次会议、县委审计委员会第一次会议。传达学习中央及区、市党委财经委员会会议精神和中央及区、市党委全面深化改革委员会会议精神。审议通过《中共同心县委财经委员会工作规则（送审稿）》《同心县委全面深化改革委员会工作规则（送审稿）》《同心县委审计委员会工作规则（送审稿）》等，并听取相关工作情况汇报。

是日 举行“光荣之家”挂牌启动仪式，为烈属、军属和退役军人家庭悬挂光荣牌。市委常委、县委书记马洪海，县长丁炜参加仪式。

27日 市委常委、县委书记马洪海调研全县中小学思想政治工作，并召开全县中小学思想政治理论课教师座谈会，听取部分学校校长和教师关于中小学思想政治理论课的建议和意见。

28日 团中央青年志愿者行动指导中心调研组到县调研大学生志愿服务“西部计划”工作开展情况。3月，全县“西部计划”志愿者在岗服务人数46人，其中全国项目志愿者39人。

是日 市委常委、县委书记马洪海到兴隆乡调研脱贫攻坚工作，了解贫困户生产生活、产业发展、危房改造、自来水入户等情况。

28—29日 全县驻村工作队员培训班开班，邀请县委党校讲师及教育、卫健、就业、扶贫、公安等相关负责人围绕习近平新时代中国特色社会主义思想、《中国共产党章程》、马克思主义民族观宗教观、教育扶贫、健康扶贫、就业扶贫、脱贫攻坚档案资料规范整理、扫黑除恶斗争、乡村振兴战略等政策进行解读。

29日 福建省宁夏产业扶贫考察团到同心县考察产业发展情况。考察团表示将通过以购代捐等方式，助力同心县脱贫攻坚。

是日 2019年全县安全生产工作会议暨县安委会第二次全体（扩大）会议传达学习中共中央总书记习近平、国务院总理李克强对江苏响水天嘉宜化工有限公司“3·21”爆炸事故重要批示指示精神及石泰峰、咸辉的批示精神。通报2019年全县第一季度安全生产工作情况，安排部署全县安全生产工作。县政府县长、县安委会主任丁炜出席会议并讲话。

30日 县长丁炜会见江苏东润集团董事长郑奕雄一行，双方围绕项目的规划、成本投资、品牌打造、种植规模和运营模式等方面进行深入交流、探讨。

4月

1—20日 以“清洁村庄、生态宜居”为主题的村庄清洁行动“春季战役”在全县展开，旨在建设绿色家园和建设美丽宜居乡村。

2日 全县农村食品安全管理工作会议学习《中华人民共和国食品安全法》及中共中央办公厅、国务院办公厅《地方党政领导干部食品安全责任制规定》。会议要求要建立长效监管机制，从根本上改善农村食品安全环境，坚决杜绝食品安全事故的发生。

是日 邀请专家为全县党员领导干部举办贯彻落实中央八项规定精神及其实施细则精神专题辅导讲座。

是日 全县消防、森林草原防灭火暨防汛抗旱工作会议传达学习全国森林草原防灭火和防汛抗旱电视电话会议精神，区、市2019年消防工作会议精神。通报2018年度消防工作及考核情况，2018年度森林草原防灭火和2018年防汛抗旱工作情况，安排部署2019年消防、森林草原防灭火和防汛抗旱工作。

3日 中央环保督察及“回头看”反馈问题整改工作推进会安排部署中央环保督察反馈问题整改工作，会议要求各乡镇、各相关单位要切实提高政治站位，坚决整改落实中央环保督察及“回头看”反馈问题，坚决打好污染防治攻坚战，全面完成整改销号，助力全县生态文明建设迈上新台阶。

4日 举行“清明祭英烈”活动，深切缅怀为国家独立、民族解放、人民幸福而英勇牺牲的革命先烈，大力弘扬伟大革命精神，激励全县广大干部群众继承先烈遗志，汇聚起高质量打赢脱贫摘帽攻坚战的强大精神力量。

是日 县长丁炜检查全县春季造林绿化工作和森林草原防火工作。

是日 市委常委、县委书记马洪海调研田老庄乡深度贫困村脱贫攻坚工作。

9—12日 自治区政协副主席张守志带领调研组到马高庄乡、田老庄乡、河西镇、兴隆乡等地，就围绕如何促进贫困地区劳动力转移就业进行专题调研。

11日 市委常委、县委书记马洪海督查调研全县生态建设及绿化开展情况，现场分析研判、破解难题。

12日 全县2019年生态环境保护工作会议通报2018年度环境质量目标和污染防治任务完成情况，安排部署2019年生态环境保护工作，与各部门、乡镇签订2019年生态环境保护目标任务责任书。

13日 市委常委、县委书记、县扶贫开发领导小组组长马洪海，主持召开县扶贫开发领导小组2019年第5次会议，研究审定《自治区扶贫办调研督导同心县脱贫攻坚工作反馈问题整改方案（送审稿）》和县政府党组脱贫攻坚9个专项方案（送审稿）。

是日 在新区滨河运动广场举办“万步有约”健步走活动。

16日 市委常委、县委书记马洪海到丁塘镇、河西镇、石狮开发区、豫海镇等地，调研非建档立卡边缘户和建档立卡贫困户脱贫攻坚情况和农村人居环境工作。

是日 下马关镇新园村扶贫车间正式投入运营，车间2018年10月建成，总投资350万元，占地1800平方米。2018年11月引进灵溪帽业国际贸易有限公司入驻。

17日 吴忠市政府市长喜清江到张家塬乡、下马关镇、韦州镇等地，调研脱贫攻坚工作。吴忠市委常委、县委书记马洪海到下马关镇调研脱贫攻坚工作。中国作协创联部副主任包宏烈到同心县调研少数民族文学创作工作。

是日 自治区人大检查组先后到污水处理厂、人工湿地及清水河生态修复建设现场检查水污染防治工作。

19日 中核集团一级集采产业扶贫推进会暨“同心”服装签约仪式在北京举行，国务院扶贫办社会扶贫司有关负责人、团中央扶贫助困处相关领导，中核集团董事、党组副书记祖斌，县长丁炜出席签约仪式。

20日 自然资源部调研组一行先后到河西镇丁家二沟生态移民迁出区、旱天岭生态移民迁入区、菊花台村枸杞种植基地、丁塘镇小山村等地，调研同心县生态移民迁出区耕地退耕和基本农田退出、生态移民迁入区建设用地使用、枸杞种植及土地利用、村庄内部细化等情况。

22日 同心县自然资源局机关委员会成立。

22—27日 对24户被征收人房屋进行集中依法拆除。

23日 吴忠市政协副主席李焕民一行到润通农机服务有限公司、宁夏伊牧云农林牧科技开发有限公司等地，调研农业社会化服务体系工作。

27日 市委常委、县委书记马洪海围绕“两不愁三保障”突出问题到丁塘镇调研脱贫攻坚工作。

29日 县法院首次公开宣判马某华等6人涉恶案件。

是日 中国梦、劳动美“与共和国同成长，与新时代齐奋进”五一劳动节颁奖晚会暨庆祝中华人民共和国成立70周年文艺演出在县文化广场举行，晚会歌颂劳动精神，点赞劳模工匠并为“五一劳动奖状”“五一劳动奖章”“工人先锋号”获得者颁奖，马洪海、丁炜、田成川等县四套班子领导与全县干部群众共同观看演出。

30日 上午，县四套班子领导在行政中心和各界青年代表一同观看纪念五四运动100周年大会盛况，聆听习近平重要讲话。

是日 下午，召开纪念五四运动100周年大会，学习贯彻全国纪念五四运动100周年大会精神，表彰奖励2015—2018年度同心青年五四奖章获得者、全县优秀共青团员、全县优秀共青团干部、全县五四红旗团委。

5月

4日 “青春心向党·建功新时代”纪念五四运动100周年青少年优秀文艺作品展演在文化广场举行。市委常委、县委书记马洪海等县四套班子领导出席晚会，并为青少年文艺作品大赛获奖单位颁奖。

7日 2019年总河长第一次会议传达学习区市总河长第三次会议精神，通报2018年河湖长制工作开展情况，安排部署 2019年河湖长制工作。市委常委、县委书记、总河长马洪海与各河湖长签订责任书。

9—10日 福建省工商联到石狮管委会满春村、河西镇同德村开展“百企帮百村”台账交叉检查工作，并提出宝贵意见和建议。

13日 自治区政府副主席马汉成带领水利厅、生态环境厅、住房城乡建设厅等相关厅局负责人到县调研清水河治理工作。

14日 以县委组织部、宣传部、县检察院、扫黑办联合组织的扫黑除恶专项斗争以案释法宣讲大会，在河西镇下河湾村举行。

是日 县公安局在红寺堡境内成功破获一起特大贩卖运输毒品案，抓获犯罪嫌疑人3名，缴获毒品海洛因20袋8千克，扣押运毒车1辆。

16日 同心县与宁夏医科大学总医院签订技术合作协议，开展医疗帮扶工作。

20日 民政部党组书记、部长黄树贤率民政部蹲点调研组到县就贯彻落实习近平关于民政工作的重要指示精神和第十四次全国民政会议部署，推动脱贫攻坚兜底保障、发展养老服务和儿童福利、加强基层民政工作等进行蹲点调研并召开民政工作座谈会。在召开的座谈会上，同心县、盐池县、红寺堡区分别汇报了民政工作情况并提出了意见和建议。

21日 市委常委、县委书记马洪海到河西镇调研督导扫黑除恶专项斗争进展情况。

22日 市委常委、县委书记马洪海到河西镇旱天岭村、田老庄乡套塘村、下马关镇新园村，围绕“两不愁三保障”突出问题、产业发展、政策落实等工作，调研深度贫困村脱贫攻坚及产业发展。

是日 市委常委、县委书记马洪海到马高庄乡调研脱贫攻坚工作。

5月 国家林草局调研组到韦州镇已垦草原治理试点项目区、下马关镇枸杞种植基地、张家塬乡文冠果种植基地调研同心县林业和草原工作。调研组要求，要切实做好退耕还林、森林管护、草原防火等工作。

6月

11日 同心县召开“两代表一委员”督导全县脱贫攻坚工作培训会，围绕“两不愁三保障”问题、如何做到精准识别、精准脱贫，怎样发展产业等内容向与会代表和委员详细介绍了全县脱贫攻坚工作进展，就如何更好地开展督导检查工作做了培训。县人大常委会主任王自成、县政协主席田成川参加会议。

是日 市委常委、县委书记马洪海到王团镇调研扫黑除恶专项斗争进展情况，听取王团镇脱贫攻坚、扫黑除恶、“三化”治理工作情况汇报。

12日 中央扫黑除恶第20督导组督导宁夏回族自治区工作动员会在银川召开，马洪海、丁炜等县四套班子领导，各乡镇、各部门负责人在同心分会场收听收看会议。

13日 2019中国志愿医生行动·宁夏站启动仪式在同心县举行。中国医师协会医师志愿者工作委员会主任委员凌锋向宁夏志愿医师活动授旗，专家代表分别与同心县、泾源县、隆德县、西吉县、彭阳县医院负责人签订建立专项工作站协议书，并为工作站授牌。

14日 市委常委、县委书记马洪海到河西镇调研脱贫攻坚和扫黑除恶专项斗争工作。

17日 同心县在河西镇上河湾村、同富村开展扫黑除恶专项斗争以案释法宣讲活动，为当地群众讲解法律法规。

是日 同心新时代文明实践中心建设试点工作推进会传达全区新时代文明实践中心建设试点工作专题会议精神，通报全县工作建设情况。

17—20日 同心县举办“互联网+创新素养教育”背景下中小学教师素养大赛总决赛，共有34名教师参加比赛。

18日 全县扫黑除恶专项斗争以案释法宣讲活动到王团镇虎湾子村为当地群众讲解法律法规。

是日 助力同心县脱贫攻坚的首部健康扶贫题材微电影《同心》在新区职业教育学校多功能厅举行首映式，现场同步通过“《吴忠日报》、“微吴忠”微信公众平台正式向全国进行首播。

是日 市委常委、县委书记马洪海到县公安局、县法院、县检察院、县纪委监委，专题调研扫黑除恶专项斗争进展情况，并对这些部门提出具体要求。

20日 自治区人大常委会副主任董玲带领检查组到河西镇旱天岭村扶贫车间、田老庄乡套塘村红葱种植地等地，检查《宁夏回族自治区农村扶贫开发条例》实施情况及督办165号代表建议。

是日 中央扫黑除恶第20督导组到县开展督导工作，督导组分组到纪委监委、法院、检察院、公安局、农业农村局等地开展督导工作，了解扫黑除恶专项斗争开展情况，倾听群众呼声，督促问题整改。

21日 宁夏高校红色文化教育实践基地在红军西征纪念园正式挂牌成立。

23日 中国文联、中国曲协文艺志愿服务团的文艺工作者在“庆祝中华人民共和国成立70周年·壮丽七十年·奋进新时代”“中国文联、中国曲协文艺志愿服务团‘送欢乐’走进宁夏同心县慰问演出”期间，到同心红军西征纪念园，开展“不忘初心、牢记使命”主题党日活动。

25日 2019年上半年经济运行调度会召开分析上半年全县经济运行及经济发展形势，研究部署下一阶段重点任务，听取全县经济运行、项目建设、上争项目资金、招商引资、项目入库、财政运行及“八大支出”、两个收入、扶贫项目建设及资金支付等情况汇报。

26日 中核集团董事、总经理、党组副书记顾军带领考察人员在县领导马洪海、丁炜的陪同下，先后到河西镇旱天岭肉牛养殖园区、村党支部，石狮满春村生态鸡养殖园区、中核（宁夏）同心防护科技有限公司等地，调研同心县经济社会发展、脱贫攻坚及中核集团帮扶产业发展等情况。

是日 中核环保党委书记、董事长吴秀江到同心，围绕“以产业扶贫为抓手，推动同心高质量发展”“党建在混合所有制企业发挥作用”等内容进行“不忘初心、牢记使命”专题调研。

27日 在建党98周年来临之际，吴忠市市长喜清江，市委常委、县委书记马洪海看望慰问已故优秀共产党员遗属、生活困难党员和老党员。

7月

1日 人民日报社宁夏分社社委委员、社长李增辉一行先后到河西镇同德村枸杞种植基地、扶贫产业园等地，采访调研脱贫攻坚取得的成效及好经验、好做法。

5日 市委常委、县委书记马洪海到县公安局扫黑办，对全县涉黑涉恶案件侦破、办理进展情况进行调研督办。听取办案人员对侦破的黑涉恶案件办理情况汇报。

是日 市委常委、县委书记马洪海一行到县农业农村局，对中央扫黑除恶第20督导组下沉县农业农村局督导时反馈的问题整改落实情况进行现场调研督导，并集体约谈县农业农村局党组班子成员及相关干部。

7日 “决战脱贫攻坚决胜全面小康”中央网络媒体宁夏行采访团在县长丁炜的陪同下到河西镇同德村枸杞种植基地，采访精准脱贫典型经验。

8日 由县委组织部、县委党校举办的全县中青年干部培训班正式开班。培训为期一个月，邀请党校教师围绕中国特色社会主义理论思想，全面学习研究贯彻落实习近平的讲话精神，坚决打赢打好脱贫攻坚战、扫黑除恶专项斗争、牢牢把握意识形态工作主动权、践行绿色发展理念·建设美丽生态同心等内容，对来自全县各乡镇、部门33岁以下的38名骨干青年干部进行培训。

10日 县人大常委会组织部分人大委员和代表先后到丁塘镇团结村黄花基地、石狮管委会黑套子村玉露香梨套种蔬菜基地等地，通过实地查看、听取汇报，调研全县现代特色农业产业发展情况。

11日 “‘走访新宁夏、见证新发展’——长三角主流媒体宁夏行”采访团第二分团先后到河西镇同德村枸杞种植基地、旱天岭村扶贫车间等地，采访枸杞产业发展、扶贫车间、扶贫产业园、脱贫攻坚实施情况。

是日 民政部社会救助司司长刘喜堂带领调研组先后到县财政局、残联、扶贫办开展第二阶段蹲点调研，通过召开座谈、听取介绍的形式，就推动脱贫攻坚兜底保障、发展养老服务和儿童福利、加强基层民政工作等情况进行调研。

16日 宁夏壹德农牧科技研发有限公司为田老庄乡146户建档立卡贫困户及边缘户捐赠价值4.3万余元的米、面、油。

是日 同心县启动“三先开路话脱贫”宣读活动。宣讲组由县委党校教师、基层党组织书记、驻村第一书记、脱贫光荣户、致富带头人组成，为老百姓讲述脱贫致富故事，激发群众致富信心。

17日 全国政协副主席卢展工带领全国政协教科卫体委员会及部分全国政协委员到同心县，围绕“推进健康中国战略”开展专题调研。

17—18日 福建省永春县考察团到县考察，并签订“科技创新合作”协议书。

18日 山东省人大常委会党组副书记、副主任王良一行在吴忠市委常委、县委书记马洪海，县人大常委会党组书记、主任王自成的陪同下，到县考察宗教事务管理工作。

是日 全县新能源项目建设推进会议听取新能源项目建设总体情况汇报，研究解决各项目单位在项目建设过程中需要解决的相关事宜。

26日 县领导马洪海、丁炜、王自成、田成川走访慰问参战退伍军人、带病回乡退伍军人、现役军人家属。

28日 中央扫黑除恶第20督导组督导宁夏回族自治区情况反馈会在银川召开，马洪海、丁炜、王自成、田成川等县四套班子全体领导等在同心县分会场收听收看会议。

30日 全区深化“放管服”改革优化营商环境电视电话会议召开，县长丁炜等县领导及有关部门负责人在同心县分会场收听收看会议。

是日 吴忠市委常委、统战部部长兰德明带领吴忠市统战工作暨“双创”活动互观互检观摩团，到石狮管委会满春村中核集团同心生态鸡扶贫产业园、丁塘镇等地，观摩同心县2019年统战工作暨民族团结进步创建活动和乡村两级宗教属地管理主体责任落实工作开展情况。

是日 在第92个八一建军节来临之际，县四套班子领导看望慰问武警宁夏总队吴忠支队同心中队官兵、同心县消防救援大队官兵、县人武部官兵，向他们送去了党和政府的关怀及节日的祝福。

是日 全县2019年第二批重点项目集中开工暨国网宁夏电力有限公司妙岭750千伏输变电工程项目开工仪式，在国网宁夏电力有限公司妙岭750千伏输变电工程项目点举行。马洪海、丁炜、王自成、田成川等县四套班子领导及县直有关部门、各有关企业及施工单位代表参加开工仪式。

是日 马洪海、王自成、田成川等县领导到同心大道跨清水河大桥至永安街道路工程建设点及周边棚户区项目点，实地调研市政项目建设情况。

是日 吴忠市委常委、县委书记马洪海，县长丁炜，县人大常委会主任王自成，县政协主席田成川等县领导参加2019八一“军事日”活动。

7月 全县教育系统开展中小学暑期集中“大走访、大排查、大劝学”活动，目的是控制义务教育辍学现象发生。

8月

1日 在滨河运动广场举行升国旗仪式，庆祝中国人民解放军建军92周年。马洪海、丁炜等县四套班子领导参加升国旗仪式。

是日 县长丁炜主持召开全县脱贫攻坚专题会议，研究审定“扶贫保”保费审计结算资金等相关事宜。

2日 新时代文明实践“养殖路上话脱贫”集中志愿服务活动在河西镇旱天岭村举行。

是日 吴忠市副市长马中勇一行到黄谷川健康运动特色小镇调研全域旅游示范创建工作。

4—5日 县长丁炜带队到福建省永春县开展闽宁协作对接招商引资活动，与永春县签订“牛羊肉、生态鸡”等一系列农副产品销售合作协议。

6日 市委常委、县委书记马洪海先后到田老庄乡、张家塬乡、马高庄乡调研脱贫攻坚及文冠果种植情况。

7日 全县扫黑除恶专项斗争领导小组会议传达学习中央扫黑除恶第20督导组督导宁夏回族自治区情况反馈会及督导报告主要精神，研究审定《同心县贯彻落实宁夏回族自治区扫黑除恶专项斗争督导报告的整改方案（送审稿）》。

8日 在全国第11个“全民健身日”，同心县在滨河运动广场举行2019年“全民健身日”活动启动仪式。

16日 依法对影响银平街棚户区改造基础设施项目等10个重点工程项目顺利实施的70户被征收人房屋进行全面拆除。

是日 吴忠市“十万家庭学礼仪”活动到同心县开展礼仪专场培训。

17日 共青团泉州市委捐赠图书暨“泉州青年”图书角揭牌仪式在兴隆乡新生小学举行。

18日 由自治区党委组织部联合自治区党委宣传部、文明办举办，固原宁红艺术剧院有限公司演出的大型现代眉户剧《丁香花开》到同心县巡演。

19日 同心县启用无人机巡逻，减少河湖巡查盲区，以保证全县河湖长制各项工作顺利开展。

是日 “壮丽70年·点赞新宁夏”第十五届全国网络媒体宁夏行采访团到同心县扶贫产业园进行采访。

20日 同心县举办河湖长制工作推进培训班，邀请自治区水利厅专家授课，课程内容以《全面实施河湖长制，建设美丽新宁夏》为题作分析和讲解。

20—21日 全县公务员专题轮训开班，从《中华人民共和国公务员法》解读，马克思主义民族观、宗教观，预防职务犯罪，习近平新时代中国特色社会主义思想四个方面内容进行培训。

22日 自治区人大常委会组织部分人大常委会委员、人大代表对同心县《中华人民共和国禁毒法》《宁夏回族自治区禁毒条例》落实情况进行检查。

是日 举行“希望工程圆梦行动·励志助学金”和“中国茅台·国之栋梁”助学金发放仪式，共为107名家境贫困大学新生每人发放2000~5000元的助学金。

24日 福建省泉州市市长王永礼在市、县领导喜清江、马洪海、丁炜的陪同下，到河西镇等地调研同心县产业脱贫、发展需求等情况。

25日 公开招聘乡村幼儿园教师笔试在南安实验小学举行，共计532人参加考试。

是日 福建省作家协会会员、中国电视艺术家协会会员孙永明到同心县采风。

29日 自治区党委常委、纪委书记、监委主任许传智一行，先后到河西镇旱天岭村、新区污水处理厂等地，调研同心县脱贫攻坚及信访工作。

30日 自治区政府副主席王和山一行调研同心县民政工作。

是日 全国人大常委会委员、全国人大民族委员会副主任委员哈尼巴提·沙布开带领调研组先后到河西镇旱天岭村、丁塘镇丁塘村等地查看、走访贫困户，调研同心县脱贫攻坚工作及固海扬黄灌溉工程建设运行情况。

31日 中国共产党同心县第十三届委员会第十五次全体会议在行政中心召开，吴忠市委常委、县委书记马洪海代表县委常委会作开幕式和闭幕式讲话。

8月 举办农村户用厕所改造模式暨产品展示现场观摩评选会，来自山东、甘肃、宁夏等区内外的16家企业19种农村卫生厕所建设模式参加评选。

9月

2日 是全县学校、幼儿园新开学第一天，马洪海、丁炜、王自成、田成川等县四套班子领导分别为学校师生做了思想政治教育专题讲座。

3日 中核集团党组成员、副总经理李清堂带领考察组先后到援建的旱天岭村养殖园区、满春村生态鸡养殖园区、中核（宁夏）同心防护科技有限公司等地调研脱贫攻坚及帮扶产业发展等情况。

6日 召开全县扫黑除恶专项斗争推进会议，听取落实中央扫黑除恶第20督导组督导宁夏回族自治区反馈意见整改进展情况汇报，安排部署扫黑除恶工作。

9日 召开庆祝2019年教师节表彰大会，全县对20个先进集体、330名先进个人、5个教育世家及100名乡村教师进行表彰奖励。

10日 组织收听收看全区“不忘初心、牢记使命”主题教育第一批总结暨第二批部署视频会议。

是日 市委常委、县委书记马洪海会见伊利集团总裁助理苏玉峰一行，双方就合作事宜进行协商。

是日 全县“迎大庆、保安全、保稳定”工作电视电话会议召开，传达学习习近平关于信访工作的重要批示精神和《中央信访工作联席会议办公室、国家信访局关于“不忘初心、牢记使命”主题教育中整治突出问题的通知》等，安排大庆期间全县安全生产工作和信访工作。

10日 自治区人大考察组先后到河西镇旱天岭村、扶贫产业园，参观考察脱贫攻坚工作。

是日 2019年第三季度新闻通气暨脱贫富民主题采访会在同心县召开，多家媒体参加会议并围绕同心县“脱贫富民”进行采访。

12日 全县“不忘初心、牢记使命”主题教育部署会议召开，传达中央和全区“不忘初心、牢记使命”主题教育第一批总结暨第二批部署会议、全市“不忘初心、牢记使命”主题教育部署会议精神。

14日 同心县成立畜牧业协会并召开第一届理事会。

14—16日 全县各单位相继召开“不忘初心、牢记使命”主题教育部署会议，传达中央、自治区“不忘初心、牢记使命”主题教育第一批总结暨第二批部署会议和全市、全县“不忘初心、牢记使命”主题教育部署会议精神，对本单位、本部门开展主题教育进行动员部署。

17日 在全县范围内开展为期一个月的垃圾集中清理整治专项行动，对建筑垃圾、医疗垃圾、餐厨垃圾、有害垃圾、生活垃圾、农村垃圾和可回收垃圾进行重点整治。

17—30日 开展脱贫摘帽县级自评工作，由市直机关和盐池县、隆德县、泾源县、彭阳县等4县选派的调研人员和县“两代表一委员”及县扶贫办工作人员共计204人，组成12个自评工作组，对全县所有行政村各项指标达标情况、农户“一收入、两不愁三保障”达标情况进行自评。

18日 县委理论学习中心组（扩大）学习会邀请自治区社科院院长张廉作关于“不忘初心、牢记使命”主题教育专题辅导报告。

19日 同心县举行庆祝中华人民共和国成立70周年“不忘初心、牢记使命”我和我的祖国诗歌朗诵晚会。

20日 在庆祝中华人民共和国成立70周年之际，中央宣传部、中央文明办向同心县未脱贫建档立卡户赠送780台电视机。

是日 县公安、检察、医护、教师、学生及机关干部职工代表等千余人在红军西征纪念园参加庆祝中华人民共和国成立70周年暨“我和我的祖国”新时代黄河大合唱活动。

21日 同心县举办“中华民族一家亲、同心共筑中国梦”民族团结月专场文艺演出。

23日 宁夏第34届青少年科技创新大赛同心赛区表彰大会在县城第一小学召开，大会表彰奖励在大赛中获奖的58名学生和46名辅导教师。

23—27日 全县农村（社区）党组织书记培训班开班仪式在县委党校举行，围绕“不忘初心、牢记使命”主题，通过集中学习、观看影片、参加测试、交流发言等方式进行集中培训。

24日 按照全县“不忘初心、牢记使命”主题教育相关部署要求，吴忠市委常委、县委书记马洪海，政府县长丁炜等党政领导班子成员，深入校园开展集中调研，并到红军西征纪念馆缅怀革命先烈，重温入党誓词。

是日 全县秋冬季农田水利建设暨秸秆综合利用启动电视电话会议召开，安排部署全县农田水利建设、秸秆综合利用工作任务。

25日 中共中央宣传部、中央组织部、中央统战部等在人民大会堂表彰奖励“最美奋斗者”，同心县李进祯被授予“最美奋斗者”称号。

26—28日 在中华人民共和国成立70周年之际，吴忠市委书记沈左权和县四套班子领导分别看望慰问全县部分离休老干部、先进模范人物，为他们送去党和政府的关怀，并致以节日的问候。

30日 市委常委、县委书记马洪海主持召开县委“不忘初心、牢记使命”主题教育领导小组第一次会议，传达学习自治区工作座谈会精神，听取全县工作进展情况汇报，研究审定开展专项整治方案等工作。

是日 全县干部职工和各界群众到烈士陵园，追思革命历史，缅怀英雄先烈，祝福伟大祖国繁荣富强。

是日 全县第五届民族团结进步表彰大会表彰奖励36个模范集体和76名模范个人。

10月

7日 县党政领导班子集体调研河西镇桃山村脱贫攻坚、扫黑除恶及软弱涣散基层党组织整顿工作。

9日 市委常委、县委书记马洪海，县长丁炜接见参加中华人民共和国成立70周年大阅兵归来的县人武部军事科参谋王自明。

是日 市委常委、县委书记马洪海专题督导调研全县扫黑除恶专项斗争工作进展情况及中央扫黑除恶第20督导组反馈问题整改进展情况。

11日 辽宁省人大常委会党组成员、副主任康捷一行到河西镇同德村等地，调研脱贫攻坚工作。

是日 全县扫黑除恶专项斗争培训班在县委党校开班，各乡镇（开发区）、县扫黑除恶专项斗争领导小组成员单位负责人及档案资料收集工作人员参加培训。

13日 市委常委、县委书记马洪海主持召开县委常委会“不忘初心、牢记使命”主题教育对照党章党规找差距专题会议。

13—14日 西藏自治区副主席江白带领考察组到河西镇同德村、扶贫产业园、城东防护林等地，考察同心县脱贫攻坚工作。

15—16日 自治区党委常委、组织部部长石岱带领调研组到王团镇、河西镇等地，就脱贫攻坚、基层党建、“不忘初心、牢记使命”主题教育开展情况等进行暗访调研，并召开座谈会。

17日 市委常委、县委书记、县委退役军人事务工作领导小组组长马洪海主持召开县委退役军人事务工作领导小组第一次全体会议。

18日 全县驻村帮扶、结对帮扶工作会议传达习近平、李克强对脱贫攻坚工作重要指示精神，通报全县帮扶工作情况，安排全县帮扶工作。会议要求抓紧最后有限、有效的时间，确保实现高质量脱贫摘帽。

21日 国家文物局副局长、国家革命文物办公室主任顾玉才到红军西征纪念馆、博物馆等地调研革命文物保护工作。同心县现有各级文物保护单位25处，其中国家文物保护单位3处、宁夏回族自治区文物保护单位6处、同心县文物保护单位16处。共有红色文化遗址20处，其中全国重点文物保护单位1处、省级文物保护单位1处、县级文物保护单位4处。

22日 自治区党委常委、宣传部部长李金科带领调研组到县，调研全县脱贫攻坚工作进展情况。

23日 吴忠市委常委、县委书记马洪海专题调研全县工业经济运行及重点项目建设情况，并现场研究解决企业在生产经营中遇到的困难和问题。

28日 自治区人大常委会党组副书记、副主任李锐到河西镇旱天岭村调研脱贫攻坚工作。

28—29日 全县开展“习近平关于民族宗教工作重要论述”大宣讲活动。

30日 自治区政协主席崔波到县调研整合优化、企业发展等情况，吴忠市委常委、县委书记马洪海，县政协主席田成川等陪同。

是日 全县扫黑除恶专项斗争专题会议召开，传达学习全国扫黑除恶专项斗争第二次推进会精神，研究贯彻意见等。

10月31日至11月1日 新华社宁夏分社社长王磊一行到县，就全县医疗、教育事业发展、脱贫攻坚、经济社会发展等方面情况进行采访。

10月 全县开展社会信用体系建设宣传活动。

11月

5日 同心县召开党政领导班子“不忘初心、牢记使命”主题教育调研成果交流会，吴忠市委常委、县委书记马洪海主持会议，吴忠市委“不忘初心、牢记使命”主题教育第五指导组组长马福荣到会指导。

6日 自治区人大常委会副主任董玲带领调研组到县调研国土绿化行动。

是日 同心县脱贫退出自治区行业部门专项检查汇报会召开，初步统计贫困发生率为0.46%，零错退、零漏评，群众认可度98.29%。

7日 自治区党委常委、宁夏军区政委潘武俊，宁夏军区副政委丁学仁等一行到所在帮扶村韦州镇河湾村调研脱贫攻坚工作，并参加韦州红星少年军校揭牌仪式。

是日 由自治区扶贫办组织的全区扶贫车间建设管理观摩团，到河西镇旱天岭村扶贫车间、宁夏新丝路服饰有限公司同德村扶贫车间等进行观摩。

是日 庆祝第二十个记者节表彰会议总结2019年广播电视新闻宣传工作，并表彰优秀新闻工作者。

12日 同心县联合开展集中销毁问题食品行动，共出动执法车辆6台次，销毁各种问题食品价值3.6万余元。

13日 自治区观摩团到县观摩河湖建设工作，主要观摩整治规范12家矿山企业，拆除取缔2家砖厂，恢复治理河道12.9千米、场区45万平方米，关停占用行洪沟道经营场地4处，整治非法采取地下水水井39眼，处罚污水处理厂应急泄洪口等事宜。

17日 全县136名孤儿获得34万元爱心助学金捐赠。

20日 同心县举办中共十九届四中全会精神辅导报告会，吴忠市委常委、县委书记马洪海围绕中共十九届四中全会精神作专题辅导报告。

22日 国家发改委检查组到县，检查指导“十三五”易地扶贫搬迁工作。

23日 自治区党委宣传部副部长、文化和旅游厅党组书记刘军一行到黄谷川健康运动特色小镇，调研全域旅游工作。

26日 西安土地督察局负责人到河西镇，专题督查同心县第三次国土调查工作。

27日 农业农村部调研组一行到县督导调研全县农牧民补助奖励政策落实情况，通过座谈交流听取基层意见、深入农户调查摸排的方式，督导调研全县农牧民补助奖励政策落实情况。

29日 同心县成立枸杞协会。

30日 同心县通过政府招标，与托养机构签订合同，为300户残疾人家庭提供生活照料、家政服务、康复保健、精神慰藉等托养服务。

12月

1日 自治区政府副秘书长、闽宁协作帮扶工作队队长黄水木到石狮开发区等地，调研闽宁协作帮扶工作。

1—7日 在全县开展宪法进企业、进农村、进校园、进军营等“宪法宣传周”系列活动。

13日 举办政务公开能力提升培训班，对乡镇政府、县政府部门、政府直属单位、区（市）属有关单位及8个群团组织单位人员进行培训。

16日 县长丁炜到下马关镇陈儿庄村、田老庄乡李家山村为党员和村民代表宣讲中共十九届四中全会精神和自治区党委十二届八次全会精神。

是日 人保财险“四助惠残”活动在县城综合养老中心举行，向60名残疾学生发放助学金。

25日 吴忠市非公有制经济人士“感恩老区行暨民族互助”活动资助金发放仪式在县回民中学举行，为全县50名贫困高中生每人发放1000元助学金。

27日 团县委召开2019年大学生“西部计划”志愿者工作总结表彰大会，对30名“西部计划”志愿者进行表彰奖励。

31日 县消防救援大队揭牌成立。

是日 中国共产党同心县委十三届十六次全体会议在县行政中心召开，全会由县委常委会主持，市委常委、县委书记马洪海向全会作报告。

（周玉兰）

同心概览

地理人文

【地理环境】 同心县位于宁夏中南部干旱核心地带，东与吴忠市盐池县、甘肃省庆阳市环县相邻，南与中卫市海原县接壤，西与中卫市海原县和中宁县相邻，北与中卫市中宁县、吴忠市红寺堡开发区及吴忠市太阳山管委会接壤，总面积4662平方千米。县政府驻地豫海镇，是全县政治、经济、文化中心。

【地形地貌】 同心县境地处鄂尔多斯台地与黄土高原北部衔接地带，海拔1240～2625米，属丘陵沟壑区。地貌类型主要有山脉、黄土丘陵、河谷滩地、沙漠塬地等，地形复杂，山川纵横交错，呈南高北低之势。苦水河和清水河自南向北横贯东部和西部流入黄河。

【土地资源】 同心县土地总面积3298.39平方千米，耕地面积为260419.78公顷。其中，水浇地为25692.59公顷，园地1732.88公顷，林地57642.04公顷，草地175352.27公顷；城镇及工矿用地16147.52公顷，交通运输用地4575.95公顷，水域及水利设施用地3908.26公顷；其他土地44787.95公顷。

【矿产资源】 同心县境内矿产资源有煤炭、石膏、白云岩、冶镁白云岩、灰岩等18个矿种，矿产地60余处，其中以煤炭、冶镁白云岩、石膏的资源储量尤为丰富。煤炭资源主要分布在韦州、窑山地区，地处县境东部，韦州矿业探明储量32亿吨，窑山探明储量7885万吨，矿区面积13.73平方千米。冶镁白云岩主要分布在韦州地区，探明储量3.5亿吨。石膏资源主要分布在兴隆地区，已探明储量有10亿吨。

【气候气象】 同心县属典型的温带大陆性气候，降水稀少，四季分明，日照充足，昼夜温差大，干旱缺水是最大的自然特征。主要气象灾害有大风、沙尘暴、干旱、热干风、霜冻、冰雹、雷暴雨，其中干旱出现频率最高，危害性最大，故有“十年九旱”之说。

【建置沿革】 同心地区在夏、商、周时为雍州地，战国时属义渠国，秦时属北地郡，汉时置县，属安定郡。隋时县境分属他楼县及鸣沙县，唐代在他楼县置缘州（今韦州地区），县境西南地区属缘州，韦州仍属灵武郡鸣沙县。唐咸亨三年（672年），在韦州地置安乐州，安置吐谷浑部族。唐大中三年（849年）改安乐州为威州。宋金元时期属西夏国，设韦州静塞军，后改祥佑军。元时属甘肃行省宁夏府路，明初隶属陕西布政使司。清朝同治年间，置平虏（平远）守御千户所（驻预旺城），隶属固原卫，后改卫为府，韦州、同心城属宁夏府灵州辖地。清同治十三年（1874年）置平远县，驻下马关。民国时期，平远县先后改名为镇戎县和豫旺县。1936年，红军解放同心地区，建立苏维埃豫旺县和豫海县。1938年，豫旺县城驻地迁至同心城并改名为同心县。1949年10月，正式成立同心县人民政府。1954年3月后，同心县先后归宁夏省河东回族自治区、甘肃省河东回族自治区、甘肃省吴忠回族自治州。1958年，同心直属宁夏回族自治区。1972年，同心归属宁夏回族自治区银南地区。1982年6月，在县城增置同心镇。1984年1月，将全县所有公社改为乡。同时，组建河西乡。1986年3月，改韦州、下马关2乡为镇，1992年，改预旺乡、王家团庄乡为预旺镇、王团镇，撤销河西乡，分设为河西镇和丁家塘乡（后改为丁塘乡）。1998年，成立吴忠市，同心由宁夏回族自治区吴忠市管辖。

【区划变迁】 1998年5月，宁夏银南地区撤地设市，成立吴忠市，同心属宁夏吴忠市管辖。同年12月，成立吴忠市红寺堡开发区，划新庄集乡和韦州镇的两个村归红寺堡管辖。1999年9月，在韦州镇太阳山地区成立太阳山开发区管委会（为吴忠市政府派出机构，享有县一级经济管理权限），从韦州镇析出太阳山矿区地区归吴忠市直辖。2000年，县境内有韦州镇、下马关镇、预旺镇、同心镇、河西镇、王团镇6个镇和城关乡、丁家塘乡、纪家乡、窑山乡、喊叫水乡、下流水乡、新庄集乡、田老庄乡、马高庄乡、张家塬乡、羊路乡11乡及石狮管委会（未批镇）、石炭沟区（虚拟乡）2个开发区。2002年9月，自治区政府批准将石炭沟（扬黄灌溉）开发区（乡级）划归红寺堡开发区。2003年，同心完成乡镇区划调整工作，将原6镇11乡调整为7镇4乡2个管委会，调整幅度为31.3%。全县各乡镇人口规模由调整前的2.13万人增加到3.1万人。全县土地总面积为6487.8平方千米。2004年，改同心镇为豫海镇，同时韦州镇管辖的太阳山矿区区划变动，分别划归吴忠市太阳山工业园和红寺堡开发区太阳山工业园、同心太阳山工业园管辖。同年，中卫市成立，划喊叫水乡、下流水乡归中卫市中宁县管辖。2006年，太阳山工业园同心园区合并到吴忠太阳山工业园，由吴忠市直接管理。同时，将县属管辖的韦州镇巴庄村、塘坊梁村划归移交吴忠太阳山开发区代管。2007年，将中卫市海原县兴隆乡的兴隆村整体全部和甘掌子村局部划归同心管辖，划归的面积约为20.4平方千米。2007年，启动全面实施宁夏中部干旱带县内移民工程（简称为生态移民工程），首批重点实施下马关节灌（一期）等8个生态移民项目区，新建11个移民区，致使县境内人口流动和变动较大，主要由县东南部的张家塬乡、马高庄乡、预旺镇和田老庄乡流向下马关镇，其他山区乡镇一部分移民重点向灌区河西镇流动。2008年，海原县管辖的兴隆乡整体全部划归同心县管辖。

【行政级别】 2009年，自治区党委常委会研究通过，并经国务院批复同意，同心实行“省直管县”改革试点。自此，担任县委书记和政府县长的领导原则为副厅级职务。2010年，同心稳步实施扩权强县改革试点工作，抢抓改革政策机遇，确保自治区下放的100项经济社会管理权限落实到位。2015年年末撤销窑山管委会。截至2019年年末，县辖内有豫海镇、河西镇、韦州镇、下马关镇、预旺镇、王团镇、丁塘镇7镇，田老庄乡、马高庄乡、张家塬乡、兴隆乡4乡，石狮1个管委会，142个行政村，5个城市社区居委会。

【人口发展】 2019年年末，全县户籍人口382532人。其中，乡村人口261568人，占总人口的68.4%；城镇人口120964人，占总人口的31.6%；回族人口331442人，占总人口的86.6%。2019年年末，城镇登记失业人数613人，失业率为3.8%。全县常住人口339003人，其中城镇人口139703人，城镇化率达41.21%。人口出生率为19.71‰，比上年下降0.41个千分点；人口死亡率为6.43‰，比上年上升0.86个千分点；人口自然增长率为13.28‰，比上年下降

1.27个千分点。

【水资源量】 县境内水资源总量为2.03亿立方米，降雨时空分布不均，多年平均降雨量为260毫米，平均径流深7.6毫米，全县年可利用的水量为1.55亿立方米。其中，地表径流0.32亿立方米，地下水0.17亿立方米，客水1.06亿立方米。全县人均占有年径流量的143立方米，是全国平均水平的1/19，属水资源奇缺地区之一。

经济建设

【经济社会发展】 2019年，同心县以脱贫攻坚统揽经济社会发展全局，坚持稳中求进工作总基调，全力做好稳增长、促改革、调结构、惠民生、防风险各项工作，全县经济社会保持良好发展势头。全年地区生产总值增长10%；规模以上工业增加值增长28.3%；社会消费品零售总额增长4.5%；公共财政预算收入增长8.4%，公共财政预算支出增长6.3%；城乡居民人均可支配收入分别增长7.8%、11.9%，部分主要经济指标走在全区前列，主要约束性指标完成区市下达任务。

【农业农村经济】 2019年，全县农业实现新提升，按照“稳粮、增经、扩饲、节水”的思路，持续深化“公司+基地+农户+科技服务团队+基层党建”产业扶贫模式，围绕草畜、有机枸杞、中药材、圆枣4个主导产业及小杂粮、芦笋、黄花、红葱等特色优势产业，着力培育壮大“4+X”特色产业，累计发展有机枸杞14万亩、留床中药材16万亩、圆枣8万亩、文冠果23万亩、小杂粮35万亩、芦笋0.2万亩、黄花1.6万亩、葡萄1.2万亩、红葱4万亩，肉牛、滩羊、黑毛驴、生猪饲养量分别达到23万头、190万只、0.7万头和0.9万头。韦州肉牛、下马关黑毛驴和芦笋，河西有机枸杞，田老庄红葱，预旺和马高庄中药材、小杂粮，张家塬乡文冠果等“一乡一业”“一村一品”特色产业成为脱贫富民的重要支撑。扶持打造9个产业扶贫示范村，培育4家扶贫龙头企业、10家扶贫合作组织，带动2000余户建档立卡贫困户增加收入。培育发展国家级示范社14家、区级28家、市级42家，发展培育家庭农牧场191家。实施种植业优新技术示范推广、动物保护、农业产业化等52个项目，建设完成富硒农产品生产基地4个，打造和发展富硒农产品品牌4个。“润德庄园”6大系列40余种产品代表宁夏枸杞亮相新中国成立70周年宁夏专场新闻发布会，菊花台庄园、润德生物科技产品分别荣获2019年中国北京世界园艺博览会国际竞赛优质果品大赛金奖和银奖，同心银柴胡上榜第三批全国名特优新农产品名录。全面完成142个行政村的农村集体资产清产核资和125个行政村133万亩土地确权，农业发展的协调性、互补性增强，多元化、特色化、规模化特征显现，进一步拓宽了农民增收的路子。

【工业经济】 同心县实施工业强县战略，工业经济保持平稳发展态势。着力在调结构、扩园区、广招商、上项目、抓落实上下功夫，新增规模以上企业2家，总数达到62家。开工建设扶贫产业园拓展区，加快建设“智慧园区”，新入园银山等7家企业，累计达到78家，投产58家，吸纳就业3250人，园区主导产业占比达到98%以上，园区承载能力稳步提升。核准（备案）新能源项目262.6万千瓦，新能源产业正成为改变产业结构、促进发展方式转变的新兴力量。兑现促进工业经济发展奖补资金479.8万元、落实技改奖补资金500.8万元，为14家企业发放贷款5460万元。围绕“轻新健”工业布局，完成园区扩规调位，入园企业达到78家，主导产业占比80%，累计建成扶贫车间23个。新能源装机总容量达到235万千瓦，新增专精特新示范企业2家、标杆企业1家。全年自治区认定科技型中小企业4家、星创天地1家，完成R&D投入2874万元，强度达到0.41%，盘活“僵尸企业”3家，新增规模以上企业6家。提升第三产业，实施永安路商业街及商贸综合体、河西农贸市场改造等12个服务业项目。创业担保、风险补偿、助贷三大基金撬动银行贷款22.3亿元，境内61家小微企业在宁夏股权托管交易中心挂牌，成立畜牧、枸杞等3家产业协会，开通邮乐网“同心扶贫馆”，建成“大美同心”电商平台。

【农业特色产业】 同心县深入推进农业特色产业扶贫行动，以民生工程为抓手，以提升农业特色产业扶贫质量为方向，以产业指导制度落实为纽带，强力推进农业特色产业扶贫工作。实施神华宁煤肉牛养殖、罗山东麓葡萄种植等127个特色产业项目，完成项目投资68亿元。围绕“4+X”（“4”指有机枸杞、草畜、中药材、圆枣4个主导产业，“X”指其他多种产业）农业布局，累计发展有机枸杞9333.33公顷、文冠果19333.33公顷、葡萄800公顷，种植小杂粮23333.33公顷、红葱2666.67公顷，中药材留床面积10666.66公顷，肉牛、滩羊、生猪饲养量分别达到23万头、190万只、0.9万头。新增高效节灌面积7100公顷，粮食生产实现16年连续丰收。

【第三产业】 第三产业是全县经济发展的新引擎，服务业快速发展，经济发展的新动能不断壮大。同心县坚持改造提升传统产业和发展新业态并举，打造永安路商业街及商贸综合体，田家塬艺术小镇、黄谷川西部健康运动小镇、罗山东麓葡萄产业特色小镇加快建设，启动建设满春村游客服务中心。深化“一司一县”帮扶，同亳中药材等42家小微企业在宁夏股权托管交易中心挂牌，开通邮乐网“同心扶贫馆”，27款全县优质农产品上线，40余种农产品上线中石化“易捷加油”、中国扶贫网、中核集团、来三斤、拼多多等电商平台，服务业业态趋向多元化，融合发展势头良好。全年实现社会消费品零售总额286500万元，比上年增长4.3%。其中，城镇消费品零售额239371万元，比上年增长4.5%；乡村消费品零售额47129万元，比上年增长3.3%。其中，国有经济71139万元，比上年增长3.7%；集体经济143万元，比上年增长4.4%；私营经济31314万元，比上年增长9.7%；个体经济166657万元，比上年增长3.8%；其他各种经济17247万元，比上年增长3.3%。全年批发零售贸易业实现245645万元，比上年增长2.7%；住宿和餐饮业实现零售额40854万元，比上年增长15.6%。

【城乡建设】 2019年，同心县实施“城市精细化管理年”活动，按照老城区改造贯通大提升、新区完善配套大提质、镇区规范管理精细化的目标，实施城乡建设项目68个，其中全面开工建设42个，开工面积75.6万平方米，完成拆迁任务2400套，完成棚改安置入住890套。按照“产业兴旺、生态宜居、乡风文明、治理有效、生活富裕”总要求，高标准建设丁塘美丽宜居小城镇、韦州历史文化古镇等5个特色小镇和12个乡村振兴示范村工程。实施农村人居环境整治三年行动计划，全面完成农村环卫市场化服务体系建设改革，扎实推进农村“厕所革命”，完成农户改厕4125户，张家塬乡折腰沟村被农业农村部确定为全国10个旱厕示范村之一。加快城乡一体化发展，全面拉开县城框架，建成同心大道、G70连接线等13条市政主干道；新建停车场7个，完成棚改拆迁2400套，城镇化率达到43%；高标准建设丁塘美丽宜居小城镇和12个乡村振兴示范村、7个美丽村庄，美丽惠安村建设入选全国乡村治理示范村，全县城市功能显著提升、农村面貌焕然一新。

【项目建设】 全年计划实施重点项目135个，开工建设项目125个，其中包括22个自治区重点项目和11个市级重点建设项目，计划总投资213亿元，计划年内完成投资140亿元。印发《同心县以商招商奖励办法》，实现引进招商项目24个，概算总投资120.22亿元，实际到位资金38.89亿元；争取项目资金289项39.6亿元。是年上半年项目开工率达到80%以上，投资完成率达到50%以上，确保实现首季“开门红”，为全年“打胜仗”“摘穷帽”、推动经济持续健康发展奠定坚实基础。2019年“首季开门红”项目50个，包括宁夏银山能源化工有限公司年产65万吨油气伴生综合利用、宁夏同德爱心循环科技2x10万吨粗苯轻加氢精制和低质煤热解改质造气等项目，总投资84.6亿元，年度计划完成投资52.5亿元。全年争取项目资金44.9亿元，招商到位资金45亿元，超额完成自治区、吴忠市下达任务。完成形象投资66亿元，投资完成率55%。

【道路交通】 同心交通便利，宝中电气化铁路贯通全境，福银、京藏高速及国道G109和省道S101、S203、S304穿境而过，加之众多的县道、乡道，形成便捷的交通网络。2019年，同心县加大“四好农村路”（把农村公路建好、管好、护好、运营好）建设力度，狠抓交通重点项目建设，全年新建、改建、续建农村道路536千米。其中，三级以上公路133千米，四级公路132千米，村组巷道271千米。危桥改造17座完成生命防护工程22380米，概算总投资48544万元。

【水利发展】 2019年，同心县争取并实施了农村安全饮水巩固提升项目、灌区供水项目、水土保持项目、中小河流治理项目及防洪工程等28处水利建设项目，一是实施农村饮水安全巩固提升、农村饮水安全巩固等9个农村饮水安全工程，总投资1.18亿元，解决全县142个行政村33.97万农村供水人口的安全饮水问题，使全县农村饮水安全覆盖率达100%，自来水普及率达99%，供水保证率达95%，水质基本达标，水量、用水方便程度和供水保证率均达标，实现了由喝水难到有水喝，从有水喝到喝上“安全水”“放心水”的历史性飞跃，彻底告别直接饮用苦咸水和窖水的历史；二是实施节水和供水项目5处，总投资3.2亿元，其中，预旺水库片区高效节水灌溉工程（骨干工程），总投资9204.43万元；三是丁塘镇固海扬水现代化灌区工程，总投资2179.5万元；四是罗山东麓葡萄种植基地供水工程，总投资17166万元。

【水土保持】 2019年，同心县稳步推进水土保持综合治理工作，一是实施套塘小流域水土流失综合治理等5处水土保持项目，总投资1370.13万元；二是持续推进中小河流治理，实施了边浅沟、蔡家滩文家沟等综合治理项目6处，总投资9147.73万元，治理河沟道37.3千米；三是推进防洪减灾工程，实施折腰沟防洪治理等防洪工程3处，总投资1293.73万元。年末，全县累计控制水土流失面积530平方千米，累计治理水土流失面积41平方千米。全县逐步形成以大流域为骨架，小流域为单元，山、水、田、林、路、沟综合治理，林、果、粮、草立体开发的水土保持生态建设模式。同心县境逐步形成防洪减灾整体体系。

政治建设

【新时代思想建设】 同心县从思想上建设党，坚持用习近平新时代中国特色社会主义理论思想体系武装全党。加强党的思想建设，教育全党坚持解放思想、实事求是、与时俱进的思想路线，持续推进意识形态工作向深走，充分发挥“学习强国”平台作用，共认证党组织69个，建立非党员学习组织36个，参与人数11497人。深入挖掘报道好支书丁建华、种树人赵建浦、守护长城人贺文希等一批先进典型，进一步激发党员干部学先进、争先进、赶先进的热情。强化网络安全，制定《网络安全和信息化委员会工作规则》等制度，深化爱国主义教育，通过举办“不忘初心、牢记使命”主题党日等系列活动，传承红色基因，引导群众树立正确的国家观、民族观、历史观、文化观。深入推进核心价值观“六进”（进广场、送进社区、送进乡村、送进学校、送进企业、送进军营）活动，通过打造核心价值观主题公园、街区，在县电视台、微信公众平台等持续刊登推送核心价值观公益广告等，推动核心价值观入脑入心。深化公民思想道德建设，深化移风易俗行动，认真开展“红白理事会工作加强年”，扎实推进新时代文明实践16个试点工作，举办移风易俗培训98场次，文明新风逐步形成。热烈庆祝建党98周年和中华人民共和国成立70周年，举办主题晚会、诗歌晚会、花儿文艺晚会等系列活动140场次，群众爱党爱国情感不断激发。

【政治建设】 同心县坚持把党的政治建设摆在首位，旗帜鲜明讲政治。持续深入学习贯彻习近平新时代中国特色社会主义思想和中共十九大精神，认真学习习近平对宁夏工作的重要指示批示和到宁夏视察重要讲话精神，先后组织县委中心组学习20次，集体交流研讨6次，邀请专家开展专题讲座7场次，县委中心组成员形成调研报告70余篇，在全县开展理论政策宣讲1200余场次，持续在学懂弄通做实上下功夫，引导党员干部切实增强“四个意识”，坚定“四个自信”，做到“两个维护”。围绕“破网打伞”，共处置疑似涉黑涉恶腐败和“保护伞”问题线索236件，了结184件，立案36件59人，给予党纪政务处分46人，移送检察机关7人，有效净化政治生态。

【组织建设】 同心县不断加强和改进党的基层组织建设，加强以村党组织为核心的村级组织配套建设，增强党在农民群众中的凝聚力。加强非公有制企业党的建设工作，对已具备条件的非公有制经济组织，都应建立党组织，都要在企业职工中发挥政治核心作用。高度重视社区党的建设，以服务群众为重点，构建城市社区党建工作新格局。加大在社会团体和社会中介组织中建立党组织的工作力度。全面做好机关党建工作和学校、科研院所、文化团体等事业单位的党建工作。把政治标准放在首位，树立“到基层培养、在基层成长、从基层提拔”的鲜明导向，全年共选拔使用干部245人次。其中，提拔重用53名乡村优秀干部，将7名机关优秀年轻干部和1名乡镇长助理提拔到乡镇任职，选派4名干部到福建、区直机关挂职锻炼，推荐上报市级优秀年轻干部53名，干部综合素质和专业化能力不断提升。实施“百名年轻干部墩苗育才工程”，选派8名年轻干部到乡镇挂职乡（镇）长助理。推进机关党建工作质量提升年活动，实施非公企业和社会组织党组织“五强五促”行动，全县非公企业党组织覆盖率达到58.59%，社会组织党组织覆盖率达到93.1%。

【作风建设】 同心县以作风建设为重要抓手，积极推进党的建设。持续开展违反中央八项规定精神突出问题专项治理自查工作“回头看”，开展监督检查10余次，下发督查通报8期，对32个单位通报批评。严格落实党中央关于“基层减负年”的部署要求，全县性会议减少40%，县委和县政府下发的文件减少41%，县级层面23项督查检查考核事项较上年度减少了39.5%，10项“一票否决”和签订责任状事项较上年度减少了62.5%。持续深化“1115+2+3”监督执纪审查调查工作模式，处置问题线索398件，立案94件111人，给予党纪政务处分82人，收缴违纪资金48.40万元，移送检察机关8人。坚持抓早抓小，运用监督执纪“四种形态”处置394人次。对2019年任职的164名干部和75名中小学校长进行任前廉政谈话，以扶贫领域腐败和作风问题专项治理和民生领域侵害群众利益突出问题等专项整治为抓手，处置扶贫领域腐败和作风问题49件，了结38件，立案4件6人，给予党纪政务处分3人，诫勉谈话5人，警示谈话1人。

【改革创新】 2019年，同心县稳步有序推进巡察工作、新时代文明实践中心（所、站）建设、乡村宗教事务依法治理试点、乡村振兴等89项改革任务，基本完成农村环卫市场化、水资源产权制度改革、纪委监委派驻机构改革等19项改革事项，加快推行乡村振兴、高质量发展、培育壮大村集体经济等56项改革事项。狠抓“放管服”改革和优化营商环境“1+16”政策落实，梳理政务服务事项1226项，其中“不见面、马上办”事项990项，不见面率80.75%以上，深化简政放权，27个部门467项行政许可事项进驻政务服务中心。企业、农民专业合作社和不动产抵押登记实现全程网办，网上一次办结率达到85%。

文化建设

【文体事业】 2019年，同心县建设县级融媒体中心，推进新时代文明实践中心试点建设工作。李进祯、丁秋菊分别被授予全国“最美奋斗者”“第六届自治区道德模范”称号，勉力义荣登“中国好人榜”，作品《让水》《西行漫记之红色同心》入选全国优秀红色旅游文创产品，微电影《同心》获自治区第四届社会主义核心价值观微电影一等奖。全年围绕庆祝中国共产党成立98周年和中华人民共和国成立70周年大庆日，举办主题晚会及“我和我的祖国”主题文艺快闪等系列活动，开展“我和我的祖国”全民诗歌朗诵140场次，全县4000余名师生同唱《我和我的祖国》快闪被“学习强国”平台采用，举办庆祝“十一”升国旗暨同唱爱国主义歌曲活动280余场次，举办2019年全国徒步大会“5·19”联动日（同心站）活动、2019宁夏同心“旱塬杯”全国钓鱼大赛、自治区第十五届运动会群众组方棋比赛等。中央电视台、宁夏电视台、新华网等媒体多次宣传报道同心县红色旅游资源，中央电视台《新闻直播间》栏目播放了《新长征再出发吹响“抗战之声”》节目，新华社海外版编发刊登了《中国西北角吹响“抗战之声”》。完成了“不忘初心、牢记使命”红色文献展布展，接待约6万人次参观学习。加强农村基层文化阵地建设，建成韦州镇韦二村、下马关镇南安村等12个村文化活动室和21个文化活动广场、21个村级1000平方米健身广场，不断满足人民群众的精神文化需求。

【文化形态】 2019年，同心县坚决打赢脱贫攻坚战，决胜全面建设小康社会。建设实力同心、魅力同心、活力同心、文化同心、幸福同心的“五个同心”。实施工业强县、农业稳县、商贸活县、城镇化带县、生态立县目标。建设经济繁荣，民族团结，环境优美，人民幸福的新同心。

社会建设

【深化改革】 2019年，同心县全面深化改革释放发展活力，高质高效完成党政机构改革。强化顶层设计，27个部门467项行政许可事项进驻政务大厅集中办理。推进简易注销登记，企业开办即来即办。完成“四级四同”事项梳理，网上可办率85%。推进并实现“四十四证合一”，新增各类市场主体3010户，同比增长12%。解决困难问题，完成农村环卫市场化服务体系和供热体制改革。创新村集体经济改革，实现行政村农村集体资产清产核资全覆盖。是年，累计减免税费9043万元。改革创新活力竞相迸发，营商环境进一步优化，发展活力不断增强。

【社会治理】 2019年，同心县持续保持扫黑除恶专项斗争高压态势，先后打掉10个涉黑涉恶犯罪团伙。深入推进全区全国禁毒示范县创建工作，破获毒品案件30起，同心县由全区毒品问题“重点挂牌整治县区”降为“通报警示县区”，有望摘帽。化解农民工投诉136起，清欠工资1233万元，实现“双清零”，完成民营企业账款清欠年度任务。排查各类矛盾纠纷1826件，解决皮革厂改制、豫海南街征收拆迁等15个历史遗留问题，调处率100%，全县没有发生重大生产安全事故和食品药品安全事故。依法管理宗教事务，韦州大寺平稳完成整改，全县保持了民族团结、宗教和顺、社会和谐的大好局面。

【行政治理】 2019年，同心县坚定不移把全面从严治党摆在首位，政府系统各级干部“四个意识”更加牢固、“四个自信”更加坚定、“两个维护”更加坚决。扎实开展“不忘初心、牢记使命”主题教育，13个专项整治取得明显成效，切实解决供热、土地纠纷等一批群众反映的问题。严格遵守中央八项规定精神及其实施细则和区、市、县若干规定，作风建设取得明显实效。严格执行重大事项提请县委常委会研究决定、向县人大常委会报告、向政协通报制度，自觉接受人大法律监督、政协民主监督、纪委监委纪律监督，广泛接受社会舆论监督，办结人大议案57件、政协提案50件。全面推行行政执法“三项制度”，全县行政村（社区）法律顾问实现全覆盖，推出全区首家互联网无人律师所。开展重点领域和关键环节审计36项，节约财政资金1.7亿元，“三公”经费和一般性支出下降5%。巡视、督察等各类反馈问题得到有效整改，整治和查处侵害群众利益的不正之风和腐败问题71个，营造风清气正的干事创业环境。

【扶贫攻坚】 2019年，同心县全力实施脱贫攻坚，全县89个贫困村全部退出，建档立卡27420户103319人，累计减贫26958户102011人（其中2019年减贫3552户11944人），剩余462户1308人因病、因残、因灾没有实现稳定脱贫，初步统计贫困发生率为0.46%，零错退、零漏评，群众认可度98.29%。实施农村饮水安全巩固提升工程，农村安全饮水全面达标。全面落实义务教育“三免一补”政策，教育扶贫阻断贫困代际传递。扎实开展疾病预防控制专项行动，健康扶贫解除群众后顾之忧。推行先住院后付费和“一站式”服务，持续对全县动态核准患病的11040名建档立卡贫困人口进行分类瞄准和精准救治，确保医疗费用自付率控制在10%以下、5000元以内。危窑危房改造圆了群众安居梦，2727户危窑危房全部开工建设并实现入住，确保贫困群众100%住上安全住房。棚户区改造、农村危窑危房改造工作得到国务院通报表扬，“集雨场+水窖+潜水泵+净化器”做法得到扶贫考核组的表扬，“央企+特色产业”精准扶贫模式被第七届中国民生发展论坛评为2019年民生示范工程。

【社会事业】 2019年，同心县坚持教育优先发展，安排教育支出8.6亿元，新建九小、扩建实验小学、特殊教育学校等5所学校，建成使用贫困村幼儿园27所，“互联网+教育”实现城乡同上一堂课，完成全县30所中小学校89名管理干部调整交流，新配备教师141名，上好“开学第一课”，在全区县级首开校长大讲堂，对在职教师进行免费体检，解决特岗教师养老保险遗留问题。加强医疗卫生基础设施建设，县医院新区医院、妇儿综合楼、妇幼中心附属工程等项目投入使用，为全县65岁以上人群采购并接种流行性感冒疫苗，继续实行基层医疗卫生机构门诊包干预付制度和公立医疗机构住院包干预付制度，“互联网+远程医疗”实现优质资源共享，与上海、广东等9个省区实现跨省就医直接结算，每天近20名专家坐诊，群众看病不再难。举办“我和我的祖国”快闪活动等中华人民共和国成立70周年系列庆祝活动，体育运动在自治区第十五届运动会上取得历史最好成绩。加强民生事业，城镇新增就业1954人，城镇登记失业率3.8%，农村劳动力转移就业7.39万人次。完成各类培训7724人，提高劳动者技能。实施扶贫、低保两项制度有效衔接，新增城乡低保对象3826户9400人，实现应保尽保。综合养老服务中心投入运营，全面建成退役军人服务体系。县财政83%的资金用于民生事业，民生福祉显著改善。

【生态环保】 2019年，同心县牢固树立绿水青山就是金山银山的发展理念，深入实施生态立县战略，大力发展绿色经济，坚决打赢打好蓝天、碧水、净土“三大战役”。落实河（湖）长制，完成23条河湖沟道“一河（湖）一策”方案编制，开展河湖“清四乱”专项行动，大力开展河湖沟道及矿产资源专项整治“飓风行动”，严查并封堵清水河沿线16个排污口，清水河、苦水河及鸳鸯湖、豫海湖水质均达到IV类。小洪沟水源地人饮水质为III类（达到人饮水标准），11处农村饮水工程点水质均符合饮用水水质标准。大力开展违建别墅清理整治，积极推进国土综合整治、矿山环境治理和生态修复工程。启动大规模国土绿化行动，完成营造林23600公顷、义务植树85万株，县域建成区绿化率达35%，全县森林覆盖率达到9%。全年空气质量优良天数比例达到87%，天气雨水增加，清水河岸水清地绿，乡村由“黄”变“绿”，气候明显改善。

（姜国权）

中国共产党同心县委员会

综述

【概况】 2019年，中共同心县委团结带领全县广大干部群众以习近平新时代中国特色社会主义思想为指导，以深入学习贯彻中共十九大和十九届二中、三中、四中全会精神及习近平对宁夏工作的重要指示批示和到宁夏视察重要讲话精神为主线，全面落实自治区第十二次党代会精神和市第五次党代会决策部署，以脱贫攻坚统揽经济社会发展全局，坚持稳中求进工作总基调，振奋精神、苦干实干，全力做好稳增长、促改革、调结构、惠民生、防风险各项工作，全县经济社会保持良好发展势头。前三季度，全县完成地区生产总值53.8亿元，同比增长11.2%；全社会固定资产投资下降22.5%；规模以上工业企业完成工业总产值增长29.5%；城镇居民可支配收入16952元，增长8.1%；社会消费品零售总额11.5亿元，同比增长5.4%；农村居民人均可支配收入6857元，同比增长11.8%。1~10月，全县一般公共预算收入完成2.293亿元，一般公共服务支出6.1亿元。预计全年实现地区生产总值增长8%左右，规模以上工业增加值增长20%左右，社会消费品零售总额增长6%左右，全社会固定资产投资增长2%，一般公共预算收入增长5%左右，城乡居民人均可支配收入分别增长8%和11%。初步核算，全年实现地区生产总值918329万元，按可比价格计算，比上年增长10.0%。其中，第一产业增加值138223万元，比上年增长4.0%；第二产业增加值324280万元，比上年增长17.0%；第三产业增加值455826万元，比上年增长7.2%。按常住人口计算，全县人均生产总值27174元，比上年增长9.3%。三次产业结构为15：35：50。全年实现农林牧渔业总产值302623万元， 比上年增长3.7%。全年全部工业增加值比上年增长24%。全年规模以上工业企业总资产2433099万元，比上年增长5.5%。全年完成房地产开发投资187751万元，比上年增长131.1%。全年实现社会消费品零售总额286500万元，比上年增长4.3%。全年批发零售贸易业实现245645万元，比上年增长2.7%；住宿和餐饮业实现零售额40854万元，比上年增长15.6%。全年完成地方公共财政预算收入28255万元，比上年增长8.4%。全年公共财政预算支出567026万元，比上年增长6.9%。年末金融机构各项存款余额134.2亿元，比上年增长3.1%。全年城镇居民人均可支配收入25661元，比上年增长7.8%。2019年农村居民人均可支配收入10278元，比上年增长11.9%。全年减贫3552户11944人，圆满完成年初确定的各项目标任务。

【项目建设】 2019年，同心县以推进供给侧结构性改革为主线，围绕自治区“项目提质增效年”部署要求，稳步推进项目建设，围绕加快产业错位发展、融合发展、创新发展的理念，全年确定实施135个重点项目，开工125个，其中22个自治区集中开工项目和11个市级重点建设项目已全部开工建设，开工率为93%。初步统计完成形象投资66亿元，投资完成率55%。印发出台《同心县以商招商奖励办法》，引进招商项目24个，概算总投资120.22亿元，到位资金38.89亿元。全年争取项目资金289项39.6亿元，进一步加强基础设施建设，县域经济稳步增长，经济发展的质量和社会效益进一步提升。

【工业经济】 2019年，同心县持续实施工业强县战略，着重在调结构、扩园区、广招商、上项目、抓落实上下功夫，贯彻落实“资本市场意见”“服务业发展意见”等政策措施，通过兑现“工业十条”政策资金和实施技术改造项目贴息及完善园区基础设施、加快低成本改造等措施和办法，全面推进工业经济发展。重点开工建设扶贫产业园拓展区和“智慧园区”，新入园企业7家，园区企业累计达到78家，其中投产58家，吸纳就业3250人，园区主导产业占比达到98%以上。核准（备案）新能源项目262.6万千瓦、兑现促进工业经济发展十条意见奖补资金479.8万元、落实技改奖补资金500.8万元，为14家企业发放贷款5460万元，解决企业融资难问题，新能源产业正成为改变产业结构、促进发展方式转变的新兴力量，工业经济成为支撑县域经济发展的新动能。全年新增规模以上企业2家，总数达到62家。

【农业农村经济】 2019年，同心县农业农村工作按照“稳粮、增经、扩饲、节水”的思路，持续深化“公司+基地+农户+科技服务团队+基层党建”产业扶贫模式，围绕草畜、有机枸杞、中药材、圆枣4个主导产业及小杂粮、芦笋、黄花、红葱等特色优势产业，着力培育壮大“4+X”特色产业，累计发展有机枸杞9333.33公顷、留床中药材10666.66公顷、圆枣5333.33公顷、文冠果15333.33公顷、小杂粮23333.33公顷、芦笋133.33公顷、黄花1066.67公顷、葡萄800公顷、红葱2666.67公顷，肉牛、滩羊、黑毛驴、生猪饲养量分别达到23万头、190万只、0.7万头和0.9万头。初步形成韦州肉牛、下马关黑毛驴和芦笋，河西的有机枸杞，田老庄的红葱，预旺和马高庄的中药材、小杂粮，张家塬乡的文冠果等“一乡一业”“一村一品”等特色产业。全县扶持打造9个产业扶贫示范村，培育4家扶贫龙头企业、10家扶贫合作组织，带动0.2万余户建档立卡贫困户增加收入；培育发展国家级示范社14家、区级28家、市级42家，发展培育家庭农牧场191家；实施种植业优新技术示范推广、动物保护、农业产业化等52个项目，建设完成富硒农产品生产基地4个，打造和发展富硒农产品品牌4个，特色农业产业成为脱贫富民的重要支柱。

【第三产业】 2019年，同心县以丝路文化、红色同心、古城韦州等为文化内涵，坚持改造提升传统产业和发展新业态并举的理念，持续推进全域红军西征纪念园、清水河治理、北堡子、吊堡子、预旺红军西征纪念碑、莲花山、天台山、罗山东麓葡萄文化特色小镇、东部风景大道旅游驿站等旅游示范县创建工作，着力打造服务业新的增长点，打造建成永安路商业街及商贸综合体，加快建设“田家垴”艺术小镇、“黄谷川”西部健康运动小镇、罗山东麓葡萄产业特色小镇，启动建设“满春村”游客服务中心。深化“一司一县”帮扶，同亳中药材等42家小微企业在宁夏股权托管交易中心挂牌，开通邮乐网“同心扶贫馆”，27款全县优质农产品上线，40余种农产品上线中石化易捷加油、中国扶贫网、中核集团、来三斤、拼多多等平台，服务业业态趋向多元化，融合发展势头良好。年末金融机构各项存款余额134.2亿元，比上年增长3.1%。其中，住户存款余额66.5亿元，比上年增长4.8%。金融机构各项贷款余额110.4元，比上年增长3.7%。其中，住户短期贷款45.4亿元，比上年增长2%；中长期贷款16.6亿元，比上年增长18.6%。

【农业农村改革】 2019年，同心县坚持把全面深化改革和创新驱动发展作为提升经济发展速度、提高发展质量的根本动力，强化重点，纵深推动，改革任务落地见效。完成全县142个行政村的农村集体资产清产核资和125个行政村的133万亩土地确权，增强农业发展的协调性和互补性。开展第四次全国经济普查，全面深化农村土地制度改革，完善承包土地“三权分置”和农村房屋、宅基地确权改革，全面开展财政支农资金“投改股”试点和“农村房地一体不动产”抵押贷款试点工作。持续深化“两个带头人”工程，调整充实村级后备力量605人，分ABC三类确定养殖大户、特色产业等致富带头人909名。深入开展“三大三强”行动，将村级办公经费和为民服务资金1685万元全部纳入财政预算，村干部任职补贴按2018年度农村居民人均可支配收入9185元的3倍执行，落实村干部养老保险财政补贴143.2812万元，推进自治区扶持壮大村集体23个村试点项目，已启动3个村，有力地推动全县农业农村工作的全面发展。

【脱贫攻坚】 2019年，全县坚持精准扶贫、精准脱贫基本方略，持续扎实开展精细精准精确的“绣花”式扶贫，加强建档立卡户动态管理，实施饮水扶贫、危房改造扶贫、教育扶贫等多种扶贫、完成整村推进年度任务等行之有效的办法和措施，全县脱贫攻坚取得决定性进展，全县89个贫困村全部退出，建档立卡27420户103319人，累计减贫26958户102011人（其中，2019年减贫3552户11944人），剩余462户1308人因病、因残、因灾没有实现稳定脱贫，初步统计贫困发生率为0.46%，零错退、零漏评，群众认可度98.29%。

农村安全饮水全面达标，实施农村饮水安全巩固提升工程，贫困村安全饮水覆盖率100%。实施“集雨场+水窖+潜水泵+净化器”的做法，得到2018年省级扶贫开发成效考核组充分肯定。

教育扶贫阻断贫困代际传递，全面落实义务教育“三免一补”政策，对家庭成员中6~16周岁适龄儿童进行全面排查复核，对281名劝返学生加强管理。

健康扶贫解除群众后顾之忧，推行先住院后付费和“一站式”服务，持续对全县动态核准患病的11040名建档立卡贫困人口进行分类瞄准和精准救治，确保医疗费用自付率控制在10%以下、5000元以内。截至10月底，住院救治4323人次，住院总费用4036.4万元，个人支付272.4万元，人均自付比例6.75%、自付费630.1元，有效减轻贫困人口就医负担。

危窑危房改造圆了群众安居梦，对全县8.96万户农户住房安全情况进行全面排查并建设、入住，贫困群众100%住上安全住房。新建海棠湖、马庄子等6个危窑危房改造集中安置点，集中建设黄家水等3处“农村幸福院”。

开展“三先开路话脱贫”“我的脱贫故事”“脱贫攻坚妇女培训”270余场次，引导群众树立光荣脱贫、脱贫光荣的意识。

【城乡区域发展】 2019年，同心县持续开展“城市精细化管理年”活动，稳步推进美丽宜居城乡建设，按照老城区改造贯通大提升、新区完善配套大提质、镇区规范管理精细化的目标，实施城乡建设项目68个，其中开工建设42个，城市管理服务功能和承载能力不断提升。开工建设清水壹号、阳光家园等13个房地产项目，开工面积75.6万平方米，完成拆迁任务2400套，完成棚改安置入住890套，棚户区改造、农村危窑危房改造工作得到国务院督查通报表彰。按照“产业兴旺、生态宜居、乡风文明、治理有效、生活富裕”总要求，加快推进农业农村现代化，高标准建设丁塘美丽宜居小城镇、韦州历史文化古镇等5个特色小镇和12个乡村振兴示范村。实施农村人居环境整治三年行动计划，全面完成农村环卫市场化服务体系建设改革，扎实推进农村“厕所革命”，完成农户改厕4125户，张家塬乡折腰沟村被农业农村部确定为全国10个旱厕示范村之一。大力实施和加强城市和农村商品房、道路、水利、桥梁、农田等基础设施建设工程，全县城乡特别是农村生产生活条件得到显著改善，城乡面貌焕然一新，人民群众宜居幸福指数不断提高。

【绿色经济发展】 2019年，同心县牢固树立“绿水青山就是金山银山”的发展理念，以创建全区绿色经济示范县为抓手，统筹推进绿色经济工程建设和深入实施生态立县战略，坚决打赢打好蓝天保卫战。开展公园绿化，创建和巩固园林示范县城目标。大力实施山水林田河草一体化生态保护，在张家塬等贫困村种植耐寒耐旱的文冠果，在罗山东麓栽植葡萄，在生态移民迁出区实施生态自然修复、草原补播和人工饲草地建设，舍饲圈养肉牛肉羊，绿色产业成为农民群众脱贫致富的绿色银行。持续打好污染防治攻坚战，深入实施“蓝天、碧水、净土”三大专项行动，铁腕开展燃煤锅炉取缔拆除、秸秆焚烧监管、扬尘综合整治，顶格问责污染防治不力的责任人及环境污染违法行为。全面落实河（湖）长制，完成23条河湖沟道“一河（湖）一策”方案编制。开展河湖“清四乱”专项行动，大力开展河湖沟道及矿产资源专项整治“飓风行动”，严查并封堵清水河沿线16个排污口，清水河、苦水河及鸳鸯湖、豫海湖水质均达到Ⅳ类；小洪沟水源地人饮水质为Ⅲ类（达到人饮水标准），11处农村饮水工程点水质均符合饮用水水质标准。大力开展违建别墅清理整治，积极推进国土综合整治、矿山环境治理和生态修复工程。稳步推进县城建成区集中供暖，全县环境空气质量优良天数比例达到87%。打好净土保卫战，实施化肥、农药减量增效行动，持续加强固废处理、农村面源污染治理，同心的天更蓝、地更绿、空气更清新。

【社会事业】 2019年，同心县坚持教育优先发展战略，教育支出达8.6亿元。建成县职业技术学校，新建县城第9小学、清水壹号小区幼儿园、扶贫产业园幼儿园，推动城乡义务教育均衡发展。加强和改进中小学思想政治工作，积极发挥中小学名誉校长和思想政治辅导员作用，在全区率先开展“立德树人，上好开学第一课”活动。设立教师奖励基金、教师大病救助基金，全县学校教师队伍免费体检全覆盖，教学质量不断提升，高考本科、高职上线率99.68%。

加强医疗卫生基础设施建设，建成新区医院、妇儿综合楼、妇幼中心附属等工程并投入使用，群众看病不再难。全面推行党委领导下的院长负责制、院长年薪制，全县医药卫生体制改革扎实推进，为全县65岁以上人群采购并接种流行性感冒疫苗。继续实行基层医疗卫生机构门诊包干预付制度和公立医疗机构住院包干预付制度，实现“互联网+远程医疗”优质资源共享。与上海、广东等9个省区实现了跨省就医直接结算，近20名专家在全县医院坐诊，广大群众患者得到就近、优质的医疗服务。组建69个家庭医生服务团队，常住人口签约率46.54%，重点人群签约率87%。

深入实施文化惠民工程，扎实推进自治区基本公共体育服务示范县创建工作，开工建成韦州镇韦二村、下马关镇南安村等12个村文化活动室和21个文化活动广场、21个村级1000平方米健身广场，全县基层文化基础设施建设日趋完善。打造“文学同心、摄影同心、民艺同心”品牌，开展诗歌创作及“我和我的祖国”全民诗歌朗诵140场次，巩固“中国诗歌之乡”成果。深化全区文化、科技、卫生“三下乡”活动，举办庆祝中国共产党成立98周年和中华人民共和国成立70周年主题晚会、

"我和我的祖国"主题文艺快闪等系列活动和庆祝"十一"升国旗暨同唱爱国主义歌曲活动及2019年全国徒步大会"5·19"联动日（同心站）活动、2019宁夏同心"旱塬杯"全国钓鱼大赛、自治区第十五届运动会群众组方棋比赛等。组织拍摄反映脱贫攻坚、反腐倡廉、移风易俗的微电影《活出个样儿》《同心》《李进祯》等多部作品，完成"不忘初心、牢记使命"红色文献展布展，接待约6万人次参观学习。全县文化主旋律更加唱响，正能量更加强劲，文化自信得到进一步彰显，文化软实力进一步提升。

着力完善保障体系建设，农村低保标准由每人每年3150元提高到3840元，城市低保标准由每人每月440元提高到560元，全年新增城乡低保对象2668户5219人。

扎实建设老年养护院，同心综合养老服务中心建成投入运营。持续开展留守儿童关爱保护行动，全县养老、医疗、失业、工伤、生育保险参保均超额完成目标任务。

高标准建成县城退役军人服务中心和12个乡镇（管委会）、147个村（社区）退役军人服务站，实现退役军人全部再就业安置，退役军人和其他优抚对象信息采集、建档、慰问全覆盖，退役军人光荣牌悬挂率99.9%。

【深化改革】 坚持把全面深化改革和创新驱动发展驱动作为提升经济速度、提高发展质量的根本动力，强化重点改革，89项改革任务落地见效。农村环卫市场化、水资源产权制度改革、纪委监委派驻机构改革等19项改革事项基本完成年度计划任务；乡村振兴、高质量发展、培育壮大村集体经济等56项改革事项正在加快推进；狠抓"放管服"改革和优化营商环境"1+16"政策，得到落实；梳理政务服务事项1226项，其中"不见面、马上办"事项990项，不见面率80.75%以上；深化简政放权，27个部门467项行政许可事项进驻政务服务中心。企业、农民专业合作社和不动产抵押登记实现全程网办，网上一次办结率达到85%。扎实推行"四十四证合一"，实行"一套材料、一表登记、一窗受理"模式，登记注册各类市场主体2664户，同比增长16.94%。全面落实减税降费政策，累计增减免税8038.90万元，减免非税收入1587.04万元，有力减轻企业负担，使企业发展动力不断增强。

【社会治理】 2019年，同心县以持续提高公众安全感和满意度为目标，以构建共建共治共享的治理格局为重点，坚持源头治理、综合治理、依法治理、系统治理，巩固了全县民族团结、宗教和顺、社会和谐的良好局面。全县积极发展社会主义民主政治建设，坚持党的领导、人民当家做主、依法治国有机统一，加强党对人大、政协的领导，全力支持人大及其常委会依法行使职权，支持和保障政协充分行使政治协商、民主监督、参政议政职能。坚持党管武装，深化"双拥共建"活动。加强和创新社会治理，不断完善社会治理体系，以开展扫黑除恶专项斗争为抓手，强化社会矛盾排查化解，解决人民群众最关心最直接最现实的利益问题，人民群众的安全感和满意度不断增强。开展扫黑除恶专项斗争，围绕"有黑扫黑、有恶除恶、有乱治乱"的工作要求，广泛宣传发动，深入摸排线索，依法严厉打击，坚持深挖彻查黑恶势力背后"保护伞"与"打财断血"同向发力，严格落实扫黑除恶"五个同步"，累计打掉涉黑组织1个、涉恶集团1个、涉恶团伙7个、涉恶个案38起，先后抓获犯罪嫌疑人219人；扣押、冻结涉案财务5022万元，罚金5万元，收缴违法所得19.62万元，专项斗争取得阶段性成效。先后立案查处涉黑涉恶腐败和"保护伞"案件9件43人，给予党纪政务处分40人，移送检察机关7人，问责19人。加强源头预防综合治理，在全县范围内开展社会乱象整治，解决群众反映强烈的突出问题，坚持和发展新时代“枫桥经验”，全县共排查各类矛盾纠纷1826件，调处1826件，调处率达100%。

【民族宗教工作】 2019年，同心县以打造全国民族团结进步示范县和创建宗教事务依法管理示范县为目标，不断深化民族团结进步教育“八进”活动，累计打造自治区级示范点5个、市级示范点20个，巩固提升县级示范点100个。持续深化马克思主义民族观宗教观教育，编印《马克思主义民族观宗教观学习读本》，在全县开展巡回宣讲19场次，9000多名党员、1000多名宗教人士、近万名群众接受教育。召开同心县第五届民族团结进步表彰大会，表彰奖励模范集体36个、模范个人76人，引导各民族共同团结奋斗、共同繁荣发展。坚持依法管理宗教，在2个乡镇、2个村开展依法治理宗教事务及落实乡村两级责任制试点工作。切实抓好宗教活动场所管理和宗教人士管理，进一步规范清真寺主要教职人员聘任程序，依法依规聘任116名教职人员。

【主题教育活动】 2019年，同心县扎实开展“不忘初心、牢记使命”主题教育，坚持把学习贯彻习近平新时代中国特色社会主义思想作为主线，及时成立领导小组和工作机构，制定了“1+7”总体方案和各领域实施方案，创新学习方式，党政班子领导集中带头深学细悟，在10天读书班结束后，每周固定2个半天，组织党员干部学习“必读篇”，跟进学习习近平在庆祝中华人民共和国成立70周年大会上的重要讲话等“最新篇”。全县各级领导班子累计集中学习814次，各基层党组织集中学习2241次。在个人自学的基础上，各级领导班子成员围绕党的政治建设、全面从严治党等八个专题扎实开展交流研讨，党政领导班子集中学习研讨8次、交流发言75人次，带动各级领导班子成员开展研讨184次、交流发言1338次。县委常委会带头集中观看《时代楷模张富清》《李进祯》和警示教育片《路蠹之覆》，带动各基层党组织开展革命传统教育141场次、形势政策教育161场次、先进典型教育135场次、警示教育102场次。各级领导干部讲党课733次，举办党员轮训班12场2986人次。坚持边学习、边调研、边检视、边整改，共检视问题411条，制定整改措施664条，即知即改371条。聚焦13项专项整治内容，研究制定专项整治总体方案和13个分项方案，明确责任领导、责任主体、时限要求和工作措施，清单式管理、项目化推进，以钉钉子精神逐条逐项抓好落实。

【党的建设】 2019年，同心县以全面从严治党为抓手，坚持把党的政治建设作为统领，摆在首位，切实增强党员干部“四个意识”、坚定“四个自信”，做到“两个维护”。扎实推进“不忘初心、牢记使命”主题教育常态化，持续深入学习贯彻习近平新时代中国特色社会主义思想和中共十九大精神，认真学习习近平对宁夏工作的重要指示批示和到宁夏视察重要讲话精神，先后组织县委中心组学习20次，集体交流研讨6次，邀请专家开展专题讲座7场次，县委中心组成员形成调研报告70余篇，在全县开展理论政策宣讲1200余场次，持续在学懂弄通做实上下功夫。严格落实《关于新形势下党内政治生活的若干准则》，认真落实“三会一课”、主题党日、组织生活会、民主评议党员等党内基本制度，切实把讲政治的要求体现到坚定理想信念上、落实到真抓实干上。持续深化党的思想建设。牢牢把握意识形态领导权，严格落实党委（党组）意识形态工作责任制实施细则，压紧靠实工作各党委（党组）领导班子成员落实“一岗双责”责任，持续推进意识形态工作向深走。充分发挥“学习强国”平台作用，共认证党组织69个，建立非党员学习组织36个，参与学习总人数11497人。深入挖掘报道好支书丁建华、种树人赵建浦、护长城人贺文希等一批投身脱贫攻坚、产业发展、生态绿化的先进典型，进一步激发党员干部学先进、争先进、赶先进的热情。强化网络安全，成立县委网络安全和信息化委员会及办公室，制定《网络安全和信息化委员会工作规则》《网信办工作细则》等制度，明确工作职责，理顺网信工作体制机制。深化爱国主义教育，举办“不忘初心、牢记使命”主题党日等系列活动，传承红色基因，引导群众树立正确的国家观民族观历史观文化观。深入推进核心价值观“六进”活动，通过打造核心价值观主题公园、街区，在县电视台、微信公众平台等持续刊登推送核心价值观公益广告等，推动核心价值观入脑入心。

【人才队伍建设】 2019年，同心县深入实施“人才强县”战略，把人才队伍建设纳入年度效能目标考核范围，制定《同心县人才工作联席会议制度》等10余项制度，县财政年初预算300万元专门用于人才工作经费。实施了中药材创新创业人才培养等11个人才项目，柔性引进发展产业急需的各类高层次人才17人次。围绕打赢打好脱贫攻坚战和实施乡村振兴战略，培训创业青年、城乡劳动力和农村实用人才9073人次。

【思想道德建设】 2019年，同心县加强社会主义核心价值体系建设，培育和践行社会主义核心价值观，大力弘扬文明新风，扎实开展群众性精神文明创建活动，深化社会主义核心价值观“六进”活动，打造核心价值观主题公园街区，推动核心价值观入脑入心、铸魂育人。深化爱国主义教育，举办“不忘初心、牢记使命”主题党日等系列活动，传承红色基因。加强红色文化资源保护利用，依托红军西征纪念馆设置“不忘初心、牢记使命”红色文献展，区内外党员干部群众9万余人到馆参观学习。打造“习近平新时代中国特色社会主义思想一条街”，让党员干部群众在健身漫步时潜移默化接受教育。精心组织开展中华人民共和国成立70周年庆祝活动，举行万人“同升一面旗、共唱一首歌”暨“我和我的祖国”快闪等系列活动，激发干部群众爱党爱国热情。深入挖掘宣传“一心带领群众增收脱贫好支书”丁建华、“脱贫攻坚优秀共产党员”李国云等一批投身脱贫攻坚的先进典型，激发党员干部学先进、比先进、赶先进的热情，涌现出41名全国全区劳动模范和先进工作者，李进祯获“最美奋斗者”称号。大力推动移风易俗，开展“红白理事会工作加强年”行动，举办移风易俗培训98场次，深入推进16个新时代文明实践站（所）试点，组建县级志愿服务队伍13支2145人，传播文明新风、引领时代风尚。

【干部队伍建设】 2019年，同心县认真贯彻落实新时期好干部标准，坚持把政治标准放在首位，共选拔使用干部245人次，提拔重用53名在脱贫攻坚一线埋头苦干的优秀干部，将7名机关优秀年轻干部和1名乡镇长助理提拔到乡镇任职，树立了“到基层培养、在基层成长、从基层提拔”的干部用人鲜明导向。制定《同心县2019—2023年干部教育培训规划》，举办脱贫攻坚、扫黑除恶、公务员法等主体培训班18期、培训学员4635人次，举办首期中青年干部培训班，培训优秀年轻干部40名，安排12名干部到信访部门挂职、参与巡察工作，选派4名干部到福建、区直机关挂职锻炼，推荐上报市级优秀年轻干部53名，选派8名年轻干部到乡镇挂职乡（镇）长助理。深入实施“百名年轻干部墩苗育才工程”，干部综合素质和专业化能力不断提升。

【作风建设】 2019年，同心县坚持抓早抓小，持之以恒正风肃纪，纠正“四风”，持续推动作风建设从宽松软向严紧硬转变。县委先后研究审定全面从严治党、党风廉政建设和反腐败工作14次16项，将7个方面60项全面从严治党、党风廉政建设和反腐败主要任务逐项分解到6个牵头单位，进一步完善县委班子成员包抓乡镇、部门党风廉政建设和反腐败工作机制。持续开展违反中央八项规定精神突出问题专项治理自查工作“回头看”，开展监督检查10余次，下发督查通报8期，对存在问题的32个单位通报批评。严格落实中共中央关于“基层减负年”的部署要求，充分发挥全县视频会议系统作用，全年召开的全县性会议减少40%，以县委和县政府名义下发的普发性文件减少41%，县级层面23项督查检查考核事项较上年度减少39.5%，10项“一票否决”和签订责任状事项较上年度减少62.5%，形式主义、官僚主义问题整治效果明显。

【反腐败斗争】 2019年，同心县持续深化监督执纪“1115＋2＋3”审查调查模式，全面加强纪律建设和纪律审查，严厉查处损害群众利益和不正之风的案件，处置问题线索398件，立案94件111人，给予党纪政务处分82人，收缴违纪资金48.40万元，移送检察机关8人。坚持抓早抓小，有效运用监督执纪“四种形态”处置394人次，对新任职的164名干部和75名中小学校长进行任前廉政谈话。以扶贫领域腐败和作风问题专项治理和民生领域侵害群众利益突出问题等专项整治为抓手，处置扶贫领域腐败和作风问题49件，了结38件，立案4件6人，给予党纪政务处分3人，诫勉谈话5人，警示谈话1人。围绕“破网打伞”，配套出台涉黑涉恶腐败和“保护伞”问题线索处置、分工协作等6项制度，共处置疑似涉黑涉恶腐败和“保护伞”问题线索236件，了结184件，立案36件59人，给予党纪政务处分46人，移送检察机关7人，着力净化政治生态。推进纪检监察体制“三项改革”，先后制定县纪委常委会、监委委务会《纪检监察工作规则》等文件，实现对全县行使公权力人员的监察全覆盖。深化拓展警示宣教，组织新任职领导干部和教育局等部门中层以上干部200余人到吴忠监狱接受警示教育。创新巡察工作方式方法，完成二轮巡察，对4个乡镇、12个部门进行常规巡察和脱贫攻坚巡察，发现问题200余条，移交问题线索17个，政治巡察“显微镜”“探照灯”作用得以充分发挥。

重要会议

县委常委会议

【第1次常委会会议】 1月11日召开，市委常委、县委书记马洪海主持。会议传达学习中共中央总书记习近平在中共中央政治局第十一次集体学习时的重要讲话精神，并研究贯彻意见；传达学习习近平发表的2019年新年贺词和中央农村工作会议精神；听取全县第四次全国经济普查工作情况汇报。会议传达学习其他会议和文件精神，研究有关事宜。

【第4次常委会议】 1月17日召开，市委常委、县委书记马洪海主持。会议传达学习中共中央总书记习近平在十九届中央纪委三次全会上的重要讲话精神和自治区党委书记石泰峰关于落实十九届中央纪委三次全会精神的重要讲话；传达学习吴忠市五届人大四次会议和吴忠市政协五届三次会议精神；审议《同心县机构改革方案实施意见（送审稿）》等事宜。

【第5次常委会会议】 1月20日召开，市委常委、县委书记马洪海主持。会议传达学习中共中央总书记习近平在中共中央政治局民主生活会上的讲话精神；听取县委常委会2018年度民主生活会准备情况汇报；审议县委班子和县委各常委民主生活会对照检查材料。

【第6次常委会会议】 1月22日召开，市委常委、县委书记马洪海主持。会议传达学习自治区党委办公厅、人民政府办公厅关于印发《宁夏回族自治区贯彻落实〈领导干部自然资源资产离任审计规定（试行）〉的实施意见》的通知，研究贯彻意见。

【第7次常委会会议】 2月1日召开，市委常委、县委书记马洪海主持。会议传达学习中共中央总书记习近平在中共中央政治局第十二次集体学习时的重要讲话精神；习近平在中央政法工作会议上的重要讲话精神和自治区党委常委会会议有关精神，研究贯彻意见；自治区第十二届人民代表大会第二次会议精神和中国人民政治协商会议第十一届宁夏回族自治区委员会第二次会议精神；自治区扶贫开发领导小组2019年第1次会议精神；自治区党委书记石泰峰在自治区总河长第三次会议上的讲话精神；研究审定县巡察工作领导小组办公室《同心县委巡察工作协作配合规程》等事宜。

【第8次常委会会议】 2月15日召开，市委常委、县委书记马洪海主持。会议传达学习中共中央总书记习近平在省部级主要领导干部专题研讨班开班式重要讲话精神和十二届自治区党委2019年第4次常委会有关精神，区党委书记石泰峰在全区领导干部专题学习班上的讲话精神、全国全区统战部长会议精神并研究贯彻意见；学习全国全区宣传部长会议精神，研究全县宣传思想工作暨精神文明建设先进集体、先进个人表彰有关事宜；传达学习《自治区党委办公厅 人民政府办公厅印发〈关于进一步加强审计整改工作的意见〉的通知》并研究贯彻意见。会议还听取县政府党组2018年“两大任务”完成情况和2019年“两大任务”工作谋划情况汇报，2019年全县春耕备耕工作情况汇报；研究审定县委组织部《关于深化机构改革中落实统一领导、统一管理和归口领导、归口管理有关要求的意见》《关于组建调整更名县委议事协调机构的建议》。

【第9次常委会会议】 2月21日召开，市委常委、县委书记马洪海主持。会议传达学习自治区脱贫攻坚工作会议精神，研究贯彻意见；传达学习自治区党委政法工作会议精神，研究召开县委政法工作会议暨全县扫黑除恶专项斗争推进会相关事宜；听取全县扫黑除恶专项斗争工作情况汇报，全县扫黑除恶专项斗争十大行动方案制定情况及工作推进情况汇报；研究审定了县政协党组《关于加强新时代人民政协党的建设工作的实施意见》和《关于加强和改进人民政协民主监督工作的实施意见》；研究审定了县委宣传部《2019年全县宣传思想文化工作要点》。

【第10次常委会会议】 3月1号召开，市委常委、县委书记马洪海主持。会议传达学习中共中央总书记习近平在中共中央政治局第十三次集体学习时的重要讲话精神；传达学习全国全区组织部长会议、干部教育培训工作会议和老干部局局长会议精神，研究审定县委组织部《2019年全县组织工作要点》；研究审定县纪委《2019年同心县全面从严治党党风廉政建设和反腐败工作主要任务分工方案》；研究审定县委统战部《2019年全县统一战线工作要点》；听取关于集中开展解决群众反映强烈的突出问题情况汇报、全县信访工作情况汇报、全县扶贫领域各类反馈问题整改等工作进展情况汇报。

【第11次常委会会议】 3月16日召开，市委常委、县委书记马洪海主持。会议传达学习《中共中央关于加强党的政治建设的意见》精神、《中国共产党重大事项请示报告条例》精神、十二届自治区党委第五轮巡视工作动员部署会议精神并研究贯彻意见；全区党委秘书长办公厅（室）主任会议精神并研究贯彻意见；全区退役军人事务局长会议精神并研究贯彻意见。

【第13次常委会会议】 4月13号召开，市委常委、县委书记马洪海主持。会议要求各乡镇、各部门要认真学习贯彻习近平生态文明思想和习近平关于改善农村人居环境的系列重要指示精神，全面落实区、市决策部署，按照实施乡村振兴的总体要求，积极借鉴浙江“千村示范、万村整治”工程经验做法。坚持因地制宜、量力而行，深入实施农村厕所、垃圾、污水“三大革命”，扎实推进村庄清洁、畜禽粪污资源化利用、村庄规划建设提升“三大行动”。

【第15次常委会会议】 5月6日召开，市委常委、县委书记马洪海主持。会议传达学习习近平在纪念五四运动100周年大会上的重要讲话精神、自治区党委常委集体调研吴忠市经济社会发展情况座谈会精神，《自治区党委办公厅、人民政府办公厅印发〈关于解决形式主义突出问题为基层减负的具体措施〉的通知》精神。研究审定县纪委监委《同心县关于解决形式主义突出问题为基层减负的任务清单（送审稿）》、县委宣传部《同心县融媒体中心建设实施方案（送审稿）》、县政府党组《同心县贯彻落实中央环境保护督察“回头看”及水环境问题专项督察反馈意见整改方案（送审稿）》《同心县农村环卫市场化服务体系建设改革方案（送审稿）》《同心县2019年精准扶贫人身类“扶贫保”工作实施方案（送审稿）》。

【第21次常委会会议】 6月20日召开，市委常委、县委书记马洪海主持。会议传达学习自治区党委常委会会议关于中央扫黑除恶第20督导组督导宁夏第一次工作通报对接会精神，听取中央扫黑除恶第20督导组到同心督导下沉单位发现问题情况汇报，专题研究中央扫黑除恶第20督导组下沉同心县督导工作相关事宜。

【第23次常委会会议】 7月3日召开，市委常委、县委书记马洪海主持。会议传达学习中共中央总书记习近平在十九届中共中央政治局第十五次集体学习时的重要讲话精神，《中共中央纪委办公厅印发〈关于贯彻习近平重要批示精神深入落实中央八项规定精神的工作意见〉的通知》精神并研究贯彻意见，《国务院扶贫开发领导小组印发〈关于解决“两不愁三保障”突出问题的指导意见〉的通知》精神并研究贯彻意见，听取县政府党组《全县深化“放管服”改革和优化营商环境“1+16”政策落实情况汇报》。

【第24次常委会会议】 7月12日召开，市委常委、县委书记马洪海主持。会议听取县政府党组《全县生态环保工作及中央环保督察反馈问题整改工作情况汇报》，研究审定县政府党组《同心县贯彻落实〈吴忠市委督查室关于2019年污染防治攻坚战及中央环保督察“回头看”反馈意见整改落实情况的通报〉任务责任分工（送审稿）》；研究审定县政府党组《同心县乡村振兴战略规划（2018—2022年）（送审稿）》《同心县加强新时代基层民政工作提高为民服务能力的实施方案（送审稿）》《关于坚持发展“枫桥经验”进一步加强人民调解工作的实施意见（送审稿）》；研究审定县扶贫开发领导小组办公室《〈中国扶贫〉杂志社记者暗访发现问题整改方案（送审稿）》。

【第25次常委会会议】 7月19日召开，市委常委、县委书记马洪海主持。会议传达学习习近平在中央和国家机关党的建设工作会议上的重要讲话精神并研究贯彻意见，区党委书记石泰峰在《自治区党委督查室关于整治形式主义为基层减负情况调研督查报告》上的批示精神、全区公安工作会议精神；听取《关于整治形式主义突出问题为基层减负调研督查情况的汇报》《2019年上半年全县公安工作情况汇报》。

【第26次常委会会议】 8月7日召开，市委常委、县委书记马洪海主持。会议传达学习自治区党委十二届七次全体会议精神，研究贯彻意见。听取县政府党组《2019年上半年全县信访工作情况汇报》。研究审定《中共同心县委十三届十五次全体会议筹备方案（送审稿）》《同心县2019年效能目标管理考核办法（送审稿）》《同心县关于在“不忘初心、牢记使命”主题教育中开展突出问题专项整改的方案（送审稿）》等事项。

【第27次常委会会议】 8月24日召开，市委常委、县委书记马洪海主持。会议传达学习中共中央政治局常委、中央纪委书记赵乐际考察宁夏时的讲话和指示精神，研究贯彻意见；研究审定《同心县推动高质量发展的实施方案（送审稿）》《同心县加快补齐全面建成小康社会短板任务清单（送审稿）》。

【第28次常委会会议】 9月6日召开，市委常委、县委书记马洪海主持。会上传达学习自治区党委常委、纪委书记、监委主任许传智到同心调研信访工作讲话精神，研究贯彻意见；传达学习自治区政府副主席王和山到同心调研民政工作讲话精神，研究贯彻意见；研究县人民政府党组《同心县庆祝2019年教师节活动方案（送审稿）》。

【第29次常委会会议】 9月11日召开，市委常委、县委书记马洪海主持。会议研究审定《同心县关于开展“不忘初心、牢记使命”主题教育的实施方案（送审稿）》《关于召开同心县第五届民族团结进步表彰大会的请示》。

【第30次常委会会议】 9月25日主持，市委常委、县委书记马洪海主持。会议传达学习中共中央总书记习近平在中央政协工作会议暨庆祝中国人民政治协商会议成立70周年大会上的重要讲话精神，研究贯彻意见；传达学习中共中央总书记习近平在黄河流域生态保护和高质量发展座谈会上的重要讲话精神，研究贯彻意见；听取县政府党组《2019年前三季度全县信访工作暨新中国成立70周年庆祝活动信访保障工作情况汇报》《2019年前三季度全县安全生产工作情况汇报》；研究审定县纪委监委《同心县纪委监委深化派驻机构改革实施方案（送审稿）》。

【第32次常委会会议】 10月17日召开，市委常委、县委书记马洪海主持。会议听取县委巡察工作领导小组《十三届县委第五轮巡察工作报告》；传达学习自治区党委常委、组织部部长石岱到同心暗访调研有关精神，研究贯彻意见。会议研究审定其他事宜。

【第36次常委会会议】 11月4日召开，市委常委、县委书记马洪海主持。会议传达学习中国共产党第十九届中央委员会第四次全体会议精神和自治区党委2019年第28次常委会（扩大）会议、吴忠市委2019年第30次常委会（扩大）会议精神，研究贯彻意见；传达《中共中央办公厅关于做好党的十九届四中全会精神学习宣传工作的通知》。

【第38次常委会会议】 11月30日召开，市委常委、县委书记马洪海主持。会议传达学习中共中央、国务院《新时代爱国主义教育实施纲要》精神，研究贯彻意见；传达学习中共中央办公厅《2019—2023年全国党员教育培训工作规划》精神，研究贯彻意见；学习自治区党委书记陈润儿调研吴忠市经济社会发展情况座谈会精神；听取县政府党组《同心县2019年乡村振兴战略实施进展情况汇报》，县总工会、团县委、妇联等8个部门工作情况汇报。会议研究审定其他事宜。

【第40次常委会会议】 12月20日召开，市委常委、县委书记马洪海主持。会议传达学习中央经济工作会议精神，听取全县2019年经济运行情况汇报；传达学习中共中央总书记习近平在中央政治局第十九次集体学习时的讲话精神，听取2019年全县安全生产工作情况汇报；听取全县生态环境保护工作情况汇报；研究审议《中共同心县委十三届十六次全体会议工作报告（送审稿）》和《中共同心县委2020年工作要点（送审稿）》；传达学习全区扫黑除恶专项斗争推进会精神，研究审议《同心县贯彻落实中央扫黑除恶第20督导组督导“回头看”反馈意见整改方案（送审稿）》。

【2019年第42次常委会议】 12月26日召开，市委常委、县委书记马洪海主持。研究关于召开县十八届人大四次会议、政协十一届四次会

议的请示，审议县人大常委会党组《同心县十八届人大常委会工作报告（送审稿）》，县政府党组《政府工作报告（送审稿）》，县政府党组《同心县2019年国民经济和社会发展计划执行情况与2020年国民经济和社会发展计划（草案）的报告（送审稿）》，县政府党组《关于2019年财政预算执行情况和2020年财政预算（草案）的报告（送审稿）》，县政协党组《政协同心县十一届常委会工作报告（送审稿）》，县人民法院党组《同心县人民法院工作报告（送审稿）》及县人民检察院党组《同心县人民检察院工作报告（送审稿）》；研究审议县政协党组《同心县政协2020年度协商计划（送审稿）》

县委全体会议

【县委第十三届委员会第十三次全体会议】 1月24日在县行政中心举行，吴忠市委常委、县委书记马洪海代表常委会作了讲话，县委常委、组织部部长马久麟就《同心县机构改革方案》《同心县机构改革方案实施意见（讨论稿）》作了说明。审议通过《同心县机构改革方案》《同心县机构改革方案实施意见（讨论稿）》，对全县深化机构改革工作进行安排部署。

【县委第十三届委员会第十五次全体会议】 8月31日在县行政中心召开，全会应到县委委员35名，候补委员8名，实到县委委员32名，候补委员5名，符合法定人数。县纪委常委和监委委员及有关方面负责人列席会议。市委常委、县委书记马洪海代表常委会作讲话。县委副书记、县长丁炜就《同心县乡村振兴战略规划（2018—2022年）（讨论稿）》向全会作了说明。全会表决通过《同心县乡村振兴战略规划（2018—2022年）》《同心县关于推动高质量发展的实施方案》《同心县关于加快补齐全面建成小康社会短板的任务清单》《中共同心县委十三届十五次全体会议决议》。

【县委第十三届第十六次全体会议】 12月31日在县行政中心召开。吴忠市委常委、县委书记马洪海受常委会委托，向全会报告一年来的工作。县委副书记、县长丁炜就2020年经济工作作出具体安排。全会讨论了马洪海所作的报告和丁炜的讲话，审议通过《中共同心县委2020年工作要点（草案）》《同心县2020年全面深化改革工作要点（草案）》，并对县委、人大常委会、政府、政协领导班子述职述责述廉情况和领导干部述职述德述廉情况、干部选拔任用情况、党风廉政建设主体责任和监督责任落实情况、县委履行意识形态主体责任情况、县委书记抓基层党建工作进行了民主评议。全会要求，全县上下要以习近平新时代中国特色社会主义思想为指导，深入贯彻中共十九届四中全会和习近平视察宁夏时的重要讲话精神，全面落实中央、区市党委决策部署，紧扣全面建成小康社会目标任务，坚决打赢三大攻坚战，深入实施三大战略，守好三条生命线，做好“调、转、增、融”四篇文章，走出一条高质量发展的新路子，不忘初心、牢记使命，干在实处、走在前列，确保与全国全区同步全面建成小康社会，为建设经济繁荣、民族团结、环境优美、人民富裕的美丽新宁夏作出同心贡献。

县委党的建设工作会议

【同心县党的建设工作会议】 3月6日召开，马洪海、丁炜、王自成、田成川等县四套班子领导参加会议。会议对2018年全县组织工作、统战工作进行了全面总结，并对2019年全县组织工作、统战工作进行全面安排部署。吴忠市委常委、县委书记马洪海在会上要求，各级党组织要坚持把政治建设作为党的根本性建设，一以贯之推进党的建设新的伟大工程。

县委财经委员会会议

【县委财经委员会第一次会议】 3月23日召开，吴忠市委常委、县委书记、县委财经委主任马洪海主持。会议书面传达学习中央及区市党委财经委员会会议精神；审议通过了《中共同心县委财经委员会工作规则（送审稿）》《中共同心县委财经委员会办公室工作细则（送审稿）》《中共同心县委财经委员会2019年工作要点（送审稿）》，并听取相关工作情况汇报。

县委全面深化改革委员会会议

【县委全面深化改革委员会第一次会议】 3月23日召开，吴忠市委常委、县委书记、县委深改委主任马洪海主持会议。会议书面传达学习中央及区市党委全面深化改革委员会会议精神；审议通过《同心县委全面深化改革委员会工作规则（送审稿）》《同心县委全面深化改革委员会专项小组工作规则（送审稿）》《同心县委全面深化改革委员会办公室工作细则（送审稿）》《关于规范提请县委全面深化改革委员会审议事项范围、标准和流程的暂行规定（送审稿）》《同心县委全面深化改革委员会各专项小组成员单位建议名单》《同心县委全面深化改革委员会2019年工作要点》。

县委中心组理论学习会议

【第1次理论学习会】 1月23日晚召开，吴忠市委常委、县委书记马洪海主持。会议传达学习习近平在省部级主要领导干部坚持底线思维 着力防范化解重大风险专题研讨班开班式上的重要讲话精神、《石泰峰、咸辉同志在自治区党委十二届六次全体会议上的讲话》。与会人员还书面学习《沈左权、喜清江在市委五届七次全体会议上的报告和讲话》《努力造就一支忠诚干净担当的高素质干部队伍》《论学习贯彻习近平在省部级专题研讨班上重要讲话》《论认真学习贯彻自治区党委十二届六次全会精神》等相关内容。

【第3次理论学习会】 3月7日晚召开，吴忠市委常委、县委书记马洪海主持召开。会议传达学习中共中央总书记习近平在中共中央政治局第十三次集体学习时的重要讲话精神、《石泰峰、姜志刚在全区领导干部坚持底线思维着力防范化解重大风险专题学习班上的讲话》《石泰峰在自治区扶贫开发领导小组2019年第1次会议上的讲话》《石泰峰在军分区（警备区）党委第一书记述职会上的讲话》、十二届自治区党委2019年第2次、第3次、第4次常委会会议纪要。县委常委、政府副县长薄怀涛，县委常委、纪委书记、监委主任王钧，县委常委、统战部部长王刚分别围绕“习近平关于巡视工作重要论述及巡视工作相关党内规章”为主题，结合自身工作做研讨交流，其他中心组成员做了书面交流。与会人员书面学习《沈左权、李元凤在市纪委五届四次全体会议上的讲话和报告》，自学《推动我国生态文明建设迈上新台阶》《把防范化解重大风险作为重大课题》等相关内容。县委理论学习中心组全体成员参加会议，相关部门主要负责人列席会议。

【第4次理论学习会】 4月8日召开，吴忠市委常委、县委书记马洪海主持。会议传达学习《自治区党的建设领导小组2019年工作要点》、中共中央办公厅《关于解决形式主义突出问题为基层减负的通知》。县委常委、政府常务副县长丁俊，县委常委、宣传部部长杨学礼，县委常委、组织部部长马久麟分别围绕全面贯彻新时代党的建设总要求，结合工作实际做研讨交流。与会人员还学习《在新的起点上深化国家监察体制改革》《加快推动媒体融合发展 构建全媒体传播格局》《“干沙滩”变成

“金沙滩”——银川市闽宁镇扶贫协作调查》《牢记“两个务必” 永葆斗争精神》《论学习贯彻习近平在学校思政课教师座谈会上的重要讲话》等相关理论文章。县委理论学习中心组全体成员参加会议，县委办、人大办、政府办、政协办、纪委监委等部门主要负责人列席会议。

【第8次理论学习会】 5月30日召开，吴忠市委常委、县委书记马洪海主持。会议专题学习研讨《中国共产党党员教育管理工作条例》精神。书面传达学习《党政领导干部选拔任用工作条例》《干部人事档案工作条例》《社会主义学院工作条例》。县委常委、宣传部部长杨学礼，副县长康峰、马俊文分别结合各自工作，作了交流发言。县委理论学习中心组成员参加学习会，其他部门负责人列席。

【第9次理论学习会】 6月21日召开，吴忠市委常委、县委书记马洪海主持。会议专题学习《中共中央关于印发〈习近平新时代中国特色社会主义思想学习纲要〉的通知》精神。会议还学习了《习近平在解决“两不愁三保障”突出问题座谈会上的讲话》、《中共中央国务院关于新时代推进西部大开发形成新格局的指导意见》、十二届自治区党委2019年第14次常委会会议纪要。县委理论学习中心组成员参加学习会，各乡镇、各部门负责人列席会议。

【中心组（扩大）学习会】 7月31日召开，邀请中央党校党的建设教研部副主任、教授、博士生导师祝灵君作专题辅导报告。学习会上，祝灵君教授以《始终牢记共产党人的初心和使命》为题，围绕中国共产党从哪里来、到哪里去，从不忘人民立场、不忘理念信念、不忘复兴大业、不忘政治本色等方面对共产党人不忘初心、牢记使命，加强党的政治建设进行了深入浅出、精准细致的解读。学习会以电视电话会议形式召开，县委理论学习中心组全体成员、县直各单位副科级以上领导干部、党组织在同心的区（市）属各单位负责人、全县中青年干部培训班学员在主会场参加会议，各乡镇（管委会）全体干部和村“两委”班子成员在分会场收听收看会议。

【第16次理论学习会】 9月6日召开，吴忠市委常委、县委书记马洪海主持。会上传达学习《中国共产党农村工作条例》及《中国共产党机构编制工作条例》，自学了《以党内法规建设新成效推动宣传思想工作开创新局面》。

【中心组（扩大）学习会】 9月18日召开，邀请自治区社科院院长张廉作关于“不忘初心、牢记使命”主题教育专题辅导报告。学习会上，张廉以《思想政治受洗礼 铭记初心和使命》为题，从坚定理想信念、传承红色基因、筑牢忠诚本色三个方面，对习近平在“不忘初心、牢记使命”主题教育工作会议上的重要讲话内容进行解读。学习会以电视电话会议形式召开。

【第20次理论学习会】 10月30日召开，吴忠市委常委、县委书记马洪海主持。会议专题学习中共中央总书记习近平在中央政治局第十七次集体学习时的重要讲话，中共中央总书记习近平、国务院总理李克强在第六个国家扶贫日对脱贫攻坚工作的重要指示、批示精神，《新时代公民道德建设实施纲要》精神和第七届全国道德模范座谈会、全区思想道德建设座谈会精神。县委理论学习中心组成员参加学习会，相关部门负责人列席会议。

【第21次理论学习】 11月14日，吴忠市委常委、同心县委书记马洪海主持召开县委中心组2019年度第21次理论学习。会上传达学习中共中央总书记习近平在中共十九届四中全会上的重要讲话和《中共中央关于坚持和完善中国特色社会主义制度、推进国家治理体系和治理能力现代化若干重大问题的决定》精神，传达学习《中国共产党党校（行政学院）工作条例》。

（尹晓莉）

组织工作

【主题教育】 2019年，在全县组织实施“不忘初心、牢记使命”主题教育，集中学习1271场次、研讨交流271场次1137人次，送学上门1500多人次，为1300多名流动党员寄送学习资料3000余份。开展革命传统教育799场次、先进典型教育1399场次、警示教育716场次、形势政策教育892场次、爱国主义教育1300多场次，党员参加志愿服务11239人次。坚持深入调研，干部调研3935次，形成调研报告418篇。坚持开门搞教育，各级党组织征求到意见建议2574条，班子成员征求到意见建议4137条，基层党员征求到意见建议12664条。共检视问题4295条，制定整改措施4681条，已落实整改措施4381条。对照中央和区市党委明确的12个专项整治内容，新增“整治干部队伍建设结构不优、年轻干部储备不够”内容，梳理出问题670个，制定整改措施1012个，已整改633个。

【干部任用】 认真贯彻《党政领导干部选拔任用工作条例》，提拔7名年轻乡镇干部、调整13名乡镇干部、调任11名事业单位干部、交流调整任职5年以上的干部28名。选拔60名在脱贫攻坚一线中的优秀干部和8名机关年轻干部和1名乡镇长助理到乡镇任职，解决了22名乡镇干部的非领导职务待遇，将2名乡镇党委书记提拔为副处级干部。选派8名年轻干部挂职任乡镇长助理，安排12名干部到信访部门挂职，选派4名干部到福建、区直机关挂职锻炼，新录用9名选调生到村任职，建立干部后备人选180人，任用25名年轻干部担任副科级领导职务。认真落实“三个区分开来”要求，对4名免职的乡镇党政正职重新任用，对7名处分影响期满的干部提拔重用，对22名乡镇干部解决非领导职务，首批对32名乡镇、部门党政正职晋升职级，激励引导干部担当作为。

【干部管理】 坚持严管干部，提醒教育33人、函询2人、诫勉2人。突出关键岗位干部的监管，对13名科级领导干部进行经济责任审计和自然资源资产离任审计。深入贯彻《中华人民共和国公务员法》，举办全县公务员专题轮训班3期、培训公务员1209人。加强日常管理，招录选调生9名、公务员15名，对符合公务员登记条件的报送登记104人，对试用期满的任职定级55人，办理到龄退休21名。发挥考核激励作用，对238名年度考核开展职务与职级并行工作，对615名非领导职务和县以下机关职务公务员进行套转。

【基层党建】 持续开展软弱涣散村党组织整顿工作，对66个软弱涣散村进行全覆盖选派驻村第一书记，已整顿销号52个软弱涣散村。以涉恶案例为典型，开展“以案释法大宣讲”98场次，覆盖136个行政村。从严清理补齐配强村干部队伍，严格落实村（社区）“两委”成员县级联审办法，先后清理65人，给予党纪处分12名。联合县民政局摸排确定12个乡镇64个行政村累计空缺128人，先后报请联审48批163人，按法定程序配备120人。全面落实村党组织书记县级备案管理，村干部任职补贴按2018年度农村居民人均可支配收入9185元的3倍执行。落实“星级奖励报酬”激励机制，对2018年度评定为三星级及以上的21个村党组织114名村干部，发放星级奖励补贴95万元，最高个人奖励补贴1.64万元。深化“两个带头人”工程，调整充实村级后备力量605人，确定致富带头人730名。完成46个届满到期党组织换届，新成立6个党支部。按照“六有”标准建设规范了5个社区活动阵地，按照最低工资标准的2倍发放了社区“两委”成员报酬，按照5万~10万元标准建立了城市社区为民服务资金。实施“五强五促”行动，选派44名党建指导员到90个非公企业、29个社会组织开展党建工作，调整51个非公企业和社会组织党组织隶属关系。深入开展“三大三强”行动，2019年村级办公经费和为民服务资金1685万元全部纳入财政预算。落实村（社区）党组织书记住房公积金制度，保障住房公积金补贴预算41.9万余元。加大村级活动场所建设力度，整合各类资金3163万元，新建、改扩建村级阵地16个，全县村级活动场所全部达到200平方米以上。深入开展“空壳村清零2020行动”，142个村集体经济收入全部达到5万元以上。

【干部教育】 从严从实抓好党员教育管理，组织基层宣讲225场次，党员领导干部讲党课260场次。对全县563名入党积极分子、发展对象和预备党员进行联审，吸收预备党员161人。健全完善党内关怀帮扶机制，设立党内关怀帮扶资金50万元，慰问困难党员864名。健全党员涉嫌违纪违法信息通报和及时处理工作联席会议制度，先后对119名违纪违法党员给予党纪处分。开展庆祝建党98周年“十个一”主题活动，表彰29个全县先进基层党组织、113名优秀个人，为22名符合条件人员发放“庆祝中华人民共和国成立70周年”纪念章。

【人才强县工程】 持续坚持人才引进和“人才回引”工程建设，坚持“一把手”抓“第一资源”，把人才队伍建设和人才工作纳入年度考核和人才工作责任制考核的重要内容，财政预算300万元专项经费用于人才工作。制定《同心县乡村人才振兴实施方案》，完善乡村人才引进、培育、评价、激励机制，激励各类人才到农村干事创业。落实人才激励保障措施，为专家学者设立“专家公寓”14套，安排资金400余万元对全县4083名教师进行免费体检，成立教师大病救助基金。加大人才培养引进力度，深化华东师大、西北师大校地合作，培训学校管理干部和教师356人次，引进各类高层次人才17人次。围绕脱贫攻坚和乡村振兴战略，开展新型职业农民、精准脱贫职业技能培训9073人。建立企业经营管理人才信息库，在浙江大学举办全县非公经济人士创新驱动研修班，对33名企业经营管理人才进行了培训。围绕打造有机枸杞人才小高地和特色产业发展，实施了有机枸杞产业人才引进及培养、有机枸杞产业自主设计人才等11个人才项目，争取吴忠市人才项目资金25万元，通过项目实现人才与产业双向促进。充分发挥专家服务团作用，扎实开展闽宁对口帮扶、“百名专家基层服务行”等活动，邀请宁夏大学、甘肃省农科院、宁医大总院等40余名知名专家和专业技术人才开展对口支援服务工作，帮助提高全县专业技术人员的专业水准。选派14名农业科技人才担任科技扶贫指导员，选派18名“三区科技人才”，对接服务全县24个贫困村，发挥人才在脱贫攻坚中的引领作用。

【队伍建设】 坚持从严治部，扎实推进部机关主题教育等活动。加强学习、研讨、交流，开展先进典型教育、革命传统教育、形势政策教育、警示教育，采取“六不一直接”的方式，到机关单位、乡镇、农村、社区、非公企业、社会组织等基层一线找问题、查原因、定措施，撰写调研报告8篇，召开专题党课，制定印发专项整治方案。共征求意见建议87条，梳理立查立该问题113个，对照党章党规检视问题85条，在民主生活会上相互批评提出意见建议86条。严格执行民主集中制，召开部务会26 次，听取重要工作报告，研究重大事项、重要资金安排等81 项。及时完成编办、公务员、老干部管理职责承接和编制人员转隶工作，坚持把公道正派作为组织工作核心理念，严守组织人事工作纪律。强化党风廉政教育，筑牢反腐倡廉思想防线，教育引导全体组工干部慎建“交往圈”、净化“生活圈”、纯洁“娱乐圈”、正规“工作圈”，有效增强清廉内力。

【领导调研】 10月15—16日，自治区党委常委、组织部部长石岱带领调研组，就同心县脱贫攻坚、基层党建、“不忘初心、牢记使命”主题教育开展情况等，在王团镇、马高庄乡、韦州镇、下马关镇、田老庄乡、河西镇进行了暗访调研，并召开调研座谈会。吴忠市委常委、县委书记马洪海汇报了同心县脱贫攻坚、“不忘初心、牢记使命”主题教育、基层党组织建设等工作开展情况，自治区扶贫办副主任刘学智反馈了调研情况。石岱就同心县进一步做好脱贫攻坚、“不忘初心、牢记使命”主题教育、基层党组织建设等工作提出三点要求。一是思想认识再提升，深入学习贯彻习近平新时代中国特色社会主义思想，进一步提高政治站位，统一思想认识，坚决贯彻党中央决策部署和自治区党委要求，全力以赴把脱贫攻坚、主题教育、基层党建三项工作抓紧抓好、抓出成效。二是工作措施再强化，深入实施“三大三强”和“两个带头人”工程，加强村党组织带头人队伍建设，加强第一书记和驻村干部的使用和管理，持续整顿软弱涣散村党组织。要聚焦目标要求，扎实有效开展好主题教育，深入学习，全面掌握，创造性地抓好落实。三是纪律作风再严实，始终把加强作风建设摆在重要位置，力戒形式主义、官僚主义，切实把责任螺丝拧紧、把压力真正传导到位。要严明纪律要求，持续查处扶贫领域腐败问题和各种违法违纪问题。要坚持严管和厚爱结合、激励与约束并重，充分激发干部干事创业的积极性主动性创造性。会议结束后，自治区党委常委、组织部部长石岱一行还到河西镇同德村服装加工扶贫车间、村支部、润德庄园进行调研，了解脱贫攻坚产业发展、“不忘初心、牢记使命”主题教育及村级基层党组织建设工作情况。市县领导马洪海、解峰、丁炜等参加调研反馈会。（县委组织部办公室）

宣传工作

【理论学习】 强化理论武装，制定《2019年县委理论学习中心组学习计划》《全县各党委（党组）理论学习中心组学习安排》，确定全年学习的主要内容，举办理论学习中心组集体学习22次、领导干部专题学习班7次，示范带动县四套班子集中学习62次，专题研讨25次，讲党课35场次。依托县委党校等教学资源，举办培训班21期5135人次，开展对象化、分众化、互动化的理论宣讲82场次，编印《马克思主义民族观宗教观学习读本》5000余册，开展巡回宣讲24场次，9000余名党员、千名宗教人士、万名群众接受教育。充分发挥“学习强国”学习平台作用，认证党组织69个，参学人数11497人，日活跃人数达8610人。围绕打赢脱贫攻坚战、高质量发展、民族团结、乡村振兴等课题开展调研1221次，形成调研报告360多篇，为县委科学决策提供依据，使调研成果切实转化为解决问题、提升服务、推动工作的实际成效。

【意识形态】 唱响发展主旋律，深入挖掘报道一心带领群众脱贫增收好支书丁建华、千亩荒山披绿装的种树人赵建浦、脱贫攻坚优秀共产党员李国云等一批先进典型，进一步激发党员干部学先进、争先进、赶先进的热情。累计接待全国主流网络媒体、长三角主流媒体宁夏行等中央及区市新闻媒体记者102批500余人次，在中央及区市主要媒体刊登稿件1200余篇（条）。推进媒体深度融合，制定《同心县融媒体中心工作方案》，成立融媒体中心，充实采编人员，加强业务培训，明确“1+5+N”大中小屏协调推进的融媒体运行体系，推进县级媒体融合发展，播发新闻1062条次、公益广告1150条次。持续营造鼓劲加油社会氛围，依托综合文化服务中心等公共场地各类宣传平台，持续深化公益广告宣传刊播工作，在红军西征纪念馆设置“不忘初心、牢记使命”红色文献展区，区内外党员干部群众9万余人到馆参观学习。

【核心价值观培育】 深化社会主义核心价值观建设，持续推进核心价值观“六进”活动，强化党史、新中国史、改革开放史和爱国主义、集体主义、社会主义教育，加强红色文化资源保护利用，举办“不忘初心、牢记使命”主题党日等系列活动，开展“三先开路话脱贫”等基层宣讲300余场次，引导干部群众树立和坚持正确的历史观、民族观、国家观、文化观。深化爱国主义教育，持续推进“我和我的祖国”群众性主题教育实践，丰富“我们的节日”载体，抓住元旦、春节、国庆等时间节点，组织开展“齐唱国歌、同升国旗”等活动，在城区主要街道、广场悬挂国旗1万余面，润物无声推动爱国主义入脑入心。加强革命传统教育和国防教育，发挥陕甘宁省豫海县回民自治政府成立旧址、红军西征纪念园等爱国主义教育基地作用，组织干部群众就近就便接受教育，通过清明祭英烈、举办国防教育讲座、军事日等活动，传承红色基因，引导人们增强爱国情怀、践行报国之志。深化民族团结教育，全面贯彻落实党的民族政策，扎实开展民族团结进步教育“八进”活动，开展乡村邻里节、趣味运动会、社区家庭才艺展演等活动，引导各族群众讲好民族团结故事，传递民族团结正能量，促进各民族交流交往交融，营造各族群众共建共居共学共事共乐的浓厚氛围。召开全县第五届民族团结进步表彰大会，表彰奖励近年来全县涌现出的民族团结进步先进典型，引导全县各民族共同团结奋斗、共同繁荣发展。

【道德工程建设】 加强新时代公民道德建设，李进祯获得第七届全国道德模范提名奖、被授予全国“最美奋斗者”称号，丁秋菊被评为“第六届自治区道德模范”，全县4人获“第五届吴忠市道德模范”称号，评选表彰2018年度全县“道德模范”16人，“人人做好事、人人当好人、好人有好报”的社会氛围进一步形成。强化未成年人思想道德建设，用社会主义核心价值观和道德规范浸润学生心灵。召开全县第二届少代会，举办中学生十八岁成人礼。开展优秀传统文化经典诵读、戏曲进校园和中国梦、“争做新时代好少年”等主题教育实践活动，引导中小学生坚定理想信念，树立家国情怀，扣好人生“第一粒扣子”。大力推动移风易俗，制定《同心县深化婚丧嫁娶乱象整治指导意见》，开展移风易俗培训98场次，涌现出了“零彩礼”“零待客”“零首饰”嫁女的河西镇艾家湾村村民杨建勋等先进典型，评选表彰2018年度“优秀红白理事会”12个、十星级民风建设模范户27人、“移风易俗光荣户”16户，传播文明新风、引领时代风尚。

【网络安全】 健全和理顺网信工作机制，制定《2019年网信工作要点》《网络安全和信息化委员会工作规则》《网信办工作细则》，在县内各网站、微信等平台开设专题专栏8个，发布工作动态信息3000余条。开展网络宣传活动，发放宣传手册、海报、科普材料等1.2万余份（册），举办网络管理员培训班和第三届“新媒体人士看同心”活动，引导新媒体人士积极参与见证宣传同心县重大项目建设、民生工程等重点工作。开展网络安全事故攻防演练，对关键信息技术进行安全检查，全县重点行业、重要部门网络安全防护意识和水平不断提升。

【宣传活动】 围绕宣传贯彻中共十九大和十九届三中、四中全会精神，策划主题宣传和典型宣传。深化群众性文化活动，以庆祝中华人民共和国成立70周年为契机，以“我和我的祖国”群众性主题宣传教育为抓手，举办主题晚会、诗歌晚会、花儿文艺晚会等系列活动65场次，开展“我和我的祖国”全民诗歌朗诵140场次。举办“旱塬杯”全国钓鱼大赛、“全民健身挑战日·健康宁夏动起来”、“我要走”全国徒步大会联动日等大型赛事。举办国庆节万人“同升一面旗，同唱一首歌”暨“我和我的祖国”快闪活动，进一步激发了干部群众爱党爱国热情。丰富文化活动载体，开展“戏曲进乡村”惠民演出60余场次，文化、科技、卫生“三下乡”惠民演出90余场次。大力弘扬传统节庆文化，举办“春节社火展演”“元宵节灯谜晚会”等活动，国庆“共吃祖国长寿面”新民俗深入人心。春节期间共送出对联1000余幅、灯笼4000余个、拍摄全家福300张，发放移风易俗宣传挂历3万余份，营造节日浓厚氛围。加强文化文艺创作，推出《山歌行》等一批文艺精品，4名文艺家获自治区第九届文学艺术奖，微电影《同心》获全区第四届社会主义核心价值观主题微电影大赛一等奖。

【精神文明建设】 持续推进群众性精神文明创建，深化文明单位、文明村镇、文明校园、文明家庭创建活动，扎实开展文明交通、文明旅游、文明餐桌等专项行动，群众道德素养、文明素质明显提升。深入推进新时代文明实践试点工作。在全县确定16个新时代文明实践试点所（站），组建县级志愿服务队13支，成立试点乡镇、村（社区）志愿服务分队和小队，探索“升国旗、唱爱国歌曲、学村规民约、践文明承诺”的“4+X+1”工作模式，通过“讲帮乐树行”等形式，开展集中志愿服务活动，教育引导群众感党恩、听党话、跟党走。注册志愿者人数4.7万人，举办志愿者培训班16场次，开展集中志愿服务活动140余场次，服务时长累计达10.5万小时，试点村兑换积分2600多分，有效调动了群众参与志愿服务的积极性。

【宣传队伍建设】 强化领导班子建设，选优配强宣传思想文化系统班子成员，为各乡镇选配了宣传委员，调整优化各部门宣传干部，具体负责意识形态工作，县委组织部在推荐宣传思想文化系统干部时，主动征求宣传部门意见，为县委使用干部提供参考。扎实开展强“三性”增“四力”主题实践活动，通过“比学促”“走转改”、岗位大练兵大评比、文艺精品创作等活动，着力提高干部队伍的业务能力，加大干部教育培训力度，坚持“请进来、送出去”的方式，不断提高党员干部政治素质、理论水平、业务能力，使全县宣传思想工作的领导权牢牢掌握在忠于党、忠于人民的人手里。

【领导调研】 10月22日，自治区党委常委、宣传部部长李金科带领自治区党委宣传部调研组到同心县调研脱贫攻坚工作进展情况。李金科一行到宁夏同心工业园区，深入伊兴羊绒、中核（宁夏）同心防护科技有限公司等企业，通过听取汇报、察看车间生产情况，对同心脱贫攻坚、就业扶贫工作进展情况进行调研。调研中，李金科一行还到全国爱国主义教育基地、全国民族团结进步教育基地红军西征纪念园、同心县非物质文化遗产展览馆，调研了同心县红色文化、非遗文化传承和文创产业发展等情况。吴忠市委常委、县委书记马洪海，吴忠市委常委、宣传部部长高建博等人陪同调研。

（县委宣传部）

统战工作

【理论学习】 强化理论武装，提高政治站位。全年先后召开7次县委统一战线工作领导小组会议、3次全县宗教工作联席会议，传达学习中央及区、市党委关于统战、民族宗教工作的会议精神、文件要求，结合实际，研究贯彻落实意见和具体推进措施。先后召开15次部务会议，深入学习习近平关于民族宗教工作的重要论述，认真贯彻马克思主义民族观宗教观、党的民族政策和宗教工作基本方针以及统战工作各方面要求，切实提高理论指导实践的能力和水平，确保各项工作符合中央及区、市党委和县委的具体要求，沿着正确轨道顺利推进。进一步拓宽干部增长知识的渠道，积极派员参加区市县组织的培训学习，开阔干部眼界，凝聚思想共识。

【宣传教育】 加强宣传教育，凝聚思想共识。把马克思主义民族观宗教观教育作为抓好统一战线工作的基本遵循，编印“全面贯彻党的宗教工作基本方针，旗帜鲜明坚持宗教中国化方向”等辅导材料，先后聘请区市相关专家，对全县伊斯兰教宗教人士和寺管会负责人进行培训。每季度以骨干培训为重点，组织宗教人士、宗教活动场所教职人员和场所民主管理组织成员学习党的民族政策和宗教工作基本方针，进一步提升宗教教职人员的整体素质。把学习贯彻习近平关于民族宗教工作的重要论述作为“不忘初心、牢记使命”主题教育重要内容，成立宣讲团，编印《马克思主义民族观宗教观学习读本》，在全县开展巡回宣讲19场次，9000多名党员、1000多名宗教人士、近万名群众接受教育。

【民族团结进步创建】 印发《同心县2019年民族团结进步创建工作计划》，不断深化民族团结进步教育“八进”活动。累计打造自治区级示范点5个、市级示范点20个，巩固提升县级示范点100个。围绕“各民族共同团结奋斗、共同繁荣发展”主题，组织开展“民族团结月”系列宣传活动，举办民族团结进步创建专场文艺会演，召开同心县第五届民族团结进步表彰大会，对近年来全县民族团结进步战线上涌现出来的36个模范集体和76名模范个人予以表彰奖励。通过“民族团结月”系列活动开展，增进全县各族群众的相互交流和沟通，形成民族团结、经济发展、社会和谐的良好氛围，促进各民族交往交流交融，不断铸牢中华民族共同体意识。

【政治协商】 强化制度建设，完善协商，把协商民主工作机制落到实处。充分发挥党外知识分子积极作用，集中开展党外知识分子和新的社会阶层人士调查摸底工作，建立了信息库。与县团委联合举办了“浪漫七夕，相约同心”青年人才联谊活动，为广大青年搭建了一个相识、相知和发展创业平台，进一步增强了新的社会阶层人士互联互通、交流交融。开展了党外知识分子、各民主党派人士庆祝新中国成立70周年书画摄影作品展。以同心工业园区为依托，以新的社会阶层人士创业发展为重点，成立了同心县新媒体社会实践创新基地，在同心县非物质文化遗产传承基地，成立党外知识分子联络站，并建立图书室。

【宗教事务管理】 认真学习贯彻全区、全市宗教工作会议精神，完善联系制度，建立统战部牵头协调的打击非法宗教活动工作机制。签订目标责任书，配强配齐分管领导和专职干部，强化村、社区建立的统战、民族宗教工作站工作，明确责任人和联络员。持续打击各类非法宗教活动。

【助力脱贫攻坚】 积极协调金融部门为15家中小微企业融资贷款1.67亿元，解决了发展资金短缺难题。培育同心县圣峰枣业有限公司、三聚环保和伊牧云3家企业为创新驱动示范企业；培育宁夏伊兴羊绒制品有限公司、同心县荣振养殖合作社、宁夏吴忠天启薯业有限公司、金福莱食品等4家企业为脱贫富民示范企业；培育宁夏润德生物科技有限责任公司、宁夏菊花台庄园枸杞种植有限公司2家企业为生态立县示范企业。围绕脱贫攻坚，引导县内外45家非公企业深入36个贫困村直接或间接投资1.35亿元，通过入驻扶贫车间、产业带动、吸纳建档立卡户就业和物资捐助等措施开展帮扶工作。

【港澳台及侨务工作】 积极探索港澳台及侨务工作，顺利完成机构改革、人员划转和事项转入，成功接待欧美同学会“知国情话自信”走进宁夏活动的留学人员一行到同心参观学习、台湾巨皇集团董事长到同心考察调研项目等活动。

政策研究

【改革工作】 高度重视并切实加强党对全面深化改革工作的领导，切实履行党委抓改革工作职责，形成县委深改委统揽抓、县四套班子主要领导领衔抓、改革专项领导小组紧盯抓、改革牵头单位主动抓、改革办督促抓的工作机制。县委将县深改领导小组升格为县委全面深化改革委员会，市委常委、县委书记担任委员会主任，政府县长和县委副书记分别担任副主任，县委副书记兼任改革办主任（县委改革办设在县委政研室）。建立县四套班子主要领导领衔督办2019年重点改革事项机制，四套班子主要领导分别领衔督办高质量发展、乡村振兴、深化“放管服”改革、优化营商环境、工业园区整合优化和改革创新、预算绩效管理、“互联网+医疗健康”、民营经济发展、“互联网+教育”改革工作。成立了11个专项改革小组，由县领导担任组长，加强对改革工作的领导。

【方案制定】 县委常委会先后研究机构改革、高质量脱贫摘帽、生态环境保护、“放管服”改革和优化营商环境、乡村振兴、新时代基层民政工作、坚持发展“枫桥经验”、河（湖）长制、纪委监委深化派驻机构改革、基层党组织建设、融媒体中心建设、改革强警等涉改事项。召开四次县委深改委会议，传达学习中央深改委1—11次会议、自治区党委深改委1—7次会议、市委深改委1—4次会议精神。先后安排部署全县2019年深改工作，听取全面深化改革工作进展情况汇报，审议相关改革方案。专题研究《同心县城镇供热体制改革工作方案》《同心县全面深化新时代校长教师队伍建设改革实施方案》《同心县农业综合行政执法改革方案》《同心县文化市场综合行政执法改革方案》，部署推进公车改革、供销体制改革、政法领域改革、殡葬体制、养老服务改革等任务。

【方案出台】 2019年，先后研究出台《同心县“互联网+医疗健康”建设实施方案（2019—2022年）》《同心县开展依法治理宗教事务暨落实乡村两级责任制试点工作方案》《同心县机构改革方案》《同心县关于推动高质量发展的实施方案》《关于支持非贫困村和农村非建档立卡边缘户发展致富的实施意见》《关于新时代文明实践中心建设试点工作的实施方案》《同心县农村环卫市场化服务体系改革方案》《同心县纪委监委派驻纪检监察机构改革实施方案》《2019年度全县政法领域全面深化改革任务清单》《同心县农村集体产权制度改革实施方案》等38个改革方案。县人大常委会党组提请县委常委会研究审定《同心县关于人大预算审查监督重点向支出预算和政策拓展的实施意见》；县人大常委会专题主任会议听取了县政府全面深化改革工作情况报告；县人大常委会召开改革事项推进会，专题研究人大常委会主要负责人领衔督办的重点改革事项。县政府常务会、专题会研究了深化“放管服”改革优化营商环境、厕所革命、扶持壮大村集体经济、深化河（湖）长制、融媒体建设、工程建设项目审批制度改革、农村环卫市场化改革、新时代文明实践中心、人民调解、农业水价改革、《同心县乡村振兴战略（2018—2022）》、机构改革、政府购买公共服务、养老服务、生态保护、殡葬改革、减税降费、安全生产、食品安全等60余项涉改事项。县政府召开专题会，县长丁炜围绕减税降费、稳定和扩大就业、深化“放管服”改革优化营商环境、推进创新驱动发展四个方面进行安排部署。

【督促指导】 市委常委、县委书记、深改委主任马洪海多次专题调研“放管服”改革及优化营商环境工作，要求审批服务管理局紧紧围绕“便民利企”抓好审批服务工作，对各类审批服务事项流程再优化，提高服务效率和质量。要实行派驻单位分管领导每周到政务大厅坐班1～2次制度，让信息多跑路、局长多跑路、人民群众少跑腿。同时，多次在县委改革办呈报的改革事项落实情况通报上批示，指导指示，推动工作。县长丁炜多次调研优化营商环境、政务服务、乡村振兴等改革事项。为改革殡葬管理，推动新时代殡葬和移风易俗工作，着力解决乱埋乱葬、习俗陈旧落后等问题，现场办公，专题研究殡葬改革工作。县委、县政府主要领导多次组织召开市场监管、生态环境保护、文化市场、交通运输、农业五大领域综合行政执法改革协调会。

【改革落实】 试点改革任务落实情况，同心县承担国家级改革试点两项。一是农村土地承包经营权抵押贷款试点。2015年12月，同心县被国务院列为全国农村承包土地经营权抵押贷款试点县。同心县深入推进农村土地承包经营权抵押贷款试点，加强服务管理，规范土地流转，破解了长期以来土地经营权不能抵押贷款的难题，在降低群众融资成本、满足群众融资需求、防范银行信贷风险、促进农民增收等方面取得初步成效。2019年新增农村土地承包经营权证2041户，累计达到52983户，发放农村土地承包经营权证抵押贷款1934笔9668.5万元。二是农民工返乡创业试点。2016年同心县被国家发改委确定为支持农民工返乡创业试点县，经过近3年的试点，不断完善就业创业政策，加大扶持力度，树立创业典型，形成农民工返乡创业兴业的良好局面。制定《关于进一步推进农民工等人员返乡创业工作的实施方案》。2019年，返乡农民工557人（个体418人、小微企业139人）。改革事项，同心县制定出台《同心县党内关怀帮扶专项资金使用管理办法（试行）》，开设同心县党内关怀帮扶专项资金账户，注入50万元启动资金。进一步完善农业保险制度机制，全面落实“扶贫保”政策，累计投入资金3075万元，为全县建档立卡贫困户投保农作物、肉牛、肉羊等，探索形成保险扶贫模式，构建保产业风险、保稳定脱贫的综合保障网络。开展提升组织力、“思政课”、完善小农户和现代农业有机衔接的政策供给、创新项目建设管理、深化政府采购制度、政府购买服务第三方绩效评价、城乡环卫一体化、规范发展校外培训机构、建立健全律师参与重大信访事项制度机制、综合治理执行难、公益诉讼、打造新时代民政工作“同心样板、河西模式、同德做法”、供热管理体制、文冠果管护机制改革等26项相关改革工作，均取得良好成效。

【党建创新】 改革创新“思政课”，讲好开学第一课，教育引导中小学生扣好人生“第一粒扣子”。围绕“培养什么人”“怎么培养人”“为谁培养人”的问题，创新推进中小学校党建工作，召开全县中小学思想政治教育大会，率先在全区县一级建立名誉校长讲开学第一课制度，县委书记带头，27名县级领导、107名乡镇党委书记和村党支部书记担任各中小学名誉校长、37名退休老干部担任思想政治辅导员，从2018年秋季学期开始，在全县范围内开展名誉校长、思想政治辅导员开学第一课活动171场次。人民网以《宁夏同心：讲好开学第一课 爱国教育永传承》为题进行报道。

【扶贫攻坚】 以改革创新劲头攻坚贫困堡垒，确保高质量打赢脱贫摘帽攻坚战，从而实现高质量脱贫摘帽，县委和县政府紧扣农户“一收入两不愁三保障”，采取“一事一策”的思路，改革创新，破解难题，全力落实脱贫攻坚责任、政策、工作。

【特色产业】 围绕增“收入”，深入推进农业供给侧结构性改革，着力培育“4+X”产业体系（大力发展有机枸杞、草畜、中药材、圆枣4个主导产业，积极培育小杂粮、芦笋、黄花、葡萄、生态鸡等特色产业），推动主导产业做大做强，特色产业做精做优，新兴产业从无到有，扎实推进产业扶贫，促进贫困群众增收。是年，“润德庄园”6大系列40余款产品代表宁夏枸杞，亮相新中国成立70周年宁夏专场新闻发布会，宁夏菊花台庄园枸杞种植有限公司、宁夏润德生物科技有限责任公司产品分别获2019年中国北京世界园艺博览会国际竞赛优质果品大赛金奖和银奖。

【安全饮水】 全县围绕保“两不愁”，突出抓好贫困群众安全饮水，创新“五项机制”保水，“集雨场+水窖+潜水泵+净化器”方式全面解决居住分散群众用水问题，全县实现“从喝水难到有水喝从有水喝到喝上安全水”的历史性跨越。加快推进农村饮水安全工程建设，成立8个水利行业脱贫攻坚突击队，采取“倒排序”方式，以村为单位逐户摸清饮水安全情况并实施了农村饮水安全巩固提升工程。对具备自来水入户条件的农户入户安装自来水；对居住分散、自来水无法入户的，采取“集雨场+水窖+潜水泵+净化器”方式解决（水窖取水加压，安装饮用水净化器，水质达到安全饮水标准），彻底解决全县12个乡镇142个行政村101996户339725人的安全饮水问题。这一创新得到2018年省级扶贫开发成效考核组高度肯定，也被西藏自治区组团学习借鉴和采用。

【教育扶贫】 全县围绕增强“三保障”，把教育扶贫作为阻断贫困代际传递的根本途径，着力优化支出结构，县城建设上不搞大开发，让利大教育。2019年暑假期间开展第三轮“千名教师进万家”活动，分“大走访、大排查、大劝学”三个阶段进行，组织全县近3500名教师深入全县12个乡镇、142个行政村、5个居委会逐户逐人核对，落实文化户口“一人一册”，劝学巩固“一人一案”，确保2019年秋季开学完成清零目标。“同心县城建设不搞大开发，让利大教育”做法被国务院扶贫开发领导小组脱贫攻坚督查组点赞。组织控辍保学、技能培训等典型做法登上了“学习强国”平台和人民网、新华社等媒体，《宁夏日报》《建设美丽新宁夏 共圆伟大中国梦》专栏以《同心教育扶贫应扶尽扶》为题对该项工作进行了专题报道。

【危房危窑改造】 采取“九九四”举措打赢安全住房保障攻坚战，按照“九个一批”思路（原址翻建一批、维修加固一批、政府代建一批、租赁补贴一批、周转房安置一批、社会援建一批、亲属合住一批、难题破解一批、集中养老解决一批）、采取“九项措施”（解决超面积建房、一宅多户等9类遗留问题和特殊情况）、通过“四种”建设方式（自建、集中建、就近改建、幸福院），解决近9万人的安全住房问题，农村危房全面清零，同心县危房改造工作受到国务院大督查通报表扬。

【科技管理改革】 试行科技项目“包干制”，加大科技创新力度，深入推进农业供给侧结构性改革，宁夏润德生物科技有限责任公司枸杞种植被评定为第九批国家级农业综合标准化示范项目。积极创建自治区第九批国家级综合农业标准化示范项目，推进农业标准化建设。企业共建立产品标准、投入品标准、种植标准等清单47项，村民人均收入突破8000元，比移民前收入提高4倍。实施三年来，项目共投入资金3836.24万元，其中国家部委补助经费共49万元、县政府补助配套资金38万元。宁夏吴忠市天启有限公司同心分公司在下马关镇窖坑子村流转土地4000亩，引进马铃薯新品种6个（希森6号、丽薯6号、V7、陇薯7号、华颂7号、F8斯凡特），建成全区最大的马铃薯种薯繁育基地和主食化基地，被农业农村部确定为“全国种子认证试点示范”，该基地已成为美国辛普劳（中国）食品有限公司、百事（中国）马铃薯主食化专用品种标准化生产基地。

【民政改革】 倾力打造新时代民政工作“同心样板、河西模式、同德做法”，加强新时代基层民政工作，提高为民服务能力。以“推动五个加强、实施六个提升、强化四个创新”为抓手，健全完善“1+5”制度体系，构建纵向到底、横向到边的民政服务体系，全力推进民政工作高质量发展。该做法受到了自治区主席咸辉充分肯定。民政部原部长黄树贤到同心县蹲点调研，以“剖析村、蹲点乡、抓住县、带动市、联系省”为工作方法，以同德村为剖析村，以兜底脱贫攻坚和社会治理为重点，加强基本民生保障，创新基层社会治理，切实增强基层民政服务能力。2019年5月10日，在河西镇召开了民政部原部长黄树贤参加的区、市、县、乡、村五级民政工作座谈会，对宁夏各级民政部门的工作给予充分肯定。

【基层治理】 创新基层治理网格化新模式，网格化管理打通为民服务“最后一千米”。河西镇创新基层治理网格化新模式，按照“网中有格、格中有人、人在格中、事在格中”的原则，创建“包村领导+包村干部+驻村工作队长+村党支部书记+村委会主任+社长+网格员+群众”的八级网络构架，将全镇各行政村划分为若干网格，变被动管理为主动服务，全天候、全覆盖收集群众关心关注的问题，建立和完善“巡查—发现—处置—协调—解决—反馈—监督—问责—评估”的工作闭环，做到有针对性地为群众宣传政策、答疑释或、解决困难，和群众面对面沟通，开展零距离、多元化服务，真真打通了服务群众“最后一千米”，河西镇网格化管理模式作为亮点工作被宁夏新闻网宣传报道。

【农村幸福院】 实施“农村幸福院”模式提升群众幸福指数，为打赢打好脱贫攻坚战，解决部分移民迁出村留守、独居、特困对象和分散供养“五保”困难老年人住有所居问题，按照就近设置、方便老人、功能实用、自愿参与的原则，整合各类资金，动员号召诚信企业，在加快自身发展的同时，认真履行社会责任，积极参与脱贫攻坚，集资集中援建了黄家水、苏家岭、黄谷3处“农村幸福院”，共建设了安居房38套。每户按照42平方米的建设标准，配套卫生间、厨房、火炕、太阳能等辅助设施，把“农村幸福院”建设成了汇聚爱心的纽带、传递亲情的桥梁。圆了38户移民迁出区“老人户”等遗留人口安全住房梦，有效提升了农村留守老人的获得感、幸福感。

【互联网无人律所】 全区首家“互联网无人律所”在同心正式上线运行，向人民群众提供高效、便捷、普惠法律服务，构建全领域、跨时空、高质量法律服务平台，打造“智慧司法、数字法治”同心升级版，建成全区首家“互联网无人律所”。无人网上律师事务所能够实现“一卡在手，法律服务全有”，只需一张身份证，系统自动验证身份信息，就可与全国3万余名签约律师实现免费一对一视频互动，专业律师在线解决群众法律诉求和问题。无人律所实体3平方米，在相对私密的环境中，能充分保障群众的隐私，受到群众的广泛好评和认可（同心“互联网无人律所”被区内外多家主流媒体宣传报道）。

【创新培训】 同心县创新技能培训和创业担保贷款工作做法被作为典型经验向全国推广。按照“创业培训+创业担保贷款+创业就业+跟踪指导服务”模式开展创业培训，6个月内进行1～2次创业后续跟踪指导服务，确保创业成功率。采取“随申随贷、整村推进、上门服务、集中办理、跟踪监管”的模式，减少贷款环节，简化申贷手续，降低反担保条件，将贷款对象扩大到全民，筹集担保资金3494万元，发放创业担保贷款9448笔5.76亿元，创业带动就业2.03万人。聘请第三方评估机构，全面评估创业担保贷款发挥的经济效益和社会效益。健全制度，数据联动，贷前全方位核实审查，贷中、贷后创业指导服务和效能跟踪回访，创业担保贷款零代偿、回收率100%，实现了“贷得出、用得好、收得回”的良性循环。

【技能培训】 实施“四四四五”技能培训，提升就业竞争力。紧紧围绕培训什么、谁来培训、怎么培训、如何就业等方面，扎实开展贫困群众技能培训，实现贫困家庭至少有一人掌握一技之长。探索“四单”培训模式。采取学校列单、学员点单、企业订单、政府买单“四单”方式培训，变“要我培训”为“我要培训”。建立“四级”培训流程。建立“开班申报、实施培训、结业鉴定、引导就业”四级培训流程，采取“建档立卡群众+培训+就业基地”方式，开展精准脱贫订单式培训，实现了培训一人、就业一人、脱贫一户。采取“四种”培训方式。采取“田间地头”“农家小课堂”“村部夜校”“分段培训”等方式培训，实现了务工学习两不误。实行“五统一”培训制度。坚持培训“时间、标准、质量、验收、档案”五统一，强化培训质量，聘请第三方对职业技能培训绩效进行评估。全县技能型劳动力由13%提高到40%，稳定就业率达到80.2%。

（李 玲）

机构编制

【机构改革】 统筹优化党政机构设置，严格按照自治区党委批复的《同心县机构改革方案》设置党委机构10个，政府机构25个，建立了系统完备、科学规范、运行高效的党政机构职能体系，做到同中央保持基本一致、与自治区有效衔接，确保上下贯通、执行有力。在各部门执行“三定”规定，明确34个党政部门（县公安局除外）443项主要职责，界定了10个部门之间17项交叉职责，按照优化协同高效原则，根据工作需要，34个党政部门共设内设机构38个，岗位177个。将477名行政编制进行了优化配置（县公安局、司法局除外），对105名科级领导职数（县公安局除外）进行科学核定。对标改革时间表、路线图，及时完成10个新组建党政部门挂牌、办公用房调配、印章启用和因机构名称变更和法人变更的20个党政部门统一社会信用代码证书办理工作。按照“编随事走、人随编走”原则，将涉改因职责调整需转隶的22名公务员，101名事业干部全部转隶到位。

【定编定岗】 高标准制定“三定”[职能配置、内设机构（岗位设置）、人员编制]规定，严格规范“三定”规定制定流程，各部门以《同心县党政部门机构编制职数框架》为标准，拟订“三定”规定上报编办，通过“三报三审”（三次上报和三次审核），为各部门制定了职责界定清晰、岗位设置科学、编制职数标准的“三定”规定，于3月18日之前全部印发执行（县公安局除外）。

【行政许可改革】 根据《宁夏回族自治区权责清单动态管理办法》和自治区关于调整完善权力清单的有关要求，结合政府各部门新制定的“三定”规定，对照《自治区行业系统权力清单指导目录》，对全县25个部门十类行政职权事项依据法律法规废改立释，增加行政职权事项802项，减少142项，调整2285项。依据机构改革部门职能职责划转，调整权力清单事项1047项。调整完善后，全县25个部门行政职权事项共3389项，实现权力清单和“三定”规定有机衔接。

【事业单位改革】 认真贯彻落实自治区党委编办《关于转发〈中央编办关于地方机构改革期间推进和规范事业单位调整的通知〉的通知》精神，按照县党政机构改革部门组建和职责调整要求，制定《同心县本级事业单位机构编制事项调整意见》，共调整涉改事业单位108个。其中，新设立11个，撤并6个，整合设置1个，更名8个，撤销4个，调整挂牌2个，调整隶属关系76个。提出对县直属、部门所属副科级事业单位意见，报经区、市党委编委批复，县委编委已印发执行。

【政协职能改革】 优化政协专门委员会设置，将原县政协机关“3委”，即提案与文史资料委员会、社会事业与法制委员会、经济与科技委员会调整设置为提案及委员联络委员会、经济委员会、事业发展委员会、社会治理委员会“4委”，进一步推进县人民政协履职能力建设，更好发挥协商机构的职能作用。

【工业园区机构改革】 按照《关于吴忠市及所辖县区开发区管理机构整合优化有关事项的通知》精神，将宁夏同德慈善产业园管理委员会更名为宁夏同心工业园区管理委员会，在管委会增设内设机构安全环保科，核增全额预算事业编制2名，副处级领导职数1名，正科级领导职数3名。进一步优化和提升园区管理服务水平。

【经营类事业单位改革】 根据《同心县水利施工队转企改制实施方案》要求，按照职责分工和事业单位登记管理规定，撤销县水利施工队，注销事业单位法人，收回印章和登记证书，妥善安置水利施工队7名自收自支事业编制人员，按时完成全县生产经营类事业单位改革任务。

【事业单位编制管理】 根据同心县社会公益服务发展需要，调整并新设立事业单位16个（含涉改新设立11个），调整核定全额事业编制272名，满足各领域社会公益服务需要。争取自治区编委核增同心县副科级事业单位机构限额1名、行政编制1名、教职工编制42名，并对全县4083名教职工编制提出调整意见，进一步均衡全县中小学校机构编制资源。按照“编随事走、人随编走”原则，为县委巡察办调整定行政编制4名，县纪委监委派驻纪检监察组调整行政编制17名，将政府办公室1名行政编制调整到县司法局。为涉及民生服务、工作任务重的县社会保险事业服务中心、县城乡居民最低生活保障中心分别核增2名全额事业编制，县金融工作服务中心核增1名全额事业编制，将6名任职人员连人带编进行调整，创新人员编制管理机制，盘活人员编制资源。按照相关规定，收回县草原工作站等6个事业单位空编12名，为统筹调整全县事业编制储备余量。对离退休、外调（借）人员限期办理手续，腾出编制，为全县招录公务员11名、安排选调生9名，招聘事业人员39人，安排免费师范生41名，招聘特岗教师32名，缓解部分部门（单位）人员紧缺状况。

【事业单位职能调整】 按照区市关于生态环境机构监测监察执法垂直管理制度改革要求，及时调整县环境执法机构编制，将原县环境保护局及核定的5名行政编制、县环境监察监测队及核定的21名全额预算事业编制整体划转吴忠市生态环境局统一管理；将县社区卫生服务站更名为同心县社区卫生服务中心，更好的统筹服务县城建成区人民群众医疗健康；将县公证处由暂不分类事业单位变更为从事公益服务的一类事业单位，落实公证机构民事责任的公益性、非营利性的事业法人属性；在县公安局国内安全保卫大队加挂同心县公安局境外非政府组织管理办公室牌子，整合机构编制资源；为各乡镇（管委会）退役军人服务站调整配备专门负责退役军人服务工作事业编制人员，切实加强各乡镇（管委会）退役军人事务工作。

【事业单位法人登记】 深入开展事业单位法人登记工作，完成全县133个具备法人资格的事业单位网上申报登记年检工作。在党政机构改革时为新组建机构、机构名称变更和法人变更的28个党政部门的统一社会信用代码证书办理手续。对2个新设立事业单位进行了设立登记，对2个因登记事项发生变更的事业单位进行了变更登记。继续争取县财政将全县机关事业单位的中文域名注册经费列入财政预算集中统一支付，确保全县机关事业单位网上名称注册全覆盖。

【编制规范】 按照自治区党委编办《关于建

立完善机构编制问题台账做好机构编制问题整改工作的通知》要求，对全县机关事业单位非在编人员进行再次自查梳理，制定符合实际、操作性强《全县党政机关事业单位消化非在编人员工作方案》，建立整改销号台账，调整消化县政协办等8个单位12名行政非在编人员，县水政监察大队等32个事业单位66名事业非在编人员。腾出教育局下属事业单位挤占的教职工编制6名，将超限额设立县青少年活动培训中心在县师资培训中心挂牌，进一步规范机构编制管理。

【编制调控】 对组织任命、工作调整的213名人员进行编制调控，为县委编委会研究调动和人社部门调整岗位的49人办理编制手续，并及时调整“在编人员信息库”，切实加强规范编制实名制管理。进一步强化编、人、财管理的协调约束机制和信息共享机制，与县财政局通力协作，以财政一体化管理系统为平台，对人员工资信息审核进行审核，进一步加强财政供养人员管理。与县委组织部、县人社局出台《同心县乡镇（开发区）、县直机关、事业单位工作人员调配办法》，建立健全科学的干部调配管理制度，坚持“空编进人、人岗相适”原则，合理进行人员调配，促进人力资源合理流动、优化配置。

（李学琴）

老干部工作

【理论学习】 以习近平新时代中国特色社会主义思想为指导，组织全县离退休干部深入学习中共十九届二中、三中、四中全会精神，自治区第十二次党代会精神、市委五届五次全会、县委十三届九次全会精神及区市老干部工作会议精神。深化“两学一做”学习教育常态化制度化，扎实开展“不忘初心、牢记使命”主题教育。相继成立同心县十九大精神宣传队、老干部“夕阳耀宁夏”服务宣传队、老干部志愿者服务队、中小学思想政治辅导员宣讲团，走街串巷，进基层、进学校、进村社、进市场，针对不同对象，把中共十九届二中、三中、四中全会精神，自治区第十二次党代会精神送到最基层。认真开展全县离退休干部党员信仰宗教和参与宗教活动工作，专题学习马克思主义民族观、宗教观和党的民族宗教政策、自治区党委书记石泰峰的有关讲话精神等。用习近平新时代中国特色社会主义思想武装离退休党员干部的头脑，用辩证唯物主义世界观教育离退休老干部树立正确的世界观、人生观、价值观，坚决抵制封建迷信、邪教组织等各种错误思想的侵蚀。结合“主题党日”和党员大会等组织生活，明确告知党员不能信仰宗教，不能参与任何宗教活动。组织老干部到特色产业基地、红色爱国基地参观考察，切身感受改革开放以来经济社会的崭新变化，直观了解全县经济的发展现状，开阔眼界。

【教育培训】 2019年3月1日，同心县离退休干部党工委组织召开全县离退休干部党支部书记工作会议，传达了全区老干部局长会议精神，学习了自治区党委组织部部长盛荣华的讲话精神，回顾了2018年工作并安排部署了2019年全县离退休干部党建工作。认真落实全国全区老干部局长会议精神，2019年4月15日至4月17日，组织举办了全县第二期离退休干部党组织书记培训班，县委常委、组织部部长马久麟参加开班典礼，并做马克思主义民族观宗教观专题讲座。通过培训，增强了离退休干部党组织党务工作者的业务能力，积极引导离退休干部为党和人民事业发挥余热作用，进一步提高离退休党组织书记的尽职履责能力。

【党支部建设】 坚持科学规范组织设置，健全离退休干部党支部组织体系，配强带头人的思想，着力抓好班子建设和配强带头人工作。以党建促关建，聘任基层离退休干部党支部书记为基层关工委主任，充分发挥老干部们的政治优势、自身优势和技术优势。真正落实组织生活、学习、报告工作、联系党员、流动党员管理、党费收缴和管理、监督检查等制度，对因疾病等原因行动不便的老党员，定期开展走访慰问、送学上门，传达重要会议精神和活动情况，听取意见和要求。用活用足老干部活动中心，购置棋牌桌、乒乓球案、老年健身器材等，让老干部学习有阵地、活动有去处。全县离退休干部党建工作经费纳入财政预算，每年安排离退休干部党工委工作经费5万元。把“4+X”主题党日活动作为落实“三会一课”制度的重要形式，以增强政治功能为重点，主题突出、内容规范、组织严密、要求严格，离退休干部党支部主题党日活动每月开展1次，每次不少于半天。进一步发挥县直部门离退休干部党支部的示范带动作用，补齐乡镇（街道）离退休干部党建工作短板，确定29个县直部门（单位）机关、2个乡镇离退休干部党支部，其中县水务局与上级部门形成“结对共建”机制。

【落实待遇】 坚持为离退休老干部征订了《人民日报》《宁夏日报》《吴忠日报》《新华每日电讯》《老有所养》《党建》《求是》等报刊，满足老干部学习的需要。坚持对离退休干部进行重大节日慰问，春节全县共慰问离休干部17人，退休（包括退居二线）处级干部39人，离退休干部遗孀41人，“五老”人员56人；送慰问金15.3万元，向老干部传达了党和政府的关心和温暖。加强走访联系，建立领导干部及干部职工联系老干部制度，每季度至少走访一次，深入了解老干部两项待遇落实情况，身体健康状况，协调解决困难和问题。为庆祝中华人民共和国成立70周年，对全县700余名离退休干部进行慰问。

【老干部服务工作】 在各社区开展“四就近”（就近学习、就近活动、就近得到关心照顾、就近发挥作用）服务，设置了棋牌室、乒乓球室、图书室、老年人书画苑等场所，配置象棋、围棋、麻将、乒乓球桌等健身活动器材，安装大众健身器，深受老干部喜爱。组织离退休老干部对全县重点工作和重点项目进行参观调研，举办3次健康有益的文体娱乐活动。5月28日，组织老干部志愿服务队参观调研县城重点项目及绿化建设情况，让老干部目睹、感受同心县的新变化、新成果，激发老干部建言献策的热情，为经济社会发展出谋划策。在庆祝中华人民共和国成立70周年之际，9月30日，在全县开展“庆祝中华人民共和国成立70周年·欢度九九重阳节”大型书法绘画、摄影、文学作品及各类文体比赛，给老干部提供一个切磋技艺、交流感情、陶冶情操的平台。

【落实职责】 2019年，组织思想政治宣讲团队对全县中小学生进行宣讲，把中小学生思想道德教育工作摆在首要位置，紧紧围绕立德树人的根本任务，将社会主义核心价值观教育、理想信念教育、思想道德教育、中华优秀文化教育、革命传统教育、民族团结教育、党史国史教育等融入思想政治教育进校园系列活动全过程。为了更好地开展“传承红色基因，争做时代新人”等主题教育进校园活动，县老干部局组织编写印制《“爱我中华 从我做起”党史国史教育读本》《青少年普法教育读本》《青少年思想政治教育读本》《中小学生思想政治教育笔记本》近30万本，赠送到全县近7万名中小学生手中。

【发挥余热】 组织老干部志愿服务队积极参加县委新时代文明实践中心试点工作，6月28日，组织老干部志愿服务队走进丁塘镇团结村，开展新时代文明实践中心志愿服务活动，志愿者用通俗易懂的语言解读中共十九大精神和习近平系列重要讲话精神。7月26日，老干部志愿服务队走进豫西社区新时代文明实践站开展红色故事活动。7月30日，走进张家塬乡汪家塬村、折腰沟村开展活动。8月2日，走进河西镇旱天岭村开展新时代文明实践志愿服务活动，志愿者马希伟为村民讲述同心红色小故事。11月30日上午，老干部志愿服务队一行30余名到田老庄乡政府为附近的李家山、石塘岭和五道岭3个村的百余名村民宣传中共十九届四中全会精神。10月11日，组织50余名老干部到新区图书馆参观全县扶贫攻坚会展，深入了解全县近年来扶贫工作情况。

（县委组织部办公室）

党校工作

【主体班次教学】 2019年，拟举办主体培训班10期，共举办主体培训班18期，培训学员4789人次，保质保量，超额完成全年培训任务。其中，举办全县领导干部学习班，培训学员500人次；举办全县驻村第一书记暨乡镇扶贫干部专题培训班，培训学员126人次；举办全县驻村工作队员培训班，培训学员200人次；举办同心农村商业银行党员专题培训班，培训学员73人次；举办全县农村（社区）党组织书记扫黑除恶专题培训班，培训学员164人次；举办全县入党积极分子培训班，培训学员154人次；举办全县发展对象培训班，培训学员210人次；举办全县中青年干部培训班，培训学员39人次；举办全县理论学习中心（扩大）学习会，培训学员500人次；举办全县公务员专题轮训班3期，培训学员1209人次；举办2019年同心县“三支一扶”人员能力提升专项培训班，培训学员146人次；举办全县农村（社区）党组织书记培训班，培训学员159人次；举办全县扫黑除恶专项斗争培训班，培训学员84人次；举办全县统战委员、宗教干部培训班，培训学员25人次；举办全县教育系统轮训班3期，培训学员1200人次。

【教学改革】 一是大力开展现场教学，依托丁塘镇新华村、王团镇北堡子、红军西征纪念园、张家塬乡汪家塬村、公安局戒毒所等“美丽乡村建设”“红色革命传统教育”和“警示教育”5个现场教学基地，在不同层级的主体班次中大量开展现场教学课程，对开拓学员视野、锤炼干部党性发挥了重要作用。二是开展拓展延伸培训。开展为期1个月的全县中青年干部培训班上，全体学员赴井冈山开展为期7天的红色革命传统教育及拓展延伸培训，在重走红色路，接受革命传统教育的过程中，感悟初心，不辱使命，走好新的长征路，得到学员的一致好评。三是广泛采用引导结构化研讨教学。在全县中青年干部培训班、同心农村商业银行党员专题培训班、2019年同心县“三支一扶”人员能力提升专项培训班等主体班次中开展教学，研讨成果作为咨政材料上报有关部门。

【基层宣讲】 在各乡镇、部门（单位）开展党员冬季轮训、中共十九大精神、“三先开路话脱贫”巡回宣讲团，深入全县乡镇部门开展宣讲157场次，培训人员11090多人次，搭建起了基层党员干部群众领会、把握党的大政方针学习平台，扩大党校在全县党员干部教育和思想政治工作中的覆盖面。

【队伍建设】 严格按照党校教师各项制度规定，狠抓培训需求调研、有针对性地设置课程、集体备课、试讲等关键环节，确保每一节党课有质量、有成效。积极争取政府经费支持，组织教师到宁夏区党校培训基地及各地兄弟党校考察学习，开阔眼界，增长见识。是年，党校教师赴区党校集中学习培训1期1人1个月、赴上海参加全区党校系统教师党性修养及业务能力提升培训班1期1人、参加全市“不忘初心、牢记使命”党课微宣讲2人次。通过有效的外出培训与交流，大大拓展了教师队伍的知识视野，改进了教学方式和方法，推进了一系列当前干部教育培训的新方法的应用，增强了培训的针对性和实效性。积极聘请中央党校、自治区社科院、区党校专家教授和县委、县政府主要领导以及县直有关部门负责人到党校开办讲座，逐步建立和完善以教师聘任制为核心的竞争机制。整合培训资源，党校于2019年下半年整体搬迁至新区职业技术学校校内，实现了教学资源共享。

【科研工作】 围绕县委、县政府中心工作充分发挥党校资政、智库作用，通过深入调研形成高质量调研报告，为县委、县政府决策提供参考。积极参加区、市有关部门举办的各类研讨会和交流会，学习调研经验，提升科研能力。按照中共十九大精神、乡村振兴战略及自治区脱贫富民战略要求，结合“不忘初心、牢记使命”主题教育多次组织校领导班子及教职工深入乡村、企业、红色革命教育基地，开展红色革命教育、中药材及枸杞种植、舍饲圈养、土地流转、精准脱贫、美丽乡村、厕所革命等专题调研活动，以教师研究方向为基准成立调研小组，有针对性地组织开展调研，形成了2篇有参考价值的理论文章和调研报告，《弘扬延安精神 决胜脱贫攻坚》和《弘扬延安精神 发挥青年作用》两篇文章收录在《石嘴山论坛》上并公开发表。（杨百科）

档案史志

【档案管理】 全面推行机关档案目标管理，指导机关档案年度工作。对上年度各机关档案资料督促指导，要求规范治理。采取上门服务、实际操作指导、电话咨询、在档案馆集中指导治理等方式开展档案业务指导，重点对县委办、县政府办、县扶贫办、丁塘镇、团县委等近30个部门进行指导。会同县扶贫办等部门开展全县脱贫攻坚档案规范整理工作。开展馆库档案全文数字化扫描工作，共扫描韦州镇、县政法委、县广电局等27个全宗的档案6533卷2927盒90082件、73.95万页。

【查阅利用】 2019年，在中华人民共和国成立70周年之际，为党政机关、事业单位和企业学校及科研单位提供大量档案资料。全年接待利用者896人，查阅档案1380卷，复印档案资料1760张。

【史志工作】 参加区内外党史、地方志业务培训，撰写的党史理论文章获自治区成立60周年征文一等奖，完成《中共同心县组织史资料（1988—2018）》定稿，并送出版社印刷，编印《同心月大事记》12期。完成《同心县志（1991—2015）》送审稿。完成年度性综合年鉴《宁夏年鉴（2019）》和《吴忠年鉴（2019）》同心资料的征集、编纂上报工作。

【宣传工作】 通过“5·18”地方志宣传日和“6·9”国际档案日，以“我们共同的记忆”为主题，在县文化广场开展档案、史志宣传系列活动。宣传采用悬挂横幅、展示图片、设立咨询台及发放档案和史志法规、条例等读本和资料等方式，旨在进一步提高依法管档、依法修志的意识。（马剑、姬占仓）

同心县人民代表大会

综 述

【概况】 2019年，同心县人大常委会全年共召开常委会议8次、主任会议24次，听取审议专项报告16项，形成审议意见18份。组织开展视察调研32次，作出决议决定18项，任免国家机关工作人员48人次。突出制度优势，在服务高质量发展中增强监督实效。县人大常委会突出监督的政治性、法定性，综合运用多种形式，依法监督、有效监督、持续监督，助推全县经济社会高质量发展，完成十八届三次会议确定的各项任务。

【人事工作】 坚持党管干部原则和人大依法任免有机统一，严格按照法律程序，组织28名人员参加任前法律考试、作表态发言，并向宪法宣誓。是年，任免县人大常委会工作人员4名；决定任免县政府工作人员36名，任免两院工作人员8名。紧扣履职监督，持续开展任职人员述职活动，对民政、卫健、统计等3个部门进行了工作评议，政府组成部门25名正职和“一委两院”6名副职向常委会作了履职报告，并进行满意度测评，进一步强化干部任后监督。

【政治建设】 牢牢把握人大工作正确政治方向，坚持把深入学习贯彻习近平新时代中国特色社会主义思想作为首要政治任务，把学习好、宣传好、领会好习近平关于坚持和完善人民代表大会制度的重要思想作为强化理论武装的主要内容，组织开展多种形式的学习贯彻活动，在学懂弄通做实上下功夫，做到思想上“真信”，理论上“真懂”，工作上“真用”，促进常委会及其机关树牢“四个意识”，坚定“四个自信”，做到“两个维护”，始终在思想上政治上行动上同以习近平为核心的中共中央保持高度一致。及时传达学习中央决策部署和县委工作要求，严格执行重大事项请示报告制度，召开的重要会议、开展的重大活动、决定的重大事项主动向县委请示报告，坚决维护县委总揽全局、协调各方的领导地位，确保人大工作始终保持正确的政治方向。

【主题教育】 按照县委的统一安排，采取党组中心组研讨学习、党支部集中学习、全体干部职工交流学习等方式，系统深入学习了规定的篇目，并将理论学习、调查研究、检视问题和整改落实有机融合、贯穿始终，切实做到边学习、边调研、边检视、边整改。先后组织集中学习27次，专题研讨9次，集体调研5次，下基层讲专题党课4次。召开了专题民主生活会，领导班子检视问题21个，制定整改措施47条，通过认真检视问题，对照党章党规找差距，深刻剖析反思，明确努力方向和改进措施。

【党组工作】 充分发挥党组领导常委会的作用，县人大常委会党组始终坚持民主集中制原则，先后召开党组会议29次，认真研究“三重一大”事项，切实发挥把方向、管大局、保落实作用。贯彻落实全面从严治党主体责任，切实抓好意识形态工作，持续深化党的民族宗教政策教育，旗帜鲜明坚持马克思主义民族观宗教观，引导机关党员干部坚定理想信念，严守共产党员不准信仰宗教和参与宗教活动的政治纪律。认真落实县委各项决策部署，不折不扣完成县委安排的各项任务，尤其是对县委安排的脱贫攻坚、重点项目、“三化”治理、扫黑除恶、整顿软弱涣散基层党组织等重点工作，班子成员勇于担当，积极作为，始终做到县委有号召，人大有行动。

【脱贫攻坚监督】 县人大常委会始终把脱贫攻坚工作作为重要政治任务，集中人大力量，多层面夯实责任措施。紧扣脱贫攻坚统筹安排常委会议题，综合运用调研、视察、执法检查、听取审议工作报告等方式，持续发力，跟踪问效。先后2次听取和审议县人民政府关于脱贫攻坚工作情况报告，3次组织“两代表一委员”视察督查扶贫产业发展、建档立卡动态调整、基础设施建设和扶贫车间运营等情况，并将发现的76个问题及时反馈，督促相关职能部门和乡镇进行整改，推动全县脱贫摘帽工作顺利进行。开展脱贫攻坚“人大代表在行动”活动，向全县700多名各级人大代表发出倡议书，开展“五带头一帮扶”活动，每一位代表包扶3~5户贫困户，为贫困群众捐资助学、教技术、送信息，发挥人大代表在脱贫攻坚中的作用，为实现“如期摘帽”贡献人大力量。坚持班子以身作则。县人大常委会领导真抓实干做表率，带队督查全县脱贫攻坚任务落实及干部帮扶情况，协调解决突出问题。县人大机关干部全力以赴做好驻村帮扶工作，为李家山村协调项目4个、落实资金168万元，筹资13.6万元，指导帮助贫困户发展致富产业。

【重点项目建设监督】 紧扣重点项目建设，对2019年国民经济和社会发展计划执行、68个重点项目建设情况开展视察调研，建议县政府积极应对经济下行压力，深入推进供给侧结构性改革，统筹做好稳增长、促改革、调结构、惠民生、防风险、保稳定各项工作，促进经济社会平稳健康发展。助力营商环境优化，对营商环境“1+16”落实情况进行调研，邀请相关领域人大代表同政府有关部门座谈，为解决政策服务“最后一千米”和窗口服务“最后一米”问题建言献策。

【国有资产监督】 首次听取国有资产管理情况的报告，推动政府确保国有资产的安全与完整，规范和改进国有资产管理。围绕实施乡村振兴战略，听取审议农业特色产业专项报告，专题调研韦州古镇、丁塘特色小城镇建设情况，就强化产业支撑、创新管理体制、补齐规划短板等提出意见建议，推动高质量发展。

【预算决算监督】 认真贯彻中央关于人大预算审查监督重点向支出预算和政策拓展的指导意见，研究起草同心县实施意见，报请县委审议印发。着眼于提高预算监督实效，听取和审议预算执行情况、决算和审计工作报告，审查批准2019年县级预算调整方案和2018年财政决算，督促政府从源头上管好用好财政资金，防范化解地方政府债务风险，切实将财政资金用于发展经济和改善民生。持续加强部门预算监督，对县教育局、县农业农村局等4个单位的部门预算和决算进行审查，促进部门预算编制工作更加精细化。推动审计问题整改落实，针对审计报告反映的问题，在督促政府相关部门加快整改落实的基础上，主任会议专题听取审计发现问题整改工作情况的报告，审计查出的65项问题基本整改到位，整改率提高到96.2%。

【社会事业督导】 牢固树立“以人民为中心”的发展理念，充分发挥县人大常委会民意机关作用，以保障和改善民生为监督重点，切实维护最广大人民的根本利益。高度关注生态保护问题，持续听取审议年度环境状况和环境保护目标完成情况报告，视察调研清水湾集中供热、河道治理、农村畜禽养殖污染、国土绿化等情况，提出加强环保基础设施建设，加大城乡面源污染治理力度，强化环境监管和工作问责等审议意见，促进全县环境保护、污染防治各项工作落到实处。高度关注学前教育问题。针对群众普遍反映的"入园难"、"入学难"、大班额等问题，专题调研学前教育情况，推动政府制订学前教育计划，加大财政投入，新建的27所贫困村幼儿园投入使用。高度关注群众就医问题，围绕如何更好让群众就近方便就医，享受良好的服务，组织对医疗服务体系建设、医疗卫生改革情况进行了调研，助推健康同心建设。高度关注"四好公路"建设，集中视察农村公路建设和管理情况，要求政府继续加大农村公路建设力度，提升养护水平，打通农民出行的最后一千米，为脱贫攻坚和乡村振兴提供强有力的保障。高度关注宗教场所治理，组织开展宗教事务管理情况专题调研，督促依法加强对宗教活动场所的规范和管理，坚决治理宗教场所突出问题，严厉打击非法宗教活动，确保宗教中国化方向。县人大常委会还针对人民群众十分关切的退伍军人服务、农村低保、体育工作、物业管理、社会保障工作等情况，开展视察调研，支持解决群众所急所需所盼，让人民有更多、更直接、更实在的获得感、幸福感、安全感。

【依法治县督导】 坚持依法治县，在推进民主法治进程中积极主动作为。县人大常委会全面贯彻依法治国基本方略，充分发挥县人大及其常委会在法律实施中的监督作用，促进"一府一委两院"依法行政、依法监察、公正司法。深入推进依法行政。坚持用法治思维和法治方式推进依法治县，先后对《中华人民共和国道路交通安全法》《中华人民共和国预算法》《中华人民共和国统计法》等8部法律法规贯彻实施情况进行了执法检查，提出了建议意见；探索完善监督监察工作的新途径，听取审议县监察委员会工作开展情况报告，充分肯定县监察委成立以来取得的工作成绩，支持县监察委依法履行监督、调查、处置职责；对县政府报送备案的8件规范性文件，依法进行审查，确保规范性文件的合法性；调研指导公安经济侦查工作，强调要严厉打击和防范非法集资、贷款诈骗等各类违法犯罪活动，切实保障人民群众财产安全。着力促进公正司法。组织县人大代表旁听案件庭审、参与案件执行监督50余人次，充分发挥代表在司法监督中的作用。先后听取和审议县法院关于民商事审判情况、县检察院关于侦查监督情况的报告，督促司法机关践行为民宗旨，加强内部监管，提高办案质量，维护公平正义。视察公安禁毒工作，要求进一步加大对毒品违法犯罪的打击力度，坚决遏制毒品犯罪在全县的蔓延势头；专题调研"扫黑除恶"专项斗争，支持公安部门严厉惩治黑恶犯罪，促进社会安定。认真接待来信来访，受理人民群众来信来访113件次，对部分重点信访件进行督办，有效维护人民群众合法权益。

【法治宣传督导】 修订同心县实施宪法宣誓办法，着力维护宪法尊严，推动宪法实施。组织指导第6个宪法日宣传活动，支持相关部门以法制教育课、普法图片展等多种形式开展法制宣传，进一步增强广大干部群众的宪法意识。开展"七五"普法工作调研，审议"七五"普法规划实施工作报告，督促各乡镇、各部门落实普法责任，加强法治宣传教育，加大重点人群普法力度，切实提高普法实效。

【权力行使】 行使决定任免权，坚持党委决策与人大决定有机统一，依法行使重大事项决定权。听取和审议县政府关于2018年决算草案报告、批准2018年决算；批准2019年同心县本级财政地方政府新增债券预算调整方案，为推动棚户区改造工程持续开展，提供强有力的资金保障；全力支持重点领域改革，听取审议政府关于农村环卫市场化服务体系的议案并作出决定；围绕全县行政机关机构改革，听取审议并通过了政府关于机构改革方案的报告，表决通过有关人事议案，保障行政机关依法履行职责。

【代表履职督导】 通过以会代训、代表小组集中学习、组织集中培训等方式，先后培训代表5期。利用人大网站、短信平台等新媒体，发布县委重大决策、政府重点工作、代表履职信息。推荐120多名代表列席政府和法检“两院”有关会议，邀请80多名代表列席人大常委会会议、130多名代表参加常委会组织的视察调研、执法检查。改进代表议案建议办理方式，及时将代表议案建议转交县人民政府及有关部门办理落实，县十八届人大三次会议期间共收到代表提出的议案建议65件，已办结57件，办结率在87%以上。依托“人大代表之家”和“人大代表活动室”，指导开展学习、调研、联系群众等活动，鼓励代表忠实履行职责。开展走访人大代表活动，听取代表的意见和建议。规范代表履职管理，为每一名县人大代表建立履职档案，激发代表履职热情。组织县乡人大代表开展述职，45名县人大代表、92名乡镇人大代表向选区选民进行了述职，代表接受人民监督的意识进一步增强。

【乡镇人大工作督导】 继续推行县人大常委会组成人员联系人大代表、人大代表联系选民的“双联系”制度，采取定期调研、督查考评等方式，加强对乡镇人大建设的业务指导。坚持乡镇人大主席列席县人大常委会会议，继续抓好代表联系群众阵地建设，努力提高乡镇人大代表履职能力和水平。

【自身建设】 常态化开展“两学一做”学习教育，扎实开展“不忘初心、牢记使命”主题教育，落实民主生活会、组织生活会、“三会一课”、谈心谈话等制度。全年开展主体党日活动12次，召开民主生活会、组织生活会6次，听取机关党建工作汇报3次。落实党风廉政建设“一岗双责”。举办《中华人民共和国宪法》《中华人民共和国监察法》《中华人民共和国统计法》等法律讲座8场次。先后组织人大干部和部分人大代表到全国人大培训中心、党校、高校等地开展预算审查监督、履职业务知识学习培训。开展各类调研19次，撰写调研报告22篇。对开展部门工作评议、强化预算监督、保障代表依法履职、完善审议意见办理、宪法宣誓等36项相关制度进行修订完善，形成科学有效、务实管用的制度体系。

【领导调研】 10月28日，自治区人大常委会党组副书记、副主任李锐到河西镇旱天岭村调研脱贫攻坚工作。11月6日，自治区人大常委会副主任董玲带领调研组到城东防护林、河西镇菊花台有机枸杞种植基地调研特色产业。

（马 波）

重要会议

县人民代表大会

【同心县第十八届人民代表大会第三次会议】 于1月5日至8日召开，会期3天。会议应到代表204人，实际出席会议代表197人。会议听取和审议了县长丁炜作的政府工作报告，县人大主任王自成作的同心县人大常委会工作报告，县法院院长母连山作的同心县人民法院工作报告，县检察院检察长马万清作的同心县人民检察院工作报告。审议了县发展和改革局关于同心县2018年国民经济和社会发展计划执行情况与2019年国民经济和社会发展计划草案的书面报告，县财政局关于同心县2018年财政预算执行情况和2019年财政预算草案的书面报告，并作出了相应的决议。会议期间代表共提交议案、建议67件。会议确定办理的代表议案5件，建议案62件。吴忠市委常委、县委书记马洪海作了讲话。

县人大常委会议

【第十七次会议】 于2月1日举行。县人大常委会主任王自成，副主任周启诚、杨森、陈宁雅、倪秉武及委员共31人出席会议。王自成主持会议并作了讲话。会议听取了县人大常委会办公室主任李岩作关于同心县人大常委会2019年工作要点（讨论稿）的说明，县委常委、政府常务副县长丁俊作关于政府系统机构改革工作进展情况的报告，县人民政府县长丁炜作关于郑永璘任职的议案和关于周宪珑等职务任免的议案，表决通过了关于接受王文杨辞去县人民政府副县长职务请求的决定、关于接受苏生贵辞去县人大常委会委员职务请求的决定、关于接受徐莉芳辞去县人大常委会委员职务请求的决定。县政府县长丁炜，县委常委、政府常务副县长丁俊，县纪委副书记、监委会副主任马建堂，县法院副院长周宁，县人大各室委、政府组成各部门负责人，各乡镇人大主席，部分县人大代表列席会议。县政协副主席马宗新应邀参加会议。

【第十八次会议】 于3月29日举行。县人大常委会王自成，副主任周启诚、杨森、陈宁雅、倪秉武及委员共25人出席会议。王自成主持会议并作了讲话。会议传达学习了十三届全国人大二次会议和全国政协十三届二次会议精神；听取了县委常委、政府常务副县长丁俊作的关于全县扫黑除恶专项斗争开展情况的报告，县统计局局长马良东作的关于《中华人民共和国统计法》贯彻实施情况的报告，县人大常委会教科文卫工委主任马春生作的关于《中华人民共和国统计法》贯彻实施情况的检查报告，县教育局局长杨林作的关于全县学前教育发展情况的报告，县民政局局长周治江作的关于全县城乡低保工作情况的报告，县司法局局长李存明作的关于全县“七五”法治宣传教育工作情况的报告，县委常委、监察委员会主任王钧作的关于提请吴玉伟等人职务任免的议案。表决通过了县政府关于《中华人民共和国统计法》贯彻实施情况的报告、关于全县学前教育发展情况的报告、关于全县扫黑除恶专项斗争开展情况的报告、关于全县城乡低保工作情况的报告、关于全县“七五”法治宣传教育工作情况的报告，以及有关人事任职的决定。县委常委、政府常务副县长丁俊，县委常委、纪委书记、监委会主任王钧，县法院院长母连山，县检察院检察长马万清，县人大各室委、县政府办、县教育局、县公安局、县民政局、县司法局、县统计局负责人，各乡镇人大主席，部分县人大代表列席会议。

【第十九次会议】 于5月31日举行。县人大常委会主任王自成，副主任周启诚、杨森、陈宁雅及委员共29人出席会议。王自成主持会议并作了讲话。会议听取了县委常委、政府常务副县长丁俊作的关于《中华人民共和国道路交通安全法》贯彻实施情况的报告，县人大常委会教科文卫工委主任马春生作的关于《中华人民共和国道路交通安全法》贯彻实施情况的检查报告，县自然资源局局长丁文作的关于土地综合利用工作情况的报告，县卫生健康局局长杨少平作的关于全县深化医药卫生体制改革情况的报告，县委常委、县政府常务副县长丁俊作的关于环境状况和环境保护目标完成情况的报告；表决通过了关于加强检察机关公益诉讼工作的决定，关于接受马千里辞去县政府副县长职务请求的决定、关于接受杨立峰辞去县人大常委会委员职务请求的决定、关于接受马自伏辞去同心县第十八届人民代表大会代表职务的决定，以及人事任免决定。

县委常委、政府常务副县长丁俊，县政府党组成员宋继忠，县检察院检察长马万清，县纪委副书记、监委会副主任马建堂，县法院副院长周宁，县人大各室委、县政府办、县法院、县公安局、县自然资源局、县卫健局、吴忠市生态环境局同心分局负责人，各乡镇人大主席，部分县人大代表列席会议。县政协副主席马宗新应邀参加会议。

【第二十次会议】 于6月24日举行。县人大常委会主任王自成，副主任周启诚、杨森、陈宁雅及委员共21人出席会议。王自成主持会议并作了讲话。会议听取了县财政局局长马顺作关于2019年同心县本级财政地方政府新增债券预算调整方案（草案）的报告，表决通过了关于批准2019年同心县本级财政地方政府新增债券预算调整方案的报告的决定。县政府常务副县长丁俊，县法院院长母连山，县纪委副书记、监委会副主任马建堂，县检察院副检察长马维荣，县人大各室委、县财政局负责人以及各乡镇人大主席、部分县人大代表列席会议。

【第二十一次会议】 于7月30日举行。县人大常委会主任王自成，副主任周启诚、陈宁雅、倪秉武及委员共22人出席会议。王自成主持会议并作了讲话。会议传达学习了习近平对地方人大及其常委会工作作出重要批示精神，会议听取县政府副县长马俊文作的关于全县“三化”治理情况的报告，县监察委员会主任王钧作的关于县监察委员会2019年上半年工作情况的报告，县发展和改革局局长马希明作的关于同心县2019年国民经济和社会发展计划上半年执行情况的报告，县财政局局长马顺作的关于同心县2018年财政决算和2019年财政预算上半年执行情况的报告，县审计局局长周宪瑜作的关于同心县2018年度财政预算执行和其他财政收支情况的审计工作报告，县农业农村局局长马吉芳作的关于全县现代特色农业产业发展情况的报告，县检察院检察长马万清作的关于刑事检察工作情况的报告，县财政局局长马顺作的关于同心县本级财政2019年地方政府新增债券预算调整方案（草案）的报告。表决通过了县人大常委会关于批准同心县2018年财政决算的决定、关于批准同心县本级财政2019年地方政府新增债券预算调整方案（草案）的决定，县委常委、纪委书记、监委会主任王钧，县政府副县长马俊文，县法院院长母连山，县检察院检察长马万清，县纪委副书记、监委会副主任马学文，县检察院副检察长罗彦芳，县人大各室委、县纪委监委、县检察院、县政府办、县发改局、县财政局、县农业农村局、县审计局负责人，各乡镇人大主席，部分县人大代表列席会议。县政协副主席田梅音应邀参加会议。

【第二十二次会议】 于7月30日举行。县人大常委会主任王自成，副主任周启诚、陈宁雅、倪秉武及委员共21人出席会议。王自成主持会议并作讲话。会议听取了县政府副县长马俊文作的关于全县脱贫攻坚情况的报告，县政府副县长、公安局局长宋继忠作的关于全县经济犯罪侦查工作情况的报告，县文化旅游体育广电局局长马锋作的关于全县体育工作情况的报告，县民政局局长周治江作的关于民政工作及主要负责人履职情况的报告，县卫生健康局局长杨少平作的关于卫生健康工作及主要负责人履职情况的报告，县统计局局长马良东作的关于统计工作及主要负责人履职情况的报告，县人大常委会办公室主任李岩作关于马春生等职务任免的议案。会议表决通过了县人民政府关于全县脱贫攻坚情况的报告、关于全县体育工作情况的报告、关于全县经济犯罪侦查工作情况的报告，县民政局关于民政工作及主要负责人履职情况的报告、县卫生健康局关于卫生健康工作及主要负责人履职情况的报告、县统计局关于统计工作及主要负责人履职情况的报告，县人大常委会主任会议关于许可对县第十八届人大代表李虎采取强制措施的决定、关于接受李虎辞去同心县第十八届人民代表大会代表职务的决定，以及相关人事任免决定。县政府副县长马俊文，县政府副县长、公安局局长宋继忠，县人民检察院检察长马万清，县纪委副书记、监委会副主任马建堂，县法院副院长周宁，县人大各室委、县政府办、县公安局、县民政局、县文广局、县卫健局、县统计局、县扶贫办负责人，各乡镇人大主席，部分县人大代表列席会议。

【第二十三次会议】 于11月29日举行。县人大常委会主任王自成，副主任周启诚、陈宁雅、倪秉武及委员共21人出席会议。王自成主持会议并作了讲话。会议听取了县政府副县长康峰作的关于全县“脱贫摘帽”工作情况的报告，县水务局局长王真作的关于全县水利基础设施建设情况的报告，县退役军人事务局局长马汉礼作的关于退役军人事务工作情况的报告，县政府办公室主任周宪珑作的关于县第十八届人大三次会议代表建议案办理情况的报告，县政府副县长康峰作的关于马千里任职的议案，县检察院副检察长马维荣作的免去马军等人法律职务的议案。表决通过了关于召开同心县第十八届人民代表大会第四次会议时间的决定，县政府关于全县“脱贫摘帽”工作情况的报告、关于全县水利基础设施建设情况的报告、关于退役军人事务工作情况的报告、关于县第十八届人大三次会议代表议案、建议案办理情况的报告，以及相关人事任免决定。县委常委马千里，县政府副县长康峰，县法院院长母连山，县纪委副书记、监委会副主任马建堂，县检察院副检察长马维荣，县人大各室委、县政府办、县水务局、县退役军人事务局负责人，各乡镇人大主席，部分县人大代表列席会议。

【第二十四次会议】 于12月19日举行。县人大常委会主任王自成，副主任周启诚、陈宁雅、倪秉武及委员共21人出席会议。王自成主持会议并作了讲话。会议听取了县委常委、县政府副县长马千里作的关于2019年县人大常委会审议意见整改落实情况的报告，县委常委、县政府副县长马千里作的关于县人民政府工作报告的起草说明，县人大常委会办公室主任李岩作的关于县人大常委会工作报告的起草说明，县法院院长母连山作的关于县法院工作报告的起草说明，听取县检察院检察长马万清作的关于县检察院工作报告的起草说明，听取县人大常委会财经工委主任马春生作的关于县人大代表资格的审查报告，县教育局局长杨林、县市场监管局局长马啸作的个人履职情况的报告。会议分组审议、评议了有关报告，并以无记名投票表决通过了县政府关于落实2019年县人大常委会审议意见的报告，对政府组成部门负责人及“一委两院”副职领导2019年履职情况进行测评，表决通过了关于补选徐勇等2人为吴忠市第五届人民代表大会代表的议案，关于接受白明玺辞去县人大常委会委员职务请求的决定，会议还表决通过了关于召开同心县第十八届人民代表大会第四次会议时间的决定，关于同心县第十八届人民代表大会第四次会议议程草案、主席团和秘书长名单草案、议案审查委员会名单草案、计划预算审查委员会名单草案，关于同心县第十八届人民代表大会第四次会议日程草案、主席团常务主席名单草案、执行主席分组名单草案、副秘书长名单草案、表决议案办法草案、代表提交议案截止时间的决定草案，决定了同心县第十八届人民代表大会第四次会议人员列席名单。县委常委、县政府副县长马千里，县委常委、住建局局长张宏志，县法院院长母连山，县检察院检察长马万清，县纪委副书记、监委会副主任马建堂，县法院副院长周宁、杨溥，县检察院副检察长罗彦芳、马维荣，县人大各室委、县政府组成各部门负责人，各乡镇人大主席和部分县人大代表列席会议。

县人大专题主任会议

【第9次专题主任会议】 于2019年2月28日召开，县人大常委会主任王自成主持会议。县人大常委会副主任周启诚、杨森、陈宁雅、倪秉武出席会议，县人大常委会各室委、政府办、发改局、金融局负责人列席会议。会议听取了县发展和改革局关于全县重点工程项目年度计划情况的汇报；金融部门关于金融支持脱贫攻坚情况的汇报。

【第10次专题主任会议】 于2019年5月30日召开，县人大常委会主任王自成主持会议。县人大常委会副主任周启诚、杨森、陈宁雅、倪秉武出席会议，县人大常委会各室委、县政府办、县发改局、县消防救援大队负责人列席会议。会议听取县政府作的关于全面深化改革情况的汇报；县消防救援大队李力作的关于全县消防工作情况的汇报。

【第11次专题主任会议】 于2019年7月29日召开，县人大常委会主任王自成主持会议。县人大常委会副主任周启诚、杨森、陈宁雅、倪秉武出席会议，县人大常委会各室委、县政府办、县水务局、县文化旅游体育广电局负责人列席会议。会议听取县政府副县长宋继忠作的关于扫黑除恶专项斗争治根阶段工作情况的汇报；县水务局局长王真作的关于河（湖）长制落实情况的汇报；县文化旅游体育广电局局长马锋作的关于乡村文化建设情况的汇报。

【第12次专题主任会议】 于2019年11月28日召开，县人大常委会主任王自成主持会议。县人大常委会副主任周启诚、杨森、陈宁雅、倪秉武出席会议，县人大常委会各室委、县政府办、县财政局、县审计局负责人列席会议。会议听取县财政局局长马顺作的关于国有资产管理情况的汇报；县审计局局长周宪瑜作的关于审计问题整改落实情况的汇报。

【决定决议】 5月31日，同心县第十八届人民代表大会常务委员会第十九次会议，听取和审议县住房和城乡建设局局长张宏志受县人民政府委托所作的《关于同心县农村环卫市场化服务体系建设改革方案的议案》，会议决定批准该议案。5月31日，同心县第十八届人民代表大会常务委员会第二十次会议，决定批准县人民政府《关于2019年同心县本级财政地方政府新增债券预算调整方案（草案）的报告》。7月30日，同心县第十八届人民代表大会常务委员会第二十一次会议，决定批准县人民政府关于《同心县本级财政2019年地方政府新增债券预算调整方案（草案）的报告》。

机关事务工作

【主题教育】 制定《县人大机关党组关于开展“不忘初心、牢记使命”主题教育工作方案》，组织召开了主题教育动员部署会。常委会领导先后两次对全县市政项目和乡镇人大建设情况进行集体调研。先后深入县民政局、河西镇等部门和乡镇，对全县体育工作、优化营商环境等方面进行专题调研。全年共召开调研成果会议2次，组织各类调研19次，撰写调研报告19份。通过调研和召开座谈会共发放征求意见表241条，查找问题23条，经认真梳理后，共征求班子及班子成员意见建议43条，制定整改措施51条，已经整改问题24条，班子4条，班子成员20条。

【重要会议】 全年共召开人代会1次，常委会议8次、主任会议24次，听取审议专项报告16项，形成审议意见18份。组织开展视察调研32次，作出决议决定18项，监督工作有力有序有效。通过专题主任会议，听取扫黑除恶专项斗争、深化医疗体制改革、城市低保、学前教育等工作情况的汇报，督促各部门为全县经济社会发展服务。

【视察调研】 开展脱贫攻坚“人大代表在行

动”活动，向全县700多名各级人大代表发出倡议书，开展“五带头一帮扶”活动，每一位代表包扶3~5户贫困户，为贫困群众捐资助学、教技术、送信息，发挥人大代表在脱贫攻坚中的作用。坚持以人民为中心的工作要求，把群众的所急所盼作为关注重点。运用听取和审议专项工作报告、组织代表视察、开展专题询问等监督形式，督促政府加强民生工作。重点听取县政府关于优化营商环境、水利基础设施建设等工作情况的报告。组织代表对全县重点项目开工建设、市政项目建设、禁毒工作进行视察，努力推动发展成果更多、更公平惠及群众。协助常委会对法律法规进行执法检查，围绕落实县委关于推进法治同心建设的要求，坚持依法行权履职，强化法治为民理念，支持和促进“一府两院”依法行政、公正司法。组织开展对《中华人民共和国统计法》《中华人民共和国道路运输条例》等法律法规贯彻落实情况进行执法检查，促进相关法律法规在我县的贯彻实施。

【代表服务】 推进“三联系”制度，密切与人大代表的联系，2019年常委会领导及各室委负责人走访联系代表和人民群众150人。建立学习培训制度，通过以会代训、给代表订阅学习资料、组织代表参加各种报告会等多种形式加强代表培训，开展代表向选民述职活动，共有50名县乡人大代表向选民当面或书面进行了述职。发挥“人大代表之家”“人大代表活动室”作用发挥，通过人大代表阵地建设，强化人大代表与人民群众的桥梁纽带作用，进一步完善各阵地的制度、簿册等，使人大代表阵地发挥作用。对县十八届三次会议确定的5件议案、62件建议案进行及时督办。

【自身建设】 组织机关党员干部学习《中国共产党党内监督条例》《关于新形势下党内政治生活的若干准则》，学习人民代表大会制度的基本理论和有关法律法规。通过查找自身存在的问题，列出问题清单，进行专项整改落实，确保学习实效。围绕创建星级服务型党组织建设，严格执行民主集中制和党内政治生活的各项规定，工作中的重大问题、重要工作安排，通过召开党组会议讨论决定，发挥民主决策和集体领导作用。人大机关干部全力以赴做好驻村帮扶工作，为李家山村协调项目4个、落实资金168万元，筹资13.6万元，指导帮助贫困户发展致富产业，受到当地干部群众好评，被自治区扶贫开发领导小组评为驻村帮扶先进集体。

县人大各专门委员会工作

【专委会工作】 法制工作委员会工作，行使法定职权，先后针对群众普遍关心的热点问题，开展了《中华人民共和国统计法》《中华人民共和国道路交通法》等法律法规的执法检查，对政府报送的规范性文件进行备案审查。财政经济工作委员会工作，先后听取审议国民经济和社会发展计划、国有资产管理、预算执行情况、审计问题整改工作报告，持续监督审计发现问题整改。教育科学文化卫生工作委员会工作，坚持依法履行职责，开展《中华人民共和国食品安全法》检查，对全县深化医疗体制改革、学前教育、“三化”治理等工作开展调研视察，推动解决了一些热点问题。农业与环境保护工作委员会工作，以“解决危害群众健康和影响可持续发展的环境问题”为重点，围绕全县工作中心，服务大局，依法履职，围绕城乡环境卫生治理，对水利基础设施、特色小城镇建设、民政工作、退役军人事务管理等工作开展了调研视察；听取审议农业特色产业专项报告，专题调研韦州古镇、丁塘特色小城镇建设情况，就强化产业支撑、创新管理体制、补齐规划短板等提出意见建议，推动高质量发展。代表联络与选举工作委员会工作，督促指导各乡镇人大组织所辖代表学习培训，代表接受培训达到500余人次，办理完毕65件代表建议，建设乡镇人大代表之家11个，村级人大代表活动室29个，代表联络站4个，解决了人大代表活动没地方开展、群众找人大反映社情民意没地方去的问题。（马 波）

同心县人民政府

综　述

【概况】　2019年，同心县坚持以习近平新时代中国特色社会主义思想为指导，认真学习贯彻中共十九大及十九届二中、三中、四中全会精神、习近平到宁夏视察时的重要讲话精神和“建设美丽新宁夏，共圆伟大中国梦”的嘱托，在县委的坚强领导下，在县人大、政协的监督支持下，全面贯彻落实区、市、县党委决策部署，坚决打好“三大攻坚战”，全面实施“三大战略”，团结和依靠全县人民，攻坚克难，真抓实干，较好地完成了县十八届人大第三次会议确定的各项目标任务。全年地区生产总值增长10%；规模以上工业增加值增长28.3%；社会消费品零售总额增长4.5%；公共财政预算收入增长8.4%，公共财政预算支出增长6.3%；城乡居民人均可支配收入分别增长7.8%、11.9%，部分主要经济指标走在全区前列，主要约束性指标完成区市下达任务。

【脱贫攻坚】　2019年，全县脱贫攻坚工作取得决定性进展，全县89个贫困村全部退出，累计减贫26840户101927人，贫困发生率降至0.61%，通过市级初审和自治区第三方评估。棚户区改造、农村危窑危房改造工作得到国务院通报表扬。“集雨场+水窖+潜水泵+净化器”做法得到扶贫考核组的充分肯定。“央企+特色产业”精准扶贫模式被第七届中国民生发展论坛评为2019年民生示范工程。高质量脱贫摘帽进展顺利，老区人民更加自信地朝着全面建成小康社会阔步前进。

【农业经济】　实施了神华宁煤肉牛养殖、罗山东麓葡萄种植等127个项目，完成项目投资68亿元。围绕“4+X”农业布局，累计发展有机枸杞9333.33公顷、文冠果19333.33公顷、葡萄800公顷，种植小杂粮23333.33公顷、红葱2666.66公顷，中药材留床面积10666.67公顷，肉牛、滩羊、生猪饲养量分别达到23万头、190万只、0.9万头。新增高效节灌面积7100公顷，粮食生产实现十六连丰。菊花台庄园、润德庄园枸杞产品分别获2019年中国北京世界园艺博览会国际竞赛优质果品大赛金奖和银奖。

【工业经济】　2019年，全县经济发展质量稳步提升，全县县域经济保持了稳中有进的向好态势。完成第四次全国经济普查。全年争取项目资金44.9亿元，招商到位资金45亿元，超额完成区市下达任务。围绕“轻新健”工业布局，完成园区扩规调位，“智慧园区”建设迈出坚实步伐，入园企业达到78家，主导产业占比80%。累计建成扶贫车间23个。新能源装机总容量达到235万千瓦。新增专精特新示范企业2家、标杆企业1家。自治区认定科技型中小企业4家、星创天地1家。完成R&D投入2874万元，强度达到0.41%。盘活僵尸企业3家。新增规模以上企业6家。围绕提升第三产业，出台进一步促进服务业发展的意见。实施永安路商业街及商贸综合体、河西农贸市场改造等12个服务业项目。创业担保、风险补偿、助贷三大基金撬动银行贷款22.3亿元。同亳中药材等61家小微企业在宁夏股权托管交易中心挂牌。成立畜牧、枸杞等3家产业协会。开通邮乐网“同心扶贫馆”，建成“大美同心”电商平台。大力发展旅游业，促进经济繁荣。举办黄谷川第二届冰雪旅游节、全国徒步联动日等活动，全县游客接待量和旅游综合收入分别增长8.4%和10%。

【城乡建设】 加快城乡一体化建设，建成通车同心大道、G70连接线等13条市政主干道，新建停车场7个。完成棚改拆迁2400套，城镇化率达到43%。高标准建设丁塘美丽宜居小城镇和12个乡村振兴示范村、7个美丽村庄，惠安村入选全国乡村治理示范村。折腰沟村被农业农村部确定为全国10个旱厕建设示范村之一。高质量完成城乡“增减挂钩”拆旧复垦1389亩，跨省域交易300亩，全面完成第三次全国国土调查工作。县城框架全面拉开，城市功能明显提升，农村面貌焕然一新。

【生态环境】 新增300蒸吨集中供热能力，县城建成区楼房实现集中供热全覆盖。全年空气质量优良天数比例达到87%。全面落实河（湖）长制，污水排放、入黄水质、人饮水质稳定达标。完成土壤污染状况详查。改良盐碱地1.8万亩。完成营造林10.5万亩，义务植树85万株，森林覆盖率达到8.9%。清水河岸清水绿，移民迁出区由“黄”变“绿”，小气候明显改善。

【社会事业】 以办好人民满意的教育为宗旨，新建、扩建九小、实验小学、特殊教育学校等5所学校，27所贫困村幼儿园投入使用，“互联网+教育”实现城乡同上一堂课，完成全县30所中小学校89名管理干部调整交流，新配备教师141名。创新上好“开学第一课”，率先在全区县级开设校长大讲堂。对在职教师进行免费体检，解决特岗教师养老保险遗留问题，“县城建设不搞大开发，让利大教育”做法被国务院扶贫开发领导小组脱贫攻坚督查组点赞。卫生保健工作持续加强，县人民医院完成搬迁运营，开展肾透析等19项新技术新业务，实现与北京、重庆、广东等17个省市跨省异地直接结算，县人民医院、中医医院被国家卫健委、国家中医药管理局确定为第二批全面提升县级医院综合能力项目单位。文化工作丰富多彩，举办了“我和我的祖国”快闪活动等中华人民共和国成立70周年系列庆祝活动，建设县级融媒体中心。体育工作蓬勃发展，在自治区第十五届运动会上取得历史最好成绩。精神文明建设不断加强，推进新时代文明实践中心试点建设工作，李进祯被授予全国“最美奋斗者”称号，勉力义荣登“中国好人榜”，丁秋菊被评为“第六届自治区道德模范”。《让水》《西行漫记之红色同心》入选全国优秀红色旅游文创产品，《同心》获自治区第四届社会主义核心价值观微电影一等奖。社会保障持续加强，城镇新增就业1954人，城镇登记失业率3.8%，农村劳动力转移就业7.39万人次，完成各类培训7724人。扶贫、低保两项制度有效衔接，新增城乡低保对象3826户9400人，实现应保尽保。综合养老服务中心投入运营。全面建成退役军人服务体系，获评全区民政工作先进县。全县83%的财政资金用于民生事业，民生福祉显著改善。

【深化改革】 全面深化改革释放发展活力，完成党政机构改革，27个部门467项行政许可事项进驻政务大厅集中办理。推进简易注销登记，企业开办即来即办，完成“四级四同”事项梳理，网上可办率85%，实现“四十四证合一”，新增各类市场主体3010户，增长12%。完成农村环卫市场化服务体系和供热体制改革，行政村农村集体资产清产核资实现全覆盖，全县累计减免税费9043万元。

【行政治理】　加强行政治理能力，社会大局和谐稳定。持续保持扫黑除恶专项斗争高压态势，先后打掉10个涉黑涉恶犯罪团伙。深入推进全区全国禁毒示范县创建工作，破获毒品案件30起，同心县由全区毒品问题“重点挂牌整治县区”降为“通报警示县区”。化解农民工投诉136起，清欠工资1233万元，实现“双清零”。完成民营企业账款清欠年度任务。排查各类矛盾纠纷1826件，解决了皮革厂改制、豫海南街征收拆迁等15个历史遗留问题，调处率100%。全县没有发生重大生产安全事故和食品药品安全事故。全县保持了民族团结、宗教和顺、社会和谐的大好局面。

【党的建设】　坚定不移把全面从严治党摆在首位，政府系统各级干部“四个意识”更加牢固、“四个自信”更加坚定、“两个维护”更加坚决。扎实开展“不忘初心、牢记使命”主题教育，切实解决了供热、土地纠纷等一批群众反映的问题。严格遵守中央八项规定精神及其实施细则和区市县若干规定，作风建设取得明显实效。严格执行重大事项提请县委常委会研究决定、向县人大常委会报告、向政协通报制度，自觉接受人大法律监督、政协民主监督、纪委监委纪律监督，广泛接受社会舆论监督。办结人大议案57件、政协提案50件。

【依法治县】　全面推行行政执法“三项制度”。全县行政村（社区）法律顾问实现全覆盖。推出全区首家互联网无人律所。开展重点领域和关键环节审计36项，节约财政资金1.7亿元。“三公”经费和一般性支出下降5%。巡视、督察等各类反馈问题有效整改。整治和查处侵害群众利益的不正之风和腐败问题71个，营造了风清气正的干事创业环境。

【领导调研】　4月17日，吴忠市市长喜清江到张家塬乡汪家塬村张家山社集中安置点、张家塬村、下马关镇新园村、韦州镇马庄子村等地，调研脱贫攻坚工作。5月13日，自治区副主席马汉成带领区水利厅、区生态环境厅、区住房城乡建设厅等相关厅局负责人，到县城新区污水处理厂及新区污水处理厂人工湿地建设现场，调研清水河治理工作。

重要会议

党组会议

【第1次会议】　1月2日召开，县政府党组书记、县长丁炜主持。会议传达学习了习近平2019年新年贺词；研究审定了《中共同心县人民政府党组关于贯彻落实习近平对宁夏重要指示批示精神贯彻落实“回头看”工作实施方案（送审稿）》。会议还研究了人事任免工作。

【第2次会议】　1月23日召开，县政府党组书记、县长丁炜主持。会议传达学习了中共中央总书记习近平在省部级主要领导干部坚持底线思维着力防范化解重大风险专题研讨班开班式上的重要讲话精神，中共中央总书记习近平在中共中央政治局民主生活会上的重要讲话精神；听取了县政府党组2018年度民主生活会准备情况汇报；审议了县政府党组及党组成员民主生活会对照检查材料。

【第3次会议】　3月4日召开，县政府党组书记、县长丁炜主持。会议传达学习了中共中央总书记习近平在中共中央政治局第十三次集体学习时的重要讲话精神《习近平关于社会主义生态文明建设论述摘编》、习近平理论文章《推动我国生态文明建设迈上新台阶》、《中共中央关于加强党的政治建设的意见》、《中国共产党重大事项请示报告条例》、《地方党政领导干部食品安全责任制规定》。研究审定2019年招商引资重点建设项目框架协议等事宜。

【第4次会议】　3月29日召开，县政府党组书记、县长丁炜主持。会议传达学习了《关于我市5起违反中央八项规定精神问题典型案例的通报》《自治区财政厅关于印发〈宁夏回族自治区公务接待费管理暂行规定〉的通知》等。

【第6次会议】 5月5日召开，县政府党组书记、县长丁炜主持。会议传达学习了《中国共产党党组工作条例》，国务院第二次廉政工作电视电话会议、自治区人民政府廉政工作电视电话会议精神，研究贯彻意见；传达自治区扫黑除恶专项斗争第三督导组督导吴忠市及同心县反馈意见，研究讨论《自治区扫黑除恶专项斗争第三督导组督导吴忠市涉及同心县反馈意见整改方案（送审稿）》，听取政府班子成员分管领域扫黑除恶专项行动落实推进情况汇报；研究讨论《同心县贯彻落实中央环境保护督查“回头看”及水环境问题专项督察反馈意见整改方案（送审稿）》等事宜。会议还研究审定了其他事宜。县人大常委会副主任倪秉武，县政协副主席田梅音应邀参加会议。

【第7次会议】 5月22日召开，县政府党组书记、县长丁炜主持。会议传达学习了中共中央总书记习近平关于民政工作的重要论述和指示精神、第十四次全国民政会议精神及部长黄树贤到同心调研座谈会精神；传达学习了习近平在全国公安工作会议上的讲话精神；研究讨论了《危窑危房加固方案（送审稿）》《县热力公司集中供热管网并入清水湾供热中心集中供热管网方案》。

【第8次会议】 6月16日召开，县政府党组书记、县长丁炜主持。会议传达学习中央全面深化改革委员会第八次会议精神，听取减税降费工作进展情况汇报，研究推进措施；研究审定同心工业园区太能山精细化工园区天然气项目协议和油气管道防腐项目投资协议，同心汽车客运站运营管理协议。

【第9次会议】 7月7日召开，县政府党组书记、县长丁炜主持。会议传达学习了中共中央总书记习近平在“不忘初心、牢记使命”主题教育工作会议上的重要讲话精神，在十九届中央政治局第十五次集体学习时的重要讲话精神；研究审定了《同心县在建项目规划指标管理实施办法（送审稿）》《同心县加强新时代基层民政工作提高为民服务能力的实施方案（送审稿）》；研究讨论了《同心县乡村振兴战略规划（送审稿）》《同心县2019年农村厕所及畜禽粪污处理站建设实施方案（送审稿）》。

【第14次会议】 9月29日召开，县政府党组书记、县长丁炜主持。会议研究审定了《同心县2019年秋季“植绿护绿”行动实施方案（送审稿）》。研究讨论了《同心县水利施工队转企改制实施方案（送审稿）》。研究签订下马关镇油用牡丹招商引资框架协议事宜。

【第15次会议】 10月10日召开，县政府党组书记、县长丁炜主持。会议传达学习了《中国共产党问责条例》、中共中央总书记习近平在庆祝中华人民共和国成立70周年大会上的重要讲话精神、习近平在中央政治局第十七次集体学习时的重要讲话精神。

【第16次会议】 11月2日召开，政府党组书记、县长丁炜主持。会议传达学习了中国共产党第十九届中央委员会第四次全体会议公报；传达学习了《中共中央办公厅、国务院办公厅关于深化统计管理体制改革提高统计数据真实性的意见》《中共中央办公厅、国务院办公厅关于印发统计违纪违法责任人处分处理建议办法的通知》《中共中央办公厅、国务院办公厅关于印发防范和惩治统计造假、弄虚作假督察工作规定的通知》精神；研究讨论了《同心县乡村产业振兴工作方案（送审稿）》《同心县乡村人才振兴工作方案（送审稿）》《同心县乡村组织产业振兴工作方案（送审稿）》等。会议还研究了其他事宜。

常务会议

【第34次常务会议】 1月2日召开，县长丁炜主持。会议传达学习了《中华人民共和国公务员法》,自治区党委办公厅、政府办公厅印发《关于坚持发展“枫桥经验”进一步加强人民调解工作的实施意见》的通知，研究审定《2018年国民经济计划完成情况暨2019年国民经济计划（草案）的报告》及《同心县2018年财政预算执行情况和2019年财政预算（草案）的报告》。会议还研究审定了其他相关事宜。县纪委常委、监委委员，县人大代表、政协委员应邀列席会议，相关部门负责人列席会议。

【第35次常务会议】 2月15日召开，县长丁炜主持。会议书面学习了《宁夏回族自治区招投标管理办法》；传达学习了中央及自治区农村工作会议精神并研究贯彻意见；传达学习了自治区各类会议精神并研究贯彻意见；传达学习《宁夏美丽河湖建设行动方案（2019—2020年）》和自治区第3号河长制工作交办单精神，听取河湖长制工作落实情况汇报并研究推进措施；会议听取了全县扫黑除恶专项斗争开展情况汇报并研究推进措施、全县“大棚房”问题专项整治工作情况汇报并研究推进措施、全县春耕备耕工作情况汇报。会议还研究审定了其他相关事宜。县人大常委会副主任陈宁雅，县政协副主席田梅音，县纪委副书记、监委副主任马学文及县人大代表、政协委员应邀列席会议，相关部门负责人列席会议。

【第36次常务会议】 3月8日召开，县长丁炜主持。会议书面学习了《宁夏回族自治区生态保护红线管理条例》；传达学习了区市2019年扫黑除恶专项斗争工作要点，研究推进措施；传达学习全区重点项目建设工作会议精神，研究贯彻意见；传达学习全区退役军人事务局长会议精神，研究贯彻意见；传达学习第三次全国国土调查工作推进电视电话会议精神，听取第三次国土调查情况汇报，研究推进措施。研究审定了脱贫攻坚专项子方案、国有建设用地使用权有关事宜。会议还研究审定了其他相关事宜。县人大常委会副主任倪秉武，县政协副主席马宗新，县监委委员、人大代表、政协委员应邀列席会议，相关部门负责人参加会议。

【第37次常务会议】 3月29日召开，县长丁炜主持。会议传达学习了全国“两会”精神、全国工程建设项目审批制度改革工作电视电话会议精神。传达学习《关于印发〈2019年宁夏回族自治区环境空气质量发布排名方案〉的通知》，听取全县2019年第一季度生态环保工作情况汇报；会议还研究审定了脱贫攻坚专项行动十个子方案（送审稿）。会议还研究审定了其他相关事宜。县人大常委会副主任杨森，县纪委副书记、监委副主任马学文及县人大代表、政协委员应邀列席会议，相关部门负责人列席会议。

【第39次常务会议】 5月5日召开，县长丁炜主持。会议分别传达学习全区优化营商环境电视电话会议精神、2019年全区禁毒工作电视电话会议精神，并研究贯彻意见；听取第一季度全县禁毒工作汇报；研究讨论《全县2019年禁毒工作会议方案（送审稿）》《同心精准扶贫人身类“扶贫保”工作实施方案（送审稿）》《关于坚持发展“枫桥经验”进一步加强人民调解工作的实施意见（送审稿）》等相关方案。会议还研究审定了其他事宜。县人大常委会副主任倪秉武、县政协副主席田梅音，县纪委常委、监委委员，县人大代表、县政协委员应邀参加会议。

【第40次常务会议】 5月22日召开，县长丁炜主持。会议传达了全市2019年妇儿工委全体会议精神，研究贯彻意见；研究讨论《同心县贯彻落实自治区2019年优化营商环境“1+16”政策任务清单（送审稿）》。会议还研究审定了其他相关事宜。县人大常委会副主任倪秉武，县监委委员、人大代表、政协委员应邀列席会议。

【第41次常务会议】 6月16日召开，县长丁炜主持。会议听取了县生态环保工作情况汇报、韦州镇、下马关镇禁牧封育工作情况汇报、食品安全监管情况汇报。会议还研究审定了其他相关事宜。县监委委员、人大代表、政协委员应邀列席会议。

【第42次常务会议】 7月7日召开，县长丁炜主持。会议传达学习了全国深化“放管服”改革优化营商环境电视电话会议精神并研究贯彻意见，全区农村人居环境整治暨厕所革命、水利重点工作、脱贫攻坚考核反馈问题整改现场推进会精神并研究贯彻意见，2019年自治区安委会第三次全体（扩大）会议、吴忠市安委会第二次全体（扩大）会暨防汛抗旱工作会议、县委常委会2019年第22次会议精神并研究贯彻意见；听取4·29事故调查处理情况汇报；研究讨论《关于坚持发展“枫桥经验”进一步加强人民调解工作的实施意见（送审稿）》。会议还研究审定了其他相关事宜。县人大常委会副主任倪秉武及县监委委员、人大代表、政协委员应邀列席会议。

【第46次常务会议】 9月29日召开，县长丁炜主持。会议传达了《自治区河长办关于做好河湖长制暗访发现问题整改工作的通知》，研究整改措施。研究国有建设用地使用权事宜。研究解决同心县融媒体中心建设第一批设备采购资金、同心县中学校园环境提升改造项目建设工程资金等相关事宜。会议还研究审定了其他相关事宜。县人大常委会副主任倪秉武，县监委委员、人大代表、政协委员应邀列席会议。

【第47次常务会议】 10月10日召开，县长丁炜主持。会议传达学习了中共中央办公厅、国务院办公厅《关于进一步做好清理拖欠民营企业中小企业账款有关工作的通知》《自治区党委办公厅 人民政府办公厅关于印发〈宁夏回族自治区党政机关办公用房管理办法〉的通知》、吴忠市纪委《关于转发自治区党委“不忘初心、牢记使命”主题教育领导小组、自治区纪委〈关于在“不忘初心、牢记使命”主题教育专项整治中整治领导干部利用名贵特产特殊资源谋取私利的通知〉的通知》。会议还研究审定了其他相关事宜。县纪委监委负责人及人大代表、政协委员应邀列席会议。

【第50次常务会议】 12月17日召开，县长丁炜主持。会议传达学习了《自治区党委办公厅 人民政府办公厅关于印发〈贯彻落实中央扫黑除恶第20督导组督导“回头看”反馈意见整改方案〉的通知》；听取了全县食品药品安全工作情况汇报并研究推进措施，全县消防工作情况汇报并研究推进措施。会议还研究审定了其他相关事宜。县委常委、人武部政委陈治明，县纪委监委负责人及县人大代表、政协委员应邀列席会议。

（马建兰）

政务工作

【概况】 县审批服务管理局自2019年1月25日挂牌成立，截至12月中旬，共受理各类行政审批和公共服务事项约达76万件，全部予以办结。其中，县政务大厅65.28万件，2个分厅10.5万余件，办结率100%。

【网络服务】 成立“四级四同”事项录入小组，完善政务服务事项实施清单，做到网上服务信息准确、规范、有效，建立健全政务服务事项动态管理机制。协调各窗口部门和各乡镇，举办了“四级四同”事项录入“政务服务+监管”事项录入专题培训会，指导县公安局、县住建局、县市监局等32个部门按时完成全县“四级四同”事项录入共1226项，按要求时间切换运行。完成监管事项目录清单认领1038条，录入监管事项检查实施清单650条。政务大厅的电子政务外网宽带由原来的100兆增加到500兆，有效提高了办事效率，为实现政务服务事项与全国“一网通办”奠定了坚实的基础。

【深化改革】 推行“放管服”改革，落实优化营商环境“1+16”政策。企业、农民专业合作社和动产抵押登记实现全程网办，网上一次办结率达到85%以上。推行“四十四证合一”，实行“一套材料、一表登记、一窗受理”审批模式，企业注册登记全程由同一登记人员负责受理、审查、核准等各环节业务，减少审批环节。县自然资源局不动产登记窗口精化压缩办理时限，首次登记由原来30个工作日缩短到5个工作日；抵押登记由原来10个工作日缩短到 1个工作日；预购商品房抵押权预告登记由原来5个工作日缩短到2个工作日；转移、更正登记由原来15个工作日缩短到5个工作日；变更登记由原来15个工作日缩短到2个工作日。县住建局重点项目建设服务流程优化再造效果明显，建筑工程施工许可证发放由原来的25个工作日压缩至3个工作日，办理环节由原来的4个审批环节精简为2个审批环节，33项资料精减至7项。在办事大厅设置了县住建局、县发改局、县自然资源局“工程项目建设”并联审批窗口，实现了施工许可、质量和安全三证合一。县环保局、县水务局、国网同心供电公司、消防等单位对事项流程、办理时限作了简化压缩。各个窗口部门优化服务流程、压缩办事时限的完善改革，为全县优化营商环境奠定了良好的基础。

【政务服务】 设立了社保信息自助查询服务区，办事群众随时可以自助查询个人参保险种、参保时间、社保缴费情况及社保相关政策。设立出入境等相关业务自助申报区，提供出入境自助签注、自助发证，身份证自助受理、自助领取等服务。设立了发票申领、发票代开、纳税申报等自助办税服务区，安排专门辅导人员，给纳税人提供“一对一”指导，使纳税人“来能办、办的快、效率高”。设立了个人不动产查询服务区，办事群众可自助查询个人不动产档案及办理进度。在大厅Wi-Fi全覆盖的基础上，开通了审批服务管理局微信公众号，实现了部分办事咨询、办件查询、通知发布和政务热线等功能，全面提升了政务大厅综合服务能力，全面推进“不见面、马上办”服务目标的实现。

【民生服务】 为深化“放管服”改革工作，县审批局组织相关工作人员先后24次深入各进驻窗口部门和12个乡镇、50个村部，就事项进驻、“12345”投诉件办理和便民服务中心基础设施建设、工作运行、服务质量、便民服务事项下沉、网络畅通及村级代办点业务开展情况等工作进行了全面督察督办和协调。有11个乡镇基本建成了标准化便民服务中心并投入使用。村级代办工作有所提升，在147个村和社区中有117个村已正常开展工作，全年累计受理办理事项达13793件，方便了群众，节省了人力和财力。

【投标监督】 严格按照招投标程序，从建设工程的报建、投标企业资格预审、备案、开标、评标、定标、签发中标通知书整个环节进行全程监督。每项新建工程，都能够按照《中华人民共和国招标投标法实施条例》《宁夏回族自治区招标投标管理办法》的规定，严格履行建设工程招标申请、规划许可、施工许可等一系列法定建设程序和手续，杜绝了以其他任何理由进行先开工建设后补办手续以及虚假招标现象发生。是年，在吴忠公共资源交易中心平台成功组织招投标 122个项目，273个合同标段，废标5个项目11个标段，计划总投资 10.16亿元，中标价 9.642亿元，节约资金约 0.52亿元。7月，县房建和市政项目全部采用了电子标。

【便民服务】 严格按照接单、转办、督办、回复、回访的工作流程，建立环环紧扣的工作运行机制。通过积极协调，涉及物业管理、房屋质量、水暖气自来水及城市噪音、污染等直接关系群众利益的民生问题不断得到解决，最大限度地增强了群众满意度，为提升政府公信力做出了积极的贡献。2019年度，吴忠市“12345”便民服务中心转办同心县诉求件2072件、办结1782件、未办结290件，群众满意率达到98.97%以上。

（马洪明）

机关服务中心

【公务接待】 2019年，同心县共接待中央和区内外到同心督导、督查、考察学习等工作组500批7500人次，着力改善接待细节和接待品质，力求在接待工作中充分体现同心特色。无信访纠纷事件发生，实现无重大治安事件、无重大火灾事故的综治目标，进一步加强了行政中心的安全防范工作。公共食堂共保障了全县干部职工用餐7万多人次。

【会议保障】 切实加强会务中心各种设备的维护保养，定期对会议音响设施进行检查维护，加强对工作人员的管理、业务培训和保密宣传教育，积极创造良好的会务环境。圆满完成了300多场次会议保障服务工作，其中，服务人员1000余人次，参会人员15000多人次，实现了场场无差错，保障了会务中心各项工作的优质、高效运转。

（马 庶）

信访工作

【概况】 2019年，同心县共办理来信来访及网上投诉信访事项139批次，同比下降42.13%。其中，办理国家信访局登记来信来访及网上投诉36批次，同比上升24.14%；办理自治区信访局登记来信来访及网上投诉20批次，同比下降20%；办理吴忠市信访局登记来信来访及网上投诉5批次，同比下降66.67%；办理县信访局登记办理来信来访及网上投诉78批次，同比下降54.65%。

【案件办理】 2019年，办结各级交办信访案件225件，其中，中央扫黑除恶第20督导组移交157件；国家信访局交办7件；自治区党委第一巡视组移交8件；自治区信访局交办4件；全区信访矛盾化解攻坚战移交7件；吴忠市第五轮巡察第二巡察组交办1件；省级领导包案2件；市级领导包案6件；办结“不忘初心、牢记使命”主题教育吴忠市级领导包抓化解5件、县级排查梳理出28件。

【案件督办】 进一步转变职能，充分发挥信联办转办、交办、督办作用，多次就中央巡视组反馈、区市交办、县上自查案件办理情况进行督查督办，2019年电话督办1135次、督办函督办312次、实地督办47次，加快办理进度，提高办理质量。

【案件调解】 坚持发展新时代“枫桥经验”，加强人民调解工作。研究制定《关于坚持发展新时代“枫桥经验”进一步加强人民调解工作的实施方案》，设立了信访事项人民调解委员会，夯实人民调解“四张网”，成立诉前人民调解室、警调工作室，打造品牌调解室，组建公共法律服务中心，排查化解各类矛盾纠纷500余件，实现人民调解组织全覆盖。

【案件化解】 推进分类施策，集中化解信访积案。通过临时救助、特困资金补助等方式，有效化解部分积案。通过再次核查信访事项、与信访人见面、召开信访“听证会”等方式有效化解5件信访案件。从公检法司抽调业务能力强的干部到县信访局挂职锻炼，为群众提供法律咨询服务，引导群众通过仲裁、诉讼和行政复议等途径依法公正解决了部分积案，有效地维护了信访人的合法权益。

【强化问责】 强化督查督办问责，提高化解质量。进一步转变职能，充分发挥信联办转办、交办、督办作用，多次就中央巡视组反馈、区市交办、县上自查案件办理情况进行督查督办，电话督办1135次、督办函督办312次、实地督办47次，加快了办理进度，提高了办理质量。

【建立健全制度】 健全完善制度，建立长效机制。修订完善《信访工作责任追究暂行办法》《县级领导干部接访制度（试行）》《重点信访案件领导包案化解考核办法》等信访工作制度。成立信访服务中心，设置来信来访接待登记岗、网上信访管理岗、办公室综合岗、督查督办岗。设立AB岗，全面落实县级领导每日接访制度。是年，县领导共接访、下访1000余次。（杨 德）

政协同心县委员会

综　述

【概况】　2019年，政协同心县委员会共收到委员提案115件，经提案委员会审查，立案54件。其中，经济建设方面17件，占31.5%；科教文卫方面9件，占16.7%；城市建设与管理方面7件，占12.9%；社会事业方面21件，占38.9%。根据提案内容，转为委员来信25件，社情民意10件。是年，54件提案办结50件，办结率92.6%，正在办理2件，列入规划逐步办理1件，因政策等原因暂时无法办理的1件；社情民意办结8件，办结率80%，正在办理1件，因政策、财力等原因暂时不能办理的1件；委员来信办结18件，办结率72%，列入规划逐步办理4件，正在办理2件，无法办理1件。89件提案、社情民意、委员来信，承办单位全部给委员进行了书面答复，答复率为100%。

【协商议政】　围绕县委、县政府重大决策部署，向政协委员、相关部门征集年度协商议题，主动征询县委、县政府主要领导意见，报请县委常委会议审议通过后实施，增强协商计划的权威性和操作性。组织委员就不动产登记工作、金融扶贫工作、培育新型农业经营主体进行了专题协商。组织委员围绕普法工作、脱贫攻坚、社区服务管理、安全生产监管、健康扶贫、人居环境整治、产业扶贫等方面议题进行协商。围绕生态立县创建全区绿色经济示范县，就小杂粮种植、文冠果种植、大气污染防治开展调研，围绕共建共治共享，就创建全国全区禁毒示范县、农村基层民主政治建设等工作开展视察调研6次，提出意见建议20多条。

【议案办理】　高度重视议案办理工作，县十一届二次会议以来立案70件，办结提案59件，提案办结率84.3%，办复率100%。在议案办理中，把涉及全县经济社会发展、人民群众普遍关心的热点和难点问题提案列为重点提案。县人民政府定期在政府常务会议上专题听取议案办理情况汇报，对加快提案办理进度、提高办理质量、明确办理责任、强化督查考核等作出明确要求。对重点提案政府领导亲自抓，政协领导领衔督办，对提案办理专项督查，提高提案办理质量。

【思想政治工作】　深入学习贯彻习近平新时代中国特色社会主义思想，持续在学懂弄通做实上下功夫。维护以习近平为核心的中共中央权威和集中统一领导，在思想上政治上行动上同党中央保持高度一致，进一步强化“四个意识”，增强“四个自信”，做到“四个看齐”。学习宣传贯彻区、市、县党代会精神，准确把握同心县发展的总体思想、奋斗目标、美好前景，认真贯彻落实区、市、县党委各项决策部署，确保政协履职与县委中心工作保持一致，确保政协事业沿着正确的方向前进。

【视察调研】　坚持把围绕中心服务大局作为

政协履职主线，不断改进完善协商形式。就健康扶贫、农村贫困人口就业培训、“4+X”产业发展、贫困户脱贫内生动力、落实农村边缘户扶持政策等调研视察；就“七五”普法、创建文明县城、农村人居环境整治、安全生产工作、社区服务管理、“三化”治理等积极建言献策。

【专委会工作】 提案与委员联络委员会共审查立案70件，确定重点提案6件，社情民意7件，委员来信14件。其中，经济建设方面10件，科教文卫体方面15件，城市建设与管理16件，政法、统战、人事劳动和社会保障方面15件，社会事业方面14件。按照“分级负责、归口办理”的原则，分别交由县委、县政府及相关部门办理。办结提案59件，因政策、法规、财力等因素无法解决并作出说明的5件，列入计划逐步解决的6件。提案回复率100%。经济委员会组织召开农村贫困人口素质教育与就业情况专题议政性协商会议，围绕脱贫攻坚，组织委员就“4+X”产业发展情况进行调研。协调配合自治区、吴忠市政协在县开展视察调研活动。教科文卫体委员会组织委员对全县健康扶贫工作情况进行调研，组织委员调研农村人居环境整治工作，组织委员开展“话社会主义核心价值观”座谈会，协调配合自治区、吴忠市政协在县开展视察调研活动。社会治理委员会组织委员视察普法工作开展情况，组织委员视察社区服务管理工作，围绕共建共治共享，专题听取“三化”治理工作通报，围绕平安同心，专题听取就进一步加强安全生产工作监管工作通报，并提出意见建议。协调配合自治区、吴忠市政协在县开展视察调研活动。

【民主监督】 组织区、市、县政协委员积极参与“两代表一委员”党代表、人大代表、政协委员，专项督查工作，实地督查重大工程和项目建设，提出意见和建议。重点对脱贫攻坚、工业项目、普法工作、产业扶贫、安全生产监管、健康扶贫、教育扶贫等方面的工作进行民主监督。重点参与对社区服务管理、安全生产监管、人居环境整治、产业发展等进行专项督查。组织委员列席政府有关会议，担任人民法院陪审员及参加电视问政、民主评议、听证会、检务公开、环保督查等民主监督活动。

【民主交流】 持续落实“三联系”（政协委员联系社区、联系机关、联系企业）制度，主动走访经济界、文化界、宗教界等各界委员，引导企业界人士和企业家发挥优势，为脱贫攻坚、全面建成小康社会贡献力量。

重要会议

政协常委会议

【十一届10次常委会议】 1月2日召开，县政协主席田成川主持。会议传达学习了自治区党委办公厅印发《关于加强和改进人民政协民主监督工作的实施意见》《违反民族宗教政治纪律处分规定（试行）》；研究审定了县政协十一届三次会议有关事宜。协商通过了县政协提案审查委员会主任名单。 会议要求，大会各工作组要提高政治站位，严守政治纪律和政治规矩，强化工作纪律，各司其职，认真做好即将召开的政协同心县第十一届三次会议的各项会务工作，要做到协调有力，过程有序，圆满完成政协十一届三次会议各项任务；政协委员要强化担当，履职尽责，为同心县经济社会发展积极建言献策。 县政协副主席田梅音、马宗新及政协秘书长、常务委员出席会议。县委常委、统战部部长王刚，县人大常委会副主任倪秉武应邀参加会议，部分政协委员、各专委会负责人列席会议。

【十一届11次常委会议】 1月7日召开，县政协主席田成川主持。会议听取了县政协各组关于县政协十一届委员会常务委员会工作报告、提案工作报告，县政协2018年度协商计划执行情况报告，以及政府工作报告、“两院”工作报告等讨论情况的汇报；审议县政协十一届三次会议决议（草案）、县政协十一届三次会议提案审查情况报告（草案）、县政协2019年度协商计划（草案），并决定将上述三项草案提请大会表决，会议还审议通过了县政协2019年工作要点，通报了文史资料筹备情况。

【十一届12次常委会议】 3月6日召开，县政协主席田成川主持。会议传达学习了《中共中央关于加强党的政治建设的意见》、全国政协主席汪洋在全国政协十三届二次会议上作的政协常委会工作报告，书面学习了《关于加强新时代人民政协党的建设工作的实施意见》《关于加强和改进人民政协民主监督工作的实施意见》。审议通过了《政协同心县第十一届委员会关于设置专门委员会的决定》《政协同心县第十一届委员会专门委员会通则》《政协同心县第十一届委员会专门委员会组成人员名单》《关于建立界别委员活动小组激发界别活力的工作方案》《政协同心县第十一届委员会专门委员会工作汇报制度》，通过了人事任免。会议听取了同心县安全生产工作情况通报，并围绕平安同心建设，就进一步加强安全生产工作监管进行专题协商。

【十一届13次常委会议】 7月25日召开，县政协主席田成川主持。会议传达学习了习近平在中央和国家机关党的建设工作会议上的重要讲话精神，全国政协主席汪洋在全国地方政协工作经验交流会上的讲话精神。马俊文通报了全县上半年经济运行情况，杨溥通报了县法院上半年工作情况，马万清通报了县检察院上半年工作情况。委员们针对全县下半年经济下行压力大等情况提出意见建议，委员还对法检两院上半年的工作情况提出意见建议，会议围绕“创建文明县城，提升城市管理水平”进行专题协商。

【十一届14次常委会议】 9月27日召开，县政协主席田成川主持。会上集中学习了习近平“不忘初心、牢记使命”主题教育工作会议上的讲话，习近平在中央政协工作会议暨庆祝中国人民政治协商会议成立70周年大会上的讲话精神。听取了县人民政府办公室关于县政协十一届三次会议提案办理情况通报及“三化”治理情况通报。

【十一届15次常委会议】 12月24日召开，县政协主席田成川主持。会议集中学习了《中共中央关于新时代加强和改进人民政协工作的意见》《中共宁夏回族自治区委员会深入贯彻落实〈中共中央关于坚持和完善中国特色社会主义制度、推进国家治理体系和治理能力现代化若干重大问题的决定〉的实施意见》。会议协商通过了县政协十一届四次会议筹备方案（草案）及会务文件；审议了十一届县政协常委会工作报告、提案工作报告；协商通过县政协2020年度协商计划（草案）。

重要活动

【专题培训】 1月5日，县政协召开马克思主义民族观宗教观专题培训会，邀请吴忠市委常委、县委书记马洪海围绕全面贯彻党的宗教工作基本方针、旗帜鲜明坚持宗教中国化方向、政协职能定位等主题，对全体政协委员进行了培训。

【人事任免】 3月6日，经政协同心县第十一届委员会第12次常委会议审议通过，政协同心县第十一届委员会设置4个专门委员会：提案和委员联络委员会、经济委员会、教科文卫体委员会、社会治理委员会。任命提案和委员联络委员会主任白金川、副主任杨登龙，经济委员会主任马尚兰、副主任苏俊秀，教科文卫体委员会主任马尚兰、副主任李宏，社会治理委员会主任马俊、副主任马敦祥。

【专题调研】 4月9—13日，自治区政协副主席张守志带领调研组到县围绕如何促进贫困地区劳动力转移就业进行专题调研。调研组先后深入马高庄乡、田老庄乡、河西镇、兴隆乡等地，进村入户，通过与贫困户交谈、听取镇村干部汇报，详细了解脱贫攻坚、就业扶贫及促进劳动力转移就业等工作情况。

【政治协商】 4月17日，县政协召开农村贫困人口素质教育与就业情况专题议政性协商会议，县政协副主席马宗新主持会议。会上，县工信局、人社局、扶贫办、豫海镇主要负责人分别就县农村劳动力就业相关情况做了通报。参会人员紧紧围绕精准脱贫就全县农村贫困人口素质教育与就业情况展开交流，指出了存在的问题，并提出相关意见建议。

【委员视察】 4月29日，县政协主席田成川带领部分政协委员对县普法工作开展情况进行视察。视察组一行先后到第一小学、豫海镇新华社区、森林法治文化公园、兴隆乡王团村，实地查看、听取汇报，详细了解同心县落实普法责任制、创新普法工作举措、完成普法任务、推进法治宣传教育工作等方面的基本情况。座谈会上，在听取了全县普法工作开展情况通报后，部分政协委员就全县普法工作情况提出了意见建议。

【座谈研讨】 5月19日，县政协召开政协委员"话践行社会主义核心价值观"座谈会，县政协副主席马宗新主持会议，部分政协委员及文艺工作者参加座谈会。与会政协委员和文艺工作者结合平时的工作调研采风活动，分别就文艺工作者如何通过文艺扶智助力脱贫，深谈体会，提出了意见建议。

【工作督导】 6月11—26日，组织"两代表一委员"集中利用半个月时间，围绕"住房安全、饮水安全、控辍保学、户籍清查、边缘化排查、扶持项目落实、兜底户政策落实、脱贫效果回头看、帮扶情况"9个方面内容，对全县脱贫攻坚工作开展一次全面的督导检查，为全县如期完成脱贫攻坚工作提供有力保障。

【专题调研】 7月17日，全国政协副主席卢展工带领全国政协教科卫体委员会及部分全国政协委员到县，围绕"推进健康中国战略"开展专题调研。在自治区政协主席崔波，副主席郭虎、马秀珍，自治区政协秘书长阮教育，市县领导喜清江、孙瑛、马洪海、田成川和部门负责人的陪同下，全国政协调研组到县城新区县人民医院，通过实地查看、听取汇报、座谈交流的方式，对同心县"健康中国战略"工作开展情况和健康扶贫工作进行调研。

【观摩考察】 7月23日，由陕西省政协主席韩勇带队，陕甘宁青四省（区）六盘山片区政协精准扶贫交流推进会第五次会议与会人员到县观摩考察。考察组一行在县领导马洪海、田成川、马俊文、田梅音及相关部门负责人的陪同下，先后到河西镇同德村新丝路服饰有限公司、润德枸杞种植基地、旱天岭村养殖园区、扶贫产业园区等地实地观摩了产业发展情况，吴忠市委常委、县委书记马洪海对脱贫攻坚工作及产业发展情况进行了全面汇报。考察组对同心县围绕羊绒产业、农副产品加工业、现代纺织业等产业发展，带动农民增加收入的做法表示肯定。

【联合调研】 7月24日，吴忠市、同心县政协联合调研农村人居环境整治工作。调研组一行先后实地走访了下马关镇窖坑子村、张家塬乡张家塬村、同心县污水处理厂、丁塘镇团结村等地，通过现场查看、听取汇报等方式，详细了解了同心县部分村庄规划试点、芦笋种植产业、农户用厕改造、农村污水处理、村容村貌等具体综合整治情况。就农村生活垃圾清理及长效机制建立、村容村貌整治、农村人居环境整治方面存在的问题提出意见建议。

【委员视察社区】 8月2日，县政协副主席马宗新带领部分政协委员对社区服务管理工作进行视察。视察组一行先后到豫海镇豫园社区、永春社区、新华社区，通过实地察看、听取汇报、召开座谈会，详细了解社区服务管理方面的基本情况及取得的成效、经验做法和存在的问题。委员们就视察中发现的问题进行了反馈，并就进一步做好社区服务管理工作提出意见和建议。

【主题教育】 9月16日，中共同心县政协党组、机关党组召开“不忘初心、牢记使命”主题教育部署会议。会议传达学习了中央及全区“不忘初心、牢记使命”主题教育第一批总结暨第二批部署会议和全市、全县“不忘初心、牢记使命”主题教育部署会议精神。田成川作动员讲话，市委主题教育第五指导组组长马福荣、县委主题教育第六巡回指导组组长倪秉武到会指导。

【党建工作】 9月26日，县政协机关党支部召开党员大会进行换届选举。选举出新一届党支部委员会党支部书记、委员，党支部书记杨彦德，支委会委员白金川、马尚兰、周桃花、周淑梅。

【座谈商讨】 9月28日，同心县政协召开庆祝中国人民政治协商会议成立70周年座谈会。田成川主持会议，会议传达学习了习近平在中央政协工作会议暨庆祝中国人民政治协商会议成立70周年大会上的讲话。参加会议的县领导有马洪海、丁炜、王自成、王刚以及县政协领导班子，县直有关部门负责人，政协离退休干部，县政协委员，县政协各专委会负责人。会上，7位政协委员及相关部门负责人围绕履职尽责、经济和社会各项事业发展变化等进行了座谈发言。吴忠市委常委、同心县委书记马洪海在会上讲话。

【扶贫调研】 10月17日，县政协副主席马宗新带领部分委员对全县健康扶贫工作情况进行调研。调研组一行先后到新区医院、王团镇卫生院、倒墩子村卫生室、联合村卫生室实地查看、听取汇报，对全县开展扶贫工作进展情况，在健康扶贫工作方面取得的成效、经验做法及存在的问题进行了调研。10月30日，县政协组织部分委员对同心县“4+X”产业发展情况进行调研。调研组建议有关部门及乡镇要着力发展特色优势产业，带动贫困户长期稳定增收，强化产业扶贫典型宣传，有针对性地开展畜禽养殖、特色种植等技能培训。

（马宗新　杨彦德）

纪检监察

综　述

【廉政教育】 建立健全廉政教育制度建设，注重警示常态化促廉，先后报请县委常委会研究审定全面从严治党、党风廉政建设和反腐败工作14次16项，协助县委将7个方面60项全面从严治党、党风廉政建设和反腐败主要任务逐项分解到6个牵头单位。完善县委班子成员包抓乡镇、部门党风廉政建设和反腐败工作机制，落实《同心县关于加强全县党政"一把手"管理监督若干规定（试行）》，对全县各级党组织制定的全面从严治党"三个清单"严格审核把关，督促其认真落实。扛起意识形态领域监督工作的政治责任，持续开展领导干部任前廉政谈话，组织干部职工接受反腐倡廉警示教育，警示和教育共产党员不准参与宗教活动，注重依托新媒体示廉，对苗头性问题早处理。

【执法督察】 对标《同心县14种较为突出的"四风"问题新表现》，在全县范围内开展违反中央八项规定精神突出问题专项治理"回头看"，对全县各乡镇各部门分管财务领导和财会人员进行专题培训，查处干部违规为女儿大操大办婚宴案。采用常规监督与专项检查相结合的方式，对"三公经费"使用、脱贫攻坚中驻村第一书记和驻村工作队履职尽责、禁牧封育等情况开展监督检查10余次，下发督查通报8期，通报批评32个单位，对报备婚庆事宜的17名科级领导干部进行现场监督检查。按照"六不一直接"规定，采取不发通知、不打招呼对全县整治形式主义突出问题为基层减负情况进行专项调研督查，努力增强干部廉洁自律意识。

【反腐工作】 持续深化反复工作，持续深化"1115＋2＋3"监督执纪审查调查工作模式，紧盯重点领域和关键人群，共受理信访举报400件，处置问题线索398件，初核394件，函询4件，立案94件111人，给予党纪政务处分82人，收缴违纪资金48.40万元，涉嫌职务犯罪移送检察机关8人。坚持抓早抓小，运用监督执纪"四种形态"处置394人次。其中，第一种形态309人次，第二种形态43人次，第三种形态32人次，第四种形态10人次，"四种形态"占比78.4%、10.9%、8.1%、2.6%，监督执纪由"惩治极少数"向"管住大多数"拓展。全县建立动态科级干部廉政档案610份，发放提醒约谈记录本340本，回复党风廉政意见4220人次，对新任职的164名干部和75名中小学校长进行任前廉政谈话。

【问题治理】 采取"2473"工作法（明确两个重点、畅通四个渠道、采取七项举措、落实三项制度），共处置扶贫领域腐败和作风问题49件，了结38件，立案4件6人，给予党纪政务处分3人，诫勉谈话5人，警示谈话1人，提醒谈话14人，责令作出检查7人，下发纪律监察建议书4份。共处置民生领域问题线索13件，了结10

件，诫勉2人，正在办理4件。

【案件查处】 共处置疑似涉黑涉恶腐败和“保护伞”问题线索236件，了结184件，立案36件59人，给予党纪政务处分46人，移送检察机关7人，取消预备党员资格1人，诫勉谈话25人，提醒谈话14人，书面检查4人，通报批评3人，下发纪律检查建议书24份，下发监察建议书3份，收缴违纪资金21.71万元。对公安机关在办的11件重大刑事系列案件，同步跟进“一案三查”，立案9件43人次，给予党纪政务处分41人，移送检察机关7人，问责19人。其中，对直接涉案人员立案8件16人，给予开除党籍处分15人。查处“保护伞”立案6件14人，查处主体责任落实不力立案2件3人、问责3件6人，查处行业部门监管不力立案4件7人、问责5件13人，单位2个。对其他违纪问题，立案2件4人，给予开除党籍处分2人，党内严重警告处分1人，党内警告处分1人。

【监察监督】 制定县纪委常委会、监委委务会《工作规则》，建立纪委常委会、监委委务会和执纪监督专题会、审查调查专题会、案件审理协调会等决策机制，规范工作程序，提高工作效率。完成8个派驻纪检监察组的进驻和挂牌工作，12个乡镇（管委会）监察办公室通过业务培训和清单式工作管理，将142名村监会主任聘为县纪委监委村级纪检监察员，推动监察监督向村（社区）延伸，实现对全县行使公权力人员的监察全覆盖。

【廉政宣传】 始终坚持正面宣传引导为主，持续在元旦、春节、五一国际劳动节等重要节点向全县公职人员发送节前廉政提醒短信，并通过县电视台滚动播放廉政信息。坚持以案示警、以案为戒，组织新任职领导干部和县自然资源局、县教育局、县扶贫办、县生态环境分局等部门中层以上干部共200多人到吴忠监狱接受警示教育。分期、分批组织全县村“两委”班子成员到县纪委监委警示教育基地开展警示教育，编发党风廉政建设信息101篇，拍摄《国云书记》微电影，开通“清风同心”微博账户，先后在微信公众号推送文章168期410余条，单条点击量超过1万余人次，组织全县纪检监察干部对各类热点敏感问题进行跟帖、评论1430条，引导舆论正面发声。在各乡镇及村（社区）悬挂宣传条幅、张贴宣传海报、发放宣传材料及便民监督卡和举报卡，推动宣传教育向基层延伸。

【队伍建设】 落实“三强九严”工程等要求，开展“制度建设执行年”活动，共清理制度138项。其中，继续坚持的27项，新建的28项，修订完善的17项，废止的8项。以自我革命的精神和刀刃向内的勇气强化对内监督，对纪检监察干部违纪行为做到“零容忍”，对零办案、考核工作滞后的乡镇纪委书记（派出监察办公室主任）和部门纪委书记进行提醒约谈，坚决防止“灯下黑”，努力打造一支让党和人民满意的忠诚干净担当的纪检监察队伍。

【领导调研】 8月29日，自治区党委常委、纪委书记、监委主任许传智一行，专题到同心县调研脱贫攻坚和信访工作。许传智一行先后到河西镇深度贫困村旱天岭村、新区污水处理厂及生态湿地、三聚环保万吨级秸秆生物质综合循环利用项目等地进行全面、系统调研。许传智强调，2019年是中华人民共和国成立70周年，大事多、喜事多、要事也多，同心县脱贫攻坚也到了“节骨眼”上，时间越紧迫、任务越繁重、责任越重大，越要自加压力、砥砺前行。希望大家牢记初心使命，勇于担当作为，保持昂扬向上的精神状态和永不懈怠的工作劲头，振奋精神，真抓实干，推动全县经济社会发展再上新台阶，以优异成绩庆祝共和国70华诞。吴忠市委常委、县委书记马洪海，县委常委、纪委书记、监委主任王钧陪同调研。

（纪监委办公室）

人民团体

同心县总工会

【调研工作】 以大调研为抓手，开展以“新经济组织”等为重点工会组建工作调研，深入非公企业，就工会组织建设进行调研，深入同心中学、同心回民中学、豫海中学3所高中学校，就学校工会工作开展和做好“工会班”困难职工子女帮扶工作进行认真调研。组织开展困难职工调查。据不完全统计，全县家庭人均月收入在1485元以下的困难职工有539户。对全县各企业职工劳动经济权益情况进行专题调研，形成专题调研报告5份。通过微信公众平台、政务网、同心党政信息网推送工运信息101条。

【政策宣讲】 开展大调研、大宣讲活动。举办工会干部学习培训班，邀请市总工会领导讲解中共十九大精神、中国工会第十七次代表大会精神。开展工会法律政策宣传工作进企业、进车间、进班组的“三进”宣传活动，教育引领职工听党话、跟党走，共举办宣讲报告会15场次，编印发放学习资料0.5万余份。

【劳动竞赛】 开展“当好主人翁、建功新时代”主题劳动和技能竞赛，与县教育局共同开展2019年“一师一优课，一课一名师”活动和2019年全县教师职业基本技能大赛；联合县人社局、县河西镇、宁夏源根民俗文化产业有限公司等单位举办以“精准脱贫 非遗先行”为主题的刺绣展演竞技大赛，河西镇同德村、菊花台等村的100多名农民工参与比赛；在下马关镇平远村扶贫车间举办首届缝纫工技能大赛，90余名优秀选手参加比赛。

【文体活动】 大力举办和开展职工文体活动，丰富职工精神文化生活。承办“迎新年”冬季趣味运动会等活动；举办2019年“相约在新春 同行奔小康”联谊会；联合县委宣传部、妇联等单位主办“巾帼心向党·建功新时代”为主题的“三八”妇女节联欢晚会；组织全县500余名职工参与聆听了“自治区总工会关爱职工百场心理讲座”；与县委宣传部、县卫健局等单位主办“万步有约”健步走活动；与县委宣传部、县直机关工委、县教育局等单位主办“五一”国际劳动节颁奖晚会。举办了全县职工第四届毽球比赛活动，来自各行各业11支参赛队、100多名毽球爱好者参加了比赛；在下马关镇陈儿庄村文化广场举办了同心县乡村广场舞大赛，有20支来自全县各乡镇的代表队参加了比赛；与县委宣传部、县文联等单位联合开展了同心县新时代文明实践“我和我的祖国”全民诗歌朗诵活动，共有10支小分队深入企业、农村、社区等地，通过朗诵、快板、舞蹈等形式为广大职工（农民工）送去了“精神大餐”。是年，开展诗歌朗诵活动62场次，参与活动的职工群众达6500人次。

【妇女维权】 开展女职工维权月活动，深入女职工相对集中的企业宣传女职工保护条例、女职工劳动保护特别规定等内容，发放法律法规宣传材料0.1万份。组织开展工资集体协商。

【法治宣传】 联合县司法局开展“遵法守法 携手筑梦”服务职工（农民工）法治宣传活动，在全县各乡镇集中宣传《中华人民共和国劳动法》《中华人民共和国工会法》《农民工务工权益保障》《女职工劳动保护特别规定》等内容，整个活动共发放宣传资料0.25万余份。为破解农民工维权难、诉求渠道狭窄难题，联合县司法局成立农民工法律服务站6个，为广大农民工提供更加便捷的法律援助活动。

【就业落实】 与县人社局、县就业局等有关部门共同举办了以“促进转移就业 助力脱贫攻坚”为主题的2019年“春风行动”专场招聘会，为下岗职工农民工提供就业岗位1596个，现场签订就业协议84人（其中，建档立卡户13人，低保户2人）。

【送温暖活动】 开展两节送温暖活动，慰问困难职工131人，发放慰问金150余万元。结对帮扶职工216人，组织开展“送清凉”活动，慰问养路工人、环卫工人、交巡警等640人，为一线职工发放了7.1万元的防暑消夏用品。

【医疗救助】 2019年，参加职工医疗互助人数6721人，交纳互助金33.605万元。截至2019年年底，医疗救助22人，救助资金12.2413万元。邀请宁夏工人疗养院的专业医务人员为全县120名困难女职工免费进行“两癌”筛查。

【帮扶助学】 举办了“庆六一·献爱心”精准帮扶助学活动，为兴隆乡王大套村完全小学全体学生送去了价值1.5万元的书包、文具盒、铅笔等学习生活用品。

【服务职工】 全面推开宁夏职工服务网、工会服务卡和宁夏工会工作服务平台“一网一卡一平台”网络平台，推动网上网下工会工作融合发展，建立会员普惠化服务协商团队，共建立普惠化服务项目5项，使工会会员普受益、常受益。选派骨干力量积极参加区、市工会安排的业务专题培训，举办基层工会干部专题培训班。为进一步服务好全县脱贫攻坚工作，提升农民工的就业能力，在下马镇池家峁村举办了2019年农民工手工编织技能培训班，培训学员50人，为农民工提供定向式、订单式培训，实现培训、就业一条龙服务。是年，全县共举办农民工培训班7次。

【工会建设】 大力推进新经济组织、新社会组织、工业园区“小三级”工会组织建设，成立了同心县网约送餐行业联合工会，全县100余名“网约送餐小哥”加入。全县有基层工会组织250家，会员27379人。 （周 军）

共青团同心县委员会

【思想教育】 以“青春心向党·建功新时代”主题教育实践引领青少年树立家国情怀，先后组织开展了“传承·2019清明祭英烈”、同心县纪念五四运动100周年大会、纪念五四运动100周年青少年文艺作品展演、全县中学生红歌大赛、主题团队日、新团员入团、新队员入队仪式、十八岁成人礼、“关爱特需青少年 用心浇灌伴成长”银川行、“志愿服务高考 爱心助力学子”公益服务等系列活动200余场次，参与青少年达3万余人次，引导全县广大青少年大力弘扬以爱国主义为核心的伟大民族精神，在坚决打赢脱贫攻坚战、决胜全面建成小康社会的生动实践中凝聚青春力量。其中，“十八岁成人礼”教育活动、“不忘初心，牢记使命”读书教育活动被《共青团新闻联播》进行了播放。

【读书活动】 以“青年大学习”引领青少年树立远大理想，用好“网上课堂”，打造“线下课堂”，成立同心县青年读书会，先后举办主题为“不忘初心 牢记使命”春季、夏季2期读书活动，邀请自治区知名作家到同心开展读书沙龙活动，与青少年面对面分享读书心得，赠送图书6000余册，培养了学生的读书兴趣，引领青少年多读书、善读书、读好书。

【新媒体优势】 以新媒体引领青少年树立正确世界观、人生观、价值观，发挥共青团微博、微信等新媒体优势，组建青年网宣员队伍，招募网络文明志愿者360余名，开展了清明网上祭英烈、我与党旗、团旗合个影等微信微博话题、跟帖活动，2019年共发布信息320余条，抖音发布信息90条，浏览量4万余次。现场直播“十八岁成人礼”、纪念五四运动100周年青少年文艺作品展演等活动，关注量达到18万人次，引导广大团员青年用“网言网语”唱响主旋律、凝聚正能量。

【少先队工作】 开展了少先队和中学共青团规范化建设，从基础建设、活动开展、队伍建设、工作保障等方面进行规范，对全县17个学校团委进行了集中换届，首次在全县各初级中学、小学建立学校少工委，形成中学团委、中小学少工委、政教处等协同发力的工作格局，先后组织开展青年马克思主义培训班、学雷锋、清明祭英烈等活动，使青少年思想引领工作走在前列，同心二小等10所学校获全国“优秀动感中队”称号，实验小学丁程菲被评为全国优秀少先队员。

【青年工作】 根据团章规定，积极发展团员，共有团员14005名，初高中阶段团青比已控制在30%、60%。五四期间，先后有22个团员青年获吴忠市向上向善好青年、优秀共青团员、优秀共青团干部等称号，15个基层团组织获全市五四红旗团委（团工委）、全市五四红旗团支部（团总支）称号。召开了全县庆祝五四运动100周年大会，表彰全县五四红旗团（工）委5个、全县五四红旗团（总）支部10个、全县优秀共青团员10个、全县优秀共青团干部10个、同心青年五四奖章15个，在全县青年群体中树立先进典型。

【“五进”宣讲】 选聘10名青年干部、青年教师、青年骨干、青年典型等组成同心县青年讲师团，采取“理论宣讲+志愿服务”的形式，围绕党的理论、党史国史、形势政策、青年榜样故事等“进校园、进社区、进农村、进企业、进机关”开展面对面、互动性的宣讲交流，把党的理论讲清楚、讲明白，让青少年听得懂、记得住、能运用，激励和引领广大青年争做担当民族复兴大任的时代新人。

【脱贫攻坚】 实施共青团投身攻坚战行动活动，围绕产业扶贫、精神扶贫，组织开展贫困户蜕变“金蓝领”项目，以扶贫车间为平台，打造扶贫车间团员阵地，先后组织志愿者300余人次，深入扶贫车间开展宣传招工、心理疏导、技能培训、扶贫助学、技能大赛、爱国教育等志愿服务150余场次，动员1000余名农村青年到扶贫车间就业，由贫困户转变为蓝领工人。抽调志愿者40余名开展了为期1个月的危窑危房核查认定工作，对全县27707户建档立卡户住房安全进行了认定，为全县危窑危房改造清零行动奠定了坚实基础。共青团投身攻坚战的做法得到了团中央和区市团委的一致认可，团中央全国项目办、新华社、《中国青年报》《宁夏日报》等先后对此项做法进行了宣传推广，自治区团委为加大对同心的扶贫力度，将分配同心县的志愿者由每年20多人增加到93人。

【青年志愿者服务】 发挥同心志愿服务信息平台作用，加大青年志愿者招募注册和青年志愿服务组织培育孵化力度，注册志愿者4万余人。全县共有44名西部计划志愿者从事支农、支教和扶贫工作，组织青年志愿者开展危窑危房核查、保护清水河、关爱留守儿童、阳光助残、爱心助考、义诊、禁毒宣传、扶危济困、移风易俗、扫黑除恶、助力大型会议等志愿服务活动410余次，提供服务6.07万余小时，实现了志愿服务的常态化、规范化。引导青年志愿服务队积极参与文化科技卫生“三下乡”、新时代文明实践中心等志愿服务活动，其中向现场群众发放《中华人民共和国未成年人保护法》《民族团结宣传册》及“青少年维权与服务热线”宣传卡等宣传资料3600余份，解答服务群众百余人次。在志愿服务队中，有4名志愿者获吴忠市最美志愿者，1个志愿组织获评吴忠市最佳志愿服务组织，2个社区获评吴忠市最美志愿服务社区，3个项目获评吴忠市最佳志愿服务项目。

【禁毒工作】 充分发挥青少年禁毒志愿服务队作用，加大禁毒志愿者招募力度，在“6·26”国际禁毒日来临之际，联合自治区团委、禁毒办、吴忠市团委组织开展了“健康人生，绿色无毒”禁毒志愿服务活动，联合县教育局开展“禁毒手抄报”比赛及禁毒微视频、禁毒小品进万家、青少年远离毒品行动等禁毒宣传教育活动50余场次，发放宣传材料1.6万余份。

【希望工程】 发挥希望工程的品牌优势，助力脱贫攻坚工程。上半年，上争希望工程项目资金317万元，其中西部计划补助资金287万元、“志愿服务高考 爱心助力学子”志愿服务活动招募资金13万元、争取兰州“彩虹公益社”爱心奖学金12万元、禁毒宣传教育资金5万元。争取项目资金70万元，援建希望小学2所， 筹集资金200余万元，累计资助学生524名，在全区县一级团委中名列前茅。在希望工程实施30年，全国表彰13家希望小学之星中，同心湾段头小学名列其中。

【维护青少年合法权益】 要求每个基层团干部至少联系帮扶1名特需青少年，累计帮扶132名特需青少年。组织开展了2期“关爱特需青少年”银川行活动，通过参观宁夏科技馆、花博园、观看电影等形式让特需青少年能积极乐观、勇敢地面对生活困难，健康快乐地成长。

（罗晓娅）

同心县妇女联合会

【妇女扫盲】 扎实开展“脱贫攻坚妇女扫盲培训班”活动，在县财政50万元资金大力支持下，在各乡镇的鼎力配合下联合县教育局，在全县122个行政村举办为期三个月的“脱贫攻坚妇女扫盲培训班”167个，开展培训3340场次，培训人数3879人。培训结束后，3802人参加了结业考试，参考率达98.01%，合格率达97.76%，提高了妇女群众知识水平，树立起脱贫致富的信心。

【思想教育】 突出思想政治引领，唱响时代新声，展现巾帼风采。县妇联主动靠前，邀请县委党校教师深入全县12个乡镇开展以“习近平关于精准扶贫思想的论述和新时代妇联干部的职责”为主要内容的妇联执委素质提升培训，共培训基层妇联干部1600余人。开展“爱润万家·好家庭好家风好家训”巡回宣讲活动，全年共开展24场次，受众群众2380人。引领妇女破除陈规陋习，推动移风易俗，弘扬时代新风。是年，开展“抵制高额彩礼”大讲堂6场次，受众群众1300余人；与县文明办联合开展“十万家庭学礼仪”活动101场次，受众群众10000余人。开展“巾帼脱贫行动·最美家庭故事分享”活动，广泛宣传“最美家庭”典型事迹，教育引导广大群众“注重家庭、注重家教、注重家风”，营造人人向上向善的文明环境。

【组织建设】 在全县142个行政村、5个社区、乡村两级妇联主席159人、专职副主席318人、执委1858人中实施“基层妇联亮牌服务”行动。持续开展寻找“最美家庭”活动，是年推选命名全国“最美家庭”1户，区级“最美家庭”3户，市级“最美家庭”25户，县级“最美家庭”40户，推荐市级“文明家庭”15户。联合县农业农村局，以4个试点乡镇，12个试点村（社区）的“新时代文明实践中心—爱心超市”为切入点，组建巾帼志愿服务队12

支，在全县开展“美丽庭院”评比活动，向区、市推荐“美丽庭院”10户。

【农村妇女创业】 认真组织实施农村妇女小额担保贴息贷款项目，为广大农村妇女提供资金支持，助推各乡、各村特色优势产业发展，截至11月底，共为1519户农村妇女发放创业贷款11135万元。

【关爱妇女儿童】 争取民生救助资金50万元和中国彩票公益救助金1万元，对51名农村贫困乳腺癌、宫颈癌患者实施救助，解决困难妇女儿童生活和就医方面的困难。向同德公益慈善基金会捐资5000元用于资助残疾儿童，慰问困难妇女20户每人发放500元救助金，继续推进“爱妮保”工作，使妇女健康风险需求得到有益保障。

【妇女维权】 持续开展和谐婚姻家庭、《中华人民共和国反家庭暴力法》家庭教育、禁毒知识等各类专题宣传培训42场次，制作展板48块，发放《中华人民共和国婚姻法》《中华人民共和国妇女权益保障法》等各种相关资料2万余份，受众妇女5万人次；在乡镇开展了24场次“以案释法”宣讲活动，落实“一村（社区）一法律顾问”工作机制，印制并发放“一村（社区）一法律顾问”妇女维权卡6万份，鼓励广大妇女群众学法、用法、知法，依法维权。加大维权案件办理力度，开辟妇女儿童、未成年人权益案件绿色通道，设立儿童维权岗和家事审判法庭，全年共受理侵犯妇女儿童案件4起、破获4起，抓获犯罪嫌疑人2人，审结婚姻家庭、抚养赡养案件583件，办理未成年被害人司法救助案件2件，发放国家司法救助金1.5万元，处罚接纳未成年人上网互联网服务企业7家。办理法律援助案件150件，其中妇女受援69人，办理未成年援助案件4件，接待咨询556人次，各级组织调解婚姻家庭类纠纷333件。强化信访工作，在全县范围内开展家庭矛盾纠纷排查调处工作，共排查婚姻矛盾5起，化解5起，处理上访案件25件。

（马一平）

同心县科学技术协会

【科普改革】 开展“3+1”试点工作，成立以分管副县长为组长，县科协主要负责人为副组长，各乡镇（管委会）政府主要负责人为成员的“3+1”试点工作领导小组，印发了《同心县科协提升基层科协组织力“3+1”试点工作方案》，下发各乡镇（管委会）认真组织实施。全县12个乡镇（管委会）通过召开选举大会，选举产生了乡镇科协组织机构，设主席1名，由乡镇分管副镇（乡）长担任，设副主席3名，设秘书长1名，2~3名科协工作人员。科协组织在12个乡镇全覆盖的基础上，2019年在下马关镇、兴隆乡、新华社区建立2个科普示范乡镇和一个示范社区，成立了基层科协“3+1”工作室，按照“五有”（有牌子、有制度、有机构、有阵地、有活动）标准开展基层科协组织建设。选举产生分管科普工作的县农业农村局、县卫健局、县教育局副局长兼任县科协副主席，吸纳乡镇农技站站长、卫生院院长、学校校长等进入乡科协领导机构兼职副主席，制定任务清单，明确职责，分级管理，增强基层科协组织活力，使其充分发挥作用。

【志愿服务】 协调区市县专家服务团专家，深入芦笋基地、枸杞基地，为农民提供现场农技培训。新华社区成立50人的科普志愿服务队，建立社区科普e站4个，开展科普志愿服务队“三进”（进企业、进商场、进家庭）活动，制作发放科普宣传毛巾5000条，科普围裙12000个，“科普中国”App台灯1200个，科普宣传手提袋2000个，印刷科普宣传彩页30000份，科普志愿服务队马甲300套，科普宣传口杯2000个，科普雨伞4800把，为社区居民、企业职工、商场员工提供科普宣传服务活动。利用各类宣传形式和活动加大科普服务活动，新华社区开展科普志愿服务队“三进”活动，县科协科普志愿服务队在丁塘镇团结村、新庄子村开展新时代文明实践中心活动。以“科普大篷车”为载体，广泛开展群众性、经常性、社会性科普活动，组织开展科普七进、文化科技卫生“三下乡”、科普文化进万家等主题科普活动，2019年上半年“科普大篷车”行程5000余千米。在豫海镇高级中学、思源小学、县城第二小学、豫西社区、新华社区等举办同心县全国科普日系列活动和大众科学讲堂，丰富主题活动形式，定期开展科普小讲堂、科学实验等趣味活动。

【科普信息化】 整合资源，打造“e站+网站+微信+微博”科普新矩阵。充分利用新媒体、科普宣传长廊、广义科普e站、每周微科普等形式，利用科普e站“五进”（进校园、进乡村、进企业、进社区、进单位）活动，提升科普信息化建设的覆盖面。截至2019年年底，建立行政e站2个、乡村e站34个、学校e站11个、社区e站4个，完成注册科普·中国信息员2753人，分享科普文章62756篇，不断加大“互联网+科普”工作力度，深化与主流媒体、新媒体等有关机构的合作，利用科普信息化平台，传播科普知识，不断拓宽科普传播渠道。

【设施建设】 2019年上半年，在下马关镇、兴隆乡、新华社区分别为“3+1”工作室配备办公设备和桌椅，建立科普宣传长廊、行政e站，统一配备标有科普中国App、宁夏科普、同心微科普公众号的门厅展架，投入2万元为机器人工作室购买机器人组件，在青少年集中的学校人员密集场所和医院等新建科普宣传长廊约482延米，完成7家农村中学科技馆建设并投入使用，协同县教育局共同组织中学生参加区、市青少年机器人大赛和宁夏34届青少年科技创新大赛，取得了优异的成绩。

【科普宣传】 以“全国科普日”“科技周”“科技三下乡”“青少年科学节”“结核病宣传日”等宣传活动为契机。在学校开设科普课堂、开展科普大讲堂活动，科普进校园活动，为全县量身定做了校园科普宣传品，制作并发放科普手提袋7000个，同心微科普书籍10000册；在县卫生院开展远程会诊业务，设立健康教育宣传栏，举办健康知识讲座，开展家庭医生签约服务和公众健康咨询；成立了10个乡镇专家服务工作站，建立了34个村级科普e站。科普知识实现“五进”（进校园、进机关、进农村、进社区、进企业）目标，开展科普培训30余场次。开展各类有特色、有主题的科普活动和评选表彰工作，共同推进“四大重点人群”科学素质的提升。

【助力脱贫】 建立10个乡镇助力科技脱贫攻坚专家服务团，组织科技工作者尤其是离退休科技人员，针对优势特色产业、行业产业发展做好一线人才培养，依托科技创新服务站等平台，推动成果转化和推广应用服务。发挥农村专业技术协会的示范引领和带动作用，使建档立卡户享受专业技术协会在产、供、销一体化过程中带来的实惠，加快依靠科技脱贫的步伐。

（薛占贵）

同心县工商业联合会

【文化建设】 以教育培训增识提智，在全县民营企业家中开展国情教育、履职培训和技能培训。结合学习习近平在民营企业家座谈会上的讲话精神，围绕民族团结、脱贫攻坚和企业家履行社会责任，回报社会为重点开展邀请北方民族大学会计学教授到县举办讲座，对全县非公企业财务主管和会计人员进行财务管理知识培训。组织召开企业家“不忘创业初心 接力改革伟业”座谈会，学习习近平在庆祝中华人民共和国成立70周年大会、全国民族团结进步表彰大会上的讲话精神等，解读国务院出台的《优化营商环境条例》精神，向企业发放"送政策进民企"资料汇编等。举办全县非公经济人士学习"习近平关于民族宗教工作重要论述"报告会，准确掌握习近平关于民族工作的"八个坚持"和民族工作的"六个深刻理解"，筑牢"三个离不开""五个认同"的思想基础。

【商会工作】 发挥县工商联的桥梁纽带作用，协调银行等金融部门为15家小微企业融资贷款1.67亿元，解决小微企业资金困难问题，帮助小微企业进行技术改造，增强竞争力。加强商（协）会建设，联合县民政部门对4家"僵尸"商会进行清理，新成立商会3家，与县司法局联合在5家有条件的企业成立人民调解组织。

【企业培育】 认真贯彻全区民营经济发展推进会精神，推动全县非公企业向高新技术产业、战略新兴产业、现代服务产业发展，向高端、职能、绿色方向转型，培育宁夏同心圣峰枣业有限公司、三聚环保同心县秸秆生物有限公司和宁夏伊牧云农林牧科技开发有限公司3家企业为创新驱动示范企业；培育宁夏伊兴羊绒制品有限公司、同心县荣振养殖合作社、宁夏吴忠天启薯业有限公司、宁夏金福莱食品科技有限公司4家企业为脱贫富民示范企业；培育宁夏润德生物科技有限责任公司、宁夏菊花台庄园枸杞种植有限公司2家企业为生态立县示范企业。

【品牌建设】 强化企业家品牌意识，积极组织企业开展品牌建设，2019年宁夏菊花台庄园枸杞种植有限公司、宁夏润德生物科技有限责任公司种植的宁杞7号枸杞获2019年中国北京世界园艺博览会国际竞赛优质果品大赛金奖和银奖；同心银柴胡上榜农业农村部农产品质量安全中心第三批全国名特优新农产品名录；有10家企业产品被自治区商务厅评为第一批宁夏优品等。

【脱贫攻坚】 聚焦全县重点任务，引导非公企业积极参与全县脱贫攻坚工作。积极引导县内外45家非公企业深入36个贫困村直接或间接投资1.35亿元，通过入驻扶贫车间、产业带动、吸纳建档立卡户就业和物资捐助等措施开展帮扶工作。

以产业带动就业为关键，动员宁夏吴忠市天启同心公司在下马关窖坑子村流转土地4000余亩，投资300万元，建成农业农村部马铃薯种薯认证试点，成为全区首家美国辛普劳主食化马铃薯生产基地。该公司不仅为周边移民村建档立卡户群众提供就业和马铃薯种植技术，同时，还向深度贫困村预旺镇青羊泉村贫困户免费提供价值2万元的优质马铃薯种子10吨。金福莱食品科技有限公司将原料种植基地安放在何渠、青羊泉、折腰沟等贫困村，向贫困户免费发放价值21万元的优质胡麻种子20余吨，带动320户建档立卡户增收。同心祥福粮油食品有限公司为豫海镇兴隆村50户建档立卡贫困户帮扶产业发展资金10万元，发放生活慰问品面粉5万元，共计15万元。宁夏润德生物科技有限责任公司在为移民村贫困群众提供就业的同时向同德移民村小学生捐助价值10万元的学习用品。

【企业帮扶】 结合2019年宁夏统战系统"百企帮百村"暨助力脱贫攻坚工作部署，联系对接宁夏百瑞源枸杞产业有限公司、宁夏大地循环发展股份有限公司等20余家企业到县开展贫困村帮扶工作，宁夏西部创业实业股份公司为下马关镇田园村扶贫车间配套20万元设备，宁夏新丝路宸德服饰有限公司积极对同德移民村群众进行技能培训，吸纳60余名建档立卡群众在扶贫车间务工，宁夏大地循环发展股份有限公司帮扶韦州镇石峡村先期为18户贫困户危房改造和棚圈维修提供价值4万元的水泥100吨，宁夏金银珠宝首饰行业协会与帮扶村韦州镇青龙山村对接解决农副产品外销难的问题，并向贫困户发放慰问金和慰问品价值4万多元，宁夏百瑞源枸杞产业有限公司与帮扶村河西镇菊花台村所在的企业对接，帮助购销枸杞鲜果、干果890余万元，开展帮扶为贫困村后续发展和贫困群众持续增收奠定基础。

【助学活动】 积极动员广大工商业会员企业及爱心人士开展“志愿服务高考、捐资助学圆梦”公益活动，有40余家企业和个体工商户共计捐款捐物10余万元，为高考学子加油助威。同心家居建材行业商会企业家积极履行社会责任，在六一儿童节前夕向特殊教育学校智力障碍儿童捐赠价值2万元的生活用品。

（冯 琴）

法治·军事

政法委及综治

【概况】 2019年以来，全县政法工作始终坚持以习近平新时代中国特色社会主义思想为指导，坚持党对政法工作的绝对领导，坚持以人民为中心的发展思想，紧紧围绕以深化“平安同心”建设为主题，以开展“扫黑除恶”专项斗争为载体，以社会治安防控体系建设为支撑，以夯实基层基础工作为重点，有效完成县委、县政府及区市党委政法委交办的各项工作任务。全年全县共立各类案件2224起，同比上年刑事案件多791起，全县未发生较大及以上安全事故。

【责任落实】 组织开展全县政法工作暨“扫黑除恶”专项斗争工作，印发《2019年全县政法工作分工方案》《2019年全县扫黑除恶专项斗争工作要点》，严格落实“三个责任”（即落实政治建设第一责任、落实国家安全主体责任、落实宣传教育重要责任），建立健全“三项机制”（即健全考评考核机制、健全重点人员服务管理机制、健全安全风险化解机制），着力把握“四类风险”（即把握社会经济领域国家安全风险、把握网络领域国家安全风险、把握科技文化领域国家风险、把握资源环境领域国家安全风险），深入开展“三项斗争”（即开展打好意识形态对敌斗争、开展抵御非法宗教渗透斗争、深入开展反间谍专项斗争），有力地维护全县国家安全，确保人民群众安居乐业。开展“全民国家安全教育日”“扫黑除恶专项斗争”“涉众型经济犯罪及新型互联网金融领域犯罪”“平安建设主题宣传”“铁路护路联防”“毒品预防教育”“下基层、送法律”等系列政法宣传活动。充分利用电视问政、新闻发布会、走进直播间以及同心电视台和同心政法、同心扫黑除恶微信公众号等新媒体，滚动播放、发布政法暨扫黑除恶专项斗争相关知识、举报电话及举报地址，有效提升广大干部群众对政法暨扫黑除恶专项斗争的知晓率、参与率。

【社会治理】 抓好源头治理，建立风险化解机制。深入开展打击严重暴力犯罪、涉枪涉爆案件；严防暴恐活动、个人极端事件和公共安全事件发生，不断完善对各类安全隐患的排查、整治。依法严厉打击非法宣教活动，有效维护全县现有宗教格局。2019年全年全县共摸排城市建设等5类45个社会风险点，苗头性、倾向性安全隐患线索预警率、核查率等均达到100%。

【矛盾化解】 压紧压实矛盾纠纷排查和化解两个责任，落实矛盾纠纷排查化解机制。积极推行“1+3+X”和“3+X”矛盾纠纷排查化解机制，切实提高对各类矛盾纠纷和风险隐患的发现、化解和处置能力，严防各类矛盾纠纷和风险隐患累计发酵，严防发生重大群体性事件。

2019年，全县共排查各类矛盾纠纷2233件，调处2233件，调处率达100%。

【铁路联防机制】 充分发挥铁路护路“五位一体”工作机制，在汛期及时协调中卫工务段同心车间妥善处置涵洞积水问题，严防汛期行人翻越铁路线路挡停列车。在路外安全环境专项整治活动中，铁路沿线各乡镇对沿线2500米范围内的废旧金属收购站点、养殖大户、精神障碍患者、“五残”（心理、生理、人体结构上、某种组织功能或不正常，全部或部分丧失以正常方式从事某种活动能力的人）人员、习惯性过道等进行了排查登记；县护路办会同县住建局、豫海镇、县自然资源局，在中卫铁路段铁路工务段工程师的监督指导下，依法拆除违建物共10户，确保宝中铁路在同心境内的安全畅通。

【体系构建】 提升治理能力，构建四个体系。一是完善视频监控体系。在整合现有的公安、综治视频监控设施的基础上，督促教育、卫计等部门将学校、医院的监控设施积极接入县综治视联网中心；督促寄递物流行业、宾馆、商场、住宅小区等社会单位将安装的6600个社会面图控统一接入“雪亮工程”共享平台；借助“9+X”综治信息系统，实现乡镇、部门综治数据资源互联互通。2019年，全县先后建成县公共安全视频监控中心1个、乡镇综治视联网中心12个，建成电子警察54处、测速卡口36处，设立治安卡口659个，违停禁左55个，基本实现了重点地区、重点路段、重点场所“区域围栏式全覆盖”。二是搭建网格管理体系。三是健全社区警务体系。组织治安联防员、交通协管员等社会群防群治力量，参与街面巡逻防控，重点加强出租房、旅馆、网吧等重点行业和复杂场所的日常管控，在接警基层派出所和各单位、商铺安装前端报警器或紧急按钮实现“三级警情传输”，最大化保护人民群众生命财产安全。2019年，全县共受理各类治安案件1433起，查处治安案件1095起，案件查处率为76.4%。四是建立村级综治服务体系。不断推动村（社区）社会治理工作下沉，有效维护农村社会和谐，初步建立了142个村级综治中心、5个社区综治工作中心，以村（社区）支部书记为村（社区）综治服务站主任，并配备1~2名工作人员，综治服务站工作由（社区）支部书记统筹协调，其他人员配合，各乡镇（开发区）依托乡镇综治中心，建立综治服务站，规范工作制度，悬挂“村（社区）服务站”牌子。全县共建立县乡村三级综治工作中心160个（县级综治工作中心1个、乡镇综治工作中心12个、村级综治工作中心142个，社区综治工作中心5个）。

【扫黑除恶】 严格落实扫黑除恶“五个同步”（联席会议同步研判、信息互通同步衔接、部门联动同步发力、督导问责同步到位、以案促改同步推进）的要求，实现扫黑除恶专项斗争群众满意度达到76.63%。2019年，全县共处理涉黑案1起、涉恶集团案1起、涉恶团伙案7起、涉恶个案31起。

【刑事犯罪】 针对同心刑事案件持续高发的特点，特别是侵财类案件高位运行的现状，及时分析研判刑事案件发案重点区域、案件类别、重点人群等规律特点，积极组织开展专项行动。在“更快破大案、更多破小案”的同时，注重开展防范教育和前端预防工作。2019年全县共立各类刑事案件791起，同比上年上升27%。

【平安创建】 深化以平安校园、平安医院、平安单位等创建为主要形式，建立健全疏导化解、管理服务、治安防控、公共安全、责任保障等机制，进一步扩大了平安创建覆盖面，丰富了创建载体和内容，提升了创建水平和成效。2019年，全县平安细胞创建率90%、达标率80%，命名工作正在开展中。

【专项治理】 在住建领域开展未批先建、乱搭乱建、批小建大、强建抢建房屋，以及在住宅小区内乱搭乱建问题；农村危房改造中不公开、不公示、不公正，弄虚作假，骗取补助资金，索要回扣等问题专项治理，先后处罚未批先建项目10个、违法挂靠分包项目4个、违规投标企业3家。在自然资源领域开展非法霸占土地和矿产资源，擅自圈地、倒卖土地，巧取豪夺，私挖滥采矿产资源，非法买卖、转让、占有土地以及行业管理中的部门乱为、干部乱为等问题整治行列，通过动态巡查、卫片执法和开展“绿盾行动”“飓风行动”，先后立案查处乱占滥建、滥采乱挖等各类行业乱象案件510件，向司法机关移交涉嫌刑事犯罪案件5件40余人。在农业农村领域开展了全县土地确权大核查大整治行动，将群众反映强烈的土地确权工作作为行业治乱的重点，对已确权的土地权属进行核查登记。2019年，全县共排查各类农业农村领域乱象176条，共立案查处各类违法经济案件9起，罚没款3.6余万元。在交通运输领域重点地区同心汽车客运站、第四小学、集贸市场、高速公路出口、二粮站等地点线路，对乘客采取低价引诱、威胁等手段揽客、倒客，欺行霸市、扰乱市场经营秩序的非法经营车辆和恶势力团伙进行摸排和打击，累计查扣非法营运车辆185辆、罚款66.1余万元。在市场监管领域开展农贸市场占道经营清理整顿，特别是对同心商城流动摊点占道经营的顽症进行了整治，打通了消防通道。同时，分重点行业，先后制定了食品、药品等领域社会乱象治理方案8类，共摸排食品药品领域涉乱问题136条，立案查处各类经济案件122起、罚没款达14.88万元，查处食品药品案件70起，整改各类问题200余条。

（马 勇）

公 安

【维护治安】 围绕维护国家政治安全，着力防范化解社会风险。完成春节、“两会”及中华人民共和国成立70周年大庆、宁夏第四届中阿博览会和宁夏黄河金岸（吴忠）国际马拉松赛等重要节点安保维稳，圆满完成各类安保任务20余场次。

【社会治理】 围绕社会综治管理，切实筑牢基层基础工作。深化“1+X+N”社区警务模式，按照“重心下移、警力下沉、精简机关、做实基层”总要求，精减局机关30名警力下沉基层一线，推动派出所“两队一室”警务模式改革，社区专职民警人数达到全警人数42%，社区民警警力占到派出所总警力的60%以上，进一步夯实基层基础工作，提升服务社会效能。紧紧围绕拆迁补偿、棚户区改造、涉众性经济利益受损等领域开展社会矛盾纠纷大排查大化解，1—10月，共排查化解各类社会矛盾纠纷2180起（矛盾问题化解率达到90%以上），未发生“民转刑”案件；查处治安案件817起，查处治安违法人员1626人；以“防爆炸、防破坏、防事故”为重点，组织开展17次集中“清查”行动，依法取缔无证经营场所1处，对12家涉嫌违法经营的单位予以责令停业整顿；收缴各类枪支27把、子弹288发、管制刀具83把；办理涉枪刑事案件1起（刑事拘留1人）；配合安监部门对2处非法加油站进行了取缔，对17家易制爆危险化学品从业单位严格执行流向登记、购销备案、废弃处置、安全保管等四项制度，未发生“响、爆、炸”等案（事）件。1月至10月，共查处各类交通违法行为10万余起，查处饮酒驾驶62起，醉酒驾驶75起，无证驾驶179起，行政拘留146人；查处超员、超载、无牌假牌等严重交通违法行为518起，暂扣违法车辆591辆，依法拆除销毁“三无”车辆429辆，淘汰治理老旧车160辆，交通四项指数稳中有降，全县未发生重特大交通安全事故。

【惩治违法犯罪活动】 实施攻坚“打零收

戒”战役，查获吸毒人员63人，强戒40人，执行逮捕36人，破获毒品案件15起，缴获毒品海洛因18.6千克，大麻34.05千克，对32袋722.22千克大麻集中销毁。抓获涉毒在逃人员10人，特别抓获涉案潜逃境外两年多的海某兴。截至2019年年底，全县社区戒毒执行率100%，社区康复执行率99.6%，戒断三年未复吸率为60.3%，强戒出所未满三年吸毒人员管控率75.6%。全县28家涉易制毒化学品和精麻药品的企业（学校）入网登记和监督核查率均达到100%。实施攻坚侵财战役。1月至10月份共立各类刑事案件671起（八类案件6起，同比下降14.3%），破各类刑事案件333起（八类案件连续实现五年全破），抓获刑事案件作案成员266人，抓获网上在逃人员51人。先后连续侦破强奸案、猥亵案2起，抓获犯罪嫌疑人2名；侦破未成年人盗窃案25起（系列盗窃案16起），抓获犯罪嫌疑人12名等一批有影响的典型案件。强势推进扫黑除恶专项斗争。共获取各类涉黑涉恶线索308件，实际核查308件，办结272件（办结率88.3%）。先后打掉各类涉黑涉恶犯罪团伙9个（其中黑社会性质犯罪团伙1个，涉恶犯罪集团1个），破获案件178起，抓获犯罪嫌疑人106人；侦破其他涉恶类个案105起，抓获犯罪嫌疑人113人（执行逮捕87人）。扣押各类涉案车辆61台，冻结、扣押涉案资产达4870余万元。开展攻坚“清风行动”。共查处赌博案件33起（刑事案件1起，行政案件32起），抓获涉赌人员158人，其中罚款87人、行政拘留56人、刑事拘留1人，收缴赌资14万余元、罚款11万余元，收缴赌具52件。

【队伍建设】 深入推进“三强九严”工程，开展机关党建质量提升年活动，全面夯实党建基础、提升党建质量、提高党建水平。扎实推进“不忘初心、牢记使命”主题教育和“践行新使命、忠诚保大庆”主题实践活动。落实中央八项规定常态化，抓住“老问题”，紧盯“新表现”，推进“两个责任”和中央八项规定精神落实常态化、长效化。落实从优待警政策，围绕“四个铁一般”目标，通过走访慰问、关心关爱等形式，进一步增强民（辅）警职业自豪感和荣誉感，着力锻造一支对党忠诚、服务人民、执法公正、纪律严明的过硬公安队伍。启动绩效考核改革，围绕队伍管理、执法质量、重点工作等方面，按照“三个序列”层次，在全局建立科学规范效能考核评价体系，进一步激发广大民警（辅警）干事创业的激情和热情，推动公安工作提质增效。

（苏 静）

检 察

【政治建设】 坚持党对检察工作的绝对领导，不断增强“四个意识”、坚定“四个自信”、做到“两个维护”，始终在思想上政治上行动上同以习近平为核心的中共党中央保持高度一致，确保检察工作始终沿着正确政治方向前进。认真学习贯彻《中国共产党政法工作条例》《中国共产党重大事项请示报告条例》等，严格遵守请示报告制度，主动向县委、县委政法委和上级检察机关报告重大事项、重要案件办理情况32件次，呈送政法专报6份。

【理论学习】 深入学习贯彻习近平新时代中国特色社会主义思想，及时跟进学习宣传贯彻中共十九届四中全会精神，坚持读原著、学原文、悟原理，在真学、真信、真用、真行上下功夫，增强贯彻落实的自觉性和坚定性。召开党组会议24次、党组理论学习中心组会议14次、全院政治理论学习66次、检委会集中学习28次，教育引导全体检察人员自觉用习近平新时代中国特色社会主义思想武装头脑，时时刻刻对标对表，发挥政治指南针作用，把讲政治落实到服务大局中、落实到推动新时代检察事业创新发展中、落实到具体检察工作中。

【意识形态安全】 深入学习贯彻习近平关于民族宗教工作的重要论述和视察宁夏时的重要讲话精神，认真贯彻落实最高检《关于进一步加强和改进检察机关意识形态工作的通知》，持续深化马克思主义民族观宗教观学习教育，举办专题讲座6次、专题学习16次，使全体党员干部不断坚定马克思主义信仰和共产主义理想。开展个人自查、专题学习、谈心谈话、思想汇报、对照检查，通过“一对一”“一对多”等方式，实行“手拉手”常态化帮教转化。讲述检察好故事，弘扬检察正能量，刊发新闻稿件128篇，在“两微一端”等新媒体发布信息275条。

【专项治理】 围绕打好防范化解重大风险攻坚战，严厉打击非法吸收公众存款、集资诈骗等破坏金融管理秩序犯罪，把化解风险、追赃挽损、维护稳定结合起来，批准逮捕9件25人，提起公诉10件29人；围绕打好污染防治攻坚战，扎实开展破坏环境资源犯罪专项立案监督活动，监督立案6件17人，提起公诉6件17人；围绕打好精准脱贫攻坚战，加强驻村工作队管理，落实帮扶责任人责任，切实做到真帮实扶。充分发挥检察机关司法为民、司法扶贫特色，为8名因案致贫困难群众提供司法救助金5万元。积极参与扶贫领域腐败和作风问题专项治理，受理市、县纪委监委移送审查起诉职务犯罪案件7件13人，提起公诉7件13人。

【扫黑除恶斗争】 按照“是黑恶犯罪一个不放过，不是黑恶犯罪一个不凑数”要求，紧紧围绕政治站位、依法严惩、综合治理、深挖彻查、组织建设、组织领导六个方面持续发力，坚决打赢扫黑除恶专项斗争攻坚仗。依法批准逮捕涉黑涉恶犯罪案件9件93人，不批准逮捕6人，提起公诉7件76人，不起诉1人，正在办理2件22人。受理纪委监委移送充当黑恶势力“保护伞”案件2件6人，提起公诉2件6人。发现并向县扫黑办移送各类线索129条，在全县142个行政村开展“以案释法”大宣讲活动，覆盖率为100%。

【民营经济保障】 认真学习贯彻习近平“三个没有变”要求，制定《同心县人民检察院关于充分发挥职能作用，保障和服务民营经济健康发展的工作措施》，对民营企业负责人涉嫌犯罪案件，坚持可捕可不捕的不捕、可诉可不诉的不诉，依法变更强制措施1件1人、不起诉3件3人；扎实开展涉民营企业案件立案监督和羁押必要性审查专项活动、涉民营企业刑事诉讼“挂案”及刑事诉讼积案专项清理活动，监督撤案2件2人。

【“枫桥经验”践行】 落实“谁执法谁普法”责任制，突出抓好12309检察服务中心建设，按照最高检“7日内程序性回复”和“3个月内办理过程或结果答复”工作要求，高度重视群众来信来访，实行检察官以案释法制度，依法及时就地解决群众诉求，努力将矛盾纠纷化解在基层。受理群众信访111件，7日内程序性回复率和3个月内办理过程或结果答复率均为100%，做到案结事了。

【未成年人保护】 扎实做好最高检“一号检察建议”监督落实工作，提请县委常委会审定通过《关于推动落实最高检“一号检察建议”，切实保障未成年人合法权益的实施方案》，组织协调县教育局、各职能部门和社会力量共同推动最高检“一号检察建议”落到实处。开展“法治进校园”巡讲78场次，对全县22所寄宿制学校校园安全进行督查，会同教育部门全面落实和细化校园安全规章制度，参与推进校园安全体系建设。对未成年被害人开展心理疏导、心理测评4次，开展关护帮教6人，监督立案1件2人，撤案5件9人，向县民政局移送事实无人抚养儿童10件15人。

【刑事检察】 制定《刑事案件捕诉一体办案规程（试行）》，发挥“捕诉一体”优势，提高刑事案件办案、监督质效。受理公安机关提请批准逮捕案件152件270人，同比增长65.2%和104.5%，批准逮捕132件240人，不批准逮捕20件30人；受理公安机关移送审查起诉案件214件383人，同比增长46.5%和97.4%，提起公诉158件249人，不起诉14件18人，改变管辖8件14人，并案处理12件32人，正在办理22件70人。在县公安局设立派驻公安局执法办案管理中心检察室，监督立案7件28人、撤案5件6人，纠正漏捕18人、纠正遗漏同案犯9人、纠正遗漏罪行9人；提起抗诉4件，提出量刑建议228人，采纳率92.9%。办理羁押必要性审查案件21件21人，采纳并变更强制措施19件19人；监督司法机关将2名判处实刑未执行刑罚罪犯收监执行、执行财产刑3件3人。在中华人民共和国成立70周年之际，按照“人民检察院监督特赦实施”的要求，加强对特赦案件报请、审理、裁定的有效监督，通过办案强化全程同步监督，办理特赦监督案件9件9人，取得良好效果。

【民事检察】 深入开展“民行检察深化年”活动，全面加强对生效民事裁判、调解书和审判、执行活动的法律监督。办理各类民事检察监督案件66件，同比增长26.9%。其中，办理虚假诉讼监督案件7件，对人民法院审判程序中违法行为制发检察建议12件，对人民法院执行活动违法行为制发检察建议5件，办理拖欠农民工工资等支持起诉案件42件。发出支持起诉书42份，法院采纳支持起诉意见42件。

【行政检察】 清醒认识行政检察是检察工作“弱项中的弱项”“短板中的短板”，既坚定做好行政检察工作的信心和决心，又增强强弱项、补短板的使命感和紧迫感。通过“两法”衔接工作平台监督行政执法机关移送涉嫌犯罪案件12件29人，公安机关立案12件29人；对行政机关怠于履行职责制发检察建议2件，采纳并整改落实2件。

【公益诉讼】 牢固树立“双赢多赢共赢”监督理念，报请县人大常委会审议通过《关于加强检察机关公益诉讼工作的决定》，开展“携手清四乱、保护母亲河”等专项行动，发现公益诉讼案件线索35件，决定立案31件，向行政机关发出诉前检察建议31份，相关行政机关全部整改落实。立案并办理刑事附带民事公益诉讼案件4件，提起诉讼3件，发出公告1件，已调解结案2件。

【队伍建设】 按照习近平“五个过硬”和“绝对忠诚、绝对纯洁、绝对可靠”要求，组织开展岗位练兵、技能竞赛、庭审观摩和优秀案件、优秀法律文书评比等活动，分级分类选派干警参加全国、全区各类业务培训84人次，推进检察队伍革命化正规化专业化职业化建设。注重发挥“检答网”学习交流作用，倡导办案遇到难题在“检答网”上查询、提问，提升职业素养，丰富办案知识，解决疑难杂症，注册用户51人，咨询问题42个。

【司法能力建设】 健全完善案件受理、流转、流程监控、案件评查、律师接待等规定，以制度管人、管事、管案。受理并流转各类案件408件675人，随案移送涉案物品4746件、赃款2213万元。自觉接受法院、公安机关、律师对检察工作的监督制约，共接待律师预约服务、阅卷154人次，办理阻碍辩护人行使诉讼权利案件3件，开展案件质量评查11次，评查案件144件，发出《案件流程监控通知书》11份。

【司法改革】 按照最高检工作部署和《全区市级以下人民检察院内设机构改革方案》，完成内设机构改革工作，内设机构总数由改革前9个减少到改革后5个，减幅达44.4%。切实履行检察官在刑事诉讼中的主导作用，不断加大认罪认罚从宽制度适用力度，认罪认罚从宽制度适用率达到79.2%；严格执行员额院领导带头办案制度规定，4名员额院领导共办理案件85件，检察长列席人民法院审委会5次。

【学习教育】 在强化学习教育上下功夫，院党组和党支部集中学习31次，专题研讨8次，讲党课4次，开展先进典型教育3场次、革命传统教育2场次、形势政策教育3场次、警示教育4场次。在深入调查研究上下功夫，院党组书记、党组成员实地调研6次、完成调研报告3篇，开展调研成果交流1次。在全面检视问题上下功夫，通过广泛征求意见建议、开展谈心谈话，汇集整理各类意见建议76条，汇集整理各类意见建议46条。在精准整改落实上下功夫，院党组梳理汇总6方面51个问题，制定整改措施72项，已完成整改30项。

【监督工作】 主动接受县人大及其常委会法律监督，自觉接受县政协民主监督，向县人大常委会专题报告公益诉讼检察、刑事检察等工作，及时向县政协通报检察工作。加强与人大代表、政协委员、人民监督员常态化联系，虚心听取人大代表、政协委员意见建议，不断加强和改进检察工作。邀请人大代表、政协委员、人民监督员视察工作、参加检察开放日、参与案件听证126人次，上门走访、通报工作、征求意见177人次。自觉接受社会各界监督，高度重视舆论监督，利用“12309”检察服务公共平台、案件信息公开平台公开法律文书146份，发布重要案件信息179件、公开案件程序。

（检察院政工室）

法　院

【概况】 2019年共受理各类案件7408件，审（执）结6800件，同比分别上升12.55%和8.64%，结案率91.79%，法定审限内结案率99.74%。员额法官人均收案247件，人均结案225件。服判息诉率97.92%，改判发回重审率0.38%，全院审判质效持续向好。是年，全院5个集体和24名个人受到县级以上表彰奖励。院工作报告在县第十八届人民代表大会第四次会议上获全票通过。

【主题教育】 坚持问题导向、目标导向、结果导向，扎实开展“不忘初心、牢记使命”主题教育。在深入学习中感悟初心使命，坚持读原著学原文悟原理，院党组和各党支部集中学习31场次，专题研讨5次。开展先进典型教育6场次、革命传统教育2场次、形势政策教育2场次，警示教育2场次，锤炼干警忠诚干净担当的政治品格。在边查边改中推动问题整改，通过广泛征求意见建议、召开对照党章党规找差距专题会议、专题民主生活会和组织生活会，汇集整理各类意见建议26条。在整改整治中体现担当作为，聚焦党的建设、司法改革热点难点、提升审判执行质效、司法服务保障等方面，针对群众反映的热点难点问题进行调研分析和整改，提交调研报告6份，召开调研交流研讨会1次。在狠抓落实中补齐短板弱项，结合审判执行工作实际，对查找出来的23个问题逐一制定整改措施，已完成整改17个，长期坚持整改落实6个。

【审判执行】 依法严惩刑事犯罪，受理刑事案件201件，审结182件251人，同比分别上升35.81%、20%和41.99%。审结涉毒案件24件37人，助推禁毒示范县创建。依法打击非法宗教活动，审结3案6人。受理民商事案件4655件，审结4448件，同比分别上升8.18%和5.08%，民商事案件调撤率81.96%。审结涉及就业、住房、医疗、土地等民事案件271件；加大妇女儿童及老年人合法权益保护，审结婚姻家庭、抚养赡养等案件1074件。依法防范化解金融风险，建立职业放贷人名录，审结民间借贷案件1097件；树立“法治是最好的营商环境”理念，审结涉及合同、金融类案件1912件。依法审理行政案件，受理行政案件51件，审结49件，其中，审结行政非诉执行案件42件。积极推进行政机关负责人出庭应诉工作，全年行政机关负责人出庭应诉率达100%，促进行政机关提高依法行政水平。受理执行案件2501件，执结2088件，兑现标的额6734.7510万元，执结率83.49%，基本解决执行难。开展涉及抚养赡养、农民工工资等涉民生案件执行专项活动，执行到位标的304.1万元。开展涉金融案件专项执行活动，执行到位标的122.17万元。

【专项斗争】 开展扫黑除恶专项斗争，强化宣传发动，组建宣讲团先后到全县12个乡镇村（社区），以典型案例进行巡回宣讲98场次，受教育群众2万余人次，以案释法，用身边的事教育身边的人，增强宣传实效性。做实做细线索摸排，共收到群众举报线索14条，县院摸排线索50条，全部移交县扫黑办。坚持依法严惩方针，共受理马某俊等22人涉黑案1件，周某玉等34人涉恶案件5件，依法公开审理4件24人，已宣判2案9人。强力攻坚打财断血，依法判处追缴、退赔、罚金共计37.62万元，执行到位33.57万元，人民群众安全感进一步增强。

【诉讼工作】 探索“互联网+”诉讼服务模式，为当事人提供集约化、便捷化、科技化、温馨化司法服务。深入推进“两个一站式”建设和网上立案、预约立案，全面落实跨域立案改革，让“信息多跑路，群众少跑腿”，构建起“家门口起诉”新模式。加大司法救助力度，为伤残、失业、低保等经济困难当事人，依法缓、减、免诉讼费用7.62万元，落实司法救助41.66万元，践行司法人文关怀。认真做好涉诉信访工作，建立健全法官庭长院长三级接访机制，明确涉诉信访案件主体责任。法院受理信访案件7件，全部化解完毕，未出现越级上访案件。深入推进司法公开，健全四大公开平台建设，在中国裁判文书网公开裁判文书3573份，在中国庭审直播网直播庭审452件次，在线观看人数达8.8万人，让群众以看得见的方式感受公平正义。

【司法改革】 建立法官员额晋升退出机制，形成“能进能出、能上能下”的正确导向和动态管理机制，1名法官因违纪违法受到处分被退出员额。持续推进案件繁简分流改革，实行简案快审、繁案精审，适用小额诉讼和简易程序审结案件3736件。深入推进家事审判改革，建立家事审判法庭，巧断家务事，实现“案结事了人和”。推进以审判为中心的刑事诉讼制度改革，坚持宽严相济刑事政策，对具有从轻、减轻情节的被告人依法从轻判处。推行“127”节点管理，做到审判任务全年有分解、季度有分析、月月有跟进、时时有监督，在内部挖掘潜力，提升审执质效，推进“效能法院”建设。

【队伍建设】 一是切实加强机关党的建设，扎实推进“三强九严”工程，严格落实“三会一课”制度，加强基层组织建设，设立党员先锋岗，让“支部建在庭上，红旗亮在岗上”，使党建工作与审判工作有机结合。二是不断提升队伍司法能力，通过红色教育、法官宣誓、主题征文、岗位练兵、巡回审判等方式，努力提升法官的政治素养和综合素质。三是持续强化队伍作风整顿，进一步聚焦“四风”问题新情况新问题，深入开展政法队伍作风专项整治行动、警示教育、加强内部管理和纪律作风整治活动，集中整治司法作风方面的“顽疾”，促进司法作风不断好转。四是深入推进党风廉政建设，认真落实中央八项规定精神，深入学习贯彻党纪党规条例，落实全面从严治党“两个责任”。

（法院政工室）

司法行政

【主题教育】 一是从严要求，抓好学习重点。坚持领导干部带头原则，充分利用集中理论学习会、专题读书班等形式开展形势政策教育、理论学习教育、专题警示教育。二是对照短板，调查研究。把解决问题作为第一任务。重点围绕司法行政工作中存在的短板；围绕群众反映强烈的热点难点问题等进行调研。三是广开言路，为开展主题教育提供精准靶向。广泛征求相关单位和人民群众的意见建议，坚持线上与线下、“面对面”与“背靠背”相结合，多方听取意见建议，确保检视问题的精准度。共征求意见并归纳了49条，班子查摆问题梳理汇总5条，班子成员查摆问题30条，均已制定整改措施。

【依法治县工作】 召开2019年县委全面依法治县委员会第一次会议，全面履行全面依法治县委员会办公室职责，健全完善具体工作制度机制，发挥执法、司法、守法普法3个协调小组的作用，根据《同心县委全面依法治县2019年工作要点》，从时间安排、宣传教育重点、组织领导、活动内容、工作要求等方面进行了安排和部署，认真落实依法治县各项任务，不断推进全面依法治县工作顺利开展。

【法治政府建设】 进一步规范行政规范性文件审查，出台《同心县关于全面推行行政规范性文件合法性审核机制的实施意见》，对全县各单位的重大合同及涉法事务进行合法性审查81份，出具法律意见书81份。强化行政复议和行政应诉工作，协调配合政府法律顾问办理行政复议4件，信访复查事项4件，审查重大信访事项13份并出具法律意见书；审查政府组建公司和企业改制方案的可行性及合法性4件，并出具法律意见书4份。全面推行行政执法“三项制度”，根据区、市部署要求，全面推行行政执法“三项制度”，促进行政执法机关严格规范公正文明执法，不断提高行政执法水平。进一步规范行政执法制度，通过“三项制度”推行，督促执法部门建立完善行政执法内部制约监督机制，加强行政执法规范化建设。

【依法治理】 深入推进普法依法治理工作，促进法治同心建设。制发相关普法宣传教育文件，制发《2019年“法律下乡”活动工作安排》《2019年全县学法用法工作安排》《关于开展2019年全民国家安全教育日普法宣传活动的工作安排》《关于开展以宪法为核心的中国特色社会主义法律体系法治宣传教育专项行动工作方案》《关于深入推进“加大普法力度助力乡村振兴战略”的实施意见》《关于全面做好2019年落实普法责任制工作的通知》《关于印发同心县委全面依法治县委员会2019年工作要点的通知》《关于印发同心县委全面依法治县委员会工作规则等文件的通知》等普法宣传教育文件。

【责任落实】 全面推动“谁执法谁普法”责任制落实，制发《关于全面做好2019年落实普法责任制工作的通知》，完善“四清单一办法”（内容清单、责任清单、措施清单、标准清单、考核办法）普法责任清单和普法责任制评价考核办法。开展农村“法律明白人”培养工程，制发《同心县农村“法律明白人”培养工程实施意见》，遴选法律明白人骨干294人，全县行政村基本上有2名农村“法律明白人”骨干，20%以上农户家庭有“法律明白人”。

【法治宣传】 充分利用各类媒体及媒介广泛宣传“七五”普法，利用各类法规颁布纪念日、宣传周、宣传月、“法律八进”、文化科技卫生三下乡等时间节点，广泛开展法治宣传教育活动。累计开展法治宣传活动176场次，法律咨询780余人次，发放宣传材料4万余份，编发同心普法动态137期，新闻媒体刊发75篇。编发手机报21期发送8万人次，微信公众号推送47期60篇稿件，关注群众累计共计3.7万余人，编制微电影《除瘤》等，法制宣传效应明显。

【司法调解】 坚持新时代“枫桥经验”，进一步加强人民调解工作。成立同心县人民调解中心，积极对接全县9个公安派出所，建立警调联调工作机制，推动派出所矛盾纠纷以人民调解方式优先化解，减轻派出所案多警少的实际困难。县人民法院设立诉前调解中心，引导当事人优先通过人民调解方式调解纠纷、化解矛盾，最大限度降低法院诉讼量。创立“老马”品牌调解室，发挥品牌辐射效应，调解纠纷顺人心。在河西、丁塘、兴隆、王团、石狮、豫海6个乡镇各打造了1个村（社区）级标准化矛盾纠纷调解室，推动“农村网”深入发展。10月份，建成全县首个规范化民营企业人民调解委员会——宁夏润德生物科技有限责任公司人民调解委员会，旨在保障职工权益、维护企业发展。坚持落实“两排查一分析”工作机制，进一步规范人民调解工作流程，严格纠纷调查和调解程序，案件调解回访率全覆盖。截至10月底，共排查矛盾纠纷572次1168件，调解成功1165件，调解成功率99.7%，涉及金额2409.21万元。

【调解员队伍建设】 加强人民调解员队伍建设，于4月份重新选聘了46名专职人民调解员，全部具有高中及以上文化程度，分配到各乡镇人民调解委员会和部门行专人民调解组织，调解员工作质效大大提升。参加司法部、司法厅专题视频培训6场次，司法局、司法所两级司法行政单位组织培训超过120场次，培训人员超过1000人次，人民调解员队伍培训全覆盖。

【社区矫正】 加强对两类人员的管理，提升监管教育水平。县局对社区矫正人员严格审批程序，落实“两个清单”（重点人员清单、重点人员教育责任清单），对全县涉18类39名重点社区服刑人员建立台账，明确责任人和责任领导，落实教育措施和管控措施，以防脱管漏管和重新犯罪。截至10月底，新接收社区服刑人员87人，解除矫正104，在册147人（其中缓刑131人，假释5人，暂予监外执行11人），收监2人，死亡2人。刑满释放安置帮教人员1347人。特赦工作实施顺利，提请特赦社区服刑人员10名，其中1名按期解矫，其余9名经吴忠市中级人民法院裁定已特赦，县各司法所已落实特赦之后的安置帮教工作。推进社区矫正和安置帮教信息化建设，重新打造社区矫正指挥中心，充分利用社区矫正信息管理系统办理衔接登记、日常考核和解除矫正等工作，规范社区矫正业务流程。

【法律服务】 不断完善公共法律服务体系建设，提升公共法律服务水平。观摩学习“枫桥经验”发祥地后，将公共法律服务中心由原来的180平方米改建为300平方米，扩大阵地，增设多个窗口，推行实体平台“一窗办多事”，进一步助推全县公共法律服务平台建设，实现请律师、办公证、求法援、找调解、寻鉴定等在公共法律服务平台一站式办理，降低群众寻求法律服务的成本。截至10月底，共受理法律援助案件182件（其中民事案件109件，刑事案件73件），办理结案110件，代书205份，解答法律咨询约2560人次。壮大法律服务队伍，确保法律服务全覆盖落到实处。依托2家律师事务所，将全县取得法律资格的28人聘用为村（社区）法律顾问，在每个行政村设立法律顾问团队公示栏，制定考核办法，做到让群众不出家门就能享受免费的法律服务。

【法制宣传】 把普法和依法治理、人民调解“四张网”、公共法律服务三级实体平台、特殊人群监管平台、一村（社区）一法律顾问、“法律明白人”培养工程等工作媒介结合起来，组织法治宣传队全方位、深层次、多角度宣传动员，以案释法、以案析理、用身边的事教育身边的人；结合“七五”普法，运用新媒体和传统方式相结合宣传形式，利用各类法规颁布纪念日、宣传周、宣传月等时间节点开展普法宣传。

【扫黑除恶斗争】 共摸排涉黑涉恶线索13件，其中实名举报7件，匿名举报6件，所有摸排线索全部移交县扫黑办；县扫黑办已将全部线索交办给相关单位核查办理，核查已办结4件，已立案2件。

【律师工作】 指导律师严格依法履职，依法依规做好黑恶势力犯罪案件辩护代理；严格落实涉黑涉恶案件备案制、集体会商研究制；加强与公检法等部门的沟通协调与配合，建立相关工作责任制。各律师事务所向县局报备涉恶案件辩护代理14件（一审结案3件、二审结案2件、案件进入审理程序1件、侦查阶段8件。

（刘熙）

军　事

【理论学习】　坚持把加强思想政治建设摆在首位，把维护核心、看齐追随作为最高政治要求来坚守，把贯彻落实军委主席负责制作为最大忠诚来笃行。采取动员部署、专题辅导、观看录像、撰写心得、讨论交流、岗位实践等方法步骤，认真组织全体人员学习贯彻习近平新时代中国特色社会主义思想和习近平强军思想，跟进学习中共十九届四中全会精神、军委基层建设会议精神。着力抓好主题教育，扎实开展“传承红色基因、担当强军重任”“不忘初心、牢记使命”主题教育，充分利用县红色教育资源优势，组织党员和民兵到红军西征纪念馆参观学习，重温入党誓词，引导党员干部回望初心、弘扬传统，坚守政治本色；参加“八一”军事日、兵眼看吴忠摄影作品展，提高教育效果。着力开展“庆祝建国70周年”诗歌朗诵会和“十一”升国旗及快闪等活动，组织参加国庆阅兵的文职人员王自明开展座谈交流，大力弘扬爱国主义精神。

【应急应战】　深入贯彻重要指示，认真落实军委要求，全面贯彻党在新时代的军事战略方针，始终聚焦备战打仗，谋战务战、研战练战。一是全面落实战备制度，抓好经常性战备教育，不断强化战备观念。二是加强军事训练，坚持军事训练“中心”地位不动摇。三是参加比武竞赛和阅兵。四是开展民兵组织整顿工作，受到上级军事机关表彰。

【国防动员】　一是认真抓好兵役登记工作，及时开展兵役登记工作。二是扎实抓好兵役征集工作。抓好专武干部培养和阵地建设，集中开展大会交流、集中办公和集中训练等形式，提高专武干部素质能力，在豫海镇和兴隆乡组织现场观摩活动，统一阵地建设标准，促进基层正规化建设。

【助力脱贫】　认真贯彻决策部署，把参与打赢脱贫攻坚战作为一项重要政治任务和义不容辞的使命，把准定位、融合资源、精准施策、强力推进。做好大走访活动，重点做好一户一策精准帮扶、化解矛盾问题、联系村的帮扶工作。

（县武装部军事科）

经济管理

宏观经济

【规划编制】 围绕县委总体要求，按照产业兴旺、生态宜居、乡风文明、治理有效、生活富裕总要求，牵头编制完成《同心县乡村振兴规划》《同心县推动高质量发展的实施方案》和《关于加快补齐全面建成小康社会短板的任务清单》，并经县委十三届十五次全体会议审议通过，以正式文件印发执行，为县经济社会发展规划宏伟蓝图。

【经济研判】 围绕脱贫攻坚总目标，紧扣稳增长、促改革、调结构、惠民生、防风险、保稳定，有效化解经济下行压力，促进国民经济健康运行。前三季度，全县完成地区生产总值53.8亿元，同比增长11.2%；全社会固定资产投资同比下降22.5%；规模以上工业企业完成工业总产值同比增长29.5%；社会消费品零售总额11.5亿元，同比增长5.4%；农村居民人均可支配收入6850元，同比11.8%；城镇居民可支配收入16950元，同比8.1%；一般公共预算收入2.1亿元，同比增长5.1%；一般公共预算支出43.4亿元，同比增长3.5%。全年实现地区生产总值增长8%左右，规模以上工业增加值增长20%左右，社会消费品零售总额增长6%左右，全社会固定资产投资增长2%，一般公共预算收入增长5%左右，城乡居民人均可支配收入分别增长8%和11%，较好完成全年目标任务。

【项目争取】 认真研读国家及自治区产业政策和投资方向，抢抓国家增加政府专项债券规模和基础设施补短板机遇，围绕脱贫攻坚、生态环保、产业转移、特色小镇等领域，进一步完善充实重大项目储备库，会同有关职能部门积极完善前期手续，以成熟项目争取政策资金，提高项目落地率。截至10月底，共落实上争项目及资金289项39.8亿元，同心县银平路南片区棚户区改造基础设施建设项目、同心县旅游服务中心、同心县实验小学综合教学楼、同心县特殊教育学校综合教学楼等重点建设项目获得自治区资金支持。

【项目管理】 建立政府投资项目评审制度，委托具有资质的中介机构对政府投资项目的内容及规模、投资概算进行咨询审查，旨在发挥政府投资效益。截至10月底，共对205个政府投资项目开展审查，送审投资315154.48万元，审定投资262915.53万元，压缩投资52238.95万元。推进行政审批制度改革，将行政审批和政务公共服务事项全部纳入行政服务中心统一办理。强化项目督促检查，政府主要领导、分管领导多次对项目建设进行调度，县发改局等有关部门每月督促检查，解决问题。截至10月底，计划实施的135个项目已开工125个，开工率达93%。推进新能源项目，宁夏国博新能源10万千瓦风电场项目、 三峡同心5万千瓦风电场项目、中核汇能宁夏同心100MWP光伏发电项目、中元科创同心顾家庄7万千瓦风电项目、大唐同心2×4.95万千瓦风电场项目、中能新源同心张家庄10万千瓦风电场等项目建成或基本建成。

【效能建设】 贯彻落实党中央关于优化营商环境的决策部署和自治区优化营商环境电视电话会议精神，先后出台《同心县贯彻落实〈自治区2019年优化营商环境总体方案（1+16）〉责任清单》《同心县降低企业获得信贷难度和成本工作方案》等15个行动计划，定期召开政企座谈会、银企对接会和重点项目政府专题会议等，落实并联审批、代办服务、包抓帮扶、银企对接、政企沟通等措施，大力推行“互联网+政务”和“不见面、马上办”审批模式，着力打造审批更少、流程更优、服务更好、监管更严的营商环境。县委、县政府主要领导高度重视并多次调研优化营商环境工作，县人大对此项工作进行专题调研。委托第三方监测机构责任清单推进情况进行了调研评价，先后与县委督察室、县政府督察室配合对工作落实情况进行督查，以问题为导向，聚焦企业和群众的痛点、难点和堵点，统筹推进优化营商环境各项工作落实。

【创新机制】 建立工作协调机制，制定《同心县社会信用体系建设部门联席会议制度》，实现信用信息互联互通。建立健全部门工作机制，制定《同心县加快推进个人诚信体系建设实施方案》等工作性文件，印发《同心县2019年社会信用体系建设工作要点》，根据部门“权力清单”和“责任清单”，对全县21个共建单位的行政许可、行政处罚事项“双公示”目录清单进行梳理，并在政府网站、“信用中国（宁夏吴忠）”公共信用信息网站进行公示，对各单位信用体系建设奖惩事项清单和信用信息目录进行归集，为信用信息共享和服务社会奠定基础。推进重点领域信用体系建设，积极探索实施“双公示”“红黑名单”管理、联合奖惩等工作，开展市场主体信用分类监管工作。强化宣传教育引导，发挥政务服务网、广播、电视、网络等媒体作用，动员社会积极参与信用体系建设，普及诚信教育，发挥先进典型示范引领作用，增强全社会成员在经济活动和社会交往中讲诚信、守信用的自觉习惯，营商环境得到进一步优化。

【服务企业】 2019年，共实施服务业项目10个，概算投资2.2亿元。加强项目监管，下马关芦笋加工流通一体化、王团农贸市场、黄谷川滑雪场、同心老年养护院、韦州书院等新型项目、菜篮子连锁超市建设项目、德泽智能繁育信息化服务项目、伊牧云质量追溯信息平台等服务业建设项目均已开工建设。加强调研，印发《同心县2019年服务业补短板任务清单》，着力推进服务业发展。前三季度，实现服务业增加值18.4亿元，同比增长6.2%。

【助力脱贫攻坚】 加快涉农扶贫领域项目审批工作，共审批涉及水利、林业、交通等扶贫领域项目82个，总投资73854万元，为脱贫攻坚打下坚实基础；研究制定《同心县发展和改革局2019年脱贫攻坚工作方案》，编制《同心县发展和改革局扶贫工作手册》，为顺利开展脱贫攻坚奠定基础。与村“两委”班子座谈商洽，先后争取以工代赈资金、宁夏嘉泽集团有限公司捐助、筹集资金等方式投资100多万元，为韦二村建档立卡贫困户建设养殖棚圈18座、改造危窑危房4户、资助贫困大学生4人、奖励养殖示范大户4家以及对下马关镇田园村村部进行修缮、添加设备等，用以提升基础设施建设。成立2个工作专班，对韦州镇韦二村驻村帮扶和下马关镇田园村结对帮扶工作开展调研评估，制定帮扶规划和措施。开展送温暖活动，对特困户和困难党员进行慰问，体现党的关怀。

【安全督查】 坚持“以人为本、安全发展”的管理理念，通过强化安全教育、加大安全投入、狠抓安全管理、突出重点环节等措施和方法，全年没有发生安全事故。定期召开安全生产专项会议，总结安全生产、消防工作排查情况，安排部署重大节假日期间安全稳定工作，全年共进行安全生产大检查5次。协调解决丁塘镇龙湾泵站k87+978处天然气管道塌陷治理工作，对中贵线天然气管道途径河西镇鸭儿嘴村、石坝村的违章占压建筑物进行拆除。加强值班值守工作，强化信息报送，严格执行应急报告制度，确保信息报告渠道畅通，完善各企业应急预案，有效遏制各类安全生产事故的发生。

【物价管理】 认真贯彻减税降费政策，对全县行政事业性收费开展专项治理，减轻中小企业的负担，有效降低企业生产成本；加强平价商店的经营管理，建立考评机制，发挥稳价惠民的积极作用；强化市场物价监测预警工作，及时掌握市场物价变动情况，有效化解价格矛盾，保持全县市场物价的基本稳定；建立农产品成本与收益调查机制，对72家养殖专业户养殖的肉牛、肉羊、肉鸡、蛋鸡等8个品种的成本与收益进行年度核算，采取算账对比的方法，养殖户降低养殖成本，增加收益；完成农业综合水价、县城自来水阶梯水价改革的成本监审工作，按政府定价听证程序，组织开展调整价格听证会，制定完成调价方案；启动公立幼儿园、保育保教费、老旧小区物业收费、垄断性停车场停车费的成本监审工作，年内完成调价任务。

【社会治理】 加强组织领导，强化政策宣传。一是严厉打击恶意串标、强揽工程、哄抬物价等行为。截至10月底，共上报涉黑涉恶线索2条，均已处理。二是认真做好涉黑涉恶物品的价格认定工作，配合司法机关办理涉黑涉恶物品认定案件12起。三是认真做好中央扫黑除恶第20督导组移交信访案件的办理工作，经调查核实并解决金某民（实为丁某民）要求解决其母金某花（实为丁某花）安抚金的诉求。

（马瑞成）

工业和信息化

【概况】 2019年，全县商贸流通稳定，工贸经济健康、平稳发展。1—9月，全县工业增加值同比增长22.2%，增速较上年同期上升3.6个百分点。其中规模以上工业增加值同比增长29.5%，较上年同期上升9.3个百分点，增速位于全区第四，全市第一。全县规模以上工业企业实现总产值59.52亿元，同比增长4.8%。预计全年工业总产值突破95亿元，其中规模以上工业总产值达到86亿元，规模以上工业增加值增速达到22%。前三季度，全县社会消费品零售总额11.5亿元，同比增长5.4%，比全区水平高0.3个百分点。其中：批发零售业2.2亿元，同比增长5.5%，较上年同期上升1.3个百分点；住宿餐饮业0.93亿元，同比增长7.1%，较上年同期上升0.8个百分点。预计全年社会消费品零售总额将达到14.7亿元，同比增长6%。

【经济运行监测】 是年，县石油化工、煤炭洗选业、服装加工业增长较快，2家企业产值同比增长164.63%和53.5%，5家服装加工企业产值同比增长75%，对全县工业增长拉动较大。减量方面，受市场萎缩因素影响，作为全县支柱产业之一的羊绒产业遭遇冰期，全县26家羊绒规模以上企业有4家停产、12家不同程度减产，1—9月，羊绒工业产值下降31.37%。纳税方面，1—9月，全县规模以上工业企业纳税7802.7万元。

【重点项目建设】 是年，全县重点工业项目28个，概算总投资84.6亿元，计划完成年度投资59.8亿元。开工项目23个，项目开工率82%，完成投资21亿元。

【商贸流通】 组织电信、移动、联通开展2019年促进信息消费活动，开展预存话费送话费、送流量、送手机等活动。中国联通搭建智能信息平台，为百姓提供快速获取致富信息、就业信息、科技信息等服务。组织商家利用节庆、店庆开展促销让利活动，举办新春购物节，清水湾农贸市场和家具城多次举办生活性用品促销活动，汽车销售企业举办汽车展示展销，累计开办活动10余场次，实现销售金额近3800万元。提升旅游休闲消费，利用黄谷川冰雪旅游节、全国钓鱼大赛活动、全国徒步活动、农民丰收节、“中国农民丰收节”开展农特产品、特色小吃展销，累计接待游客1.5万余人。组织农特产品企业参加西交会、广交会、中蒙贸易会、上海进出口博览会和中阿博览会等展会，展示展销同心优质农特产品，提升同心县农特产品知名度。组织全县36家餐饮企业参加“吃在吴忠”系列活动，回春食府、新月楼、同庆丰等餐饮企业获吴忠市“十大中餐名店”“十大手抓名店”“十大小吃”等称号。

【电商消费】 以邮乐网平台为依托，开通邮乐网“同心扶贫馆”，整合上线全县优质农产品。拓宽销售渠道，有4家企业27款产品上线，在厦门“来三斤”电商平台设立同心农特产品销售专区，同心县有10余款农特产上线销售。积极嫁接中石化易捷加油、中国扶贫网、中核集团、拼多多等电商平台，实现40余种农产品上线销售，同心圆枣、有机枸杞、牛羊肉等产品经过包装升级，网销规模进一步提升。组织全县农副特色产品加工企业参加中石油电商平台招商会、“919电商节”等活动，各类产品实现网销1万余单；在福建省永春县旅游集散中心设立宁夏同心特产专柜，上架同心县特色农产品100余款；促成同心县同舟源农业科技有限责任公司与福建企业开展战略合作，已累计销售牛1200头、羊2.8万只，实现交易额8000余万元。

【品牌培育】 强化农产品地理标注和商标保护，进一步巩固提升同心圆枣、有机枸杞、生态鸡、红葱等区域公用品牌知名度和市场占有率。县招待所、县回春食府、县新月楼餐厅等企业申报“吴忠老字号”和“绿色餐厅”名录。

【资金保障】 加大上争资金力度，积极组织企业申报自治区“专精特新”、技改贷款贴息、融资租赁补贴、促进商务发展、农产品市场体系建设等各类项目，全年上争资金1933.4万元，均已及时核拨至项目实施企业。

【政策落实】 落实县级惠企政策，为31家企业兑现促进工业经济发展十条意见奖补资金479.8万元，为9家企业落实技改奖补资金500.8万元，为8家入驻扶贫车间企业兑现采暖、培训等补贴资金133.1万元，兑现电子商务进农村综合示范项目补贴资金63万元。

【金融服务】 加大金融服务力度，发挥产业基金金融撬动功能，确保中小企业融资渠道畅通，全年“助保贷”为14家企业发放贷款5460万元，羊绒产业基金为3家企业发放贷款1980万元。

【企业改造】 推动工业对标提升转型发展行动，鼓励全县规模以上企业通过技术改造来延伸产业链条，增加投入产出比率。2019年7个技术改造项目稳步推进，其中5个已经完成年度投资目标。盘活“僵尸企业”，建立“一企一册”台账档案，动态掌握“僵尸企业”底数，组织减产停产企业负责人和财务人员召开产值分析座谈会，分析原因，因企施策，确保停产企业早日开工复产。

【改革创新】 贯彻落实国家十三五规划“大平台、大数据、大系统”的顶层构架设计策略，推动“放管服”改革，实现资源整合、数据联动，建设工业园区“互联网+扶贫产业园”及“城市大脑——同心应急指挥中心”项目，为县城进行全域分析、指挥、调动和管理。

【小微企业工作】 加大政策落实和资金支持，不断增强全县小微企业发展活力，宁夏菊花台庄园枸杞种植有限公司等3家企业新增纳规，同心县荣华生物质有限公司等4家企业正在办理入统纳规申报工作；培育自治区级“专精特新”企业7家、“专精特新”示范企业2家、技术标杆企业1家；成立同心纺织（服装）行业协会，吸纳全县30余家服装加工企业入会，促进企业抱团发展；强化品牌建设，提高企业知名度，宁夏菊花台庄园枸杞种植有限公司、宁夏润德生物科技有限公司产品分别获2019年中国北京世界园艺博览会国际竞赛优质果品大赛金奖和银奖，同心银柴胡上榜农业农村部农产品质量安全中心第三批全国名特优新农产品名录，同心县祥福粮油有限公司等10家企业产品被自治区商务厅评为第一批宁夏优品。

【扶贫车间】 立足主责主业助脱贫，累计投资7448.82万元，建设完成18个贫困村扶贫车间，建筑总面积达到2.5万平方米。引进一批劳动密集型企业入驻各扶贫车间，带动近1800名贫困群众增收致富，进入扶贫车间就业的群众每月增收1500~3000元。

【社会治理】 深入推动扫黑除恶专项斗争，强化宣传动员，共开展集中宣传和讲座8次，深入企业宣讲20余次，发放宣传资料600余份、指导企业悬挂标语80余条，畅通举报渠道，设置举报信箱，及时收集群众举报线索。开展工贸领域乱象专项整治行动，召开项目座谈会3次，排查安全隐患20条，下发整改通知9份，取缔非法加油点4个，发放各类宣传材料1000余份。开展“散乱污”工业企业排查治理专项行动，共排查“散乱污”企业7家，其中关停取缔2家、停产整顿5家；排查出工业炉窑39家，已全面整改。开展脱贫摘帽电子商务“百日攻坚”行动，打造电子商务示范站点11个。开展清理拖欠民营企业中小企业账款行动，拖欠账款总额21668.42万元，已实施清偿11349.84万元，完成任务52.38%。

【企业改制】 积极化解县信访局交办的3件信访案件，制定《同心县皮革厂解决历史遗留问题职工安置方案》，完成县皮革厂人员核查、资产核查、社会稳定性风险评估、公示公告等程序，按照相关法律法规和政策依据，筹措资金466.5万元，对96名皮革厂下岗职工进行一次性集中安置，彻底解决皮革厂历史遗留问题。（丁志刚）

市场监督管理

【社会治理】 全力开展扫黑除恶专项斗争，共摸排上报涉黑涉恶线索10条，核查办结县扫黑办转办线索8条，办结上报《中央扫黑除恶专项斗争督导组问题线索信访件转交函》涉及市场监管领域信访案件事项3起。共治理食品药品安全隐患、出租车乱收费等行业乱象198条。共立案查处各类行政处罚案件194起，罚没45.26万余元。其中立案查处1起对回收报废气瓶未作破坏性处理案件；查获侵犯注册商标专用权化肥15吨；对7家医疗机构销售劣药案进行查处，对4家药品经营企业负责人进行约谈。根据县政府《关于进一步加强同心县农贸市场规范管理工作的实施意见》，联合县住建、县公安等部门和镇政府清理整顿私搭乱建、占道经营、乱摊乱放等违章行为。坚持打击、宣传、普法同频共振，强化宣传发动，印发《关于征集市场监管领域涉黑涉恶及市场乱象问题线索的通告》，形成社会关心、群众支持、全民参与的浓厚氛围。

【服务地方经济】 全面推开“证照分离”改革，破解“准入不准营”难题，激发市场活力。围绕减环节、压时间、降成本，采取“并联审批”方式，强化部门协同联动，企业开办时间由3个工作日压减至即来即办。实行容缺受理，实现企业注销“一网”服务，解决企业“注销难”问题。是年，共登记注册各类市场主体3040户，与上年同期相比增长14.03%，全县各类市场主体总量达2万余户。深入推进质量基础建设，不断提升质量总体水平。对宁夏润德生物科技有限责任公司枸杞种植标准化示范项目进行指导，对儿童玩具、学生用品、农资等重点领域产品共抽检127批次，对其中7批次不合格产品进行核查处置。全面实施“双随机、一公开”监管，积极推进利用大数据建立“互联网+市场监管”的信息监管模式，共开展13项抽查任务，检查市场主体736户。

【市场监管】 坚守质量安全底线，全面落实地方党政领导干部食品安全责任制，抓重点、补短板、强弱项，提升食品药品全链条质量安全保障水平，共立案查处食品药品违法经营案件118件。强化食品药品安全风险监测，共开展食盐、食用农产品、自消毒餐饮具等食品快速检测810批次，合格率100%；抽样送检食用农产品、县抽共361批次，其中19批次不合格，已进行核查处置。创建了1条餐饮食品安全示范街，评定6家药店为同心县“平安药店”。组织开展家庭自用废旧液化石油气钢瓶的回收和以旧换新工作，换瓶费用由县政府每只承担100元，剩下费用由企业承担，共以旧换新家庭自用废旧液化气钢瓶6000余只。联合公安部门开展打击聚集型传销行动，向县公安局移交2起龙爱量子网络传销案件，立案查处5起参与网络传销案件，并对参与网络传销违法行为情节较轻的25人给予训诫教育；组织开展了“保健”市场乱象百日行动，取缔6起讲座式促销活动，查办虚假宣传，虚假广告案件8起。

【行政执法】 共受理各类价格举报咨询案件70余件，办结率100%。全面落实行政执法全过程记录、行政执法公示和重大执法决定法制核审等“三项制度”建设。深入开展“七五”普法工作，结合市场监管实际和监管服务对象特点，把握特殊时段和节点，开展“3·15”消费者权益保护日、食品安全宣传周等社会关注、公众需求的主题法治宣传教育活动40余场次。加强知识产权保护，立案查处商标侵权案件2件。对12315、12365、12331、12358、12330热线进行了整合，实现12315行政执法体系“五线合一”。全年共受理各类消费投诉举报案件175件，为消费者挽回经济损失24.56万元。

（丁 玲）

审 计

【概况】 2019年，共完成审计项目36项，共查出违规资金7976.38万元，管理不规范资金47466.69万元，审计查处问题93项，提出审计建议71条；监督实施固定资产投资审计536项，节约资金17766.61万元；出具审计报告28份，将审计中发现的1条问题线索移交县纪委监委，2条问题线索移交主管部门。撰写《审计专报》2期，得到了县委、县政府主要领导批示。

【审计改革】 为加强党对审计工作的集中统一领导，按照中共十九大做出的改革审计管理体制重大决策和《中共中央关于深化党和国家机构改革的决定》《深化党和国家机构改革方案》精神，根据县委十三届八次全会统一部署，组建了同心县委审计委员会，召开县委审计委员会第一、第二次会议，有步骤、有计划地推进审计机构改革，制定“三定”方案，优化审计职责，加强与县委组织部、县委编办和县发改局、县财政局等机构联系，认真做好相关职责职能的划转、人员转隶等工作，依法有序完成了审计管理体制改革。

【审计监督】 坚持依法审计，全面履行审计监督职能。配合审计厅农业处开展扶贫政策落实跟踪专项审计，受上级审计机关委托开展地方隐性债务审计。组织人员对全县2019年上半年扶贫资金管理使用情况进行了专项审计，推动扶贫政策落实落地，促进扶贫资金管理使用安全高效；加大民生领域审计力度，组织开展民政专项资金审计，重点关注优抚对象、孤儿保障、残疾人救助、五保户供养等民生资金管理使用情况；围绕“六稳”政策落实，开展就业优先政策落实情况专项审计调查，全面贯彻落实就业优先战略和更加积极的就业政策，提高就业补助资金和失业保险基金使用绩效。

【预算执行审计】 年内完成对县审计局、自然资源局、文化旅游体育广电局、市场监督管理局、马高庄乡和兴隆乡6个部门的预算执行审计，重点对财税体制改革、存量资金盘活、重点专项资金绩效进行审计，审计中对中央八项规定精神和国务院“约法三章”要求的贯彻落实情况予以关注。

【财务收支审计】 年内完成县委政法委、县就业局、县总工会、县残联、县妇联、县妇幼保健院、同心回中、豫海回中8个部门的财务收支情况审计，重点围绕“三公”经费的支出合规性，从现金管理、收入、支出、资产、专项资金、往来款项等方面入手予以规范，促进部门单位依法理财，提高资金使用效益。

【经济责任审计】 对县自然资源局、县文化旅游体育广电局、县市场监督管理局、兴隆乡、马高庄乡5个单位的主要负责人进行离任（任中）经济责任审计，规范权力运行、资源配置和执政行为，进一步促进领导干部职责的履行。

【自然资源资产审计】 年内完成马高庄乡、县水务局两部门领导干部自然资源资产任中审计，重点关注自然资源资产管理和开发利用过程中贯彻中央及区市县重大决策部署、遵守法律法规、目标任务完成、履行监督责任等，推动领导干部切实履行自然资源资产管理和生态环境保护责任，做青山绿水的忠实守护者。

【政府投资审计】 按照《同心县政府投资建设项目审计监督办法》，加强监督管理，全面推行政府投资必审制度，实施固定资产投资招投标和决算审计536项，节约财政资金17766.61万元，规范投资行为，提高投资效益。

【审计整改】 组织审计人员对近五年来各级审计机关审计查出问题整改情况进行“回头看”梳理，在各级审计机关查出的513个问题中，已整改510个，正在整改3个，整改率达99.4%。

（丁晓忠）

统　计

【法制宣传】 加强普法宣传，增强统计法治观念。采取专题讲座、业务培训、舆论宣传等形式深入开展统计法制培训宣传活动。结合全县人口变动抽样调查会议举办统计法律法规培训班，编发《统计法律法规规范性文件汇编》《领导干部统计知识问答》500本；印发《中华人民共和国统计法实施条例》《统计调查对象必读》《全国经济普查条例》宣传材料30000余份，为贯彻实施《中华人民共和国统计法》营造了良好的舆论氛围。

【行政执法】 认真执行统计执法管理制度，建立健全同心县统计造假弄虚作假负面清单、统计从业人员统计信用档案管理规定（试行）、领导干部违规干预统计工作记录制度和台账等一整套制度；制定统计数据造假整改问题清单、任务清单和责任清单，加强对统计违法案件立案、查处及处理工作的监督；设立执法监督专岗人员，在政府门户网站头条位置公布统计违法行为举报电话；在执法工作中，采用随机抽取被检查对象、随机选派检查人员“双随机”抽查机制，定期或不定期组成专门检查组，对统计数据质量进行全面检查，按照《中华人民共和国统计法》公正执法、严格执法，确保统计数据的真实性、准确性。

【落实责任】 按照国家统计局关于贯彻执行《防范和惩治统计造假、弄虚作假督察工作规定》的通知精神，县委、县政府高度重视并及时开展自查自纠。重点围绕《规定》确定的问题，督促即行即改，严格实行统计造假、弄虚作假“一票否决制”，对统计典型违纪违法案件通报曝光。建立健全责任体系，明确责任，明确县委、县政府主要负责人负主要领导责任，分管负责人负直接领导责任，统计机构主要负责人负第一责任，领导班子成员负主体责任，纪检监察机关负监督责任，有关部门负部门统计责任。制定统计部门权利清单、责任清单和负面清单，建立领导干部违规干预统计工作台账，各自把好责任关，对虚报、瞒报、漏报等统计违法行为零容忍，确保统计数据真实准确；加强统计法治宣传教育，重点做好对领导干部、统计调查对象和社会公众的统计法治普及宣传工作，增强统计法治观念。

【精准统计】　坚持精准统计，统计工作质量不断提升。把统计源头数据核实作为提高统计数据质量的基础性工作去抓，整理核查核实全县“四上”企业基本单位名录库和“四下”单位抽样调查样本单位，监测研判预警全县经济运行形势，共有“四上”企业111家，其中62家规模以上工业企业，21家有资质等级的房地产和建筑业企业，15家投资企业，7家批发零售企业，1家住宿餐饮企业，5家大个体。新入库“四上”企业2家。

【统计服务】　全面加强GDP及重点经济指标监测，是年共撰写统计信息分析42篇，其中有32篇在自治区统计局内网上转载刊登，1篇获得县委主要领导批示。围绕十三届县委十五次全体会议确定的推动高质量发展、乡村振兴战略、补齐全面建成小康社会短板等方面开展专题统计分析研究，解读统计数据，向社会发布统计公报，使社会各界充分了解统计，全力打造“服务统计”。

【依法普查】　按照第四次全国经济普查工作的总体部署，成立同心县第四次全国经济普查领导小组，制定普查方案，各乡镇各部门各自签订目标责任书。完成全县2478家法人单位、532家产业活动单位和735家个体经营户的普查入户登记、数据处理和汇总工作，取得明显成效。

（马 林）

社会调查与监督

【业务调查】　认真开展调查月报、季报、农民工监测、贫困监测、农户固定资产投资等调查任务，年内按时完成住户调查各项报表任务。是年，重点加强农作物播种面积和粮食产量调查工作，强化生态移民监测调查工作。整合生态移民基础台账资料，提高入户访户频率，夯实基础数据，切实提高调查质量。

【畜禽监测调查】　首次开展主要畜禽监测调查，网点涵盖全县10个乡镇，严格按照畜禽监测调查制度要求，认真组织实施，较好地完成调查任务。

【表彰先进】　县队根据《同心县调查队辅调员考核办法》和《同心县城乡住户记账户考核办法》，在各调查专业辅调员工作考评和记账户上报的2019年记账数据的基础上，经认真审核评比，从中评选出优秀辅调员22名、优秀记账户36户和记账进步户10户以表彰奖励。

（罗永林）

社会生活

人力资源和社会保障

【概况】 同心县人力资源和社会保障局是同心县人民政府主管全县人力资源和社会保障工作的行政职能部门，下辖就业创业和人才服务局、社会保险事业管理局、劳动保障监察执法局、劳动人事争议仲裁院4个事业单位，内设综合办公室、就业促进与社会保障办公室、工资福利与离退休办公室、事业单位人事管理办公室、人才和专业技术管理办公室等9个股室。全系统在职干部职工56人，退休干部职工42人。

【就业工作】 2019年，新增城镇就业1954人，帮助153名城镇就业困难人员实现就业，失业人员实现再就业1018人，城镇失业登记率3.8%，低于自治区下达指标。发放创业担保贷款543户6739万元，带动就业984人，培育创业实体457个，其中培养小老板265个，培育小企业192个，创造新的就业岗位1361个，全民创业带动就业2594人。全年安置城镇公益性岗位120人，建档立卡公益性岗位435人，闽宁协作公益性岗位665人，农村公益性岗位1300人，人均年收入超过1万元。

【技能培训】 是年，举办培训班107期培训6901人（其中，城乡劳动力职业技能培训1903人，精准脱贫职业技能培训4998人），完成全年目标任务4200人的164.3%，兑付扶贫培训资金969.638万元。技能培训工作得到自治区人社厅的肯定，被作为典型经验报人社部在全国推广。完成创业能力培训10期300人，培训后当期实现自主创业167人。

【失业保险】 是年，为135名失业者发放失业保险金46.35万元，为74名失业者发放医疗保险费7.85万元，为2名农民合同制工人发放一次性生活补助9324元，为17家企业发放稳岗补贴29.14万元，实现稳岗920人。

【转移就业】 全县农村劳动力转移就业7.39万人（其中建档立卡户1.08万人），工资性收入7.5亿元（建档立卡户1.1亿元），人均转移就业收入突破万元，较2018年同比增长7.5%。

【高校毕业生就业】 发布高校毕业生招录信息30条，帮助1070名应往届高校毕业生实现就业；“三支一扶”计划招募149人，安排到事业单位实习261人；确定青年就业见习基地11家，推荐青年就业见习30人，发放见习补贴44400元；接受高校毕业生托管档案2307份，为357名高校毕业生办理了档案转出手续；为促进高校毕业生求职创业，向2名符合条件的高校毕业生发放一次性创业补贴2万元。

【介绍就业】 全年共举办各类型招聘会8场次，通过“同心就业创业”微信公众平台发布政策27条、用工和求职信息89条，面向全县免费群发用工短信32条，发放招聘简章8万余份，介绍就业228人。

【社会保障】 全县养老保险参保159991人

（城镇职工13229人、城乡居民135351人、机关事业单位11254人、被征地农民157人），工伤保险参保13134人，失业保险参保9846人，全部超额完成目标任务。从5月1日起，全面落实社保降费政策，城乡居民基础养老金调增5~8元。为享受养老保险待遇的7436名城镇职工发放养老金18102万元，为25696名享受城乡居民待遇人员发放养老金4632万元，其中，为9374名建档立卡贫困人员按时足额发放养老金1121.5万元，为享受机关事业单位养老保险待遇的3654人按时足额发放养老金19854万元。在全区率先开展建档立卡人员应保尽保“清零行动”，贫困人员参保实现应保尽保。对信息推送到养老系统的建档立卡未标注脱贫的贫困人口、特困供养人员、重度残疾人、三级和四级智力精神视力残疾人，全部由政府代缴城乡居民养老保险费。全力推进“网上人社”工作，342个参保单位全部开通“网上人社”，“6+1”社保业务网上全程办理，142个村级代办点受理代办。

【人才工作】 面向全区公开招聘事业单位工作人员22名，分别将2016年的108名特岗教师和2019年的41名公费师范生纳入事业单位正式编制人员管理。完成2018年度全县机关事业单位工作人员考核工作，对获得优秀等次人员和连续三年获得优秀等次人员进行奖励。按照《同心县机构改革方案》的总体部署，把握编随事走，人随编走的原则，全面完成13个党政部门及16个事业单位人员转隶工作，涉及人员1698人。完成12个单位的岗位设置，推荐水利、建筑、群文等系列的39名专业技术人员参加2019年中高级职称评审，其中正高2人，副高14人，中级23人。组织50名建档立卡家庭劳动者在宁夏林业研究院森淼科技培训基地参加实用技术培训（其中，韦州镇畜牧养殖20人，下马关镇果树栽培30人），推荐2人为2019年享受自治区政府特殊津贴人选，推荐3人申报中青年人才赴区外深造补助。以“2019年宁夏百名专家基层服务行（同心）”和天津专家到县开展医疗扶贫活动为契机，组织专家到县医疗卫生、现代农业、特色产业等领域开展服务。根据县人民政府常务会议决定，以政府购买服务形式先后分7批次为县水务局、县卫健局、县委宣传部等16个机关事业单位招聘工作人员346人。

【劳动保障监察】 加强“两网化”（网格化和网络化）管理，录入辖区用人单位信息4976家，提升劳动保障监察执法效能。围绕劳动合同签订、工伤保险缴纳、农民工实名制管理、建立农民工工资专用账户、银行卡发放工资、22%进度拨付工资等情况进行执法检查，督促企业执行劳动保障法律法规，规范用工行为。全年签订农民工劳动合同10887份，签订职工劳动合同2964份。征缴农民工工资保证金7718.4万元（其中现金2210.8万元，保函保单5507.6万元），查处拖欠农民工工资案件3起，涉及农民工51人，涉及农民工工资94.93万元，移送县公安局立案侦查。加强信用管理体系建设，印发《同心县劳动领域守信激励和失信惩戒实施办法》和《同心县农民工工资保障诚信单位评审制度》，依法公布2018年11家诚信企业，按照有关规定对1家企业免征农民工工资保障金。按照扫黑除恶专项斗争要求，围绕恶意讨薪问题，组织开展“大走访、大排查、大宣传”专项整治行动，全员出动劳动保障执法干部深入12个乡镇（管委会），宣传扫黑除恶政策，摸排涉黑涉恶线索，先后出动4辆宣传车，制作展板12块，横幅20条，印制宣传资料8万多份。针对同心籍人员在外恶意讨薪违法案件判决，制作公益广告和《致广大农民工朋友的一封信》，社会反响强烈，效果明显。

【劳动人事裁决】 按照“调节先行、仲裁跟进”的工作模式，受理案件48起，主要涉及劳动报酬、社会保险和工伤赔偿，调解结案15起，裁决结案33起，为劳动者挽回经济损失202.89万元。

（罗永平）

民 政

【概况】 截止2019年末，全县共有城乡低保对象31988户46192人（其中，农村低保对象27541户37314人，城市低保对象4447户8878人）。享受残疾人生活补贴8128人，享受残疾人护理补贴6498人。孤儿592户598人，困境儿童12人。特困供养对象509户571人，城乡高龄老人2266人，各类社会组织127个，敬老院6所，综合养老服务中心1处，老年人饭桌36个，社区日间照料中心1个，儿童之家147个。

【基层建设】 出台《同心县加强新时代基层民政工作 提高为民服务能力实施方案》，建立以县委、县政府为主导，县人大、县政协监督，县民政局牵头，有关部门参与的“大民政”工作机制，以“推动五个加强，实施六个提升，强化四个创新”为抓手，健全完善“1+N”制度体系，倾力打造新时代民政工作“同心样板、河西模式、同德做法”，推动全县民政工作再上新台阶。县财政为民政局安排社会救助工作经费20万元、安排培训经费20万元。各乡镇设立民政办公室，建立民生服务中心，以政府购买服务的方式，按照乡镇人口每万人配备1名专职民政工作人员，安排19名专职民政工作人员充实基层民政工作队伍。村（居）设立民生服务点，明确由村“两委”班子成员中选定1名成员担任民政协理员，每人每月补助300元，每年安排乡镇民政工作经费72万元。按照1000户以下的村（居）每年安排不低于5000元、1000户以上的村（居）每年安排不低于1万元的标准落实村级民政工作经费55万元，为基层民政服务能力提供保障。

【社会保障体系建设】 进一步健全完善社会保障体系，印发《同心县加强最低社会保障管理工作意见》，织密扎牢民生保障“安全网”。会同县财政局对全县城乡低保对象保障标准进行提标，农村低保标准由每人每年3150元提高到3840元，城市低保标准由每人每月440元提高到560元，城乡低保标准同比分别增长27.3%和21.9%，城乡低保对象占全县总人口的12.3%，使困难群众基本生活得到有效保障。持续推进扶贫低保两项制度衔接，出台《同心县农村最低生活保障制度与扶贫开发政策有效衔接实施意见》《同心县2019年社会保障兜底方案》等政策措施，农村低保对象中建档立卡贫困户占57%，社会保障兜底对象420户840人。深入开展农村低保专项治理，清退不符合条件的城乡低保对象2278户3697人，新增城乡低保对象2668户5219人，收回不符合低保政策违规发放低保资金5.79万元，有效遏制“关系保”“人情保”现象，进一步规范低保政策。

【基层民主建设】 出台《同心县关于进一步推进城乡社区治理实施方案》，印发《关于进一步推行“55124”模式做实村民代表会议制度》文件，持续加强基层政权建设和社区治理，提升城乡社区治理水平。投资120万元新建农村社区服务站6个，深入开展“和谐社区”创建工作，豫园社区、新华社区被吴忠市评为“五星级和谐社区”。培训全县村务监督员430余名，落实村监会成员工作补贴，每人每月补助300元，着力提高履职能力。会同县委组织部对全县142个行政村827名村“两委”成员、5个城镇社区30名居委会成员进行联审，共审查出不符合任职条件的村委会成员26名，指导相关乡镇予以全部清理。对各乡镇拟调整配备的196名村委会班子成员人选资格进行联审，共审查出不符合任职条件的候选人98人，指导补选配备村委会成员91人。

【养老服务】 探索养老服务模式，推动养老服务事业健康发展。全面落实高龄老人和特困供养人员政策，高龄津贴及意外伤害保险全覆盖，惠及2266人，全年发放高龄津贴810余万元，意外伤害保险金6.78万元。特困供养人员实行集中供养和分散供养，生活补贴和意外伤害保险全覆盖，惠及571人，发放生活补贴400

余万元，意外伤害保险金5.25万元。投资350余万元对王团敬老院、下马关敬老院锅炉煤改电、设施设备等进行维修改造，保障敬老院的安全运行。投资1940万元，建设老年养护院。探索养老服务模式，引导社会力量参与运营管理，以公建民营医养结合养老服务模式，综合养老服务中心投入运营。

【社会福利】 印发《同心县加强儿童福利院建设的实施意见》，整合儿童福利院资源，探索建立未成年人救助保护和培训教育等工作。开展留守儿童关爱保护行动，为628名事实孤儿、12名困境儿童年发放津贴400余万元；为54名纯孤儿年发放津贴50余万元；为3名纯孤儿大学生每人每年发放救助金1万元。投资260万元建成54个“儿童之家”，配备“三留守”关爱督导员，每人每年补助3600元，杜绝农村留守儿童无人监护、失学辍学等现象。落实困难残疾人生活补贴和重度残疾人护理补贴制度，年发放补贴资金2000余万元，惠及8128名困难残疾人和6498名重度残疾人。对因残、因病丧失劳动能力的贫困残疾人及建档立卡户中的重残和重病残疾人全家解决农村低保。落实全县重型精神病患者护理补贴1200人，发放护理补贴资金14.4万元。编制《同心县殡葬事业发展规划（2019—2035年）》，开展殡葬领域突出问题专项整治行动，实施流浪乞讨人员救助管理服务工作，年救助69人，发放资金1.97万元。实施流浪乞讨人员救助管理服务工作，年救助69人，发放资金1.97万元。

【婚俗改革】 出台《同心县深化婚丧嫁娶乱象整治指导意见》，着力解决当前婚丧嫁娶中暴露出的彩礼过高、随礼过多、习俗过滥、群众负担过重等不良社会风气，加强了家风民风乡风建设和弘扬优秀传统文化，努力倡树婚丧嫁娶新风，10月17日，在民政部召开的全国婚俗改革及婚姻登记规范化建设工作座谈会上作了题为《推动婚俗改革 强化管理服务 助力打赢脱贫攻坚战》的交流发言。推进婚姻登记，全年共办理结婚登记2900余对，离婚登记260余对。

【区划调整】 有序稳妥完成行政区划调整和地名志编撰及不规范地名整治工作。完成同心县与红寺堡区、海原县、中宁县行政区划调整工作。完成全县12个乡镇（管委会）界线勘定工作，会同县自然资源局及有关乡镇调处县级之间、乡镇之间、村与村之间有争议的界线纠纷14起。完成《中华人民共和国标准地名志（宁夏卷）》同心县12个乡镇编撰工作。深入生态移民调研，向县人民政府提交调研报告，撤销合并12个生态移民迁出村建制，优化建制村设置。圆满完成第二次全国地名普查工作，清理整治不规范地名2条。完成对县城区域内132条路街巷桥名的更名、命名工作。

【专项整治】 开展社会组织领域专项整治，确保社会组织规范运行。下发《同心县关于开展全县社会组织非法集资风险线索及广告咨询信息排查整治活动实施方案》，与社会组织法定代表人签订《社会组织非法集资风险防范承诺书》《社会团体自律承诺书》，对社会组织开设涉外账户、涉嫌违法违规、涉嫌参与非法集资等情况认真组织摸排，加大社会组织重点行业领域涉黑涉恶的排查整治力度，共清理注销社会组织78家。投资15万元实施社会组织公益创投项目2个“贫困残疾人帮扶康复项目”“救助涉毒家庭留守娃项目”，提高残疾人社会适应能力和生存能力，改善留守儿童成长环境，减轻社会负担，促进社会和谐。

（杨乐）

残疾人联合会

【扶贫助残】 聚焦全县高质量脱贫摘帽目标，切实增强责任感，主动谋划，加强协调，靠前推动扶残助残措施落地落实。先后向县委、县政府、县扶贫开发领导小组、县残工委提交残疾人工作方案6个，向行业部门发出协同落实工作商请函19份，争取各类资金投入1400余万元，强化了残疾人组织领导和资金投入保障。研究制定的《同心县2019—2020年打赢残疾人脱贫攻坚战行动方案》，被自治区残联作为县级残疾人脱贫攻坚方案范本，转发全区各县市（区）学习借鉴。全县先后纳入建档立卡户的残疾人共5355人，截至2019年10月底，全县建档立卡残疾人脱贫4864人（其中2019年脱贫1515人），未脱贫残疾人491人，残疾人贫困发生率由2014年的42%下降到3.43%。

【民生服务】 截至10月底，共适配残疾人辅具4029件次，残疾人家庭医生签约率100%，服务率由2017年底的35%提升到85.3%，先后组织评定办证18场次，评定办证1498人次（其中，初次办证915人次，到期鉴定换证533人次，上门办证50人次），高质高效完成1140户残疾人家庭无障碍改造，在全区率先实现残疾人家庭“零障碍”，并在全区残疾人工作现场观摩会上进行了观摩和经验交流，适配残疾人假肢24例、矫形器14例，落实0~6岁残疾儿童机构康复救助73人，为335名全失能残疾人配发纸尿裤8760包，组织3283名眼疾患者参加免费筛查，免费做白内障手术137例，创建规范化残疾人社区康复站5个，创建残疾人辅具循环借用服务站3个。残疾人基本需求服务总体上实现了由按指标分配向按需求个性化供给的根本转变。

【民生保障】 截至10月底，发放困难残疾人生活补贴8194人、重度残疾人护理补贴6391人，将三、四级残疾人生活补贴由原来的每人每月30元提高到50元，与重度残疾人“两项补贴”同步审核同步发放。残疾人享受低保8194人，较上年底增加3550人，实现应保尽保。县级残疾人托养中心已经建成，10月底投入运行，残疾人康复中心主体工程完工。完成政府购买残疾人居家托养服务300人，机构托养、居家托养结合互补的残疾人托养基础架构已然形成。开展送教上门144人，随班就读残疾学生637名，残疾儿童义务教育入学率达到94.57%。落实残疾人创业补贴30人6万元，非建档立卡残疾人贷款贴息118.14万元，残疾人产业脱贫特惠奖补项目945户189万元，落实政府购买公益性岗位安置残疾人77人，占比达到14%。“普惠+特惠”扶残措施更加有力，感党恩、听党话、跟党走成为残疾人的群体共识。

【社会助残】 加强组织社会助残，连续三年实现贫困残疾人大学生、中学生、残疾人大病家庭社会救助全覆盖。2019年，考入大中专院校残疾学生24名，是历年中最高的2倍。实施并完成残疾人职业技能培训464人，实用技术培训509人，分别占下达任务的232%和116%。编印以“自强不息·时代精神”为主题的《同心县残疾人自强事例汇编》发至每一位残疾人手中，用身边的鲜活事例激励广大残疾人发愤图强，该《汇编》被县委宣传部列入“新时代文明实践”教材。

（马生贵）

扶贫开发

【概况】 2019年，同心县共减贫3455户11592人，尚有未脱贫人口563户1727人，贫困发生率由2014年的33.3%下降到2019年的0.61%。全年实现3个贫困村销号，8个深度贫困村退出。2019年全县农民人均可支配收入10200元，增长约11.5%。贫困村人均可支配收入9400元，超过自治区脱贫标准。

【脱贫攻坚】 围绕目标总任务，全面推进“三落实”（责任落实、政策落实、工作落实）。聚焦3个未退出贫困村和8个未出列深度贫困村，围绕1.3万未脱贫人口精准脱贫和9万已脱贫人口巩固提升“两大任务”，深化党的富民政策，扎实推进责任落实、政策落实、工作落实。实行“四包”责任制，建立县级层面“3+4+6”工作机制、乡镇部门“12+8”突击队工作机制，严格落实“五级书记遍访贫困对象”要求，县委书记遍访贫困村，乡镇党委书记、村支部书记遍访贫困户。建立驻村帮扶“1+8”管理机制，89个贫困村驻村工作队全部达到3人，53个非贫困村配备驻村干部122名，全县行政村驻村干部实现全覆盖。成立“两代表一委员”民生督查组，建立“1+10+1”的精准扶贫联合督导推进机制，深化涉农扶贫领域作风和腐败问题专项治理，为打赢脱贫攻坚战提供了坚强的纪律作风保障。

【产业扶贫】 紧扣国家现行扶贫标准，对标“两不愁三保障”标准，坚持问题导向、结果导向，精准落实各项扶贫政策。一是全面落实产业扶贫政策，制定《2019年产业扶持项目实施方案》，安排涉农整合资金1.76亿元，按照“扶持标准确定、发展项目自选”的原则，实施整村推进项目、已脱贫户巩固提升项目、“421”产业奖补项目。在贫困村围绕“4+X”产业，即4个主导产业和小杂粮等优势特色产业，培训农村实用技术人员1016人，为全县建档立卡贫困户承担产业类农业保险，有效保障贫困群众发展生产出现的风险。对全县20个移民村发展牛羊养殖的移民实施饲草料补助项目，扶持建设白阳洼等9个产业扶贫示范村，培育菊花台庄园枸杞种植有限公司等4家扶贫龙头企业，培育10家扶贫合作组织，发展360名产业致富带头人。

【就业扶贫】 采取“企业订单、培训机构列单、劳动者选单、政府买单”的机制，完成能力培训7814人（其中技能培训4698人，农业实用技术培训1016人，雨露计划和致富带头人培训2100人）；建档立卡户公益性岗位435人、闽宁协作公益性岗位665个、边缘户公益性岗位500人。按照《同心县促进农村劳动力稳定就业实施办法（试行）》《建档立卡贫困户转移就业奖励补助考核办法（暂行）》文件要求，组织推荐建档立卡户就地务工2809人，有序组织农村建档立卡劳动力转移就业1.08万人，工资性收入1.1亿元。通过闽宁协作、企业捐助、帮扶单位援建、财政投入，新建扶贫车间3个，安置贫困户家门口就业，月工资1500~3000元。

【教育扶贫】 开展暑期“千名教师进万家”大劝学活动，对排查出的266名（建档立卡家庭学生133名）辍学学生，通过劝返、送学送教上门等形式全部劝返到位。全面落实义务教育“三免一补”政策，严格落实“三包三保”制和“双线双控”制，对劝返学生在学习上、生活上给予关心关爱，持续巩固控辍保学成果。2019年落实教育扶贫基金1581.1万元，惠及贫困学生19108人。强化边缘户教育保障，经个人申请，镇村、扶贫、教育三级审核，安排边缘户教育资助资金161.6万元，资助边缘户贫困学生1048人。

【健康扶贫】 对全县动态核实核准建档立卡贫困户患病的11040人进行救治，救治率99.9%，个人自付比例6.75%，实现建档立卡户贫困人口签约服务全覆盖、养老保险和基本医疗保险全覆盖。

【住房扶贫】 对全县8.96万户农户住房安全情况进行全面排查，3248户（建档立卡户1932户）危窑危房全部完成改造。建成海棠湖、马庄子等危房改造集中安置点，集中建设黄家水等3处“农村幸福院”，解决38户移民迁出区“老人户”等遗留人口安全住房，全面完成建档立卡贫困户存量危房改造任务，100%贫困群众住上安全住房。

【饮水扶贫】 实施互联网+人饮、人饮工程查漏补缺、水质监测、保温井等安全饮水巩固提升项目，围绕集中供水率、自来水普及率、供水保证率、水质达标率四项要求，对排查出的饮水安全问题5175户（建档立卡户662户）管道进行安装、改造，共有5088户拉上自来水，安装净水器87户，实现全县安全饮水全覆盖。

【基础设施建设】 新修通乡通村公路450千米，累计完成新改建农村公路1004千米、村组巷道1221千米，开通公交线路58条。新建农村社区12个，新建维修改扩建村级文化服务中心129个、文化广场40个，完成农村环卫市场化改革。新建10千伏线路19.62千米，改造10千伏线路11.63千米，新增容量为1兆伏安变压器5台，新建及改造低压线路16.94千米。积极开展“煤改电”“优化营商环境”负荷接入工作，完成31个台区变压器新增布点及增容改造，完成0.4千伏线路改造11.5千米，改造接进户线95千米。

【金融扶贫】 落实扶贫小额贷款免抵押、免担保、基准利率贷款、财政贴息等金融扶贫政策，印发《同心县金融机构支持县域经济发展考核奖励办法》《加强扶贫小额信贷用途监管实施方案》《同心县金融风险防范化解处置应急预案》等文件，建立“政策引导、政银对接、划片包干、绩效评价”的政银合作助推脱贫攻坚机制，定期调度，实时监管。筹措资金1.31亿元设立扶贫小额信贷风险补偿基金，实现建档立卡贫困户小额信贷直接贴息。新增扶贫小额贷款7.1亿元，贫困户存量贷款18096户8.2亿元，覆盖率81%，不良率0.18%。深入落实“扶贫保”政策，人身类、财产类扶贫保险产品实现全覆盖，累计赔付2927万元，最大限度增强贫困群众抵御风险的能力，同心连续2年荣获自治区金融环境创建奖。

【落实生活保障】 全面落实最低生活保障制度，全县城乡低保对象32704户47706人（其中城市低保4430户8854人，农村低保对象28274户38852人），社会保障兜底对象420户840人，实现应保尽保。全面落实困难残疾人生活补贴、重度残疾人护理补贴制度，惠及8054名困难残疾人和6484名重度残疾人；落实特困供养政策，保障特困供养人员521户584人；建成147个留守儿童之家，配备“三留守”关爱督导员，对全县682名孤儿和12名困境儿童落实各项津贴。实现有需求的残疾人家庭无障碍改造和0~6岁残疾儿童康复救助及假肢、矫形器适配实现全覆盖。

【扶贫工作责任制落实】 以“扶贫工作务实、脱贫过程扎实、脱贫结果真实”为导向，以高质量脱贫摘帽为目标，召开全县脱贫摘帽誓师大会。6月下旬召开县扶贫开发领导小组会议，启动高质量脱贫摘帽“百日攻坚”行动。以严实作风夯基础，印发《关于全县脱贫攻坚若干具体工作的指导意见》等文件，开展动态调整，对符合脱贫标准的3455户11592人做了脱贫标注，新识别19户81人，尚有未脱贫人口563户1727人。组织开展“两摸底一核实”，初步确定脱贫检测户521户，边缘户833户3082人。强化党员干部教育培训，举办全县村干部培训班3期、脱贫攻坚培训班13期，培训2700余人。在县电视台等媒体开设专栏，建立了“扶贫政策信息平台”，持续解读、发布、宣传政策。编制印发《精准扶贫政策汇编》3万册，结合三级书记脱贫攻坚大走访、全县“大调研”、千名干部下基层“双联系双报到”等活动开展基层宣讲，扩大政策宣讲受众面和参与面。以担当作为解难题，贯彻中央文件精神，印发《关于支持非贫困村和农村非建档立卡边缘户发展致富的实施意见》，从县财政筹措资金3亿元，决定从2019年起连续三年对农村边缘户实施产业、金融、教育、医疗、住房等奖励扶持措施，全力支持边缘户稳定增收、补齐非贫困村基础设施和公共服务短板，从整体上提升全县脱贫攻坚工作质量。

【项目建设扶贫】 制定《同心县2019年脱贫攻坚实施方案》，安排涉农整合资金19165万元，对旱天岭、菊花台、陈儿庄、平远、田园、新园、套塘村、青羊泉等8个深度贫困村重点实施产业发展、人饮安全、通村道路硬化等18个项目，进一步完善深度贫困村基础设施，进一步提升公共服务水平。建成旱天岭村养殖基地，实施并建成平远、田园、新园以及陈儿庄村扶贫车间。发展特色产业，套塘村的红葱成为群众增收致富支柱产业。投资近3亿元的王预公路开工建设，既增添群众致富渠道，也将会从根本上解决青羊泉村农户出行难问题。

【对口扶贫】 全面深化东西部协作和中央定点帮扶工作，开展同心县与福建永春县闽宁对口帮扶协作，双方党政领导互访调研洽谈12批138人次、干部培训2批54人次，12个乡镇、16个贫困村与永春县乡镇村签订对口帮扶协议。落实闽宁对口帮扶资金4360万元，实施基础设施、产业发展、示范村建设等项目30个。同心县特产营销中心在永春县旅游集散中心设立，同心圆枣、苦水枸杞、八宝茶等40多种农特产品入驻。强化定点帮扶，争取中核集团帮扶资金1705万元，扶持中核扶贫产业园建设，中核集团下属单位与同心防护科技有限公司签订1.9亿元服装集中采购协议，为同心脱贫攻坚注入强劲动力。宁煤集团捐资1800万元建设2个肉牛养殖基地，南京证券捐资560万元援建扶贫车间和蔬菜大棚，20多家民营企业为贫困群众提供就业岗位1200余个，构建了扶真贫、真扶贫的大帮扶格局。

【扶贫项目实施】 2019年，中央及自治区下达专项扶贫资金、脱贫攻坚地方债、闽宁协作发展资金及彩票公益金共计68788万元。其中，中央和自治区及县财政共下拨专项扶贫资金62588万元，东西部协作帮扶资金4200万元，彩票公益金帮扶资金2000万元。同心县共整合投入各类项目资金21.6亿元，用于产业发展、农村基础设施建设、社会事业发展、生态建设等4个方面173个项目。

【巩固脱贫成果】 巩固脱贫成果，防止返贫。制定《2019年产业扶持项目实施方案》，安排9202.2万元对已脱贫户进行产业扶贫巩固提升工程，安排2676.2万元全面落实“421”脱贫奖补政策，对脱贫后不返贫的农户连续三年分别奖励4000元、2000元、1000元，扶持脱贫农户发展产业，激发群众主动脱贫的斗志和决心。全面落实劳动力转移就业、技能培训、创业贷款帮扶、公益性岗位补贴等就业扶贫政策，打好“转移就业、技能培训、就业援助、创业帮扶”就业扶贫组合拳。出台《同心县促进农村劳动力稳定就业实施办法（试行）》《建档立卡贫困户转移就业奖励补助考核办法（暂行）》，加大对劳务经纪人、贫困群众就业奖励扶持力度。2019年建档立卡贫困户转移就业10874人，工资性收入近1.3亿元；完成精准脱贫能力培训4698人（其中精准脱贫技能培训2965人，驾驶员培训1733人），全面提升贫困劳动力的就业创业能力；新增公益性岗位2520人，其中，城镇公益性岗位120人，建档立卡户公益性岗位435人，闽宁协作公益性岗位665人，边缘户公益性岗位500人，农村公益性岗位800人，倾斜安置建档立卡家庭劳动力，实现有劳动能力的贫困户每家至少1人就业。

【创新扶贫方式】 创新“文明实践+基地+竞技”的模式，开展“脱贫路上话小康”枸杞采摘大赛和“养殖路上话脱贫”“估牛”大赛，持续激发贫困群众内生动力。围绕庆祝中华人民共和国成立70周年，开展“我和我的祖国”全民诗歌朗诵活动75场次、文化惠民基层演出117场次，拍摄脱贫攻坚、闽宁携手奋进23载健康扶贫等主题微电影《活出个样儿》《同心》《国云书记》，引发社会强烈共鸣。投资14.5亿元，先后实现行政村通村通社公路、文化广场、电商服务中心、文化体育设施、标准化卫生室、动力电等基本公共服务领域主要指标和贫困户安全住房、安全饮水、生活用电全覆盖。

（马 力）

安全生产监管

【概况】 2019年，全县应急管理工作紧盯重点行业领域，有效防范化解重大风险，深入开展重点行业领域安全生产大排查大整治工作，有效预防和遏制较大以上安全事故发生。2019年全县共发生安全生产事故3起，死亡3人，无人受重伤，全县安全生产形势基本稳定。

【机构改革】 2019年1月，同心县应急管理局正式挂牌成立。同心县应急管理局划入8个部门的部分职责（原县安全生产监督管理局的职责、县政府办公室的应急管理职责、县公安局的消防管理职责、县民政局的救灾减灾职责、原县国土资源局的地质灾害防治相关职责、原县水务局的水旱灾害防治相关职责、原县林业局的森林防火相关职责、原县地震局震灾应急救援职责）。分别从县民政局、县水务局等单位转入工作人员10名。按照“三定”（定机构、定职能、定编制）规定，核定行政编制11名，领导职数1正2副，内设7个岗位（综合管理、应急管理、执法监督管理、风险防治救援、矿山安全监管、危险化学品安全监管、安全生产基础）。

【安全监管】 狠抓隐患排查和百日专项整治，共查处各类交通违法行为10万余起，查处饮酒驾驶、醉酒驾驶和超员、超载600余起，暂扣违法车辆591辆，拆除销毁“三无”车辆429辆。建筑领域方面开展综合执法检查3次，专项检查6次，扣除24家企业诚信分值和个人诚信分值，行政处罚共计23起，罚款76万元。水面安全方面开展检查38次，累计检查蓄水池296座、水库168座、渠道65条、河沟道96条，排查治理一般隐患32处；查处侵占河道违法案件7起，河道违法行为整治6处，维修安装安全警示牌97块，维修小型水库8座、中型淤地坝3座。在人员密集场所方面开展“火灾隐患排查整治”专项整治，发现存在安全隐患32家次，限期整改16家次、停业整改17家次，依法取缔非法音乐烤吧3处，游商地摊8处，游戏场所1处，立案处罚14期，罚款4.9万元。消防安全方面共检查社会单位2341家，发现整改火灾隐患2493处，行政处罚71家，临时查封12家，关停10家，罚款12.77万元，拘留9人。非煤矿山方面以百日专项整治和“打非治违”专项行动为契机，开展安全检查6次，发现一般安全生产隐患40条，发放安全生产隐患排查告知书180余份。在特种设备方面共检查特种设备使用单位79家，特种设备安装单位3家；特种设备136台（套），发现18家、23处问题，依法下达《特种设备安全监察指令书》18份，立案查处3起，罚款金额1.8万元。开展学校食品安全、消防安全及化学药品的管理检查，清理摆摊设点，更换老化电线，添置消防设施等。

【隐患清零】 将自治区安委办第三督查组抽查中发现的35个安全隐患，全部整改完毕。将国务院安委会反馈自治区2018年度安全生产工作中存在的6个方面25个问题及4个方面15条建议，已全部整改完毕。2019年9月，自治区专家服务组反馈的23家加油站存在6项重大安全隐患，已全部整改完毕，整改率达100%。一般安全隐患795项，已整改731项，整改率达92%。

【隐患排查】 印发《关于切实做好重点时段、重点节日、重点领域安全生产工作的通知》，在元旦、春节、全国“两会”、开斋节、古尔邦节、中秋节、中阿博览会、国庆节期间，县委、县政府主要负责人先后4次带队检查行业部门隐患排查的整治情况，并深入煤矿下井进行安全检查。各乡镇、各部门实行24小时值班，每天落实零报告制度，确保重点时段安全事故第一时间报送、第一时间处置。

【打非治违】 结合“扫黑除恶”专项斗争，开展打击取缔非法加油点和土炼油专项整治行动。下发《关于开展打击取缔土炼油及违法经营成品油行动的通告》，先后在河西镇、韦州镇、下马关镇、王团镇发现11家土炼油点及储油点、3处非法加油点，没收非法加油点储存柴油26.92吨，汽油0.84吨，储油罐、炼油罐及非炼油设备245件，依法查处银河加油加气站、非法倒卖油品和储存危险化学品等违法行为。

【自然灾害防范】 加强暴雨、洪水、地质等自然灾害防范措施，严格落实安全责任，重点对暴雨山洪、非煤矿山、建筑施工、老旧危房、地质灾害等各重点行业领域开展防范预警工作。坚持“群众报灾、部门查灾、专家核灾”思路，全面开展地质灾害隐患动态巡查、排查和核查，抓好监测监控。

【安全预防预警】 针对季节、行业特点，结合存在的突出问题，开展安全预防。印发《履职预警通知书》35期，建立同心应急短信平台，发布预警短信64条，受众达15万多人。强化应急值守，实行24小时值班和领导带班制度，及时处置各类事故信息，使灾害性天气的监测和预报预警工作准确及时。

【安全宣传教育】 利用“5·12”防灾减灾日、119消防宣传日、安全生产日、安全宣传周、安全宣传月等主题宣传活动，组织各成员单位在县文化广场进行安全生产和防灾减灾救灾知识宣传。结合“七进”活动，联合宁夏爱心志愿服务团、宁夏同心海兴帮扶中心等5家社会志愿团体，在河西同德、菊花台，下马关易捷庄园枸杞公司进行交通安全、防暑、防溺水、防食物中毒的定点专项宣传。在全县12个“新时代文明实践站”开展“乡村美化我带头”集中志愿安全生产进农户服务活动。深入46个居民小区进行电气火灾、电动自行车消防安全实用知识宣传。印发关于开展建筑火灾隐患排查的通知，举办首届消防安全重点单位微型消防站比武活动。落实全区安全培训“百千万”工程培训任务，对全县安全生产部门及危险化学品、煤矿、非煤矿山等企业安全管理人员开展培训，共培训6期、768人次，开展宣传活动20余场次，受众2万余人，发放宣传资料50000余份，发放围裙、扇子等宣传品2万余份。

【防灾减灾资金落实】 开展春荒时期等自然灾害核查统计，全县受灾9690户，33231人缺粮，3103户10781人缺水。对部分乡镇遭受各种自然灾害侵袭情况进行核查统计，准确掌握受灾生活状况，报经县政府批准同意，给各乡镇（管委会）共拨救灾资金460万元。根据夏季乡镇遭受各种自然灾害侵袭，按照相关规定，报请县政府同意，给下马关镇下拨救灾资金6万元，给张家塬乡下拨10万元，给兴隆乡下拨救灾资金2.8万元。为保障冬季受灾困难群众基本生活，将自治区财政厅、应急管理厅下达的自然灾害生活救助资金98万元和中央自然灾害救灾资金80万元下拨给各乡镇，主要用于抗洪抢险、应急度汛、抢险应急物资及设备购置等工作。

【应急救援】 组织人员和相关部门及乡镇，全力对“1·18”S203道路烟花爆竹车辆侧翻、“4·5”张家塬乡海棠湖村、折崾沟村、赵圈槽村的部分草原因群众祭祀烧纸引发山火和县妇幼保健计划生育服务中心室外工程“4·29”事故、“7·10”张羊公路张家源乡沈家湾村危险化学品运输车辆侧翻、固海扩罐七干渠人员溺水、“9·29”韦州镇、下马关镇、张家源乡遭受强降雨冰雹灾害、银西公路（原同海公路）路基边坡塌方和萌喊公路（原同预公路）路面沉陷等安全事故进行应急救援。

（马晓辉）

医疗保障

【监控稽核】 强化监控稽核，确保基金安全。投资25万元，为全县18家医疗机构安装平安医疗身份智能识别系统，有效防范套取医保基金行为的发生。在深入开展打击欺诈骗保专项治理工作中，综合运用系统监控、突击检查、专家审查等方式，逐一排查辖区内定点医药机构违约违规违法行为，实现检查全覆盖。按照吴忠市医保局统一安排开展基金监管交叉检查，查处不合理用药、超限制用药、超量用药、重复用药，过度治疗、挂床、重复检查等违规行为，追回违规基金136.67万元。对涉及北京医疗机构23家的51份大额住院发票进行实地稽核，稽核住院总金额达2467325.4元。

【医疗管理】 按照《定点医疗服务协议》的规定进行审核，对符合条件的医药机构签订

2019年定点服务协议，共签订服务协议药店85家、诊所6家，签订服务协议医疗机构23家。落实国家组织药品集中采购中选药品采购工作。

【医疗服务】 严格执行各项医疗保险政策，认真做好医疗保险基金的“清分、清算”工作，全年共审核职工生育保险业务740笔，审核“两定机构”对账业务1868笔，边缘户业务76笔；对“两定机构”进行考核，依托卫健慢病管理系统，简化门诊大病办理程序，为5233名建档立卡贫困人员现场办理门诊大病手册。

（马海红）

民族宗教

【宗教管理】 开展依法治理宗教事务及落实乡村两级责任制试点工作，把依法治理宗教事务及落实乡村两级责任制试点作为统战部门的一项改革任务，在丁塘镇、田老庄乡和豫海镇兴隆村、丁塘镇团结村开展试点。抓好宗教活动场所管理，坚决禁止未批先建违法行为，持续开展民族团结进步创建活动。切实抓好宗教人士管理，依法规范清真寺主要教职人员聘任程序，按照审查在前、聘任在后、逐级申报的方式，实行坊民举荐、乡村两级党组织审核、提交县伊协审核、报县民族宗教事务部门备案，发放聘书后，予以聘任。严禁无证教职人员开学，现有116名教职人员依法依规完成聘任。定期开展卧尔兹演讲活动，演讲比赛获全市卧尔兹演讲组织奖，阿訇马成龙撰写的《爱国是穆斯林的另一种孝道》获吴忠市竞赛一等奖。切实抓好宗教活动管理，按照“小型、就地、从简、安全、有序”原则管理宗教活动。是年，举办全县大型宗教活动3次，人员为3000人以下，时间一天以内，对无历史传承的宗教活动不再审批。严格执行朝觐政策，实行朝觐人员资格联审制度。

（县委统战部办公室）

同心县伊斯兰教协会

【思想政治建设】 引导组织伊斯兰教界人士参与“解经”活动，挖掘经典教义中有利于社会和谐、健康文明等内容，作出符合中华优秀传统文化和社会主义核心价值观的阐释，共征集21篇。组织参加吴忠市庆祝新中国成立70周年“献礼杯”有奖征文暨“卧尔兹”演讲比赛，同心县获全市组织奖，参赛选手获演讲一等奖和征文二等奖，教育引导伊斯兰教界人士和信教群众不断铸牢中华民族共同体意识。强化教育培训，提升伊斯兰教教职人员履职能力。是年，组织开展了3轮伊斯兰教教职人员培训，印发宣传资料5000余份，重点培训中国共产党十九大和十九届四中全会精神、中共中央总书记习近平关于民族宗教工作重要论述、《宗教事务条例》等法律法规，全县558座清真寺教职人员、寺管委会负责人共3000多人次参加培训学习。

【管理服务】 认真做好宗教人士管理核查工作，制定下发《关于认真做好全县伊斯兰教教职人员审核备案工作的通知》文件，对备案的1606名宗教人士档案进行全面管理，并录入电子信息，备案换证共计925人，报送自治区伊协审核。进一步规范主要教职人员聘任工作，对全县各清真寺聘任阿訇严格把关，制定印发《同心县伊斯兰教场所主要教职人员管理办法》《关于进一步规范伊斯兰教宗教活动场所主要教职人员聘任工作的紧急通知》，在聘任程序上进行规范，按照审查在前、聘任在后、逐级申报的方式，严禁无证教职人员开学。

【协会建设】 伊斯兰教协会充分发挥桥梁纽带作用，高举爱国爱教旗帜，与党和政府同心同行。自觉服从县委、县政府的领导，广泛开展“马克思主义民族观宗教观巡回宣讲”活动，教育引导广大群众听党话，跟党走，坚定不移地走中国特色社会主义道路，做到政治上坚决认同、文化上自觉融合、社会上主动适应。配合做好宗教场所整治，坚决抵御宗教渗透，遏制极端宗教思想影响。

（杨彦学）

农业和农村经济

农牧业综述

【概况】 2019年1月23日成立同心县农业农村局，同时撤销同心县农牧和科学技术局。同心县农业农村局下设9个事业单位：农业技术推广服务中心、畜牧业技术推广服务中心、农村经济经营管理站、农田建设中心、乡村产业和社会事业发展中心、动物卫生监督所、种子管理站、农业机械化推广服务中心、农业机械安全监理站。

【农业经济】 2019年，全县农作物种植面积151万亩，夏粮种植面积26万亩、秋粮种植面积92万亩、油料6万亩、特色种植14.5万亩、饲草12.5万亩。全县牛饲养量达23万头，羊饲养量达190万只，家禽饲养量达160万羽，驴饲养量0.7万头，生猪饲养量达1.7万头。全县农林牧业生产总值30.8亿元，同比增长4.5%左右；农林牧业增加值15亿元，同比增长4%左右；农村居民人均可支配收入10240元，增长11.5%。举办“神奇宁夏 活力同心”黄谷川第二届冰雪旅游节和“庆祖国七十周年、展美丽乡村新颜”为主题的同心县第二届“中国农民丰收节”活动。

【种植结构调整】 调整优化产业结构，稳定玉米、马铃薯面积，压缩小麦面积，扩大中药材、小杂粮、瓜菜等特色优势产业规模，大力推广绿色高产高效、水肥一体化、覆膜保墒、测土配方施肥等栽培技术，着力提高种植水平，助推特色优势产业的发展。实施高效节水灌溉项目9个，新增高效节水灌溉面积10.65万亩，完成枸杞、苜蓿、青贮玉米、黄花等高效节水种植18万亩，其中粮食作物2.78万亩。

【畜牧养殖】 加快肉牛、滩羊、黑毛驴、生态鸡等养殖业提质增效，实施了粮改饲、肉牛良种补贴、见犊补母等项目。加强动物疫病防控，全年共防各类畜禽重大动物疫病756.87万头（只）次，开展动物疾病流行病学调查工作，对动物尸体进行无害化处理。发展培育家庭农牧场198家，新增家庭农场21家，培育四星级家庭农场3家。

【产业扶贫】 一是把产业扶贫作为主攻方向，围绕草畜、有机枸杞、中药材、圆枣4个主导产业及小杂粮、芦笋、黄花、红葱等特色优势产业，着力培育壮大“4+X”产业体系。二是根据县委、县政府关于农业产业扶持等项目实施方案，安排产业扶持资金14392.8万元，组织实施“421”产业扶贫奖补等扶持项目，加大产业扶持力度。三是制定《同心县2019年“四个一”示范带动工程实施方案》，安排资金184.427万元，扶持建设9个产业扶贫示范村，培育4家扶贫龙头企业、10家扶贫合作组织，发展300名产业致富带头人。通过“企业（合作社、致富带头人）+贫困户”模式，全县共带动2000多户建档立卡贫困户增加了收入，促进了脱贫工作。落实“扶贫保”资金共计保费2217.08万元，为21422户提供农业风险保障。

【新型农业经营】 围绕优势特色农业品牌建设，全县共发展培育了农民专业合作社830家，覆盖全县142个行政村，涉及种植、养殖、加工、营销、服务等多个领域。合作社社员达到13976户，带动农户54458户，形成固定资产12.63亿元，统一组织销售农产品总值达12.6亿元。培育发展国家级示范社14家，区级示范社28家，市级示范社42家，县级示范社98家。新增合作社23家，争取培育区级示范合作社5家。培育区市级农业产业化重点龙头企业达到31家，其中区级21家、市级10家。大力发展农产品加工业，农产品加工企业达到420家。

【农业项目建设】 落实农业招商引资项目3个，到位资金2亿元。争取项目资金2.85亿元，实施种植业优新技术示范推广、动物保护、农业产业化等52个项目。实施永久性蔬菜基地建设项目，采用梨树行间套种蔬菜模式种植辣椒、西兰花、娃娃菜等1171亩。完成65万亩粮食生产功能区自治区级核验，建设富硒农产品生产基地4个，打造富硒农产品品牌4个。种植富硒小杂粮面积5800亩、富硒小麦2200亩、富硒枸杞500亩、富硒中药材1400亩、富硒蔬菜1400亩、同心园枣2000亩，养殖富硒肉牛500头、肉羊1000只、生态鸡20000只。

【农业科技项目】 实施优质粮食产业项目，同心县中丰农业综合服务站和同心县林俊农业综合服务站开展测土配肥，使用配肥机2套。实施罗山东麓葡萄产业园科技种植项目，种植葡萄0.67万亩，完成投资5907.5万元。发展特色经济林文冠果产业，文冠果种植6万亩， 2170户建档立卡贫困户从中受益。实施食用菌种植基地改扩建项目，改建种植温室10座，新建大拱棚4座。实施农机深松整地作业项目，深松整地8.1万亩。实施旱作节水农业技术推广项目，残膜回收面积达4.1万亩，回收残膜765.7吨，残膜回收率达93.37%。实施农作物秸秆综合利用项目，完成40万亩玉米秸秆综合利用。

【养殖业科技示范】 在3家养殖场开展节本增效科技示范工作，实施规模养殖场粪物资源化利用项目，在全县46家养殖场建设粪物堆积场和尿液存贮池。实施肉羊标准化规模养殖场建设项目，扶持牛羊养殖专业村10个。肉牛良种补贴项目完成肉牛冷配改良2万头次，高产优质苜蓿示范建设项目完成集中连片种植1.5万亩，农产品产地初加工补助项目建设冷藏库和风烘房等31座。

【农田建设】 高标准农田建设项目投资14343万元，完成标准农田建设任务9.44万亩。统筹整合财政涉农资金项目投资6989.28万元，发展高效节水灌溉面积1.2万亩，改良盐碱地1.99万亩；改造扬水泵站1座，改善灌溉面积1.4万亩。农田水利基本建设及小型农田水利工程维修项目投资500多万元，改善灌溉面积10万亩。

【落实惠农政策】 审核推荐农业特色优势产业风险补偿贷款1.6亿元，发放贷款5500万元。全县受理农机购置补贴申请515份，补贴农机具516台（套），完成农机购置补贴资金953.998万元。对全县71621台太阳能热水器、14574座户用沼气池、7座大型沼气池进行安全隐患排查，完成推广节能水暖炕2000铺。举办新型职业农民培训8期，培训农民520人；举办精准脱贫农业实用技术培训班15期，共培训贫困家庭劳动力（全部为建档立卡户）1016人；遴选40名闽宁协作项目致富带头人在国务院扶贫办贫困村创业致富带头人（蓉中）培训基地进行培训。兑付农作物良种补贴、农民直补、农资综合补贴等农业支持保护补贴资金约7757万元，新建9万平方米养殖棚圈，兑付补贴资金900万元。

【农机检验】 共检验拖拉机4835台，审验农机驾驶员1526人，给拖拉机联合收割机挂牌 281台，举办农机驾驶操作人员培训班6期，培训农机人员847人。购买农机综合保险19353

单，总保费218.3万元。

【助力生态文明建设】 加快农村生活垃圾治理，全县142个行政村的农民共有74914人次参与，清理生活垃圾10.85万吨，清理村内沟渠699条，清理农业生产废弃物5740吨，清理乱堆乱建3423座，清理废弃房屋残垣断壁2947处，村庄植树11万株。制定《同心县农村环卫市场化服务体系建设改革方案》，完成农村环卫保洁市场化招投标工作。加快农村“厕所革命”，印发《同心县2019年农村改厕及畜禽粪污处理站建设实施方案》，建成张家塬乡张家塬村易地搬迁集中点60户、韦州镇马庄子村40户水冲式厕所及污水管网和20吨污水集中处理系统。张家塬乡折腰沟村被农业农村部确定为全国10个旱厕示范村之一，全县已完成农户改厕4125户，完成率51.6%；完成农村公厕建设5座，完成率27.8%；完成2座粪污处理站。加快农村生活污水处理，建设农村生活污水收集管网工程。

【农村生态基础建设】 在石狮建设污水管网2820米，建设日处理150立方米污水处理站1座；在下马关镇建设污水管网3801米，建设日处理300立方米污水处理站1座；在韦州镇建设污水管网6814米，建设日处理300立方米污水处理站1座；在王团镇建设污水管网152131米，建设日处理150立方米污水处理站1座；在兴隆乡建设污水管网1750米，接入同心县新区污水管网中；在河西镇建设污水收集管网38981米，配备成品化粪池2座；在丁塘镇建设污水管网9800米，配备成品化粪池2座。投资3900万元，实施同心县丁塘镇团结村、豫海镇城北村和兴隆村生活污水收集管网工程。

【水肥示范推广】 在全县示范推广有机肥替代化肥应用示范面积1.59万亩，在河西镇和丁塘镇各建设标准示范园区1个；在丁塘镇河草沟村开展玉米有机肥替代化肥技术试验研究2项。示范推广马铃薯种薯繁育和主食化专用品种项目，采购马铃薯，原种800万粒，免费发放给4个乡镇29个行政村，涉及农户5382户，种植面积1602.2亩。实施水肥一体化技术示范推广项目，完成玉米水肥一体化示范种植面积2000亩，完成水肥田间试验6项；首次采购利用水肥一体化灌溉施肥设备2套，建设墒情自动监测站6个，发放水溶肥100吨。在丁塘镇完成玉米化肥减量增效技术示范6000亩，在河西镇完成玉米化肥减量增效技术示范3000亩，在丁塘镇张滩村完成玉米绿色高产高效技术示范种植500亩，在预旺镇南塬村旱作节水农业示范园区完成马铃薯、小杂粮节水种植500亩，在河西、丁塘、预旺完成玉米生长发育动态及产量监测工作；完成了2个主栽作物微型大白菜（娃娃菜）和西兰花进行试验筛选、示范展示，完成试验面积12亩。

【植物检疫】 购置草地贪夜蛾监测设备100套、苹果蠹蛾监测设备购置100套，举办培训班4期，培训人员200人次；开展玉米病虫害统防统治植保无人机作业示范面积2.13万亩，辐射面积5万亩，绿色防控示范区关键技术到位率达到85%以上，防控效果达到80%以上，减少化学农药使用10%以上，亩防治成本平均降低10%，危害损失控制在5%以内；在玉米黏虫防治期间，全县日出动防治人员3000~5000人次，累计参与防治群众25000多人次。在防治高峰期间，日出动防治器械4345台，其中，无人机15架、车载式喷雾器20台、热力烟雾机150台、高压喷雾器160台、手动喷雾器1000台、电动喷雾器3000台。农业社会化综合服务站建设巩固提升农业社会化综合服务站3个，新建改造2个，以奖代补新晋级的二星级服务站1个。

【农村改革】 加快土地确权“回头看”工作，共计完成125个行政村133万亩土地确权工作，涉及农户52983户，完成颁证51285本（部分村确权到集体，未确权到户），所有证书已全部发放到户。开展农村土地承包经营权抵押贷款工作，在县农业银行、农村商业银行、宁夏银行等金融机构累计办理贷款5877笔29164.1万元，其中2019年新增贷款1902笔9561.5万元。持续深化农村集体产权制度改革，全面完成142个行政村的农村集体资产清产核资工作和村集体成员身份认定工作。发展壮大贫困村村集体经济，争取到自治区壮大村集体经济项目资金2300万元，用于扶持壮大23个村集体经济发展，完成项目资金兑付1861万元，完成项目实施3个村。完善农村土地承包流转机制，流转土地面积21.78余万亩，流转土地11422户。流转主要集中在种植大户、企业和农村专业合作社，其中，流转到种植大户72487.3亩，流转到企业107793.04亩，流转到合作社27654.1亩，其他主体9925亩。

【动物检疫】 排查全县100多家规模养殖场，签订《畜产品质量承诺书》100多份，发放《致养殖户的一封信》，开展网上检疫申报。对2家定点屠宰企业实施监督管理，派驻官方兽医9人开展检疫。联合市场监管、公安部门开展私屠滥宰整治和“农产品质量安全问题专项整治行动”活动，查处4起偷运无检疫证明生猪行为，无害化处理生猪49头，收缴罚款8000元。全县共检疫活畜禽120万头（只）次，屠宰检疫牛1.1万头、羊23.8万只，检疫各类肉品6800吨、皮张48万张、绒毛110吨。无害化处理病死及死因不明动物1.53万头（只、羽），办理动物防疫条件合格证31份，审查动物防疫条件养殖场（户）120多家。

【农资监管】 共出动执法车辆68台次，出动执法人员265人次，检查农资经销店（点）430家次。核发农药经营许可证48家，进行种子备样6份，送区站检测6份；农药取样10份，送检10份；发函确认10份，协调解决农资纠纷8起。以扫黑除恶专项斗争、政法综治宣传月、3·15消费者维权日等为载体开展宣传培训活动6次，共发放宣传资料15000多份（册）。安装农资投入品监管系统89家，兽药饲料生产经营企业检查覆盖率均达到100%。

【农机安全检查】 印制各类宣传册、材料，在集市、清真寺、学校、田间地头等地采取不同形式开展农机安全宣传8次，发放各类宣传单及宣传材料30000余份，发警示短信2.5万余条。与各乡镇、农机作业公司签订安全生产责任书25份，出动检查车辆108次，检查人员432人次，检查拖拉机联合收割机742台，共查处违章行为33起，纠正33起。

【农产品质量监管】 加强农产品质量监管，没收各类假劣兽药35个品种共30千克，完成饲料产品质量安全检测抽样4个，完成畜产品农残检测抽样14个。举办农产品质量安全追溯软件技术操作培训班2期，培训126人次，开展农产品质量安全知识宣传12次。进行初级农产品23个品种845批次检测，其中实验室基地检测247批次，抽样速测598批次，合格率达100%。完成同心县农产品可追溯体系建设项目，共安装追溯系统26家。

（何鹏肖）

水 务

【概况】 同心县水资源总量为2.03亿立方米，水资源十分匮乏，降雨时空分布不均，多年平均降雨量仅为276毫米，多年平均蒸发量2325毫米，是降雨量的8.4倍，平均径流深7.6毫米。全县年可利用的水量较少，仅为1.38亿立方米，其中地表径流0.32亿立方米，地下水0.17亿立方米，客水1.06亿立方米。人均占有年径流量只有143立方米，是全国平均水平的1/19，属水资源奇缺地区之一。

【机构概况】 同心县水务局（以下简称县水务局）承担全县农田水利、防汛抗旱、灌溉管理、水土保持、水政执法等多项职能。有干部职工325名，其中在职157人，离退休168人。人员编制结构为行政编制8人，事业编制142人，企业合同制7人。人员专业技术结构为水利正高级工程师1人，水利副高级工程师14人，水利工程师39人，水利助理工程师27人。下设2个副科级单位、10个机关股室、8个水管所。2019年，累计争取资金5.528615亿元，实施农村安全饮水巩固提升项目、灌区供水项目、水土保持项目、中小河流治理项目及防洪工程等28处，为全县脱贫攻坚及经济社会发展提供了强有力的水利支撑。

【灌溉管理】 完善全县115个农民用水者协会的水权制度，强化灌水组织建设。抓好扬黄灌区节水改造，改善农业生产条件。全年完成灌溉面积74.07万亩（包括旱作区高效节水面积），计划灌溉用水1.758亿立方米，实际完成灌溉水量2.169亿立方米。实施高效节水和供水项目5处，总投资3.2亿元。其中预旺水库片区高效节水灌溉工程（骨干工程），总投资9204.43万元，铺设输水管道23.33千米，新建蓄水池3座，已完成项目形象进度80%。实施建成丁塘镇固海扬水现代化灌区工程，总投资2179.5万元，改造扬黄灌区2.6万亩精准计量设施。实施罗山东麓葡萄种植基地供水工程，总投资17166万元，计划灌溉面积8.46万亩，新建蓄水池2座和泵站1座及自动化工程等设施，完成项目形象进度95%。

【农村饮水保障】 全面推进农村饮水安全工程建设，实施2019年农村饮水安全巩固提升、农村饮水安全巩固提升保温井等9个农村饮水安全工程，总投资1.18亿元。解决了全县142个行政村33.97万农村供水人口的安全饮水问题，全县农村饮水安全覆盖率达100%，自来水普及率达99%，供水保证率达95%，水质基本达标，水量、用水方便程度和供水保证率均达标。全县群众实现了由喝水难到有水喝，从有水喝到喝上“安全水”“放心水”的历史性飞跃，彻底告别直接饮用苦咸水和窖水的历史。

【防汛抗旱】 汛前对全县范围内的主要防汛区段、重点水库、堤防、所有提水泵站及主要行洪沟道和生态移民村组进行拉网式排查，彻底消除各类安全隐患，确保度汛安全。与水利厅等有关部门对接，加大水土流失治理力度，组织实施了套塘小流域水土流失综合治理等5处水土保持项目，总投资1370.13万元。逐步形成了以大流域为骨架，小流域为单元，山、水、田、林、路、沟综合治理，林、果、粮、草立体开发的水土保持生态建设模式。实施边浅沟综合治理及人大议案蔡家滩文家沟等中小河流综合治理项目6处，总投资9147.73万元，治理河沟道37.3千米，河湖长制工作稳步进行。结合淤地坝除险加固项目，实施了折腰沟防洪治理等防洪减灾工程3处，总投资1293.73万元，在全县范围内形成防洪减灾整体体系。

【水环境监测】 分区域和层级落实乡镇级责任人13人、县直部门2人、水务部门11人、企业6人、村级40人，负责水源地和饮水工程的日常巡查、维修和运行管理。由县财政出资，雇用西部灌区各乡镇建档立卡户群众50名为渠道巡护专业人员，配合固海扬水管理处、红寺堡扬水管理处等单位，全面加强县境内主要输水支干渠在输水高峰期、寒暑假、汛期、重大节日等重点时段的安全巡查和防范工作。进一步完善农村饮水安全供水工程水源地的安全防护工作，采取加装二级围网、安装视频监控等方式，加强水源地的安全防护工作，保障群众用上安全放心的饮用水。加强小洪沟、罗山饮用水源地地下水保护执法工作。在小洪沟、罗山水源地保护区共关闭地下水源井39眼，强化最严格水资源管理制度。为进一步加强对全县农村饮水工程体系的水质监测和巡查保护力度，在豫海水利管理所设置水质检测中心，改造房屋240平方米，配置检测仪器7台、检测车1辆、便携式检测仪1套，配备专业水质检测人员开展工作。

【河湖长制责任】 全县各级河长签定目标管护责任书，制定问题清单和责任清单，对全县23条重点河湖沟道开展“携手清四乱 保护母亲河”和矿产资源“飓风行动”专项整治行动，累计出动人员420余人次，车辆110余辆次，开展整治行动30余次；下发责任违法行为通知书50余份；整治并规范12家矿山企业，取缔拆除2家砖厂，恢复治理河道长达12.9千米，恢复治理场区面积达45万平方米，关停占用行洪沟道经营场地4处，整治地下水开采取水井86眼；拆除清水河（同心段）沿线马永谦养殖场等6家企业。

【水库建设】 2019年争取资金267.77万元，实施了王家沟、李家沟、陈家嘤岘淤地坝除险加固工程，年内3处工程均已完工。

【水政治理】 全年共接待群众来访21人次，化解水事纠纷4件，无重大事故和刑事案件。共受理5件，办结2件。对所监管的30座中小型水库、6座供水泵站、4座水保骨干坝、43座蓄水池、23条主要行洪排洪沟（河）道安全生产责任制全面落实，共组织开展各类安全检查40次，累计出动人员198人次，检查蓄水池301座（累计数）、水库172座（累计数），渠道65条（累计数）、河沟道96条（累计数），排查治理一般隐患34处；查处侵占河道违法采砂场、砖瓦厂、预制厂及拌和设施案件7起（已进行植被恢复），河道违法行为整治6处，非地下法取水案件94处（填埋69处、查封25处）；维修及新安装安全警示牌97块，维修小型水库8座、王家沟等中型淤地坝3座。开展安全教育培训3场次、安全生产宣传咨询6场次，开展水库安全与防汛抢险演练1次，制作条幅标语18条、展板8块、发放宣传资料图册11000余份，上报水利部水利安全生产信息12期。

（白利彬）

工业园区

园区经济

【概况】 2019年，入园企业78家，投产企业58家，规模以上企业37家，从业人员3900人，新增就业岗位750个。10月底，完成工业总产值36.65亿元，同比增长17.07%；完成工业增加值7.68亿元，同比增长17%。羊绒交易市场经销原绒800吨，交易额达2.6亿元。园区工业经济呈现逆势上扬和稳步攀升的态势，成为推动县域经济发展、促进群众脱贫致富的中坚力量。

【园区基础建设】 投资6828.75万元的同心县新区劳务移民扶贫车间建设项目一期工程已完工，二期项目已完成基础工程；投资449.31万元的宁夏同心工业园区精细化工区同德大道南段道路工程建设项目已完工投入使用；投资999.78万元的宁夏同心工业园区一般工业固体废物贮存处置场建设项目争取年内建成；投资526.58万元的中核（宁夏）同心防护科技有限公司职工周转宿舍楼（一期）建设项目已完成基础工程；投资1497.08万元的宁夏华平科瑞能源化工有限公司科技研发中心建设项目完成基础工程；投资1361.22万元的同心县新区劳务移民扶贫车间周边配套附属工程（供暖工程）建设项目11月7日招投标；投资308.22万元的拓展区通电工程、给水工程、精细化工园动力站围墙工程、爱心双电源工程等园区基础设施配套项目全部完工投入使用；投资1497.37万元的宁夏同心工业园区羊绒园区二期道路工程建设项目已发布招标公告；扶贫产业园天然气项目已编制完成实施方案，正在审查阶段。同时，加大项目储备，储备补短板项目及沿清水河高质量发展项目20个，总投资9.69亿元。

【园区项目建设】 全年投产及建设项目15个，新增入园企业5家。计划投资20亿元，已完成投资14.7亿元。已投产项目1个，投资1000万元的恒通年产200吨羊绒纱线项目已投产。即将投产项目3个：投资4281万元的宁夏塞上鸭婆食品有限公司鸭婆豆腐年产1万吨豆制品及豆芽加工建设项目厂房建设已完工，正在配套实施污水处理设施；投资22000万元的宁夏同德爱心循环能源科技有限公司粗苯轻烃加氢精制项目、投资1000万元的兰卿自发热快餐食品加工项目正在进行设备安装。正在实施项目11个：投资113991万元的宁夏豪龙建材有限公司豪龙水泥生产建设项目、投资35000万元的宁夏帕罗羊绒制品有限公司年产3000吨羊绒混纺纱项目、投资4820万元的宁夏羊博士皮草科技有限公司滩羊皮深加工品牌建设项目、投资3900万元的宁夏满山红枣业有限公司满山红枣业深加工项目、投资15000万元的宁夏荣新建材科技有限公司年产15万吨减水剂建设项目、投资8240万元的宁夏同心宏业工贸有限公司年产20万件羊绒衫项目、投资159048万元的宁夏银山能源化工有限公司65万吨/年油气伴生资源综合利用项目、投资10000万元的圣雅戈（宁夏）建材有限公司年产30万吨天然石膏综合开发利用项目正在抓紧进行主体工程建设；投资29685万元的宁夏回春生物科技有限公司农副产品深加工产业链项目、投资4940万元的宁夏天予食品科技有限公司天予枣业食品饮料科技园项目正在抓紧进行基础工程施工；投资3000万元的享口福年产500吨面点加工项目正在厂房装修。

【招商引资】 2019年，区、市下达招商引资目标任务分别为40亿元、45亿元，截至10月底，同心县在建招商引资项目24个，总投资120.22亿元，申报到位资金42.96亿元。其中：新建项目21个，申报到位资金38.89亿元，续建项目3个，申报到位资金4.07亿元。分别占区市目标任务40亿元、45亿元的107.4%、95.47%。

【园区招商宣传】 加大招商宣传，重新拍摄制作《魅力绒乡·同心同行》招商引资宣传片，印制对外宣传手册1万本；完善县党政信息网招商引资专栏，积极推动互联网招商信息平台建设。

【园区招商】 在“走出去”招商上，县委、县政府主要领导亲自挂帅，先后4次带队赴北京、浙江、河北、江苏、福建等经济发达地区开展招商活动，签约项目8个，签约合同金额近7亿元；在“请进来”招商上，邀请福建永春客商、河北客商及江苏客商等外地客商到同心考察30批次，对接洽谈项目40多个；在紧盯项目招商上，围绕“轻新健”产业，引进葡萄籽深加工及福建达盛香业等项目，投资达3亿元。

【招商服务】 认真贯彻执行自治区优化营商环境“1+16”政策，努力营造亲商敬商、留商稳商、安商富商的服务软环境，全程协办招商企业注册等相关审批手续，对一些重点外来投资企业和项目，采取一事一议、特事特办、现场办公等办法，加快签约项目及时落地。坚持定期走访、回访外来投资企业，认真倾听他们的意见和建议，及时改进服务方法和措施，增强投资者信心，实现互利双赢。为园区12家自建企业退还占用耕地税1209418.78元（退补滞纳金195342.35元）；解决银山能源化工有限公司65万吨/年油气伴生资源综合利用项目“三通一平”费用3793101.98元。

【园区融资】 多措并举，着力打造低成本园区，吸引投资置业能力显著提升。一是加强政策支持。执行宁夏慈善产业园招商引资优惠政策，提请县政府相继出台促进羊绒产业发展、促进工业经济发展等实施意见，为企业发展夯实基础。二是搭建三个服务平台。打造融资平台，依托同心县中小企业助保贷基金、同心县羊绒产业发展基金等9大基金，鼓励和引导县内商业银行加强对企业金融扶持力度，简化中小微企业贷款业务的受理审批流程，有效降低了创业融资成本，为企业争取融资20亿元。打造公共服务平台，投资500万元，建成宁夏同心工业园区“智慧平台”，全力打造便捷、周到、高效的“一站式服务”。协助企业举办招聘会4次、就业培训5场次。打造仓储物流平台，引进福建“来三斤”网络销售平台，积极拓展特色优势农产品线上发展，为园区企业提供便捷的网上交易和物流服务。

【助力脱贫攻坚】 坚持帮扶责任到人，努力推进精准扶贫。依托投产项目吸纳就业750人，有效带动600多户家庭脱贫致富；瞄准入园企业用工需求，为扶贫产业园内劳务移民贫困户和建档立卡户提供职业技能培训服务100人次，安置就业80余人。组织全体干部职工每月至少2次深入联系服务的兴隆乡王团村党支部和结对帮扶的王团村、李堡村建档立卡贫困户家中，对帮扶的120户党员和群众进行了扶贫政策和禁毒、扫黑除恶等知识的宣传，制定脱贫发展计划，全力进行帮扶。狠抓企业履责，进一步发展园区慈善事业，引导企业在2019年第十个“教师节”期间，对全县重点中心学校、初级中学及高级中学进行了慰问。

【园区改革创新】 整合优化区块确立园区产业定位，园区更名为宁夏同心工业园区，由“一园三区”组成，确立主导产业为羊绒纺织、轻工制造和精细化工，现主导产业占比已达到100%以上。完善内设机构，健全园区管理体制。园区为县政府派出机关，核定副处级领导1人、正科级领导8人、副科级领导5人，内设党政办公室、规划建设科、经济发展与羊绒产业科、招商服务科、应急管理与生态环境科，核定事业编制26人。配齐配强园区党工委班子，书记由县人民政府县长兼任、副书记由管委会主任担任。逐步落实赋权，提高行政服务效能。报请吴忠市园改办审核通过园区经济管理权限赋权清单，下放至园区的12项经济管理权限已全部承接，派驻园区的5项审批事项近期入园。剥离园区承担的社会服务功能，将供热中心移交县热力公司管理运行，环境卫生采取政府购买服务的方式进行保洁。建立《工业园区建设联席会议制度》，协调推进园区建设发展。制定园区企业项目审批“一站式”代办服务制度，与县政务服务大厅并联审批相关事项5件。加大财政支持，建立增量管理机制。工作经费300万元，园区建设资金1000万元，财政增量的60%用于园区建设和运营。盘活园区资产，创新投资融资机制。注册成立园区同润园投资发展有限公司，县政府注资300万元，引进1家企业投资天然气供气工程，撬动民间资本投资园区基础设施建设。开展区域评估，降低企业负担。营造干事氛围，创新人事薪酬制度。建立工作人员绩效考核制度和以项目引进人才的工作制度。加大清理整治，腾出园区发展空间。制定《入园企业清理提升专项行动工作方案》，推进3家僵尸企业盘活处置和清理的进度，引进新的企业入驻，耐特镁业公司与新引进的2家企业签订134.4亩土地转让协议。加大土地集约节约力度，积极引导企业进行二期建设，新引进2条粗苯加氢生产线项目于11月份投产。

（同心工业园区办公室）

同心羊毛毡

【概况】 2019年，“同心羊毛毡”生产厂区占地面积23310平方米，拥有5条精细化、专业化、自动化生产线，100余台现代化机器设备，150余名员工，其中建档立卡户员工85人，其他贫困户员工25人。

【产业发展】 2019年生产羊毛毡185万平方米，产值达4200万元。产品销往宁夏、甘肃、陕西、青海、新疆、内蒙古、东北等地。公司先后获得“自治区专精特新示范企业”“自治区科技型中小企业”“自治区中小企业技术标杆”“市级农业产业化龙头企业”“宁夏优品”等荣誉，为行业领军企业、诚信品牌企业。企业通过ISO 9001质量管理体系认证、ISO 14001环境管理认证、职业健康安全管理体系认证。产品先后获得国家发明专利3项、实用新型专利4项、商标3项（12类）。2019年公司总经理马小兵被吴忠市批准为非物质文化遗产传统《擀毡》技艺代表性传承人。

（姚锐）

电　力

【概况】 2019年，国网同心县供电公司全年安全生产态势平稳，长周期安全运行7382天；供电可靠率99.8379%，综合电压合格率99.864%；加强行业作风建设，以实际行动支持地方经济发展，服务得到同心县委、县政府肯定；获国网吴忠供电公司“先进集体”荣誉称号。

【安全生产】 严格落实安全生产责任制，扎实推进本质安全建设，编制安全责任清单，严格安全履职，层层压紧压实安全责任，顺利通过国网宁夏电力安全性评价验收。认真开展“防风险、保安全、迎大庆”等专项工作，常态化开展安全稽查和督查，夯实安全基础。开展各类安全培训19次，培训人员885人次。组织开展迎峰度夏、大面积停电事件等应急演练，提高应对自然灾害和突发事件的处置能力。圆满完成“新中国成立七十周年”大庆等各类保电任务45次。

【电网建设】 落实“三部两代”现场管控机制，严格做好施工队伍管理、现场安全管控、安全监督检查三个方面的工作。2019年国网同心供电公司共计下达工程项目22项，下达资金2257.42万元，完成率100%。重点解决了农村供电能力不足、县域电网设备老化等问题，提升电网供电可靠性。

【营商环境优化】 精简手续资料，优化办电流程。取消和合并部分业扩报装中间过程，推行“三零、三省、三快”服务，全面推广“互联网+”线上办电服务，实现用户办电零上门、零审批、零投资。压缩办电时长，提速客户接电。推出业扩报装“绿色通道”，加快办电效率；全面开展不停电作业，最大限度减少客户停电时间和次数。释放政策红利，降低客户成本。积极用活“两部制”电价政策；取消业扩报装带电接火费用，实现业扩报装零费用接火；落实电价降价政策，完成1060户一般工商业用户退费核算，各类政策性退费44.38万元。创新办电模式，提升服务水平。构建“互联网+电力服务”新模式，实现线上缴费应用率75.83%；推进小区资产接收，完成第一批6个小区的供电设施资产移交工作，资产评估金额516.5万元。

【助力脱贫攻坚】 助力打赢脱贫攻坚战，积极响应同心县委、县政府号召，加快贫困地区电网改造。派驻扶贫工作队驻村扶贫，捐款20950元助力贫困户发展养殖脱贫摘帽。贯彻落实国网宁夏电力“为民服务九大新举措”，将农村低压业扩报装引起的电网建设改造纳入业扩配套工程，实现农网低压用户“零投资”，助力群众脱贫增收。

（马淑琴）

交通运输

道路建设与管理

【概况】 2019年，同心县加大“四好农村路”建设力度，狠抓交通重点项目建设，加快推进交通综合执法改革，进一步规范运输行业管理，切实提升交通运输工作的服务质量和水平，新建改建续建农村道路536千米，其中，三级以上公路133千米，四级公路132千米，村组巷道271千米。危桥改造17座，完成生命防护工程22380米，概算总投资48544万元。

【重点公路项目】 2019年新建续建重点项目10个136.7千米，总投资45743万元。跨年度建设项目：王团至预旺公路项目67.02千米，采用二/三级公路标准设计建设，总投资22629万元，土方路基已基本完成，沙砾层铺设70%，桥梁涵洞工程已完成90%。该工程建设工期26个月，计划2020年10月完工。建成通车项目：同心至石炭沟公路项目23.5千米，采用三级公路标准设计建设，总投资2811万元；下马关至萌城（同心段）公路项目10.9千米，采用三级公路标准设计建设，总投资2447万元；同喊公路改扩建项目30千米（同心境内4千米），采用三级公路标准设计建设，县境内投资1200万元；S101线经石狮至同预路公路项目9.577千米，采用三级公路标准设计建设，总投资700万元；S101线至圆枣村公路项目6.283千米，采用三级公路标准设计建设，总投资498万元；邱家渠至白阳洼公路项目7.3千米，采用四级公路标准设计建设，总投资846万元；韦焦公路至青龙山公路项目5.4千米，采用四级公路标准设计建设，总投资497万元；预旺东沟大桥及引道工程1.36千米，采用二级公路标准设计建设，新建桥梁一座，桥长289米，宽13米，总投资4215万元，已建成通车；同心县银平东路（孵化园）至S101线连接线工程全长1.383千米，采用一级公路标准设计建设，新建桥梁一座，桥长848米，宽24.5米，总投资9900万元。

【农村公路建设】 2019年新建改建农村公路128.3千米，总投资7650万元，已建成投入使用。村组道路项目：少数民族发展资金项目4个42千米，总投资2095万元，已完工；贫困村巷道建设项目121千米，总投资6500万元，已完工；非贫困村巷道建设项目108千米，总投资4718万元，已完工；桥梁建设项目17座，其中，跨东西干渠14座，下马关2座，新生1座（市人大议案），总投资2390万元。

【农村公路养护管理】 积极做好日常养护和预防性养护，全力做好水毁抢修和安全隐患排查与治理，完成安保工程，提高农村公路养护质量，确保公路安全通行。日常养护。共清扫路面2168653平方米，处治裂缝3122平方米、路肩不整洁578026米，整修边坡181578平方米，清理边沟250214米，疏通桥涵168道。养护工程。维修农村公路水泥混凝土路面16076.4平方米、维修沥青混凝土路面9026.8平方米、公路标线11345.5平方米。水毁抢修。维修新建涵洞8道，维修边坡14838米，急流槽87米，沥青水泥混凝土路面1618平方米，浆砌片石护栏、挡土墙130平方米，S103线山体滑坡清理土方15000立方米，S310线路基路面水毁320平方米。预防性养护。以“防、排、治”为重点，坚持对公路排水设施提前进行疏通的同时，采取有效措施截水，从源头上做好公路水毁预防；冬季及时储备防滑砂和融雪盐，保障人民群众生命财产；及时组织开展路面裂缝灌缝，累计处置病害2855平方米。

【路政管理】 加大道路安全宣传，共出动宣传车20次，悬挂横幅8条，制作展板8块，刷写宣传标语30余条，张贴发放宣传材料5000余份；加大路政巡查力度，及时发现和处置各类涉路违法行为，共清理垃圾堆积物220处、清除非公路标志牌6块，检查车辆2300辆，对72辆抛洒遗漏车辆进行了处罚。

【安全生产监管】 完善体制，强化安全管理责任。一是印发2019年度安全生产工作计划，签订2019年度安全生产目标管理责任书，完善和促进企业安全生产主体责任的落实。二是加强道路交通安全专项整治，对全县5条县道、22条乡道、106条村道1907千米农村公路标志、标牌、标线、护栏等进行了全面排查，处治清理银西公路（原同海公路）路基边坡塌方15000立方米，处治萌喊公路（原同预公路）路面沉陷320平方米，完成其他路段水毁抢修。三是加大道路运输安全管理，强化对汽车站客运源头监管。深入开展“百日专项行动”和“防风险除隐患遏事故保大庆”等专项行动，会同运管所对辖区14家道路运输企业安全生产检查4次，检查班线客运车84辆、公交车72辆、出租车210辆；会同局质监站对道路施工企业检查2次；排查安全生产隐患2处，下发整改通知书2份，将整改落实到位。集中开展安全生产领域“打非治违”专项行动，共出动执法人员4000余人次，出动执法车辆1100车次，查扣非法营运车辆165辆，依法公示处理136辆；查扣出租车不按规定使用计价器的行为，受理处理各类投诉案件共计247件；对源头货运企业兜底摸排，遣返7辆超限超载车辆到货物配载源头企业，对有违规装载现象的3家源头企业作出警告，取缔16家源头治超货运企业。

【社会治理】 围绕扫黑除恶交通运输领域整治工作组七项重点工作，在全县所有班线客运、公交车、出租车车体张贴扫黑除恶专项斗争宣传条幅，并在335辆出租车车载LED显示屏滚动播放专项斗争标语，各交通运输领域场所宣传氛围浓厚。联合公安交警、运管等部门重点对同心汽车客运站、县第四小学、县集贸市场、县高速公路出口、原二粮站等地点线路的采取低价引诱、威胁等手段揽客、倒客及欺行霸市、扰乱市场经营秩序的非法经营车辆和恶势力团伙进行摸排和打击。2019年查扣非法营运车辆165辆，依法公示处理136辆，收缴罚没款68.6万元；查扣“普拉危”货车8辆，处罚23万元；查出各类客运（出租、公交、班线）违法经营及服务质量投诉案件共计247件，件件办结有回音，共处以罚款4.63万元。继续对私自揽客、倒客、卖客的“黑牛”，长期私自组客非法运营银川、吴忠等地的人列入重点监控对象，对长期发布非法营运信息，扰乱正常的客运市场秩序的同心广告信息发布平台、同心县顺风车、同心微传媒等搜索固定证据，及时报县扫黑办处理。对群众反映强烈的个别出租车不打计价器、随意乱要价、甩客、宰客，公交车不依法依规进站载客、滞站揽客、随意停靠等行为进行规范整治。对公共交通公司一辆压班压点的公交车停班3天，罚款1000元，对15辆不按规定使用计价器的出租车收回运营证，经营业主停业3天学习培训，每辆车罚款1000元，进一步规范了客运经营秩序。

【行政执法】 建立运管、公安交警等部门联合执法机制，采取定点检查与流动巡查相结合严格查处无牌无证车、私家车、“黑”的士、残疾人专用车和老年代步车等非法从事客运经营活动，加强对顺风车的管控，在客运高峰、重要节假日等重点时段加强执法检查力度，利用夜间执法、错时执法、定点执法等错时严查非法营运行为，形成震慑。继续和高速公路7大队联系协调，严厉打击私家车在高速公路服务区组客，扰乱客运市场秩序的行为。

【客车运营】 2019年底，全县拥有营运客车478辆（班线客车81辆、城市公交62辆、出租车335辆）、客运站9个（二级客运站1个、四级客运站8个），道路客运线路58条。恢复新增30辆便民公交，重新开通了县城至倒墩子（圆枣村）、县城至河草沟、县城至麻疙瘩、县城至同德村、县城至石炭沟等公交线路，延伸了同德村、菊花台村、旱天岭村、吊堡子公交线路，解决了人口较集中的行政村通车问题，方便群众出行，实现了行政村通客车率100%的目标。

【道路运营】 实施脱贫攻坚交通“两个100%”工程，100%完成行政村通硬化路目标。争取自治区交通运输厅补贴资金、整合扶贫、财政“一事一议”等资金支持，加快推进贫困村水泥路硬化工程，加强危桥改造和贫困地区乡道及以上公路安全隐患治理，进一步完善农村公路基础设施，提高农村公路通达能力和安全服务水平。年底，全县通车里程达4833千米，其中，高速公路50千米、国道60千米、省道344千米、县道108千米、乡道380千米、村道1694千米、专用公路13千米、巷道2184千米（其中在89个贫困村实施巷道1320千米），绝大部分行政村巷道实现了全覆盖，基本达到了户户通硬化路，超前完成了行政村通硬化路100%的目标；有条件的行政村，通客车达到100%，推进城乡客运一体化发展，逐步实现城乡道路客运基本公共服务均等化。

【助力扶贫攻坚】 在交通项目实施过程中，要求施工企业必须按照属地原则，项目实施到哪里，建档立卡贫困户就在哪里打工，在用工上优先使用建档立卡贫困群众。是年，在道路交通项目中累计使用当地贫困群众3500多人次，人均月收入达到4500元以上，年底支付农民工工资达亿元左右。全力开展包村帮扶工作，全体干部职工经常深入帮扶村（驼骆嵝岘、联合村、沟南村）认真开展帮扶工作，宣传扶贫政策，落实扶贫措施，协调解决具体困难和问题。先后为驼骆嵝岘1户危房困难户帮扶1.5万元、为王团联合村2户危房困难户分别帮扶1.5万元和1万元、为沟南村1户贫困户帮扶1万元，帮助贫困户新建住房；筹资8万元帮助沟南村维修小高抽，解决该村500亩农田灌溉用水难问题；帮助沟南村3户养牛大户每户贷款10万~30万元，扶持养牛产业发展，起到良示范引领作用；慰问重病困难户11户；六一儿童节，筹资7500元发放学习慰问品。驻村工作队常驻帮扶村开展帮扶工作，为每个帮扶村解决1万元，购买办公用品及床单被褥，解决办公及住宿等困难。

（周宝鑫）

运输管理

【概况】 2019年，道路运输工作本着便民惠民，保障旅客运输安全、便捷的宗旨。坚持公交优先发展战略，恢复同心至杨堡农村客运线路延续，恢复多年停运的县城至石炭沟公交线路，提升群众的满意度和幸福感。管疏结合，解决通返不通问题。同心荣海公交公司和东顺公交分公司购置5座小客车上线运营，打通群众出行最后一千米，确保村村100%通客率。应急演练，提升应急处置能力。结合行业实际，7月份组织全县运输企业在县汽车站开展一期综合演练，模拟突发事件的综合有效处理，进一步提升应急实战能力，确保全县道路运输行业安全生产和处置突发事件整体水平稳步提升。优化班次，满足旅客出行需求。将同心发往银川普客上报申请变更为快客，切实满足群众银川看病和办事出行。

【规范货运经营行为】 严厉查处未取得道路危险货物运输许可，擅自从事道路危险货物运输经营行为，全年共依法查处“普拉危”货运车辆9辆，处罚金额23万元，有效遏制重特大事故的发生。进一步强化危化品车辆运输管理，筹建危险品运输车辆大型停车场1个，解决停车场的问题。兜底摸排源头企业，对7辆超限超载运输车辆超限超载行为予以遣返、卸货，并对3家企业进行警告，依法取缔16家源头货物运输企业。

【社会治理】 出动执法人员3200人次，查扣非法营运车辆180辆，受理处理投诉案件208件，做到件件有回音。印发张贴宣传标语822条（出租每车2条共670条、公交车72条、班线客车80条），悬挂条幅29条、印发各类宣传材料5000份（彩页宣传单2000份、“诚告广大乘客的一封信”2000份、扫黑除恶专题折页宣传材料1000份），张贴画报25份，制作展板6块，循环播放LED显示屏7处，在招呼站制作宣传版面120余张，在同心县运输管理所和同心县汽车站候车室均设立了投诉信箱，在汽车站候车室设立了展板。共梳理涉黑涉恶线索15条，扫黑除恶成果显现，客运市场回暖，国庆节客流量和营收同比分别上涨48.8%和60.15%。

【安全监管】 按照《道路运输行业安全生产领域改革发展实施方案》要求，落实5项重点工作任务，健全安全生产责任体系。坚持做好春运、“全国两会”和中华人民共和国成立70周年大庆等重大节庆活动的安全维稳工作，共召开7次安全生产例会，检查企业57次，发现一般隐患9起。各企业共组织内部检查125次，发现隐患69起，召开安全例会124次。

【行政执法】 2019年初，印发《同心县出租车市场秩序专项整治工作实施方案》，主动出击，查处出租车拒载、不打计价器、载客服务态度恶劣等行为。是年，共受理处理出租车不打计价器及服务质量投诉案件208件，罚款4.25万元。

【专项治理】 整顿驾培维修乱象，开展货运车辆非法改装、拼装等违法行为专项整治，集中查处机动车维修企业、维修点非法改装、拼装货运车辆的违法行为，打击非法长期从事机动车维修行为1起，违法改装、拼装车辆行为2起，伪造变造机动车竣工维修合格证行为1起，以虚假配件长期从事机动车维修行为1起。

【便民服务】 严格落实4.5吨以下普货车辆不再办理道路运输证规定，营造宽松运输环境。强化管理，研究班线客车市县毗邻之间、出租汽车审验与管理服务事项，梳理承接管理权限，深化“简政放权”工作。推动汽车电子健康档案，系统向三类维修企业延伸建设工作，不断提高数据对接和上传质量，通过对车辆维修质量评价配件溯源管理等，切实提高维修市场消费者满意度，严格落实维修许可备案制度，不断强化事中事后监管，继续落实“三检合一”和普通货车异地年审规定，将便民惠民措施落到实处。按照政务服务中心建设要求，全面推进政务服务中心运政分厅标准，严格落实首问责任制及限时办结制等窗口服务制度，实实在在打造方便群众办事环境。

（杨　鑫）

邮政·电信

邮 政

【概况】 中国邮政集团公司宁夏回族自治区同心县分公司下辖团结北街、长征西街、下马关镇、王团镇、韦州镇、预旺镇、兴隆镇7个邮政营业所，其中4个代理金融网点，2019年共有职工63人。

【经营状况】 2019年业务收入累计完成1290.5万元，完成年计划1253.4万元的102.96%，较上年增长17.49%。其中，代理金融业务收入完成778.47万元，同比增长1.72%，完成年计划820.2万元的94.91%；包裹快递业务收入完成232.01万元，同比增长168.78%，完成年计划150万元的154.67%；其中：标准快递完成24.91万元，同比增长13.26%，快递包裹完成204.66万元，同比增长229.55%，普通包裹完成2.38万元，同比增长30.35%；函件业务完成29.92万元，同比增长32.7%，完成年计划29万元的100.3%；集邮业务收入完成63.79万元，完成年计划73万元的87.38%；报刊业务收入完成83.7万元，同比增长18.61%，完成年计划75万元的111.6%；电商业务收入完成26.65万元，同比增长1.74%；分销业务收入完成49.6万元，同比增长13.28%，完成年计划47.1万元的105.3%；其他收入完成26.36万元。

（马平）

电 信

【移动通信】 2019年，同心电信在4G800M频谱上运做，服务能力大幅提升，在有线光纤方面，同心电信向多种套餐客户开放200M光纤上网业务。是年，电信公司在推进自治区国民经济信息化进程中积极发挥主力军作用，为电子政务、电子商务和行业、企业信息化建设提供了良好服务。

（张青龙）

商贸

供销合作

【经济效益】 开展以“提升服务，规范管理”年活动为抓手，积极整合资源配置，发挥合作经济属性，开展农业社会化服务和基层组织体系建设，推动农村经营服务网络建设，提升农村综合服务能力。2019年，全系统实现商品销售3201万元，实现利润212.7万元，较上年分别增长6.7%和 4.8 %以上。

【为农服务】 围绕以发展全县“4+X”优势特色产业，通过“供销社+公司+合作社+村‘两委’+农户+基地”的生产经营模式，流转惠安生态移民村384农户土地1680亩建设黄花菜现代农业示范基地，实施种、管、收、加、销全程托管服务，种植黄花菜1000亩，农户实现土地受益和劳务收入105万元。依托社有、重点突破、合作共建、分步实施原则，争取自治区供销合作社股权项目资金100万元对韦州供销社进行改造建设，新建农资仓储、配方肥生产车间、农机大棚、办公用房等设施建筑面积达1590平方米。为桃山村81户建档立卡户568亩玉米机收提供收运一条龙服务，每亩玉米机收优惠30元，让利农民9万元。河西供销社购销农户玉米13500余吨，解决农户农产品销售难问题。

【供销引领】 发挥供销社“公”字号招牌和“中国供销社”标识效应，组织全县18家农产品生产企业和专业合作社，生产加工绿色、有机农产品，强化标准化生产，规范化经营管理，打造优质农产品品牌，向中核集团成员单位定向销售农产品387.8万元。坚持以服务“1+4”等特色优势产业为根本，协调争取总社枸杞深加工项目资金6800万元，为全县农业产业化夯实坚实基础。

（黄克忠）

粮食流通

【粮食工作】 组织开展“粮食科技周”宣传活动，发放宣传资料1000余份，普及节粮减损知识和技术，引导人们树立爱粮节粮、安全消费意识，培养全社会理性、健康、科学和文明的消费理念和消费习惯。组织专人对全县粮食经营企业及个体商户35家开展粮食库存大检查工作，有力维护全县粮食流通秩序，进一步优化发展环境，确保全县人民群众的粮食安全。扎实开展“优质粮食工程”，实施“好粮油”行动计划，共种植麻籽、油葵、荞麦、谷子、小麦等15万亩，订单收购数量2856吨；建设了11个产后服务中心，覆盖全县12个乡镇。与14家粮食经销企业协商，免费为农户提供晒粮场服务。开展了应急成品储备粮油轮换工作。

（马瑞成）

烟草专卖

【营销工作】 2019年，实现烟草销量6836箱（含雪茄烟），同比下降2.2%（全市增长0.96%）；实现毛利5367.7万元（含扣点），同比增长7.7%（全市增长5%）；实现单价121.5元/条（全市116.5元/条），同比增加7.9元/条（全市同比增加2.2元/条）。建成现代零售终端210户，占比25%，其中云POS客户146户，占比19%；实现卷烟零包陈列最大化560户，占比70%；开展各式各样的自律互助小组活动132场次，自律互助小组覆盖面90%。

【专卖管理】 自定义分析检查545户，查获非法经营案件共计25起，命中率为4.6%；模型分析检查523户，查获非法经营案件53起，命中率为10.13%。明确专卖重任，打击非法经营行为。不定时开展夜查2次，春节、中秋等节假日开展突击检查，将专项行动与日常监管有效结合，边打边防、防打结合，共查处各类违法经营案件115起，查获涉案卷烟28.734万支，涉案卷烟金额22.0538万元。拓宽思路视野，持续深入推进自律互助小组建设。共计成立44个自律互助小组，将全网零售户均纳入其中，覆盖面达100%。

（陈连鑫）

盐　业

【经营指标】 2019年，食用盐销售700.2吨，同比减少32.1吨，减幅为4.58%，完成年度计划690吨的101.48%。食用盐小包装销售700.2吨，同比减少32.1吨，完成年度计划650吨的101.48%。畜牧盐销售98.69吨，同比减少28.56吨，减幅为28.94%，完成年度计划165吨的59.81%。工业盐销售132.8吨，同比增加27.55吨，增幅为26.18%，完成年度计划120吨的110.67%。

【财务指标】 营业收入总额为155.86万元，同比增加4.86万元。费用总额为78.12万元，同比增加3.56万元。利润总额为9.37万元，同比减少1.4万元。

【终端网络建设】 加强终端网络建设，开展中盐品牌宣传。实行食盐销售一站式配送，加强食盐终端网络建设和销售渠道的再造工作。采取食盐辅助执法食盐配送、市场管理的模式，将辖区九个乡镇化为东西两大片区，实行片区经理负责制。建立健全终端客户资料，共建立客户资料100家。根据客户购盐情况，确定客户类别配送、周期及配送路线。

【品牌宣传】 通过制作车体广告及配送人员宣传等多方式、多渠道开展中盐品牌宣传，开展“5·15”防治碘缺乏病宣传，散发“碘盐使用和保护”、碘缺乏病防治等宣传单6000余份，倡导“吃好盐，选中盐”的理念，提高群众防范意识。

【市场监管】 强化部门联合，保持对食盐市场监管高压态势，积极与县工信局、市监局联合执法，严厉打击盐业违法行为，共查获中盐舞阳“脚臭盐”10余起，查获盐品和异地封存40余件，发挥震慑作用，净化盐业市场，维护食盐市场秩序。

（张永林）

石油销售

【销售概况】 2019年，经营指标完成情况：1—11月份，油品销售59166吨，其中汽油销售18843吨，较上年同期增长3.69%，柴油销售40323吨，较上年同期增长7.19%，完成全年目标任务66000吨的89.65%。1—11月份，非油销售593.31万元，完成目标任务784万元的75.85%，同比增幅12.64%，其中便利店销售473.71万元，完成目标任务540万元的87.72%，同比增幅23.43%；润滑油销售15.17万元，完成目标任务44万元的34.48%；化肥销售104.43万元，完成目标任务200万元的52.22%。1—11月份，天然气销售153万立方米，完成目标任务210万方的72.86%，较上年同期增加43%。

（县石油公司办公室）

住房与城乡建设

综 述

【城乡建设】 按照“一体化、均等化”的思路统筹考虑城乡基础设施建设和功能完善，加快推进市政项目。2019年计划实施68个（续建项目26个、新建项目42个）城乡建设项目，概算总投资61.02亿元。其中城镇基础设施建设项目44个，概算总投资18.4亿元，计划完成投资10.06亿元；房地产开发项目13个，概算总投资42.38亿元，计划完成投资17.76亿元；城市绿化项目10个，概算总投资2367万元，计划完成投资1908万元。建设项目主要有：建东环路、园区大道西延伸段等7个项目；新区污水处理厂扩建，河西、下马关、韦州、预旺等4个集镇区污水处理站和第二垃圾填埋场共6个项目；羊绒园区棚户区改造及基础设施建设等4个项目；13个房地产项目；10个城市园林绿化项目，累计完成投资20.85亿元。

【棚户区改造】 围绕项目开展拆迁“清零”行动，申请县人民法院下达强制执行裁定53份，组织开展依法集中拆迁行动两次，拆除130余户，新开工银平路南片区棚改项目，推进同心大道、G70连接线等重点项目。2019年共完成拆迁任务2400套，超额完成自治区下达的1500套棚改任务。

【美丽乡村建设】 高质量发展美丽乡村，建设韦州镇区巷道、村级公路（铺装），投资4500万元建成市政道路6.1千米和3.3公顷的韦州生态园；投资2900万元，实施韦州书院、游客服务中心及生态停车场（广场）项目。持续建设王团镇美丽小城镇拓宽改造、美化亮化等工程。投资1940万元，建设丁塘镇美丽小城镇项目。投资2643万元实施丁塘八方村、窑岗子村和石狮开发区沙砚村、韦州马庄子，张家塬海棠湖村、张家塬村、预旺镇南关村7个美丽村庄项目。投资887.5万元，先后开展村庄清洁行动“春夏季战役”，重点清理整治农村“三大堆”和残垣断壁等，规范整治农村环境卫生，让城乡居民共享美好生活。

【市政管理】 以创建文明城市为抓手，推进城市管理精细化。加强棚户区改造范围内违建管理，对违法建筑实行“零容忍”，对宝中线（同心火车站向南1200M）K932+300处违法搭建物进行集中整治，拆除违建共10户。取缔沿街悬挂横幅条幅520余条，清理乱涂乱画广告1500余处，整治沿街不规范和破旧广告牌匾209处，查处违章占道经营572处，流动摊点602处，规范出店经营426处。持续开展物业服务专项整治，推进物业服务标准化建设工作。结合系统扫黑除恶专项斗争，深入推进公共租赁住房管理领域扫黑除恶治乱专项清理整治行动，受理举报信息25条，清理腾退转租、转借、长期无人居住保障房60余户。加强城市公用设施维修管护，加大环卫设施投入，县城环境卫生机扫率达70%。

2019年购买各类运行作业车辆80余辆，其中扫路车13辆、抑尘车4辆、洒水车2辆、吸污车1辆、吸尘车2辆、道路养护车2辆。老城区现有主街道、次街道及城乡接合部街道38条，清扫面积为1561812平米、机扫面积1155382平方米，机扫率为74%。

【市政改革】 积极探索农村环卫市场化管理服务模式，印发《同心县农村环卫市场化服务体系建设改革方案》，完成农村环卫保洁市场化招投标工作，宁夏康洁为民环卫工程有限公司中标管理，托管服务费2996万元。7月20日宁夏康洁为民环卫工程有限公司正式进驻各乡镇管理环境卫生，在各乡镇、村招聘环卫清扫保洁人员近1000人，对各村环境卫生实行全天候清扫保洁，做到立脏立扫、立扫立清，同时对历年沉积屯堆垃圾进行了全面清理整顿，使乡村环境卫生面貌焕然一新。将工程建设项目审批流程优化，实行阶段内并联审批，限时办结。

【市政环境】 实施城市建成区20蒸吨/小时以下燃煤锅炉清零行动，拆除0.5及1蒸吨以上燃煤锅炉401台。实施绿化降尘工程，投资490万元实施S101线中的绿化工程，降低道路扬尘，净化美化环境。开展扬尘治理工作，对全县245个在建工程全部进行覆盖洒水降尘，渣土运输车辆全部密闭运拉，实施安装车辆进出冲洗设施25台，施工现场车辆进出冲洗。加大环保设施建设力度，投资805.26万元在河西镇同德村新建150吨MBR的污水处理站1座、公厕2座；投资570.99万元，新建5万立方米的垃圾填埋场1座。加强建筑节能、绿色建筑和装配式建筑推广工作，新增绿色建筑80万平方米，装配式建筑6万平方米。

【农村危窑危房改造】 2019年实施危房改造3248户，累计完成危房改造2.02万户，全县农村危窑危房全面清零，8.96万户农村住房实现鉴定全覆盖（建档立卡户2.26万户），鉴定C、D级危房3248户。中央第八巡视组反馈中涉及住建系统4个问题整改到位，自治区扶贫督导反馈涉及危窑危房整改问题4个，均整改到位。

【市政工程】 全面开展标化工地创建活动，累计创建自治区级标准化示范工地21个、“建安杯”工程5个、市级标准化示范工地26个、“明珠杯”工程2个、优质结构工程10个。

（李建凤）

住房公积金管理

【机构沿革】 县住房公积金管理中心最早成立于1996年6月，由县房改领导小组领导与城乡建设局房产公司一个机构，两块牌子。1999年5月启用县住房公积金管理中心印章，人员编制内调，行政编1人，事业编2人，其中主任1人，会计1人，出纳1人。2002年6月，周彦武为住房公积金管理中心主任。同年9月，住房公积金管理中心上化为地级市管理，更名为住房公积金管理部，定编为3人。2003年6月，县住房公积金管理中心撤销，成立吴忠市住房公积金管理中心同心管理部，实有职工5人。2005年6月，杨晓东为同心管理部主任。2010年8月23日，“吴忠市住房公积金管理中心同心管理部”更名为“吴忠市住房公积金管理中心同心分中心”，内设归集、支取、信贷、核算4个岗位。2010年至2019年是同心住房公积金管理中心的发展阶段，在职人员6人，其中在编人员4人，中共党员3人。

【归集业务】 2019年，全县共有181个单位、10874 名职工建立住房公积金制度，当年归集住房公积金18663.36万元，累计归集住房公积金138760.75万元，归集余额为62741.75万元。新增单位2个，新增人数 126 人，新增个体工商户、灵活就业人员缴存住房公积金的3人。全面启动村干部住房公积金建制工作，12个乡镇113名村干部已全部建立了住房公积金账户，缴存比例按最高12%执行，平均月缴存额5.6万元，累计分配廉租房补充资金3083.34万元。

【信贷业务】 2019年，分中心共审批贷款311笔，共11078.2万元，其中已发放贷款10608.2万元，未发放贷款470万元，个贷率为49.52%，贷款余额为29971.99 万元。

【提取业务】 公积金提取是指缴存人按照公积金提取的要求，到公积金提取办理部门办理公积金提取手续，将公积金账户的金额转到个人账户上。公积金提取分成约定提取、部分提取和销户提取三种类型。2019年，分中心共提取住房公积金14730.56 万元，占当年归集总额78.93%。累计提取住房公积金75975.98万元。

（杨晓东）

环境与资源

环境保护

【大气污染防治】 2019年，同心县推进污染防治攻坚战，实施并完成目标任务50项（其中大气污染防治方面39项、水污染防治方面11项）。全面推进大气污染防治，在有效监测天数361天中，其中优良天数315天，优良天数占87.3%，化学需氧量和氨氮排放总量与上一年同期持平。稳步推进清洁取暖，县城建成区外一律不再新建10蒸吨/小时及以下的燃煤锅炉，完成“煤改电”2台2蒸吨，“煤改气”1台4蒸吨。加强散煤煤质监管力度，建立散煤清单。全县煤炭经营户共85户，其中76户正常经营，9户季节性歇业。推进餐饮油烟污染治理，烧烤经营户共95户，已完成“煤改气”“煤改电”93户。严格管控城市扬尘，全面落实“六个100%”，扬尘防控要求加大机械清扫力度，全面推行湿法清扫，机械清扫率达75%。

【水污染防治】 全面落实河长制责任，对全县境内23条沟壑及湖面水库进行综合治理，封堵16个排污口，境内清水河、苦水河水质达标。稳步推进水污染防治，县城新区污水处理厂实现一级A稳定排放；新区污水处理厂人工湿地及清水河生态修复项目建成投入使用，达到IV类水排放标准；小洪沟水源地规范化建设和水源地清理整治工作通过县级验收；丁塘镇团结村、豫海镇城北村、兴隆村污水管网工程全部开工建设。强化水质监测，实施断面水质达标入黄，在清水河同心段设置6个监测点，在苦水沟同心段设置5个监测点，每季度开展一次检测。加强城市管网水质例行监测，对城市管网37个重点排污口委托第三方进行水质监测。对豫海湖、污水处理厂等关键点水质进行监测，清水河7个监测断面、苦水河4个断面及鸳鸯湖、豫海湖水质均达标。小洪沟水源地水质为III类水质（达到人饮水标准），11处农村饮水工程水质均符合饮用水水质标准。

【土壤污染防治】 全面推进土壤污染防治，持续加强疑似污染地块排查。结合日常检查、督查、群众举报等线索，对疑似污染地块进行排查。

【环境监管】 及时处理信访投诉，投诉办结率100%。严格落实“双随机”抽查制度，每季度分别对辖区内20%~25%的重点企业进行抽查，共检查排污企业222次，出动666人次，发现问题及时整改。全面执行行政处罚及四个配套办法，对存在违法行为的5家企业进行立案处罚，共处罚款45万元；先后对8家存在违法行为的企业实施查封、扣押，关停取缔2家，停产整治5家。督促企业进行应急预案编制及报备工作，保障全县环境安全稳定。开展专项执法检查，开展Ⅲ类射线及医疗废物专项执法检查、一般性工业固体废物专项执法检查、危险废物专项执法检查等及“绿色护考”工作。严把环境准入关口，共办理建设项目环境影响评价文件153个。做好环境应急管理工作，编制完成重污染天气应急预案、突发环境应急事件预案和辐射事故应急预案，全年未发生突发环境事件。

【环保宣传】 深入教育抓宣传，利用各类宣传活动向各单位、企业、村社发放《中华人民共和国环境保护法》及《水污染防治行动计划》、《土壤污染防治行动计划》等环保单行本。开展“6·5”广场宣传活动，共悬挂宣传横幅20条，摆放环保宣传展板80幅，发放宣传资料1万份、宣传册1万份，发放宣传扑克牌1000副、宣传围裙500条、环保手提袋500只。积极开展“学、查、评”活动，学业务、查现场、评案卷，解决执法人员不敢查、不会查、执法文书不规范等问题。

（马东来）

林　业

【植树造林】 2019年，全县实施大规模国土绿化行动，大力营造人与自然和谐共生的绿色生态空间。完成营造林10.5万亩、义务植树85万株，县城建成区绿化率达33.6%，森林覆盖率达到8.9%。其中，完成乡村绿化造林1944亩，新一轮退耕还林4500亩，封山育林10000亩，人工灌木造林11000亩，退化林分改造8000亩，清水河岸清水绿，移民迁出区由“黄”变“绿”，东南部草塬草木旺盛。

（尹存国）

国土资源

【土地规划】 坚持规划先行促发展，不断优化国土空间布局和资源要素供给。一是编制完善国土空间规划，明确国土空间开发保护目标、开发强度、建设用地规模等，最大可能为县域经济发展腾出空间。二是加快推进村庄规划编制，摸清村庄规划现状，落实生态保护线和永久基本农田线，划好历史文化保护线，明确生态、农业、农村住房、产业、基础设施和公共服务设施等各类用地布局，编制完成“多规合一”的实用性村庄规划，助推乡村振兴战略的实施。

【耕地保护】 坚持综合整治保生态，扎实推进山水林田湖草一体生态修复。一是坚决落实耕地保护责任，全面开展永久基本农田清理核实和永久基本农田储备区划定工作，初步划定永久基本农田储备区1.5万亩。二是加大禁牧封育力度，建立乡镇、部门联动责任机制，强化动态巡查，巩固生态修复成果。三是严格国土空间用途管制，建立国土空间用途管制制度体系、运行和监管体系。四是加大国土空间生态修复，全面贯彻落实“生态立区战略”，积极推进国土综合整治、矿山环境治理和生态修复工程。

【绿化造林】 完成乡村绿化造林1944亩，新一轮退耕还林4500亩，封山育林10000亩，人工灌木造林11000亩，退化林改造8000亩，完成义务植树85万株，森林覆盖率达到9%。县域建成区绿化率达35%，大力营造人与自然和谐共生的绿色生态空间。

【严控土地】 全年上报6个城镇批次，4个单独选址，共计23个项目用地，为庙儿岭750千伏变电工程，日产4500吨熟料新型干法水泥生产线技改项目、年产30万吨天然石膏开发利用综合项目等重大项目顺利落地实施提供用地保障。盘活存量土地，加快土地出让力度。出让35宗建设用地，出让总面积457273.07平方米，出让总价款2.4亿元。实施“城乡建设用地增加挂钩”项目，有效缓解建设用地压力。2018年“增加挂钩”拆旧复垦工作通过自治区自然资源厅检查验收，县财政创收9000万元。2019年实施“增减挂钩”项目2000亩，其中，跨省域交易1200亩，助力县域经济稳步发展。

【土地审批改革】 深化“放管服”改革提效率，实现行政审批事项全部进入政务服务大厅，集中受理申请事项实行“一表申请，一窗受理，合并办理”，减少受理环节。推进自然资源行政审批事项全流程网上办理，提高行政审批效率。投资项目从土地预审至土地报批供应完成审批时限控制在15日内，不动产登记首次压缩到5个工作日内办结；转移登记、抵押登记、预告登记压缩到3个工作日内办结；注销、查材、异地登记调整为即时办结。增设企业专办窗口，提高办事效率，节省成本。

【土地清理整治】 已清理收缴国有土地345.23亩，其中河西林场27人249.23亩，河东林场17人96亩。收缴集体土地183亩，其中石狮管委会28亩，河西镇60亩，张家塬乡50亩，预旺镇20亩，田老庄乡20亩，马高庄乡5亩。印发《同心县清理整顿非法占用国有、集体土地资源工作实施方案》《同心县2019年秋季“植绿护绿”行动实施方案》《关于在全县开展违建别墅问题清查整治专项行动的实施方案》等文件，巩固清理土地成果，建立长效机制。

【土地队伍建设】 县自然资源局由原县国土资源局、林业局、规划所和草原工作站合并组建而成，在岗在编人员316人，离退休人员254人。先后筹措200多万元对办公楼进行维修，购置办公桌椅30余套，办公电脑15套，购置车辆6台。

（尹存国）

教育与科技

综　述

【党建工作】　建立健全组织，成立县委教育工作领导小组，组建县教育工委、教育纪工委，全面加强党对教育工作的领导。印发《县委教育工作领导小组2019年工作要点》，全面推行学校党组织领导下的校长负责制，完成16个党总支、81个党支部的集中换届，在规模较大的学校增设专职党组织书记。2019年培养入党积极分子21人，发展预备党员9人，其中转正7人。2019年，教育系统受各级党组织表彰先进集体17个，先进个人85人，慰问困难党员65人次。开展主题教育，成效明显。聚焦教师思想政治建设，举办“不忘初心、牢记使命”党员教师培训班3期，对全县教育系统1075名党员进行集中培训。从严治党，成效明显。建立党组织书记抓基层党建和党风廉政建设“四个清单”，厘清党委主体责任、纪委监督责任、第一责任人责任76条，推动从严治党向纵深发展。强化监督执纪问责，先后查处举报线索11条，约谈学校主要负责人5名，开除公职1人，开展内部审计16次。

【基础建设】　规划教育发展新蓝图，建成同心九小等项目建设，规划建设同心十小、豫西幼儿园等一批新学校，优化布局，均衡资源配置，着力打造规模适度、结构合理、优质均衡的城乡教育格局。对同心县实验小学、同心县第四小、同心县第五小学、同心县特殊教育学校、同心县回民中学等学校进行增容扩量，新增校园面积117.4亩，进一步缓解县城学校大班额问题。重点实施中央预算内投资项目、学前教育、普通高中办学条件改造等项目，总建筑面积约5万平方米，概算总投资约3.1亿元。激活教育发展的新动能，全力推进“互联网+教育”工作。投资580万元，建设69所学校的在线课堂72个，采取一拖N的模式，定期组织开展同步教学、观课议课、网络教研等活动，实现城乡同上一堂课，提升教师专业素质。先后组织200多名管理干部和骨干教师赴银川、石嘴山、泾源等地观摩学习，多次邀请自治区专家到同心县举办宁夏教育云应用培训15场次，提升教师应用能力，促进信息技术与课堂教学的深度融合。

【各类教育】　学前教育。投入2130万元新建27所贫困村幼儿园，学前三年入园率达到85%；开工建设县城第六、第七、第八幼儿园，完成清水湾幼儿园治理移交工作，改为公办幼儿园。义务教育。实施辍学学生清零行动，开展“千名教师进万家、大走访大劝学”活动，全县中小学生达到68288人，全县小学学龄儿童净入学率100%，初中阶段毛入学率131.64%，小学六年巩固率101.22%，初中三年巩固率100.35%，实现“巩固—提高——个都不少”的目标，该做法登上了学习强国平台。高中教育。投入1665万元为回民中学征地12.1

亩，进一步改善高中办学条件。全县高中阶段毛入学率92.4%。职业教育：采取“县内招生+县外输出”的办法，完成中职招生任务2006人。职业技术学校开办学前教育专业，在校学生达到961人。

【教学工作】 提升思政教育于首位，在全县范围内开展两轮名誉校长、思想政治辅导员开学第一课活动，进一步强化中小学思想政治教育工作。思政辅导员进校园讲雷锋故事、清明祭英烈、我和我的祖国快闪等活动，教育引导中小学生厚植家国情怀、树立远大理想。采取“一托一”“一托二”形式，组建区域内“城乡联动教研共同体”，加大对农村学校和薄弱学校扶持。组织“一师一优课、一课一名师”优课评选活动，参加区、市级论文、教学设计、课例等竞赛活动，开展全县在线课堂教学教研观摩研讨活动、中小学部级优课“在线示范观摩”，全面提升教师信息技术应用能力。稳步提升教学质量，组织全县13所小学、8所初中部分学生参加国家义务教育质量监测考试。2019年高考成绩再创佳绩，一本上线372人，较上年提高2.35个百分点；二本上线1171人，上线人数较上年增加841人，全县一二本、高职上线率为99.68%，较上年提高0.19个百分点，实现了稳中有升的既定目标。

【文体活动】 先后举办全县青少年文艺展演、校园足球联赛、庆六一广场演出等活动，广泛开展校园文化艺术节、春季校园运动会、才艺展演等活动，孩子们走出教室、走进自然，展现青春力量。县第五中学学生在全区第十三届运动会上荣获乒乓球比赛团体一等奖，单打包揽前四名，特殊教育学校学生在全国第十届残疾人运动会上代表宁夏参赛，取得全国残运会跆拳道项目第五名的优异成绩。

【教育助力扶贫】 在“吃得好”上下功夫，落实中小学校长、教师陪餐制，建立试餐台账，让学生吃得安全、吃得营养。在“精准帮”上下功夫，发放资助金595.2万元，资助学生21440人次，累计发放资助金1603.4万元，资助学生79362人次，教育资助从学前到大学全程精准落实。落实高中生国家助学金、高中生免学费、学前“一免一补”、中职免学费等扶贫政策，落实资金1581.1万元，惠及贫困学生19108人。强化边缘户教育保障，安排边缘户教育资助资金161.6万元，资助边缘户贫困学生1048人。先后组织45名建档立卡贫困学生与福建省永春县和中核集团等帮扶组织举办“走进福建”“核电科普”等夏令营3期，使贫困学生开阔了视野，增强了信心。

【教师队伍建设】 改革创新，逐步优化。多方位强化管理，出台《同心县全面深化新时代校长教师队伍建设改革实施方案》，配齐配强了中小学管理干部。多渠道补充教师，补充公费师范生41人，招聘特岗教师32人。先后通过政府购买服务的形式为27所新开办贫困村幼儿园配备学前教师100名，为县职业技术学校和特殊教育学校配备专业教师41名，缓解教师不足形势。多形式培训教师，落实幼师国培15人，送教下乡90人，成果交流50人。开展“走出去学”，组织356人次外出参加管理干部和骨干教师提升专项培训。组织“请出来教”，举办中小学书记、校长培训班2期，培训管理干部357人次。多维度激励教师，教师节期间安排教师奖励基金300万元，对教育教学先进集体和先进个人进行表彰奖励。投入500万元，成立教师大病救助基金，激励教师安心从教、热心从教。安排资金400余万元，给4083名教师进行免费体检。多层次结对帮扶，落实与中核集团国家级帮扶计划、教育厅普通高中和职业教育帮扶计划、吴忠市盐同红教育结对帮扶等工作，组织开展各类帮扶活动100场次，形成从学前到职业教育全覆盖的帮扶体系。

【学校综合治理】 持续加大校外培训机构整治，批准设立校外培训机构20家，规范办学行为。持续加大扫黑除恶工作力度，邀请政法、公安进校园、进课堂开展专项斗争培训50余场次，印发《致学生及家长的一封信》发放扫黑除恶应知应会手册等，对学生、家长进行点对点宣传，提高知晓率，扩大宣传效果。持续加大校园安全保障力度，对校园安全进行督查，消除安全隐患。组织开展“健康人生 绿色无毒”为主题的禁毒书法、绘画比赛、禁毒知识竞赛等活动，举办全县中小学200多名禁毒兼职教师培训，打造5所区级禁毒示范学校。

（李光林）

宁夏同心阿语学校

【概况】 在自治区民委党组的领导下，以习近平新时代中国特色社会主义思想为指导，落实立德树人根本任务，紧紧围绕提高教育教学质量中心工作，不断开拓工作思路，认真履行职责，顺利完成各项工作任务。一是扎实开展“不忘初心、牢记使命”主题教育，以党的政治建设为统领，夯实思想之基。二是扎实推进“两学一做”学习教育常态化、制度化，教育引导广大师生积极参与扫黑除恶专项斗争，旗帜鲜明的同黑恶行为作斗争。三是深化德育教育，筑牢信仰之基。组织全校师生深入学习习近平在纪念“五四运动”100周年大会上的讲话精神，举办纪念五四运动100周年诗歌朗诵比赛、“传承五四精神”主题班会。组织开展“学雷锋精神，续写雷锋日记”和清明主题教育活动，与同心县特殊教育学校联合开展“春季送温暖——手拉手”活动。举办打击“套路贷”、“校园贷”、校园欺凌等法制教育宣讲活动，举办“珍爱生命，远离毒品”专题讲座。认真做好学生资助工作，全面落实“雨露计划”资助工作，享受国家助学金235人，占全校学生的74%。参加同心县第四届校园足球联赛，男女生足球队均以全胜的战绩双双夺冠。

【教育教学】 深化教学改革，提升教育质量。组织开展“办好思政课，培养合格建设者和接班人”专题座谈会。以技能大赛为平台，以赛促训，进一步提升教师业务能力和学生专业技能。参加全区职业院校技能大赛，获得二等奖1名、三等奖3名的优异成绩。对公开课进行改革，由过去被动安排变为自主选课。进一步优化课程设置，加大外语口语课时，任课教师交叉代课，搭建多样化语言教学场景，不断夯实教师教学基本功。积极开展教师培训，组织国培、省培20人次，参加外语翻译培训14人次，教师培训达80%。加大招生就业调研力度，对毕业生就业进行跟踪调查，稳步提升生源质量。

（周 波）

科技工作

【科技创新】 强化企业科技创新主体地位，进一步提升企业产学研水平。召开全县企业科技工作暨科技业务知识培训会，鼓励企业增强科技创新意识，增加科技创新投入，夯实企业的技术创新主体地位；积极牵线搭桥，引导企业与高等院校、科研院所开展产学研合作。在预旺镇建成中药材种植基地和初加工基地，形成中药材“种植—加工—销售”产业链，培育“同心银柴胡”品牌；在河西同德村建设万亩现代枸杞种植农业科技展示园；在预旺镇贺家塬村建设渗水地膜波浪式机穴播示范基地500亩。进一步强化科技统计工作，全县企业科技研发费用支出2800余万元，研发强度达到0.41%。县财政R&D投入590.0余万元，强度达到30%以上。

【科技型企业培育】 高度重视培育孵化科技型中小企业和高新技术企业，实行“一企一策”重点培育。引导和帮助宁夏荣华生物质新材料科技有限公司申报第一批农业高新技术企业，引导宁夏大斌家纺科技有限公司申报科技小巨人企业，引导宁夏阿伊河肉食品有限公司等7家企业申报自治区科技型中小企业。配合统计部门完成规模以上企业研发经费等报表填报。

【科技创新平台建设】 持续抓好科技创新载体、研发平台和创新团队建设。引导宁夏回春生物科技有限公司、宁夏大斌家纺科技有限公司、宁夏伊牧云农林科技有限公司等3家企业申报“星创天地”，引导宁夏伊牧云农林科技有限公司积极申报宁夏科技中介服务机构，引导德泓国际绒业股份有限公司申报精纺羊绒面料及服装研究试验研发平台建设，引导宁夏伊牧云农林牧科技开发有限公司等4家公司申报自治区创新平台建设。

【科技项目申报】 抓好项目申报工作，带动企业自主创新。围绕全县枸杞、红枣、中药材、养殖业等主导产业，先后向新型经营主体征集科技需求30多项，谋划储备具有竞争力的科技项目。全年共申报备案科技项目39项，申报成功自治区现代枸杞产业（同心县）农业科技示范展示区一个。投资100万元，依托润德庄园建设中部干旱带现代枸杞产业科技示范展示区，建设展示核心区500亩，示范展示规模化种植区4500亩。全年共争取项目资金300万元。

【科技宣传】 利用“科技、文化、卫生、法律”下乡、“科技活动周”等活动，组织涉农单位和企业科技人员、“三区人才”深入到农村开展科技宣传培训活动。先后在豫海镇新华和豫西社区举办中小学生及家长健康素养大讲堂活动，在下马关镇、河西镇、兴隆乡等乡镇开展牛羊养殖、葡萄、苹果种植管理技术培训。组织青少年在气象观测台参观学习气象知识等方面的技术培训、讲座和咨询服务共计9场次。发放各类科技资料共计4000余册（份），接受咨询700多人次，现场解答技术难题80多个。

【科技扶贫】 继续推进科技扶贫指导员基层创业行动示范工程，选派14名农业科技人才担任科技扶贫指导员，通过现场会诊、现场培训、现场指导、现场服务，帮助群众解决农业种植、林果增收、家禽家畜养殖等技术问题。充分发挥“三区科技人才”、科技特派员资源开展科技服务，从农口部门选派18名“三区科技人才”，对接服务全县24个贫困村，围绕同心县支柱产业大力引导科技成果的转移和转化，切实为全县经济社会发展提供有效的科技人才支持和智力服务。

（白继章）

防震减灾

【地震监测】 完成地震烈度与预警工程选址，在县行政中心、县海如女子中学、下马关镇红城水学校建设发布终端3个；在兴隆乡李堡小学、预旺镇中心小学建设2个基准站；在下马关镇红城水学校、田老庄乡窑山小学建设2个基本台。加强地震数据的跟踪分析，认真开展会商工作，印发《同心县地震局2019年度震情监视跟踪工作方案》。加强群测群防体系建设，修改完善《同心县地震局地震宏观观测点管理办法》《同心县地震局地震宏观观测员工作职责》《同心县地震局地震宏观异常上报规则》等制度，走访宏观观测点12次，举办全县宏观观测员培训班；坚持震情值班制度，牢固树立“震情第一”的观念，做到24小时有人值班，凡是宁夏境内及周边发生3.0级以上地震均在10分钟之内向县委、县政府上报震情信息。

【防震宣传】 一是利用“宣传周”“宣传月”科技三下乡、安全生产月、“7·28”唐山大地震纪念日等活动进行形式多样的宣传。二是在5月1日《中华人民共和国防震减灾法》施行十一周年、第十一个“防灾减灾日”和“安全生产月”，广泛宣传《中华人民共和国防震减灾法》等法律法规及相关防震避震知识。展出抗震技术展板40块、悬挂横幅标语40条，发放防震避震知识、家庭应急预案活页、防震减灾法律法规等各类宣传资料30000余份，防震减灾手提袋5000个，解答群众咨询500人次。三是积极开展防震减灾“七进”科普宣传活动，发放防震减灾知识宣传材料汇编1000份，在同心县党政信息网投稿13篇、编印同心防震减灾内部科普6期。

（马震云）

气象测报

【气象预报预警】 2019年，共启动重大气象服务应急响应（Ⅳ级）4次，发布气象预警信号115期、气象信息专报72期、专题预报2期、农用天气预报73期、森林火险气象信息专报73期。年内县应急管理局和应急办共转发预报、预警信息共65次，县委、县政府等领导做重要批示2次，接受电视采访5次。是年，重大灾害性天气无漏报，重大过程服务零事故。

【气象服务】 开展罗山森林防火预报预警服务工作，每周一、周五两次发布罗山森林防火风险预报。组织开展污染天气预报预警服务工作，每天16时30分发布空气污染条件预报。每月月初向县环保局通报上月气候概况，大风、浮尘、扬沙、沙尘暴日数等气象数据。

【人工影响天气】 编制《同心县2019年度人工影响天气工作计划》《同心县人影风险隐患排查制度》等文件，签署《同心县人工影响天气安全作业责任书》，开展人工影响天气作业12点次，共发射增雨火箭弹69枚。

（宋菊花）

卫生

综 述

【概况】 2019年，是全县脱贫摘帽的关键之年，卫生健康工作紧紧围绕实施健康同心战略，健全完善健康促进、健康服务、健康支撑三大体系，提升医疗卫生服务质量，努力预防控制重大疾病，促进生育政策和相关经济社会政策配套衔接，积极应对人口老龄化，进一步调动医务人员积极性，不断增强群众健康获得感，努力全方位、全周期为群众的健康服务。是年，制发《同心县2019年卫生健康工作要点及任务分工》，将全县卫生健康重点工作任务分解为11类47项，推动任务落到实处。

【医药卫生体制改革】 在机构改革中理顺职能，深入推进全县医药卫生体制改革工作。继续实行基层医疗卫生机构门诊包干预付制度和公立医疗机构住院包干预付制度，将县人民医院12个专业108个病种、中医医院8个专业41个病种分别纳入临床路径管理，临床路径管理12907例，占出院病例的47.02%。调整医疗服务价格，对县级公立医院共计590项医疗服务价格进行二次调整，其中，县人民医院实际调增463项，中医医院实际调增433项。分解下达重点医改控制指标，县级公立医院药占比为24.93%，百元医疗收入消耗的卫生材料费为17.61元，医疗服务收入占比为31.14%，医疗费用增幅为15.54%。截至9月底，门急诊量为828795人次，其中基层为508603人次，县级为320192人次。

【医院综合能力提升】 印发《同心县分级诊疗实施方案》，发挥龙头带动效应，县医院、中医院均被国家卫健委、国家中医药管理局确定为第二批全面提升县级医院综合能力项目单位。组建69个家庭医生服务团队，指导村卫生室开展签约服务，重点覆盖慢性病患者等重点人群，全县累计签约154519人，签约率为46.54%，其中重点人群签约率为87%。加快推进全县“互联网+医疗健康”工作进程，县长丁炜实地调研县、乡、村三级医疗机构“互联网+医疗健康”工作推进情况，完成135家村卫生室电子政务外网接入及网络提速等工作，确保网速不低于100M，达到一网三用的目标。“互联网+远程医疗”实现优质资源共享，县人民医院接受基层远程会诊287例，与北京解放军第五医学中心进行远程会诊1例，与宁夏大学附属医院进行远程会诊65例，与泉州市第一医院会诊1例，进行远程教学3次；“互联网+免疫规划系统”有效保障儿童疫苗接种安全，全县通过儿童预防接种信息客户端共上传儿童个案68696名，儿童个案基本信息完整率、接种信息完整率达到100%，通过产科平台新生儿下载率97.36 %，家长手机App绑定3448人。

【医疗服务能力提升】 针对县域内医疗服务

能力建设的薄弱环节，提请县人民政府审定为县人民医院（社区卫生服务中心）面向社会公开招聘9个岗位专业技术人员38名，为县中医院招聘护理人员30名。引进三级医院优质医疗资源，以县级公立医院为牵头单位，分建两个医联体，县乡村一体化管理覆盖6个乡镇卫生院，覆盖率54.5%。结合“凡晋必下”，县医院、中医院选派58名高年资医师支援乡镇卫生院，在县级公立医疗机构全面推行医师多点执业，有效缓解县域医疗资源不足的现状。

【健康助力扶贫】 制定《同心县2019年健康扶贫实施方案》，提出精准健康扶贫“八大行动”（即健康扶贫宣传、精准再识别、医疗保障、家庭医生签约服务、健康扶贫小药箱、慢性病鉴定、健康扶贫督导、整改落实）。全面落实部门责任，简化报销手续，减轻贫困患者垫资负担。对11040名“因病致贫、因病返贫”建档立卡户进行动态管理，全面实行“先诊疗后付费”，免缴住院押金，出院只支付个人自付费用。“一站式”结算后享受财政兜底4323人次，住院总费用4036.4万元，医保支付1931.1万元，大病保险3005万元，大病保财政补助242.4万元，扶贫保97.2万元，民政救助435.6万元，财政兜底696.8万元，其他救助60.40万元，个人支付272.4万元，自付比例6.75%，有效减轻贫困人口就医负担。

【生育服务】 经常性地开展各类技术服务工作，奖励计划生育特殊家庭7人（49岁以上3人，40~48岁4人），共核准奖励资金7.76万元。开展流动人口均等化服务，服务覆盖率达90%以上。开展“5·29”计生协会纪念宣传活动，加大贫困家庭唇腭裂患者的救助力度，受理20余例唇腭裂救助，为4户贫困家庭的唇腭裂患者进行免费整形修复手术。

【健康同心建设】 充分发挥《健康同心》栏目宣传辐射作用，每月播放公益广告100多条次，每天滚动播放“公民健康素养66条”动画视频；通过健康同心微信公众平台播出惠民政策、健康素养知识和疾病防控知识等100余条次；以“世界卫生日”“世界结核病防治日”“全国预防接种日”“全国疟疾日”等卫生计生宣传节日为契机，结合“三下乡”活动，开展健康咨询、义诊、巡讲等活动60余场次，发放中国公民《健康素养66条》、中医药保健知识手册30000余份；传染病防治、慢性病防治等健康知识宣传折页50000余份；发放健康药箱2000个、围裙10000多个，健康教育手提篮3000个；利用健康小屋，通过群众自愿参与、人机互动，完成对测试者体重、血压、心理健康指数测试、骨密度测试、中医体质辨识等自助的健康监测与健康宣教服务为一体的健康知识科普教育，为广大居民预防疾病、形成自主健康、自我管理的预防保健模式提供支持和保障。

【公共卫生工作】 实施14类54项基本公共卫生服务，扩大“三减三健”行动覆盖范围，全县共进行冷链运转12轮次，国家免疫规划疫苗报告接种率均达95%以上；新生儿听力筛查4499例，确认代谢和遗传性疾病患儿6例（枫糖尿病1例，高苯丙氨酸血症4例，原发性肉碱1例），由自治区新生儿疾病筛查中心治疗；孕产妇系统管理3864人，系统管理率96.94%，产后访视3939人，访视率98.82%，高危孕产妇管理1335人，管理率100%，孕产妇死亡2例；共登记结婚人数4304人，完成婚前医学检查4066人，检查率为 94.47%，检出疾病患者550人，其中传染性疾病253人（性病11人），暂缓结婚6人，对患病者进行了医学咨询指导，建议合理治疗；开展宫颈癌检查7620人，完成率100.26%，乳腺癌检查3112人，完成率100.39%。检查出宫颈癌患者1例，乳腺癌患者1例，均转上级医院进行规范性治疗；2019年县孕前优生健康检查项目任务量3350对，完成数量3360对，检查出风险人群456人，其中女性

320人，男性136人，检查项目异常人数梅毒阳性11人，沙眼衣原体阳性60人，甲状腺功能异常371人，乙肝血清学检测阳性401人，对阳性患者进行跟踪随访，给予咨询指导，使国家免费孕前优生健康检查项目落到实处，提高人口出生素质。

【公共卫生宣传】 在第66届“世界防治麻风病日”暨第32届“中国麻风节”，开展以“创造一个没有麻风的世界”为主题的宣传义诊活动；在世界防治结核病日开展集中宣传活动，并组织参加了全市结核病防治健康知识竞赛，荣获个人一等奖。组织开展了全县2019年基本公共卫生服务宣传月活动，印发2019年度家庭医生签约服务项目考核细则，组织开展大型的卫生健康日宣传，进一步提高群众对卫生健康知识的知晓率。采取查阅资料、现场抽查健康档案等形式对11所乡镇卫生院和3所社区卫生服务站落实国家基本公共卫生服务项目14类54项工作完成情况进行了考核，达到年度跨栏线（84分）12家、未达跨栏线2家，并依据考核结果兑付公共卫生资金。

【卫生监督执法】 监督管理相对单位745家，实监督745家，各类卫生监督覆盖率均达100%。全年实施卫生行政处罚51起（医疗卫生8起、无证行医10起、传染病防治4起、放射诊疗6起、公共场所22起、生活饮用水1起），其中简易程序19起，一般程序32起；警告24家、罚款34家，罚款金额90755元。监测非产品（用品）类样品公共场所抽检26户次，48件，合格率100%；饮用水抽检6户次，6件，合格率100%；学校、托幼机构、校外培训机构抽检45户次，合格率91%。“双随机”监督抽查任务107家，监督完成102家，任务关闭5家，监督完成率100%，完成率95.33%，完结率100%。理顺机构改革职能调整，对接完成职业病防治基础工作，在煤矿、冶金、化工等领域开展尘毒专项治理工作，检查企业24家，其中矿山企业4家、建材企业4家、化工企业（加油加气站）16家，推进卫生监督工作不断深入。

【健康服务体系建设】 安排700万元专项用于提升县级和基层医疗卫生机构临床服务能力建设；县乡村医疗机构标准化建设全覆盖。医疗卫生机构“三个一”、医疗技术人员“三合格”和医疗服务能力“三条线”全部达标；投入1.6亿元为县人民医院和中医医院购置了核磁共振、64排螺旋CT、DR、数字胃肠机等大型医疗设备；投入1000万元为乡镇卫生院和社区卫生服务站配备了500mAX光机、DR、全自动生化分析仪、血液细胞分析仪和蒸馏水制水机等高新检验设备；投入300万元为村级卫生室配置了健康一体机、便携式血糖仪、紫外线杀菌车、急救包等设备，不断加强能力建设。对全县村医执业情况进行认真梳理，对无村医证的45名村医进行了注册并制发村医证。

【中医药服务能力提升】 开展创建全国基层中医药工作先进单位活动，实现基层医疗卫生机构中医药医疗服务、中医药人员配备、中医药适宜技术应用等达到国家标准。加强中医医术确有专长人员医师资格考核注册管理工作，依据政策，初审、复审通过2人，已进入公示阶段等待考试，加强中医药队伍建设。

【老龄健康工作】 全年免费办理“老年人优待证”1558本，开展2019年老年健康宣传周和“老年健康西部行”等活动，在豫海镇新华社区开展“孝亲敬老 向上向善”暨同心县“敬老月”“孝德文化”进社区活动，中医院为160多名参加活动老年人、老干部进行义诊，发放老龄健康、慢病防治等宣传彩页500多份，发放红围巾160多条，赠送鲜花100多束，开展“忆往昔 话幸福 感党恩”与老人共吃长寿面活动，提升关爱老年人和老年人自爱意识。完善医疗机构与养老机构合作机制，各级医疗卫生机构对60岁以上老年人看病就医实行优先照顾，开通绿色通道，体现爱老、敬老的良好风尚。

【对口帮扶医疗】 福建省泉州市第一医院、解放军第五医学中心（原307医院）、苏州二医院、福建中医药大学等对口帮扶同心县人民医院和县中医医院，帮扶建设重点专科4个（消化内科、肝胆外科、康复科、针灸推拿科），开展新技术新业务19项。

【爱国卫生运动】 印发《同心县2019年病媒生物防制工作实施方案》，确定病媒生物消杀防制重要时间节点，对县城建成区中的居民小区、农贸市场、公共厕所等地开展“灭蚊防蝇”为重点的病媒生物防制工作，从源头上消杀，力求消除“四害”滋生地。在“喜迎新中国70华诞·同心共筑中国梦”2019我要走全国徒步联动日、2019宁夏同心“旱塬杯”全国钓鱼大赛、高考、中考、庆祝中华人民共和国成立70周年全民健身挑战日等节日和活动中提供卫生应急保障。

（马学贵）

文化

综　述

【概况】　2019年，全县文化工作以习近平新时代中国特色社会主义思想为指导，全面贯彻落实中共十九大精神，自觉承担起举旗帜、聚民心、育新人、兴文化、展形象的使命任务，以推进文化旅游融合、奋力推进全域旅游示范县建设为目标，发展以人民为中心的文化事业。

【文体旅游基础设施建设】　一是实施清真大寺（红色经典区）基础加固工程，投入专项资金249万元，加固维修面积约2760平方米。二是建设同心县清水河观光大道健身步道建设项目，专项资金为168万元，建成4千米彩色沥青路。三是实施满春村游客服务中心建设项目，专项资金为1000万元，新建400平方米游客服务中心和3000平方米停车场等基础设施。四是加快广电惠民工程，争取专项资金447万元，建设1个县级应急广播平台和12个乡镇级分平台及136个行政村级前端等。五是优化改造“两馆”基础设施，投资1300万元，实施图书馆、博物馆消防水池泵房、排水改造等工程。六是完善乡镇村文化基础设施，投资428万元，新建韦州镇韦二村、下马关镇南安村等12个村文化活动室和21个文化活动广场；投资639万元，采购音响、乐器、社火服装、健身路径等设备。七是推进乡村两级健身工程，建成21个村级1000平方米健身广场并安装健身路径，建设1个乡镇农民健身工程，建成4千米彩色沥青健身步道，为142个行政村、12个乡镇配置篮球、棋牌桌椅、乒乓球等基本设施设备，为12个城市小区、广场安装健身路径，为5个社区配置室内乒乓球台，满足群众健身需求，夯实体育健身保障。

【公共文化服务】　免费开放图书借阅，服务人群大幅提升。县图书馆接待读者21万余人次、纸质图书外借读者8600余人次6万余册次，新增办理借书证936个，解答读者咨询1000余人次，开展各类讲座12场次，举办线上线下各类展览24场，开展各类全民活动26次，数字（移动）图书馆访问量突破10万人次；县文化馆共接待服务对象9300余人次，开展办少儿书法、美术、钢琴、合唱、舞蹈系列培训班，培训人数达600余人次，专业技术人员下乡辅导51次，受训人员达2080人次。县博物馆增加“古代钱币展”和“康济寺塔出土文物展”两个临时展览，接待游客58598人次。开展“5·18”国际博物馆日宣传活动、庆祝中华人民共和国70华诞“颂祖国·献祝福”留言征集等特色活动。

【文化活动】　开展青少年迎新春书画展、新年笔会、文艺界新年茶话会。县文化馆开展“文化乡村行”——迎新春·送祝福系列惠民文化活动。组织双节系列活动，其中包括“农民才艺大赛”“青少年才艺大赛”、春节联欢晚会、大型元宵节灯谜晚会等文化活动，丰富群众精神文化生活。文化惠民演出深受喜爱，围绕“我们的节日”开展一系列丰富多彩、形式多样的节庆文化活动，受到社会广泛好评。“文化三下乡”活动文艺演出37场，“戏曲进乡村”活动文艺演出60场次，“戏曲进校园”活动文艺演出7场次，文化惠民下乡演出51场次，配合组织各类广场文艺演出28场。

【阅读活动】 以打造“书香同心”为目标，做到“问需于民”“量体裁衣”，开展了“4·23”世界读书日“读书周”、“全民读书月”、“庆6·1送书进校园”、“听我讲读书故事”、“我爱朗读”、“认识同图”、“文化来敲门”、“送书到身边”、“遇见图书馆”、“不忘初心、牢记使命”主题书展等系列活动，将阅读便民惠民政策落实到家，活动参与人数2万余人次。

【文旅体赛事】 举办赛事活动，促进文旅体融合发展。一是承办自治区第十五届运动会群众组方棋比赛。宁夏回族自治区第十五届运动会群众组方棋比赛于7月3—5日在县体育中心全民健身馆内举行。方棋项目第一次被列入自治区全运会，共有7个代表队的28名运动员参加比赛，并且以县级组队参赛。二是举办“神奇宁夏 活力同心”黄谷川第二届冰雪旅游节，进行滑雪表演、单板、双板、雪圈、雪地自行车、雪地摩托、雪地寻宝等13个项目冰雪体验和比赛，吸引区内外21895人次参与。三是组织举办“庆新中国70华诞·赏红色同心美景”2019年全国徒步大会“5·19”联动日（同心站）活动，来自全国各地的2500名徒步爱好者参加了活动。四是推进全民健身进程，提高同心影响力和知名度，组织举办2019宁夏同心“旱塬杯”全国钓鱼大赛，来自全国各地的近200名垂钓爱好者参加，吸引3000余名群众观看。组织举办双11全国持杖行走日（同心站）活动，组织举办全民健身挑战日，健康宁夏动起来等一系列大型赛事活动，通过中央广播电视总台、宁夏电视台、《宁夏日报》等主流媒体进行宣传，提高“旱塬同心”知名度，也推动了第三产业发展。

【“非遗”项目展示】 一是按照《文化和旅游部关于推荐申报第五批国家级非物质文化遗产代表性项目的通知》精神，自治区文化和旅游厅组织开展第五批国家级非物质文化遗产代表性项目申报工作，县非物质文化遗产“炕围画”申报第五批国家级非物质文化遗产代表性项目。二是在中国（江西）红色旅游博览会暨中国红色旅游推广联盟年会上，通过初审、复审、再审、终审四轮审查，中国旅游协会最终遴选出200套优秀红色旅游文创产品和12部优秀红色旅游演艺作品。其中同心县红色旅游文创产品《让水》瓷盘画、尕妹子·《西行漫记之红色同心》故事剪纸茶杯、尕妹子·《西行漫记之红色同心》故事剪纸册页、尕妹子·《西行漫记之红色同心》故事剪纸背包入选全国优秀红色旅游文创产品，受到广泛欢迎。

【红色旅游】 一是在中央电视台、宁夏电视台、新华网等媒体多次宣传报道同心县红色旅游资源，中央电视台新闻直播间栏目播放《新长征 再出发 吹响“抗战之声”》节目，新华社海外版编发刊登《中国西北角吹响“抗战之声”》。二是结合“不忘初心、牢记使命”主题教育活动，完成320平方米的“不忘初心、牢记使命”红色文献展布展，9月初对外开放，仅9月、10月份接待全区各单位、社会团体党员、干部及群众到红军西征纪念馆和“不忘初心、牢记使命”红色文献馆参观学习约6万人次，效果良好。三是坚持景区免费开放，截至11月底，红军西征纪念园景区共接待游客20.1万人次。

【行政执法】 一是加强日常巡检工作，组织开展各类检查共计1136家次。二是结合文化经营单位年检工作，摸清文化经营单位底数，开展培训学习，规范经营。三是组织“2019·护苗”、“2019·清风”行动以及校园周边整治，检查图书零售经营单位142家次、印刷复制131家次、校园周边文体用品店103家次，收缴盗版书籍52册，维护了全县教辅出版物市场。四是加大网吧、歌舞娱乐场所安全专项检查和接纳未成年人员进入场所，共检查760家次，存在安全隐患32家次，限期整改16家次、停业整改17家次，下发《责令改正通知书》28份，出动执法人员1103人次，依法取缔非法音乐考吧3处，游商地摊8起，取缔游戏场所1处，立案处罚17起，其中警告1起、不予处罚1起、停业整顿15起，共罚款4.9万元，及时消除安全隐患。

【文物保护宣传】 一是以“5·18”国际博物馆日、文化和自然遗产日为契机，开展内容丰富、形式多样的宣传活动，全年组织外出宣传共计23次，发放《中华人民共和国文物保护法》《博物馆条例》《吴忠市红色文化遗址保护条例》等法律法规10000多册，发放《同心县文物保护单位》《同心县博物馆》等宣传册共8700本。二是草拟《同心县实施革命文物保护利用工程（2019—2022年）方案》，等待政府研究通过后印发执行。三是申报2020年馆藏不可移动文物（铁器）修复项目计划。

【体育健身活动】 一是组织举办全民健身季、体育大拜年、农民体育活动月、全民健身节、全民健身日等系列活动48场次，参与人数达118950人次。二是大力开展竞技体育，组队参加自治区第九届少数民族传统体育运动会，选派方棋、毽球、陀螺3个项目23名运动员代表吴忠市参赛，最终方棋队获团体二等奖，获个人二等奖1个，个人三等奖2个；女子毽球队获二等奖，男子毽球队获三等奖；陀螺队获三等奖。组队参加宁夏回族自治区第十五届运动会，选派群众组方棋、跳绳、太极拳、钓鱼、广播操、广场舞、台球7个项目，青少组田径、乒乓球、篮球、足球、武术、跆拳道、象棋、围棋、羽毛球9个项目，230名运动员、教练员参加比赛，最终青少组获得1枚金牌、5枚银牌、3枚铜牌，四至八名15个名次，团体总分108分，取得历史最好成绩；群众组获得1枚铜牌，四至八名4个名次，取得运动成绩和体育道德风尚双丰收。组队参加2019年宁夏第六届社会体育指导员交流展示大赛，获广场舞三等奖。组队参加全区广播体操比赛获三等奖，组队参加陕甘宁革命老区青少年足球比赛，获二等奖。组队参加自治区青少年U系列体育比赛，获3金4银3铜的好成绩。

【宣传报道】 围绕县委、县政府中心工作，发挥主流媒体舆论引导作用，唱响主旋律，传播正能量，凝聚精气神，切实提高党的新闻舆论传播力、引导力、影响力和公信力。2019年1—10月，共播发新闻1673条，其中市台采用42条，区台采用21条。播发各类公益片2850条次，播发各类标语2858条次。策划并播出《今日快报》《决胜脱贫攻坚》《脱贫攻坚政策解答》《记者走基层》《记者蹲点》《扫黑除恶》《不忘初心 牢记使命》《道德模范》《最美家庭》《最美同心人》《退伍军人风采》《教师节系列》《壮丽70年奋斗新时代》《社会乱象整治专访》等专栏，从不同视角、不同侧面反映全县一年来发展巨变。二是安全播出方面，严格落实安全播出职责，加强技术维护保障，建立和完善长效安播工作机制，全年开展安全隐患大排查6次，实现安全播出“零事故”。

（吴 亮）

【图书服务】 积极开展图书流通服务，为乡镇、村社、学校、社区、敬老院、部队、企业等送展览、送图书、送科普资料10次，受益群众5000余人次。开展爱心传递服务2次，与县民政部门联合建设的13个儿童之家全部对外免费开放，在哈哈乐园、非遗展览馆、韦州镇实训基地建设的流通服务点相继投入使用。

【节目转播】 全年度转播8套广播节目，设备运行稳定，未发生重大停播事故及人为停播事故现象，圆满地完成全年转播任务。加强职工业务培训，严格执行各项规章制度，全体职工认真履行岗位职责，坚守工作岗位，勤巡机，勤检查，确保了设备的正常运行。严格执行设备维护与检修制度，科学合理地检修设备，消除设备隐患，从技术和源头上保证设备稳定运行。补充制订《同心转播台关于加强工作纪律的规定》及《同心转播台环境卫生责任到人的暂行规定》，并定期进行督促检查。积极申请经费，对部分严重的部分进行了重砌，对新倒塌的部分用铁丝进行了临时围堵，一定程度上保证了塔区的安全。全年未发生一起治安事件。

（李文贵）

文学艺术界联合会

【出版工作】 2019年，出版《同心》诗歌增刊一期，出版《同心》纪念李进祥专刊一期。

【文艺宣传】 举办庆祝中华人民共和国成立70周年·壮丽七十年·奋进新时代系列活动。6月23号晚，由中国文联、中国曲协、宁夏文联主办，中国文联曲艺艺术中心、中共同心县委员会、同心县人民政府、宁夏曲艺杂技家协会承办的“庆祝中华人民共和国成立70周年·壮丽七十年·奋进新时代”、“中国文联、中国曲协文艺志愿服务团‘送欢乐下基层’走进宁夏同心县慰问演出”在县文化广场成功举办。网易、《新消息报》、县电视台和移动公司客户端对该次演出进行了现场网络直播。网络直播观众量阅读量迅速突破30万，网友纷纷为此次演出点赞。

【文化活动】 7月8日，宁夏文联、宁夏评论家协会和县文联联合举办“我和我的祖国”征文暨“春草杯”中学生作文竞赛，共评出获奖作品30件。9月19日，为庆祝中华人民共和国成立70周年，由县委、县政府主办，吴忠市文联、宁夏朗诵艺术学会协办，县委宣传部、县文联承办的“不忘初心 牢记使命”我和我的祖国音乐朗诵晚会举行。为庆祝中华人民共和国成立70周年，9月28—29日，吴忠市文联、吴忠市评论家协会组织市属文艺家，在同心县举办“文化惠民活动老区行”活动。

【培训工作】 11月22日，县文联、县文化馆联合举办花儿艺术培训班，70余名花儿艺术爱好者参加培训。举办中共十九届四中全会精神专题培训班，9个协会100多名文艺工作者参加培训。

【摄影基地】 与区文联、区摄影家协会积极对接打造纪实摄影基地，将石狮管委会套塘村打造成宁夏首个纪实摄影基地。

【创作成果】 2019年，完成《山歌行》《欢歌》诗集2部，小说集《黄土山里》1部。在国家级刊物发表文艺作品5篇（组），在省级刊物发表作品14篇（组）。获得国家奖励3人次（李永宏中国画作品《吾土吾民》入展第十三届全国美术作品中国画展览，并获得全区“庆祝中华人民共和国成立70周年全区美术展览”金奖；夜莺合唱团代表宁夏受邀参加了在香港议香园大剧院举办的“第二十九届世界大舞台中国文艺交流走进港澳”文艺比赛，并荣获“2019年新时代春晚联欢晚会香港盛势录制——第二十九届世界大舞台中国文艺交流走进港澳”活动金奖。马占祥入选中国作协2019年度“中国少数民族文学之星”。马占祥、马悦工作室被命名为吴忠市第二批“文化名人工作室”。

（吴玲）

财政·税务

财 政

【概况】 2019年，全县一般公共预算收入完成28256万元，完成年度预算27400万元的103.1%，同比增长8.4%，其中，税收收入完成20279万元，同比增长9.2%，非税收入完成7977万元，同比增长6.3%。全县收入质量继续提升，税收收入占一般公共预算收入的比重为72.6%，在全区排名第二，实现了稳增长与提质量并举、高速度增长向高质量发展的平稳转换。是年，全县一般公共预算支出完成567026万元，同比增长6.3%，为全县经济社会发展提供财力支撑。

【一般转移支付资金】 积极向上级财政部门反映全县财政运行、体制机制改革和重点项目建设等情况，争取上级财力和项目支持。是年，争取一般转移支付资金390894万元，比2018年增加119817万元，同比增长44.2%；争取地方政府新增债券83800万元，其中，一般债券16800万元，专项债券6700万元，有力地保障和促进全县经济社会持续健康发展。

【财政引导服务】 严格按照“三去一降一补”要求，发挥财政政策引导、激励作用，全面落实减税降费政策、招商引资优惠政策及持续优化支持实体经济发展的财税政策环境，全年累计减免增值税、企业所得税、个人所得税、地方税8038.9万元，累计减免首次申领居民身份证工本费、不动产登记费、社会保险1544万元，减轻企业负担，增强企业发展动力，不断扩大融资担保规模，全年为全县中小微企业、合作社及农户担保贷款326笔38075万元，解决企业融资难、融资贵的问题。大力发展普惠金融，稳步开展小额贷款贴息，大众创业、万众创新活力进一步迸发。

【财政资金效益】 全年统筹整合财政涉农资金59034万元，重点聚焦贫困村基础设施建设和产业发展，支持农田水利、现代农业产业、美丽乡村等项目有效实施。支持打好“大气、水、土壤”环境污染治理攻坚战。累计投入资金19538万元，支持城乡环境整治和污水处理设施建设，有力改善全县生态环境，财政资金集聚效应突显。

【财政助力扶贫】 全面落实精准扶贫“两不愁三保障”政策，制定加强扶贫资金监督管理的意见，形成了监管合力。投入扶贫资金66788万元，支持产业扶贫、教育扶贫、健康扶贫、政策兜底、危房改造、就业扶贫等项目，助力脱贫攻坚向纵深推进。加强财力监管，从政治责任、投入保障、资金监管等方面入手，确保扶贫资金用在刀刃上。运用财政扶贫资金监管系统实现资金全过程、动态化穿透式监管，通过提高精准识别、精准帮扶、精准管理、精准推出、精准统计、精准考核效率，打通扶贫资金项目管理的“最先一千米”和“最后一千米”。

【财政预算改革】 在全县推行国库集中支付电子化改革，改变传统的支付方式，从基础上筑牢资金安全防线，从根本上提升行政效率。深入推进预算管理改革，全面推进全口径预算管理，编制中期财政规划和三年滚动预算，深入推进预决算公开，大力开展土地整治、长征街道路改造、同预公路宽幅林带造林绿化、二中综合楼等19个重点项目绩效评价，推进全过程预算绩效管理。加大公务卡结算力度，全面规范、公开透明的现代预算管理制度逐步建立。

【财政监管】 在理财思路上从重分配向重管理转变，财政管理更加精细化。大力开展扶贫领域腐败和作风问题专项治理、民生资金管理使用监督检查、财务管理违规问题专项治理、坚持问题导向，不走形式不打折扣，细化责任，确保检查成效，进一步规范财务管理和行政事业单位国有资产处置程序，严格资产出租、出借管理办法，不断加强行政事业单位资产收益管理。

（马英清）

国 税

【落实减税降费政策】 一是提升政治站位，强化政治担当。二是加强学习宣传，营造良好氛围。加强干部教育培训，强化对纳税人的培训，先后举行三轮减税降费专题宣传，12次集中培训。组织全体干部职工组成30个宣传组深入到各乡镇、商场、街道，点对点、面对面为纳税人现场解读减税降费政策，与邮政部门联合印制《特别关注》2000份，分送行政事业单位、学校、医院和重点税源企业，达到政策宣传面100%的覆盖。三是优化服务措施，提升服务质量。优化窗口配置，实现“一窗受理、分类审核、联合办理、集成服务”的新格局，解决办税人多头跑的问题。坚持“减税降费政策应享尽享，多缴税费应退尽退”的工作总原则，克服困难，主动作为，形成以简便、快速、电子化为主要特征的批量集中退税模式，共办理各项多缴税费退库5951笔，涉及1487户纳税人，共计34.35万元。2019年新政策出台减免税费累计9043.79万元，其中留抵退税4101.53万元，减免社保费1840.72万元。

【税收组织】 2019年，县税务局科学分解，认真落实收入计划，层层落实收入目标，加强税收预测和重点税源的动态管理，全力以赴确保应收尽收，共组织各项收入101387万元。

【税费改革】 完成2018年度企业所得税汇算清缴工作，汇算面100%，审核率100%；全力推进新个人所得税改革，全县132户代扣代缴个税单位系统全部安装升级完毕，剔除非正常户后个人所得税代扣代缴申报率达100%，累计享受减免人数8311人次。

【依法治税】 坚持依法治税，优化营商环境。加强内控机制建设，规范税务行政审批，加强税务行政处罚，不断提高纳税服务质效。持续开展便民办税春风行动，公布纳税人向税务机关报送资料清册和最多“跑一次”涉税事项清册，减少纳税人报送资料数量和涉税事项审批时间，加强实名办税信息采集工作，积极推行电子税务。依照“公平、公正、公开”原则，完成纳税人信用等级评定。

（海 兵）

金融·保险

银　行

中国人民银行同心县支行

【货币政策执行】 认真执行稳健货币政策，地方经济金融稳健发展。截至11月末，辖内金融机构各项存款余额143.36亿元，同比增长3.5%；各项贷款余额112.82亿元，同比增长3.25%。其中，全县涉农贷款余额86.06亿元，同比增长1.7%，占全部贷款的76.28%；指导辖内金融机构利用3.8亿元政府担保基金撬动银行贷款15.46亿元，为支持“三农”及实体经济发展发挥了积极作用。

【强化内部管理】 不断强化内部管理，全面夯实各项业务工作。一是优化考核机制，全面从严治行。二是强化各项基础工作，认真做好安全保卫工作，实现无案件、无事故目标。三是强调研促转型，组织完成调研文章16篇，被上级行采用10篇，其中《宁夏金融》采用3篇，《吴忠经济金融调研》采用7篇；编发各类信息16篇，被上级行采用14篇，其中《金融时报》采用1篇；向地方政府报送《金融专报》10期，其中6期得到了吴忠市委常委、县委书记马洪海的批示。

【金融服务】 稳步推进“金融为民”标准化综合服务站建设工作，将22家惠农金融服务站升级创建为“金融为民”标准化综合服务站，并指导其与中国银联宁夏分公司建立业务合作，建设“银联惠农工作站”，打造农村支付示范商圈，使移动支付向农村延伸。

【金融助推脱贫攻坚】 向上级行申请扶贫再贷款限额4.4亿元，发挥降低社会融资成本的正向激励作用，实现扶贫小额信贷扩面增量、提质增效目标。截至11月末，各金融机构向17817户建档立卡贫困户发放贷款8.03亿元，扶贫小额信贷户均贷款额达4.51万元，建档立卡户贷款覆盖率达80%，有力地支持了产业发展和金融精准扶贫工作。

【推进土地经营权抵押贷款试点】 继续强化农村承包土地的经营权抵押贷款试点的示范带动和推广工作，在试点工作基础上，形成《同心县农地经营权抵押贷款三年试点工作汇编》，截至11月末，同心县农村承包土地的经营权抵押贷款余额3.33亿元。

（马建林）

中国农业银行股份有限公司同心县支行

【资金组织】 2019年，支行各项存款余额21.50亿元，比年初增加2.11亿元，同比增加4.95亿元，市场份额较年初增加1.21个百分点，增量占比62.16%，增量在县域排名第一，高于第二名23.26个百分点。其中对公存款较年初增加1.61亿元，同比增加4.79亿元，市场份额较年初上升2.38个百分点，提升2个名次（从第六到第四），增幅达36.04%，增量占比195.75%，县域排名第一，与先进同行业差距逐渐缩小；储蓄存款较年初增加5065万元，市场份额位列四大行之首，与先进同行业差距缩小0.35个百分点。至年末，实现中间业务收入1489万元，营业收入10710万元，拨备前利润7921万元，拨备后利润–2207万元，净利润–1627万元。至年末，大额存单余额5869万元、保本理财产品1.35亿元，其中保本理财销售额较年初增加1.05亿元，有效稳定个人存款客户。以“春天行动”“万马奔腾”营销活动为契机，加大营销力度，截至年末，开立机构类存款账户2户，对公存款较年初增加1.61亿元，同比增加4.79亿元，市场份额较年初上升2.38个百分点。

【信贷资产】 2019年，累计发放各项贷款14.05亿元，余额17.89亿元。个人贷款余额11.29亿元，较年初增加1926万元，市场占比保持第二不变，其中住房贷款累计发放232户7161.7万元，余额1294户27526万元，较年初增加4467万元。法人贷款累放5.99亿元，余额6.61亿元，其中羊绒贷款余额5.93亿元，结合该行实际情况与县域羊绒企业经营情况，策略性压降羊绒贷款6105万元，通过加大住房按揭贷款发放调整全行信贷结构，个贷与法人贷款结构调整向好。

【不良资产清收】 2019年，累计清收处置1294万元，其中现金收回不良贷款969万元（个人不良贷款581万元，信用卡不良388万元），核销处置信用卡不良325万元（自主核销86万元、证券化239万元），超额完成分行清收处置计划。精准扶贫贷款不良余额59万元，不良率0.24%，低于县域银行不良贷款率6.68个百分点。

【金融服务三农】 一是全力推进精准扶贫，强化责任担当。截至年末，累计发放精准扶贫贷款4446户24180万元，较年初增加1978万元，余额24876万元。二是巩固个人信贷规模。截至年末，个贷较年初增长1923万元，累计发放个人住房按揭贷款232户7162万元，工薪消费类贷款559笔2384万元，惠农e贷余额21408万元，完成分行计划105%。三是稳步推进“三农”业务。以养殖业、种植业等多种经营优质客户群体为重点，加大县域清真产业、特色优势产业的支持力度，积极抢占农村中高端市场，实现农民增收和业务发展“双丰收”。截至年末，累放农户小额贷款12151户6.24亿元，余额5.84亿元。四是大力发展普惠金融。截至年末，支持小微企业贷款6847万元，较年初增加4617万元，增长207.04%，普惠金融贷款余额18306万元，较年初增加3660万元，完成分行计划119.60%，带动贫困人口396人。

【信用卡业务】 全年新增贷记卡有效客户1674户，完成序时计划的93%，实现信用卡收入951万元，完成计划任务109.27%，同比多收175万元，信用卡业务对中间业务的贡献度高达63.89%，同比提升22个百分点，价值贡献度保持稳定增长。

【拓展新兴业务】 截至年末，全行实现个金中间业务收入279.38万元（不含自助银行收入），交易类贵金属实现收入33.94万元，完成序时计划99.82%，排名第六，比同期上升8个名次；信用卡分期交易额5078.6万元，其中外呼分期1490.33万元，新产品（乐分易+消费备用金）交易额744.09万元。实现分期收入178.4万元，同比增收77万元，完成序时计划107.15%。三是网络金融价值创造日益凸显。通过“春天行动”“万马奔腾”综合营销活动，加快惠农e通的推广力度，抓好互联网金融发展巩固年工作。截至年末，全年实现互联网金融业务收入（对私部分）420万元，占中间业务收入的28%，完成计划91.61%。四是代理保险业务保持健康发展，全年实现保险代理业务手续费收入91万元，完成分行全年计划123.14%。

（马俊山）

中国建设银行股份有限公司同心县支行

【存款状况】 截至2019年末，支行一般性存款时点新增1.33亿元，余额达到33.2亿元，其中，对公存款时点新增1446万元，余额19.52亿元；储蓄存款时点新增1.18亿元，余额13.7亿元，存款保持增长态势。

【客户拓展】 2019年支行对公结算账户当年净增长474户，其中基本结算账户新增363户，对公账户总量达到2011户。个人有资产客户新增18638户，完成率266%，全区排名第一；ETC本年新增5722户，点均新增全区第一；善融商务有效买家新增1072户，全区排名第二；网联协议支付绑卡率网均全区第一；手机银行、网上银行用户分别新增16356户、16182户，网均排名全区第一。

【金融商务】 截至年末，实现善融商务有效商户交易额1213万元，系统排名第一。金融科技平台营销实现新突破，“党群综合服务平台”合作客户新增10户，实现县中医医院银医通项目升级改造。信用卡业务良好，信用卡客户净新增2187户，完成分行计划任务120.2%，全区排名第三；年轻客群新增2418户，完成分行计划任务186%，排名第一；发卡新增完成3563张，完成分行计划任务98%，全区排名第三；收单商户新增387户，完成分行计划任务的193.5%；信用卡分期交易额完成7978万元，其中专项分期交易额新增1167万元，完成分行计划任务的145.9%，全区排名第四。裕农通金融服务点实现双覆盖，已布设“裕农通”普惠金融服务点179个，覆盖全县7镇4乡2个管委会，实现乡镇、行政村全覆盖。2019年新拓激活服务点138个，其中达标双10服务点10个，双50的3个，双百的3个，全区排名第一。

【外汇业务】 实现外汇结算账户、黄金积存、外汇结算中收、跨境E+、对公、个人结售汇业务、网银汇率交易业务、单一窗口共计7项业务破零，在国家外汇管理局吴忠市中心支局关于执行外汇管理规定情况考核结果中评级为B。

【扶持小微企业】 与供电、税务、工商等部门合作，主动上门服务，通过“惠懂你”“云税贷”“云电贷”“POS贷”等战略产品，线上向小微企业累计发放贷款1700万元、54户，解决小微企业融资难、融资贵的问题。

（马 飞）

中国邮政储蓄银行股份有限公司同心县支行

【经营情况】 截至2019年10月底，同心县支行收入累计完成1426.2万元，收入完成年预算目标1850万元的77.09%，利润累计完成822.6万元，完成年预算目标1180万元的69.71%，

【个金及中间业务】 截至10月31日，支行个人储蓄余额12628万元，年累计净增309万元，完成全年净增计划1100万元的28.1%；个人理财全年销售1548万元；代销基金全年销售87.5万元，代理保险全年销售107.05万元，信用卡累计发卡1265张，完成全年新增发卡量2200张计划的57.5%；手机银行新增注册用户3072户，新增激活用户2977个，全年激活比例372.1%，ETC卡发卡量248张，贵金属销售实现中收1.23万元，较好地完成了计划任务。

【存款业务】 截至10月31日，支行公司储蓄余额5201万元，年净增145万元，完成全年计划2600万元的6%。先后引入200万元财政类产业基金，有效带动公司存款余额的增长。

【信贷业务】 截至10月31日，经营性贷款结余4539笔，金额24232万元，年净增758笔，金额4911万元，完成年计划目标的89.3%；住房类贷款结余22笔，金额523万元，年净增10笔，金额259万元，完成年计划目标的86%；非住房类贷款款结余372笔，金额3104万元，年净增155笔，金额1227万元，完成年计划目标的

351%；小企业贷款结余4笔，金额1250万元，年净增3笔，金额750万元，完成年计划目标的83.33%；

【风险管控】 截至10月31日，支行不良贷款82笔，不良金额263万元，不良率0.92%，收回不良贷款108万元。开展“揭标活动”“分组营销竞赛”等活动，代理保险销售107.05万元，贵金属销售实现中收1.23万元，手机银行全年激活比例372.1%，完成计划任务较好。

【信贷发放】 发放贷款2413万元，发放笔数314笔，结余3104万元，完成年计划500万元的351%。通过团队合作，上门催收、法院起诉等方式，收回不良贷款108万元。

（黑学芳）

宁夏银行同心支行

【储蓄存款】 截至11月30日，支行各项存款时点余额95322万元，较年初减少7789万元，其中：储蓄存款时点余额31039万元，较年初减少984万元；对公存款时点余额63083万元（含保证金），较年初减少2987万元；结构性存款余额1200万元，较年初减少3818万元。各项存款日均余额98970万元，较年初新增4553万元，完成年度基础任务的70%。其中，储蓄存款日均余额29202万元，较年初新增5112万元，完成年度基础任务的256%，完成力争任务的204%；对公存款日均余额67427万元（含保证金），较年初减少649万元，完成年度基础任务的−14%；结构性存款日均余额2341万元，较年初新增90万元。

【贷款余额】 截至2019年11月末，支行各项贷款总余额67864万元，较年初新增3128万元。其中，个人贷款余额26700万元，较年初下降137万元；对公贷款余额36905万元，较年初下降205万元；贴现余额4259万元，较年初新增3470万元。截至11月30日，支行2019年共投放建档立卡贫困户贷款684户，投放金额2903万元，贷款余额2914万元，共687户，年底投放3000万元。

【微小企业贷款】 截至11月30日，同心支行1000万元以下小微企业贷款客户267户，较年初新增28户，贷款余额25855万元，较年初新增4739万元，户数超出全年任务的22户，金额超出全年任务3739万元，完成年度任务的373.9%；年末亦全面完成任务指标。

【信用卡办理】 截至11月30日，支行2019年度累计办理信用卡861张，其中新增活卡746张，完成年度任务的149%。

【唰唰贷营销】 截至11月30日，同心支行营销唰唰贷客户1051户（授信成功），完成全年任务的92.19%，授信余额736.1万元；营销信E贷客户（授信成功）663户，完成全年任务116%，授信余额461万元（任务人均40万元，共760万元），完成全年任务的60.65%。

【手机签约】 截至11月30日，支行手机银行号码签约完成308户，较目标超出28户，完成目标任务的110%。

【代发工资】 截至11月30日，支行代发工资发卡1037张，较目标超出817张，完成目标任务的471%。

【中间业务】 截至2019年11月末，全年新增行政事业单位1户，净增有效对公结算户11户，完成目标任务的110%；新增个人星级客户数103户，完成全年目标任务的64.4%。

（王 祥）

黄河银行同心县农村信用合作联社

【存款贷款】 2019年，存款实现稳步增长，各项存款余额37.05亿元，较年初增加0.96亿元，增幅2.66%。贷款实现稳健增长，各项贷款余额33.35亿元（其中转贴现3.01亿元），较年初增加6.08亿元，增长22.31%。其中，涉农贷款余额28.41亿元，占各项贷款的85.18%，较年初增加2.55亿元，增长9.88%，新增贷款投向均为地方实体经济。

【经营效益】 2019年，实现各项经营收入26331.27万元，较上年同期增加2034.39万元，增长8%；实现营业利润15284.23万元，实现净利润11529.32万元。不良贷款额率继续双降，历史上不良贷款余额643.78万元，较年初减少1.14万元，占比为0.19%。主要监管指标保持达标，拨备覆盖率3994.03%，资本充足率25.06%，实现了安全无事故，营造了平安稳定环境。

【金融扶贫】 2019年，进一步推动金融扶贫多维度、多层次发展，得到了县委、县政府、及老百姓的肯定。是年，共发放扶贫贷款5.16亿元，户数12278户，存量扶贫贷款余额4.98亿元，户数11464户。

【优化服务】 提升服务水平，强化服务质量。充分依托服务网络，通过“物理网点+电话银行+手机银行+网上银行+微信银行+扫码付+自助银行”等多维服务平台，形成多元化服务体系，全方位满足乡村振兴的各项金融需求。是年，在全县网点共布设便民自助服务终端98台，发展特约商户232户；布设ATM、CRS自助设备53台；签约企业网银747户，签约个人网银3753户，签约手机银行31478户，电子银行业务替代率达93%。

【服务小微企业】 抓好一线调研、抓好流程简化、抓好服务升级三项措施，充分发挥立足当地、经营灵活的优势，大力支持小微企业发展，各项业务又好又快发展。是年，小微企业贷款余额13.20亿元，支持户数5096户，较年初增加0.99亿元，413户，实现贷款金额、户数双增长。

（黑忠礼）

保 险

中国人民财产保险股份有限公司同心支公司

【概况】 2019年，实现全险种保费总收入13778.8万元，险资直投落地6405万元。主要工作：一是加强承保前中端服务，服务车险客户能力稳步提升。二是加强客户后端理赔服务，理赔服务功能逐步完善。三是农业保险实现“提标扩面”，服务“三农”水平进一步提升。四是开展政府救助责任保险，促进经济社会平稳健康发展。五是解决待业青年就业数量有增无减，共招纳社会各类用工70人。其中，2019年通过此方式解决人员就业6人，较上年增加4人。是年，险资直投落地6405万元，为全县构筑低成本、高保障的融资支持体系和支持特色产业规模化、产业化、标准化发展，带动建档立卡贫困户增收脱贫做出贡献。

（马小娟）

中国人寿保险股份有限公司同心支公司

【概况】 2019年，实现总保费8183万元，累计实现新单保费2840万元；首年标准保费792万元，完成率为109.1%；首年期交保费1346万元，同比负增长3.5%；短险保费1477万元，同比增长0.2%；续期保费5342万元；公司销售人力330人，其中营销278人，收展28人，银保4人，团险20人。

【个险渠道】 2019年，实现首年期交保费1158万元，达成率77.5%；十年期保费750万元，达成率120.7%；保障型保费491万元，达成率101%；标保709万元，达成率111.4%；短期险保费562万元，达成率107.1%。2019年度月均持证人力278人，累计实现新增人力305人，月均增员人力25人，月均增员率9.04%；

月均举绩人力105人，月均举绩率37.7%。季均有效人力164人，达成率87.1%。团险渠道实现短期险保费850万元，达成年计划的66.2%。

【银保渠道】 2019年，实现总保费首年期交保费257万元，达成年计划的60.8%；标准保费83万元，达成年计划的92.4%；十年期以上期交保费69万元，达成年计划的95%，保障型业务保费57万元，完成年计划104.2%；短期险保费64万元，完成年计划106.5%。

（黑国庆）

乡镇（开发区）·社区

豫海镇

【概况】　豫海镇为县城所在地，是全县政治、经济、文化中心。2019年，城乡居民收入大幅度提高，农民人均可支配收入预计达12822元，同比增长11.5%；城镇居民人均可支配收入达到26040元，同比增长8.5%，人口自然增长率在12‰以内。

【农村经济】　2019年，完成粮食播种面积1.74万亩，其中，玉米1.68万亩，小麦600亩。本着突出特色，规模发展的原则，坚持典型培育、示范引导、创新发展，提质增效的思路，大力发展草畜产业，创新引进荣华农牧产业控股有限公司流转园艺村和城二村两村0.37多万亩土地，大力种植青储玉米和优质饲草，强化牛羊饲养管理，投放养殖贷款6000余万元，使肉牛、羊只饲养量分别达到0.56万头和22万只，全年实现养殖业收入2.8亿元。

【脱贫攻坚】　2019年持续推进脱贫攻坚战，实施安全住房、安全饮水、健康扶贫、教育扶贫、金融扶贫等方面精准扶贫，加大移民实用技术培训，至年底拟脱贫197户933人，剩余未脱贫人口24户100人，贫困发生率为0.51%。

【第三产业】　重点抓住该镇处于县城中心的地理优势，培育发展商贸城零售、批发和建材、餐饮、加工、房屋装修等特色产业，大力发展服务业，形成生海、奇虎、荣世等一批集购物、住宿、餐饮于一体的商贸龙头企业，其中商业零售、建材销售、房屋装修等产业得到快速健康发展，是年末全镇私营企业和个体户分别达到733家和4157户。

【生态环境】　是年，全镇稳步推进生态环境建设，通过加大人力、物力的投入，致使农村人居环境得到明显改善。一是开展卫生环境大清理，全年在4个行政村共投工投劳3400余人次，动用各种车辆460台次，清挖渠道83条115千米，秸秆打捆加工利用3700余吨，清理垃圾690吨，拆除残垣断壁78处，拆除老旧建筑物81间，解决了一些地方长期以来私搭乱建及环境卫生脏、乱、差问题。二是在新区拓展区种植花草树木，营造绿化新风景。三是落实河长制，加强对河湖的巡查和管理，封堵了清水河排污口，对豫海湖进行了清淤，对大华建工集团侵占湖面行为进行责令制止并督促整改。

【城乡建设】　加强城市基础设施建设，城市建设迈出新步伐。年内，征地930余亩用于新区拓展区、锦城家园二期、皓月新都二期、工业园区二期（宁夏帕罗羊绒制品有限公司建设用地）等重大项目工程基础建设，城市进一步完善。奋力做好老城棚户区改造拆迁工作，全年征收房屋2500余套、征地1000余亩，其中在兴隆村完成41套安置房建设。加强社区建设，对永春社区服务站进行阵地打造装修，对富兴社区办事大厅进行改造建设。

【社会事业】 坚持“教育强镇”理念，大力改善办学条件，使学生享受优质教学条件。计划生育和卫生保健工作推行医生签约制，建档立卡贫困人口签约率为100%，完成慢性病签约服务140人，完成健康孕检406例。在文化事业方面，新建兴隆村文化活动中心和改建城北村文化活动中心，全年镇、村、社区共组织开展文化活动16场次，迎接各级文化、科技、卫生“三下乡”演出6场次，举办了“庆祝中国共产党成立98周年”“庆祝中华人民共和国成立70周年”等文艺演出4场次。在社会保障方面，“两个基本”有序开展，100%完成养老保险11696人，医疗保险完成30547人，占任务的105%。推进养老保险网上认证工作，推行居民“掌上12333”社保认证App使用率，开展民生保障服务中心线下及在各村、社区配齐配强社备和人员，推行社区（村）代办等服务工作。开展核查落实1397户救灾资金49.03万元，落实临时救助1338人61.374万元，慰问各类人员163人7.55万元，落实城乡低保3057户5967人和724户2535名农民失地补助资金，为全镇2060名残疾人完成建档。完成适龄青年兵役登记工作，完成基干民兵和预备役人员整组、点验、集训等任务，年度征兵工作完成，完成退役军人信息录入、光荣牌悬挂和逐人建档工作。

【社会治理】 持续开展平安建设，扫黑除恶成效显著。全年共排查扫黑除恶问题线索37条，打击处理3件11人，用典型案例在全镇范围内进行“以案释法”大宣讲10场次；开展安全生产工作，签订安全生产责任书2247份，对危化品、电动车消防安全等排查7场次，整改安全隐患164处，开展安全教育宣传6场次，配合有关部门开展演练2次，全年无较大安全事故发生；召开综治信访暨矛盾纠纷排查化解联席会议11场次，排查受理各类来信来访124件198人次，办理办结各类信访转办件共14件，调处各类矛盾纠纷886件；持续加强禁毒管理，全年开展禁毒宣传18场次，签订责任书和承诺书16800余份，年度累计服务管理社区戒毒13人，社区康复56人，建立禁毒帮教小组，帮助就业安置69人，累计救助涉毒人员15人5500元；开展普法宣传活动13次，法律讲座10场次，印发普法宣传材料10000余份，张贴宣传画1500余张，接待群众法律咨询17人次。发挥人民调解员作用，共调解办结案件295件。

【党建工作】 推进“三大三强”行动和“两个带头人”工程，落实村（社区）党组织书记住房公积金等制度，4个村均实现5万元以上的村集体收入，5个社区阵地面积全部达到1000平方米以上。整顿3个软弱涣散村级党组织，共梳理出3个村14个方面的问题，制定整改措施45条。召开扫黑除恶专项斗争专题民主生活会、专题组织生活会。开展对信教参教党员整治工作，组织党员轮训2场次、专题讨论3次；为406名农村、社区党员悬挂“共产党员户”标识牌。开展“不忘初心、牢记使命”主题教育，组织集中学习116次，开展专题讨论14场次、革命传统等“四项教育”58场次，组织全镇党员轮训1次，包抓领导和党支部书记讲党课23场次。镇党委班子及普通党员查找问题371条，整改落实275条，开展涉农扶贫领域腐败和作风问题专项查处行动，初核案件5件，其中立案1件，处理党员2人，处理了结4件。

（苏小东）

丁塘镇

【农业经济】 2019年，围绕“促进农业稳定发展、保持农民持续增收”总目标，优化产业结构调整，加大农业基础设施建设，农民收入稳定增加。提质扩面新华村经果林种植产业，增加新品种种植600亩，形成占地4320亩、年产量4000吨、收益500余万元的经果林种植基地。河草沟村玉米高效节水示范点项目投入使用，建成10万立方米的蓄水池供水滴灌管网102.6千米，辐射水肥一体化灌溉面积4200亩。推进草畜产业一体化发展，引进宁夏荣华生物质新材料科技有限公司，在李岗子村流转土地6000亩发展苜蓿种植，打造规模化、科技化、农机化的示范基地。特色养殖业初具规模，全镇肉牛饲养5.1万头，新建标准化圈棚62座。完成了口蹄疫、小反刍、禽流感等强制性疫苗接种，全镇动物防疫密度和防疫率达到100%。农村集体经济发展开始壮大，按照“一村一品”要求，在新华村、团结村、丁塘村集体经济股份合作社的牵引下，积极创建种植、养殖等特色优质产业品牌，建成16个村集体经济实体村。培育杨塘村运输+养殖专业村和河草沟、张滩、小山、长沟、金家井及干湾沟等养殖专业村；探索“支部+合作社+农户”模式，创建产—供—销一体集体经济实体，在团结村种植黄花菜1580亩，2019年产黄花菜95吨。林业基础进一步夯实林业基础，开展春秋季骨干林带、村庄绿化树木种植，种植香花槐6000株、国槐3000株、垂柳7000株、松树100株，涂红刷白、修剪树木80000余株。

【脱贫攻坚】 完成建档立卡户动态调整工作，截至10月底，全镇共有建档立卡户719户2603人，脱贫375户1447人，未脱贫344户1156人。是年，全镇解决901户群众安全饮水问题，建设保温井3601户。全年改造D级危房497户，兑付资金432户，加固维修C级危房421户。完成贫困户家庭医生签约服务2598人，农村人口医疗保险参与率达到100%，重大疾病患者合规医疗支出不高于5000元，“扶贫保”家庭意外伤害和大病补充医疗两项保险对建档立卡人口全覆盖。完成2019年度城乡居民基本医疗保险收缴35799人，共397名建档立卡户住院治疗，总报销费用243.31万元。新修巷道130.5千米，19个村基础设施及公共服务均达标。全镇建档立卡户发放贷款1582例，贷款金额11597.2万元，贷款贴息77.1万元。

【社会保障】 2019年，全镇共有低保户4806人，其中农村低保3055户4030人，城镇低保253户474人，五保户60人，高龄老人242人；发放各类救灾资金148户91508元，发放农村困难群众慰问金250000元，发放大病医疗救助和临时救助资金1198户610330元；全镇共有残疾人口1598人（其中，一级244人，二级491人，三级484人，四级379人）；在杨塘、团结、新华、金家井和八方等村开设老年饭桌。

【社会事业】 进一步加强教育工作，加强义务阶段学生辍学劝返。在各村成立了“新时代农民实践站”，开展移风易俗各项创建活动。加强计卫工作，人口自然增长率9.49‰，完成484对孕前优生健康检查，完成人口信息平台信息化录入工作。统筹城乡居民养老保险和城乡居民基本医疗保险工作，养老保险完成任务93%，医疗保险完成任务99.21%。推进养老保险网上认证和居民“掌上12333”社保App推广使用工作。

【社会治理】 全年共办理群众来访16件，调解各类矛盾纠纷115件。全镇登记在册涉毒人员399人，无新增吸贩毒人员，无种植、加工毒品的违法犯罪活动，社区戒毒康复执行率达97%以上，群众对毒品的危害及禁毒常识知晓率为95%。按照有黑扫黑、无黑除恶、无恶治乱的原则，加大扫黑除恶宣传打击力度，最大限度挤压黑恶组织滋生空间。

【生态建设】 实施城东防护林三期（文冠果种植）建设项目，总投资达1122.8万元，建设总面积940.55亩，种植文冠果6.5万余株，成活率98%。开展湿地公园建设项目，已完成征地、拆迁等工作。

【环境治理】 是年，在全镇19个村定期开展环境整治工作，累计出动劳动力2万人次、出动各类机械车辆3000余台次、清运垃圾30万余吨、清理乱堆乱放420处、清理绿化带2260亩、拆除违章建筑75处、拆除影响村容村貌建筑物497处、调解土地纠纷15起、清理整顿10项非法占用自然资源的行为。全年召开专题会议4次安排“河长制”工作，完善了《丁塘镇河流名录河长信息表》，制定了《“一河一册”环境综合治理方案》，设置了河长制公示牌23块，查处三沟一河两岸及沟道内乱占、乱挖、乱采、乱填、乱建5处（清水河河段内永谦养殖场、马立勇养殖场、幸福养殖场、马洪礼砖厂及德粮农业发展有限公司）违纪行为。

【党建工作】 推进“三大三强”行动和“两个带头人”工程，整顿转换全镇19个软弱涣散基层党组织，培育选拔“产业型、市场型、创业型”村党组织书记，分期分批分类对农村党组织书记全部集中轮训，撤换不称职、不合格党员干部14人，确认村级后备干部52人、致富带头人129人；完善制度建设；坚持“三会一课”等基本制度，落实《中国共产党支部工作条例（试行）》，开展“4+X”主题党日活动、扶贫领域作风问题专项治理行动和“不忘初心、牢记使命”主题教育；整顿后进村，整改中央、自治区等各级暗访和通报反馈的问题，制定问题清单和问题台账，重建和调整新华、长乐、杨家河湾、河草沟等村领导班子；以支部为单位，相继召开“不忘初心、牢记使命”主题教育活动和“不准共产党员信仰宗教和参与宗教活动”专题组织生活会，督导270名参与宗教活动的党员作出书面检讨，建立健全党员领导干部联系宗教场所（人士）工作制度；落实党风廉政建设党委主体责任和纪委监督责任，召开镇党委严格执行中央八项规定精神专题民主生活会，提出整改意见，落实整改措施，全年立案4起，办结4起，其中开除党籍3人、党内严重警告1人。

（杨 英）

河西镇

【农村经济】 发挥高效节水灌溉示范引领作用，在李沿子村实施玉米高效节水示范点项目，实现水肥一体化滴灌6000亩。在中核集团定点帮扶下，在旱天岭村建设养殖园区一座，养殖肉牛800头，形成“统一品种、统一喂养标准、统一防疫、统一管理、统一购销”的规模化、集约化、科学化养殖新模式。实施发展壮大村集体经济示范项目，利用光伏项目土地租赁费、发展壮大村集体资金等，以固定分红方式投入旱天岭养殖园区900万元、菊花台枸杞庄园1300万元。在9个非贫困村成立股份合作社，全镇“空壳村”全面清零，19个贫困村村集体经济收入均超过5万元。

【生态环境】 开展春季骨干林带、村庄绿化树木种植，种植香花槐8000株、国槐5000株、垂柳9000株、松树300株，涂红刷白、修剪树木90000余株。在全镇19个村定期开展环境整治工作，重点整治S101、G109、G344公路沿线及村庄违章乱建和环境脏、乱、差等突出问题。是年，累计出动劳动力3.2万余人次、出动各类车辆6500余台次、清运垃圾30万余吨、清理乱堆乱放420处，拆除违章建筑400余处，拆除影响村容村貌建筑物245处，整治占道经营100余处，清理绿化带120余千米。落实河长制责任制，召开专题会议3次，建立健全“两级党政领导、两级河长制”管理体制，实现镇区“河长制”管理全覆盖，对全镇河道、沟渠进行摸底调查，加大对河道的综合整治，严厉打击乱挖、乱占、乱采以及排污等行为。

【脱贫攻坚】 2019年，劝返65名适龄辍学学生，在职业学校培训16~20周岁未完成九年义务教育的青年98名。在每个村配备1~2名有资质的乡村医生，农村基本医疗保险参保率和家庭医生签约服务达到100%。对全镇患病的1104名建档立卡贫困人口进行分类瞄准和精准救治，住院救治1104人次，住院费用人均自付比例为6.39%。对全村农户安全住房情况进行摸排鉴定，累计实施危房改造和维修加固1252户（其中改造D级危房1091户，维修加固C级危房161户）。实施农村饮水安全巩固提升工程，全镇自来水安装入户实现全覆盖。采取“企业订单、培训机构列单、劳动者选单、政府买单”的机制，完成技术技能、农业实用技术等各类培训1591人，全镇务工人员达到12658人（其中区外4380人，区内县外3200人，县内5078人）。建成李沿子、旱天岭等扶贫车间4个，安排683名人员就业。全镇护林员、巡河员、环境道路保洁员等公益性岗位共计安排575人，人均收入万余元。全年向贫困群众发放扶贫小额贷款共计1.37亿元，向农户贴息528万元。

【社会治理】 开展扫黑除恶专项斗争，悬挂横幅180条，刷写标语45条，制作宣传橱窗100多块，设立5块大型钢结构T型宣传牌，发放扫黑除恶明白纸8000余份，张贴扫黑除恶专项斗争公告800余张，开展重点人员谈话300余人次，明察暗访76次，摸排线索1条，上级转办线索14条，共打击处理涉恶案件3起，刑拘10人，在19个行政村召开扫黑除恶专项斗争以案释法宣讲大会，参会人员达3000余人。全年共调处矛盾纠纷150余件，对在册的涉毒人员坚持分类戒治、全面管制，吸毒人员出狱、出所接受社区戒毒（康复）率达100%，禁毒知识入户率达95%以上，辖区群众对毒品危害性知晓率达95%以上。

（马 涛）

韦州镇

【概况】 韦州镇辖11个行政村59个自然社，土地面积520平方千米，有人口8846户27105人，建档立卡2299户8166人，脱贫2270户8095人。2019年全镇完成社会经济总收入11.89亿元，农民人均可支配收入达到12275元，贫困人口人均可支配收入10030元，同比增长12.5%、12%和14.5%。完成166户504人的贫困人口稳固脱贫，实现了石峡村、青龙山村脱贫销号。

【脱贫攻坚】 紧扣“两不愁三保障”和“三率一度”要求，制定《韦州镇脱贫攻坚实施方案》《韦州镇“百日攻坚”工作方案》。在镇区实施并实现自来水全覆盖，实施危房改造实现安全住房全覆盖，实现建档立卡户医疗费用个人自付比例不超过总额度的10%或自费不超过5000元，建档立卡户家庭医生签约达到100%，医保缴纳比例100%，社保缴纳比例95.8%，其中建档立卡户实现了全覆盖。实施妇女“两癌”筛查，进行免费孕前优生健康检查287对，劝返4名义务教育阶段辍学学生。实施“整村推进”项目172户137.6元，实施“巩固提升”项目760户456元，实施“421”产业奖补项目760户215.2元，见犊补母项目实施了360户，补助牛2667头，补助资金266.7万元，资金兑付率达到100%；形成“金融扶贫+产业扶贫”链条，全年共发放小额贴息贷款1.43亿元用于支持贫困群众发展种养产业，贴息622万元。先后举办农业技术、家政、缝纫、烹饪及电工等技能培训班8个，培训人员415人。开展劳动力转移就业2000余人次，工资性收入0.8亿元。庆华村、甘沟村等2座扶贫车间新增就业人员15人，共计95人，人均月收入约2000元。新增公益性岗位55名，共有137名贫困户实现就业，环境卫生保洁员和河道保洁员每人每年约有1万元收入。在旧庄村等3个移民村实施家庭庭院种植54451万株，涉及农户3061户，每年每株补助6元，连续补助5年。实施新一轮退耕还林48660万亩，每亩5年共享受1900元生态补偿。在建档立卡户中选聘生态护林员97人，每人每年管护费1万元。

【社会保障】 全镇享受城乡低保2369户3013人，其中，农村低保2056户2592人，建档立卡户中低保1001户1866人，实现了应保尽保。对基本生活有困难的群众给予临时救助129人次，发放临时救助资金108360元。

【畜牧养殖】 以产业培育为支撑，发展基础更加坚实。一是创新肉牛养殖模式，持续推进“集中养殖，集体收益”肉牛养殖模式，在庆华村、马庄村、韦二、石峡、南门等村推广和探索。将南门村、马庄村的集体经济200万元注入到村集体肉牛养殖合作社，带动贫困户发展，发展壮大村集体经济。全镇肉牛补栏5200头，羊补栏25320只，生猪补栏1820头；全镇牛存栏1.94万头，羊存栏12.7万只，猪存栏0.32万头。

【种植结构调整】 加快农业产业结构调整步伐，引导群众扩大苜蓿、黄花等特色作物种植面积，种植苜蓿9300亩，种植黄花3500亩，青储种植1.5万亩。打造“粮改饲”示范基地2万亩，种植冬小麦4.5万亩，秋杂粮种植4.7万亩，牧草种植达1.2万亩，提升旱作物产出效益。持续巩固甘沟、旧庄、庆华等3个行政村庭院经济，种植蔬菜、瓜果等经济作物，将群众房前屋后的“寸土之地”变成脱贫致富的“创收之所”。

【劳务输出】 创新“支部+劳务输出”模式，全年务工人员达到4000余人，实现劳务收入5700余万元（其中，建档立卡户400人，实现劳务收入570余万元）。加大在广州、义乌等地翻译、务工人员的劳务输出，全年全镇外出务工达到4000人，实现劳务收入1.6亿元。

【特色种植】 与企业对接，新增种植葡萄6400亩。在罗山东麓流转土地3.3万亩，种植葡萄12200亩。加大高效节水和土地改良力度，实施高效节水示范项目6800亩和盐碱地改良项目15000亩。

【道路建设】 全面建成韦州特色小镇市政道路建设，完成韦州书院、游客服务中心及生态停车场（广场）项目主体结构，完成20千米村级硬化道路，完成改厕安装路灯154盏，完成韦州镇城墙50米范围内危房集中改造，建成韦一、韦二等6个行政村村级活动场所及韦州镇文化活动广场。

【生态环境】 牢固树立“绿水青山就是金山银山”的理念，以“构筑绿色屏障、再造秀美韦州”为目标，依法拆除羊圈、草棚等143处，迁移羊3400余只。完成风景林带栽种1.2万株、补植补造8500株、道路绿化2620株、补植补造2800株等绿化工程项目，对1899棵多年生树木进行修剪，对54000余株树木进行灌溉。围绕“国家级”生态乡镇创建和全区打造“碧水蓝天”行动计划，对全镇环境卫生及河道进行彻底整治，全面清理了集镇区、基本农田、道路两侧未经相关部门批准擅自建设的建筑物、构筑物等违法建设1230平方米，整理巷道232条145千米，清运垃圾3850吨。

【美丽乡村建设】 扎实推进“厕所革命”工作，完成农村厕所建设1500套。加强镇区环境管理，严格控制扬尘污染和噪声污染。在全镇范围内发放环境综合整治告知书600余份，与农户、商户签订了“门前三包”责任书400余份，配备保洁车2辆，辐射带动庆华、马庄等村环境综合整治，为“美丽村庄”建设奠定坚实基础。

【社会治理】 以和谐稳定为目标，全面落实综合治理。一是强化禁毒戒毒管控，社区康复人员43人，社区戒毒人员20人，报到率和管控率均为100%，“双四色”管控建档380名，签订家庭拒绝毒品承诺书12400余份。二是严格安全生产和矛盾纠纷排查，对非煤矿山、机砖厂、加油站等场所进行安全隐患大排查，依法查处捣毁土炼油窝点14处，没收土炼油炉53个。化解疑难复杂矛盾纠纷30件，化解简易矛盾纠纷46件。开展“扫黑除恶”专项行动，排查辖区内“黑、恶”违法犯罪活动线索，制作宣传牌7个，张贴宣传海报40余份，悬挂横幅10条，刷写宣传标语20条，发放宣传材料4000

余份，流动车每天8小时语音宣传。全年共摸牌、收集涉黑涉恶线索17件，查办结束14件。

【党建工作】 以政治建设为主线，夯实基层党建基础。一是抓牢党员干部理论学习。始终以党的政治建设为统领，坚持以习近平新时代中国特色社会主义思想为指导，坚持把学习宣传贯彻中共十九大精神作为首要政治任务，认真组织开展“不忘初心、牢记使命”主题教育，督促全体党员干部认真学习“学习强国”平台的理论知识及网络课程。坚持学习常态化，采取“夜学课堂”、“三会一课”、专题辅导、问题研讨等方式，引导全镇党员干部增强“四个意识”，坚定“四个自信”，做到“两个维护”。

【精神文明建设】 抓严意识形态责任制落实，牢固树立“两个共同”“三个离不开”“五个认同”“五个维护”的思想意识。深化民族团结进步创建，巩固提升区市级“民族团结进步创建示范镇”荣誉。充分利用镇村新时代文明实践中心、村级活动场所、村级文化活动中心以及农村道德大讲堂，开展了“三先开路话脱贫”“我的脱贫故事”等巡回宣讲12场次，刷写宣传标语30余条，建设民风示范巷4处、文化长廊700多米，先后评选出“乡村好人家”110户，选树“道德模范”“好婆婆”“好媳妇”。移风易俗等先进个人22人，进一步弘扬社会主义核心价值观，推进移风易俗，教育引导群众破除旧俗陋习，倡导文明新风，控制人情往来，抵制讲排场、搞攀比等不良风气。创建县级文明村5个，市级文明村1个。

【基层组织建设】 以建强贫困村党组织为重点，培育“致富带头人”78人，培养村级后备力量36名（其中党员23名）。组织8名入党积极分子到县委党校培训，全年发展党员7名。开展“三大三强”行动，完成村“两委”补选工作。清理受过刑事处罚的村党支部书记1名，村委会委员1名，调换、选举1名村干部担任村党支部书记。积极对接县委组织部、农业农村局为韦一、闫卷、旧庄、庆华等4个行政村申报基层组织建设资金各100万元。

【廉政建设】 开展违反中央八项规定精神突出问题、扶贫领域腐败和作风问题整治、深化形式主义、官僚主义突出问题集中整治等专项治理，对全镇涉农扶贫领域的扶贫政策落实、扶贫资金管理、扶贫项目运行、帮扶干部作风、精准识别和精准退出执行情况进行了逐一排查，针对发现的问题即时提出整改。严肃查处群众身边的腐败行为，镇纪委共处理问题线索7件，立案2件，给予党纪处分2人，诫勉谈话2人。

（郝兰花）

下马关镇

【党建工作】 持续推进政治建设，打造基层党建新生态。一是坚持理论学习不放松，扎实开展“不忘初心、牢记使命”主题教育，大力开展扶贫领域腐败和作风问题专项治理，共诫勉谈话3人，党内警告处分7人，开除党籍8人，移送审理2人，并案处理2件3人，对腐败分子形成强大震慑。二是扎实开展农村党员冬季轮训活动，推动村党组织带头人和致富带头人双向融合，提高党员“双带”能力，发挥党员的先锋模范作用和脱贫攻坚引领作用。三是推进“三大三强”行动和“两个带头人”工程，清理受过刑事或行政处罚的村主任2名、村委会委员1名，调换不称职、不胜任村干部18人，补选村“两委”成员26人。夯实基层组织建设，加强扶贫工作力量。

【农村经济】 发挥旱作耕地面积广、土地富硒元素的资源优势，巩固提升旱作农业，积极调整产业结构。一是动员各村群众依托自身实际发展特色种植业，在旱作耕地种植红葱0.5万亩，冬小麦8万亩，谷子、荞麦、苦荞等小杂粮5万亩。为推动小杂粮产业规模化发展，延长产业链，支持窖坑子村旺宏农牧有限公司投资1200万元在新区新建占地60亩的小杂粮加工基地，其中投资400万元建成3000平方米的加工厂房，投资300万元安装加工设备。二是大力发展高效农业，完成新圣康农业发展有限公司、联丰种植专业合作社等企业所流转土地的节水灌溉设施新建、改建工程，新发展节水灌溉面积3.37万亩，种植地膜玉米1.7万亩、马铃薯0.57万亩、苹果0.2万亩、西兰花0.2万亩、麻葵0.9万亩，田园村0.69万亩土地正在覆膜种植文冠果。

【畜牧养殖】 鼓励、扶持发展养殖业，发放小额扶贫贷款2599户11622.62万元，全镇牛存栏3041头，羊存栏94610只，猪存栏3404头，鸡存栏391882只，兔存栏1314只，蜜蜂1247箱，认真做好良种繁育、疫病控制、见犊补母等工作。

【劳务输出】 发挥劳动力资源富集的优势，狠抓劳动力转移就业这一“铁杆庄稼”不放松，通过培训促进普通劳动力向技能劳动力转变，共举办家政、缝纫、烹饪、建筑等各类技能培训27班次1200余人，通过劳务经纪人输出劳动力1万余人，帮助群众全方位增加收入。

【扶贫车间】 推动扶贫车间全面发力，南安村、田园村、新园村、平远村、陈儿庄村、张家树村等村扶贫车间引进纺织、服饰、家具厂等企业入驻，共吸引周边300余名妇女进厂务工，人均每年增收1.5万元以上。

【农村经营改革】 为7个移民村分别注入500万元资金成立股份经济合作社，村委会占股15%，逐步推广股份经济合作社模式，通过分红来壮大村集体经济。实施土地流转，引进宁夏盛坤农业科技有限公司抚育、管护5500亩枸杞地，与中民裕丰（吴忠）农牧业有限公司签署协议，投资5000万元，经营1.3万亩油用牡丹基地，并先行代政府付清2018年（含当年）以前拖欠的土地流转费400万元。

【精准扶贫】 聚焦“两不愁三保障”和“三率一度”目标，依据“766”专项方案，分类实施精准扶贫。一是劝返70名5~16岁的适龄儿童返校接受义务教育，实施“雨露计划”项目413人。二是落实家庭医生签约服务制度，加大“先诊疗后付费”“一站式”服务政策，对癌症、慢性病贫困人口给予1000元~3000元不等的民政救助，综合运用民政、大病救助、医疗保险、社会帮扶等综合措施，降低贫困户返贫风险。三是实施农村饮水安全巩固提升工程，改造管道，安装净水器，建设保温井，安全饮水实现100%全覆盖。四是依据“四类重点”，按照“九个一批”措施，加固维修C级房21户，改造D级危房100户，使“建档立卡户”住房安全有了保障。

【文化建设】 一是举办了“庆元旦、振精神，转作风、促脱贫”文艺晚会，丰富业余生活，提升人们士气。二是在田园、陈儿庄、三山井村开展“文化惠民 送戏下乡”活动，使党的扶贫政策融入戏剧作品，深入人心。三是大力开展群众文化活动，三山井、陈儿庄、张家树、白家滩联合举办“闹元宵奋进新时代，感党恩筑梦新征程”文艺演出，五里墩和申家滩村开展庆祝“三八”国际劳动妇女节文艺演出活动，树立知党恩感党恩的鲜明导向。四是开展形式多样、内容丰富的爱国主义教育活动，在镇区举行“建国70周年”游行活动，组织观看庆祝中华人民共和国成立70周年大会盛况，增强“五个认同”，激发人们爱国主义情怀。五是在陈儿庄村召开表彰大会，表彰13名“致富能手”和15名“脱贫光荣户”，鼓舞士气，凝聚人心。

【社会治理】 一是广泛深入开展扫黑除恶专

项斗争，发动群众、广泛宣传，营造全民参与扫黑除恶的浓厚氛围。二是强化矛盾纠纷排查化解及群众来信来访接待工作，共排查和化解各类矛盾纠纷244起，接待群众来信来访2500余人次，确保“小事不出村，大事不出镇”。三是联合镇派出所、交警队对集镇公路沿线、集镇街、农贸市场等周边进行现场整治，境域内“脏、乱、差”状况得到明显改观。围绕各民族“共同团结奋斗，共同繁荣发展”主题，扎实开展“三化”治理和宗教场所风格整改工作，实现“四进”宗教活动场所。加大禁毒宣传教育力度，强化涉毒重点村整治，社区戒毒、社区康复人员管控率达到100%。

【社会保障】 按照“应保尽保”的原则，聚焦生活困难的老年人、重度残疾人、重病患者、困境儿童等群体，共发放城乡低保6131户8401人，残疾人补贴2484人，特困人员集中供养30人、分散供养35人，高龄补贴398人，享受养老保险待遇5988人、孤儿补贴81人，核销城乡低保659人，新增城乡低保878人，确定兜底户55户140人，服务好打赢脱贫攻坚战。

【社会事业】 办好人民满意教育，加强教育基础建设。积极开展生殖保健、生育服务登记工作，免费孕前优生健康检查464对，人口出生率为8.64‰，自然增长率为6.67‰，全面实施家庭医生签约制度，镇卫生院专职医生签约率达到95%，村级卫生室作用逐渐放大，群众普通病痛基本在卫生室得到解决，医疗支付大幅降低，农村一线婴幼儿免费接种普及率达到100%。按照“应保尽保”的原则，聚焦生活困难的老年人、重度残疾人、重病患者、困境儿童等群体，共发放城乡低保6131户8401人，残疾人补贴2484人，特困人员集中供养30人、分散供养35人，高龄补贴398人，享受养老保险待遇5988人、孤儿补贴81人，核销城乡低保659人，新增城乡低保878人，确定兜底户55户140人，服务好打赢脱贫攻坚战。

【动物防疫】 组织畜牧站内职工、村级动物防疫员深入全镇各村开展重大疫病免疫工作，羊口蹄疫二价苗免疫8.1万只、羊布免疫9.4万只、羊小反刍免疫10.5只，牛口蹄疫免疫0.25万头，猪瘟、猪口蹄疫免疫0.34万头，鸡禽流感免疫33.2万羽，犬驱虫投药0.34万条、狂犬病疫苗接种650条，动物免疫率均达100%，确保免疫工作“村不漏户、户不漏畜（禽）、畜（禽）不漏针”。

【生态环境】 一是牢固树立和践行“绿水青山就是金山银山”理念，认真做好罗山国家级自然保护区内风机拆除后底座的植树造林、恢复生态工作。二是大力开展绿化工程，补种庭院经果林5.5万株，加强林木管护，树立“爱树、植树、护树”的责任意识，努力美化环境。三是加强574名公益性岗位人员、254名护林员和23名河道保洁员的管理工作，认真做好村庄、农田的垃圾清理工作和封山禁牧、植树造林等工作。四是扎实开展“厕所革命”，窖坑子、赵家庙、下垣村作为试点，建设水冲式厕所290个，旱厕三格式化粪池493个。

（杨斌虎）

预旺镇

【概况】 2019年，坚持精准方略，决战决胜脱贫攻坚，至年底全镇有建档立卡户1875户6994人，已脱贫1838户6885人，剩余37户109人，贫困发生率为0.46%。全年预计经济总收入达到2.62亿元，农民人均纯收入8720元，同比增长13.1%。

【党建工作】 提高政治站位，加强党的政治建设。狠抓理论学习，加强党的思想建设。突出政治功能，加强党组织建设。认真实施“三大三强”行动和“两个带头人”工程，推动“两个带头人”融合转化，培育村级后备干部21人、党员致富带头人5人，在致富带头人中培养入党积极分子6人、吸纳发展党员3人，撤销白崖子、龚家湾、李洼子、孙石庄建制村，完成贺塬村、胡堡子村委会选举，北关村新选党支部副书记1名，为乡村振兴提供坚强的组织保障。强化党的领导，牢牢掌握意识形态工作领导权。坚持党管宣传、党管媒体不动摇，加强对各类演出活动、文化市场、宗教活动场所的管理，引导网上主流舆论，规范网上信息传播秩序，维护网络意识形态安全，牢牢掌握网络意识形态主动权。

【脱贫攻坚】 一是推动肉牛肉羊养殖、中药材、小杂粮种植三大主导产业，稳步发展覆膜玉米、西甜瓜、红葱等旱作农业，建设土峰村肉牛养殖基地、高效节水灌溉工程、中药材交易市场。二是实施未脱贫户产业扶持资金，共计兑付资金1200.535万元。三是持续补短板强弱项提水平，全面解决突出问题。采取自建、帮建、购买安置等方式共改造206户住房；实施自来水入户284户，安全饮水名副其实；健康扶贫使病人自付比例为6.45%，办理门诊慢性病手册530本，家庭医生签约服务率100%，建档立卡户参保率100%；教育扶贫使4名辍学学生得以返校，"烩小吃"技能培训4期200人，雨露计划139人，资金为20.85万元，新建北塬小学教学楼1座。四是金融扶贫共发放小额贴息贷款1359户4982.55万元，解决群众产业缺资金的难题。

【民生建设】 坚持以人民为中心，切实提高群众幸福感、获得感和安全感。硬化村社道路27.5千米，建成贺塬村过水桥1座，安装路灯621座，新建文化广场4座，开工建设王预公路，推进农村"厕所革命"，建成363座。大力开展环境整治"春季和秋冬战役"行动，共清理各类垃圾957.4余吨，拆除危旧房和残垣断壁160处，清理整治林地329亩，清除杂草201亩，实施绿化种植3.1万株，村容村貌得到明显改善。大力开展国土绿化，完成文冠果种植1000亩，实施生态经济林文冠果鱼鳞坑建设项目，总计完成13485亩566530个。大力实施乡村振兴战略试点工作，高标准建设土峰乡村村部，投资274.52万元实施千亩经果林项目，种植云杉、油松、红梅杏等各类果树11400株，发展庭院经济570户。实施亮化工程，安装路灯321盏。

【社会保障】 认真落实民生保障政策，促进农村低保和扶贫开发的有效衔接，做到应保尽保。是年，社会保障兜底60户150人，全年新增农村低保224人、城市低保10人，审查核实取消农村低保213人、城市低保32人。发放民政救灾资金50万元、临时救助资金55.9万元、困难残疾人生活补贴和重度残疾人护理补贴93.4万元，安置聘用公益性岗位人员4批146人，解决了低收入家庭零就业问题。

【精神文明建设】 一是坚持以自治增活力、以法治强保障、以德治扬正气，构建共建共治共享的社会治理格局，不断增强广大群众的获得感幸福感安全感。二是开展新时代农民讲习活动，利用全镇11个新时代农民讲习所、2个文明实践站（所），开展各类学习型讲习共计132场次，积极培育和践行社会主义核心价值观，教育引导农民群众自觉听党话、感党恩、跟党走。三是发挥"一约五会"作用，扎实推进移风易俗、弘扬时代新风行动，大力倡导婚事新办、喜事简办，摒弃搞攀比、讲排场的不良风气。四是进一步推进文体事业发展，加强文体队伍建设，完善公共文体服务体系，成立广场舞3个，举办"礼赞新中国、讴歌新时代"歌咏比赛和红歌大联唱活动，组织电影放映、文艺演出等活动21场次。

【社会治理】 采取专项治理与综合治理、源头治理相结合的办法，大力开展扫黑除恶斗争。大力开展矛盾纠纷调处化解，深入推进综治维稳工作，主动做好重点对象的思想转化工作。扎实推进禁毒工作，开展各类禁毒培训10

次，开展吸贩毒人员清理核查工作，贺塬村、胡堡子村、青羊泉村、龚家湾村等4个村摘掉了涉毒次重点村“帽子”。加强法治教育宣传工作，全面落实“七五”普法工作。全面开展安全生产建设，整改消除安全隐患15处，切实保障人民群众的生命和财产安全。

【廉政建设】 正风肃纪，不断强化党风廉政建设。全年共提醒约谈2人，开除不合格党员2人。镇纪委共处置问题线索10件，其中立案2件，诫勉谈话4人，结案7件。

（徐伟宾）

王团镇

【概况】 2019年，围绕实现产业兴旺、生态宜居、乡风文明、治理有效、生活富裕的总目标，聚焦脱贫富民，抓全面、抓重点，攻难点、创亮点，全力推进精准扶贫、乡村振兴、民生保障、安全稳定、自身建设等各项工作，全镇脱贫攻坚工作稳步推进，经济社会各项事业持续发展。全镇地区生产总值达到13.23亿元，同比增长11.3%；农民人均可支配收入达到10362.94元，同比增长11.1%。

【脱贫攻坚】 一是按照“一收入两不愁三保障”要求，实现全镇11个贫困村全部脱贫出列。2019年累计减贫1837户6937人，剩余58户203人，贫困发生率为 0.47%，群众对脱贫攻坚的认可度达98%以上。二是夯实基础设施建设，着力改善贫困群众生活条件。争取罗家河湾村、沟南村两村幼儿园建设，新建新堡村活动场所，硬化倒墩子村场地并砌护围墙，硬化村路巷道30千米。三是实现危窑危房改造全覆盖，着力解决贫困群众安全住房问题。四是实现自来水入户全覆盖，着力解决群众安全饮水问题。全镇完成自来水入户1372户，保温井完成4128户。五是狠抓教育扶贫，劝返辍学学生53人，保证义务教育阶段学生“零辍学”。六是注重健康扶贫，实现“扶贫保”大病补充医疗保险贫困人口全覆盖。

【基层治理】 多措并举，着力解决大沟沿村、圆枣村、李庄村等3个移民村遗留灌溉设施建设和群众土地分配问题。规范档案整理，夯实精准工作基础。将大湾村、红阳洼村、堡子掌村、虎红湾村、刘家川村等5个“空壳村”，调整合并到附近的行政村，实现贫困村脱贫退出。

【农村经济】 一是转方式、调结构，红葱、小杂粮、黄花菜等特色产业方兴未艾，经济效益凸显。二是育产业、扩规模，“公司+基地+扶贫村+扶贫户”的养殖方式得到应用和巩固，成立养殖股份合作社，购买肉牛320余头，入股分红和养殖基地务工增加群众收入。发展壮大吊堡子村枸杞产业，强化品种改良，成立枸杞种植营销合作社，壮大集体和农民收入。三是抓旅游、聚人气，推动全镇旅游产业发展。

【美丽城镇建设】 把项目建设作为重要抓手，实施生态恢复建设、退耕还林补植补造、绿化村道15千米、移民迁出区3.5万亩文冠果种植、养护，巩固生态建设成效。协调王预公路建设，加快镇域内基础设施建设进度，完成3条巷道硬化和路、街的维修改造及排水管网的铺设，新建污水处理站投入试运营，王团美丽小城镇更美。

【生态环境】 实施农村“厕所改革”，开展城乡环境卫生整治行动，基本实现村庄“保洁”规范化、常态化。全面落实河长制，对“一河六沟”（清水河、折死沟、大西沟、大台沟、洞子沟、八里沟和前沟）建立档案，完善方案，执行巡河制度，有力保护了水资源环境。加大生态修复，植树造林约4万亩，强化养护，树木成活率达80%以上。夯实基础，在南村、沟南2个村重点整治高效节水灌溉片区5000亩，发展农牧业。清理秸秆3万亩，机深翻

1万亩。

【社会事业】 一是建立健全社会保障体系，加大救助力度，实现了农村养老、高龄、五保、孤儿、残疾人群体保障补贴全覆盖。二是文化教育事业得到长足发展，完成王团中学教学楼、教师周转房及5所幼儿园和2所小学建设，教师队伍素质明显提高，教学质量显著提升。三是严格落实惠农补贴政策，兑现各项惠民资金603.87万元。组织开展致富带头人培训60人次，每个贫困村实现了有3~5名致富带头和掌握实用技术人才。四是抓农村劳动力转移，共转移8800人次，劳务创收9700万元。

【社会治理】 一是开展扫黑除恶专项斗争，通过实施有效措施，已基本形成人人知晓、人人喊打的氛围。二是推动乡风文明建设，强化“核心价值观”群众教育，人民群众文明意识和行为进一步提升。三是加大矛盾纠纷调处，执行“七个一”（成立一个临时党支部、树好一面党旗、戴好一枚党徽、过好一次组织生活、发好一封提醒信、做好一个温馨提示、定好一套防疫服务管理机制）信息报送制度，全年排查调处矛盾纠纷266件，调处率90%，做到了小事不出村，大事不出镇。四是推进平安建设和“七五”普法，深化综治管理，全镇未发生重大安全事故。五是开展形式多样民族团结创建活动，被自治区民委命名为“民族团结进步示范镇”。六是开展打赢禁毒“摘帽”攻坚战，打造社区戒毒（康复）中心，安置社区戒毒（康复）就业40人，安置就业率达100%，全镇全年无新增吸毒人员。

【党建工作】 一是从严治党，压实责任，全年办结群众事项18600余件。二是认真履行“一岗双责”，积极开展涉农扶贫领域问题查处专项行动。三是不断加强班子综合能力教育和培养，充分发挥领导核心作用。四是组织落实政务、村务公开，完成村“两委”换届补选工作，清退不胜任、不合格的村“两委”班子成员，力求选优配强农村“带头人”，使基层党组织战斗堡垒作用充分显现。

（刘鹏）

田老庄乡

【基层组织建设】 2019年，加强和改善村级活动场所，对李家山村、套塘村、五道岭子村村部院落进行维修。按照就近便利原则，申请撤销窑山村行政建制，将窑山村与石塘岭村合并，将原田老庄乡锁岔村三社（即黄草原社）遗留户籍人口合并到相邻的马高庄乡邱渠村管辖，将移民迁出区红湾梁、车路沟遗留户籍人口分别合并到相邻的深沟、套塘村管辖，强化基层党组织服务群众的意识，提升服务群众的能力和水平。

【党建工作】 2019年，培育后备村干部3名，吸纳入党积极分子8名，确定发展对象6名，发展预备党员4名，转正党员1名。选优配强村班子，补选套塘村委会主任1名，委员2名，补选五道岭子村村主任1名、村支部副书记1名。深入开展“不忘初心、牢记使命”主题教育，检视出问题共28条，并认真加以解决。加强驻村工作队管理，落实三述三评制度，对驻村工作队进行评优排序。

【社会保障】 聚焦“两不愁三保障”，加强健康扶贫政策宣传力度，对病人自付费用超过5000元及生活困难家庭给予840元临时救助，对因突发大病的41户特困户给予1000~5000元不等的大额救助。在李家山和石塘岭两村分别扩建100立方米和4000立方米的蓄水池，在深沟村新建200立方米蓄水池，安装净水器60户，新建保温井，使群众冬季用水有保障。采取置换的办法置换房屋21户，在黄家水村建幸福院一座安置17户，建档立卡户群众实现安全住房的目标。

【脱贫攻坚】 凝聚各方合力，实现力齐攻

坚。一是攻克难点，重点解决群众危房。二是培育富民产业，助力脱贫摘帽。以产业发展为抓手而实现“一村一品”特色产业，全力打造红葱特色产业、养殖产业，稳步发展小麦、小杂粮等粮食种植面积。三是夯实脱贫基础，巩固脱贫成效。按照“宜养则养、宜种则种、宜工则工”的原则，重点对单老户、双老户、年龄偏大无能力实施产业的兜底户进行把关，实施项目资金427.82万元，兑付率达89%。

【社会治理】 聚焦重点行业领域，持续深入开展扫黑除恶专项斗争。一是强化认识，专题研究，增强乡村两级干部对扫黑除恶专项斗争的重要性和紧迫性的认识。二是加大线索摸排，建立工作台账。三是充分发动群众，广辟线索来源。发放宣传资料6000余份，悬挂横幅100余条，刷写固定标语34条，悬挂道旗90余个、制作宣传展板12块。同时，各村先后召开了扫黑除恶专项斗争政策宣讲会，提升群众的知晓率。

【生态环保】 实施生态立乡战略，加强对3.1万亩生态经济林（文冠果）种植用水的协调和管理。开展拆旧区恢复农用地工作，组织春季义务种植树木。加大封山禁牧力度，实行异地交叉全天候看管，杜绝因“人情关系”而衍生偷牧行为。强化环境卫生综合整治，在折死沟安排保洁员看护，在全乡范围内大力开展人居环境整治工作。

【惠民政策落实】 聚焦民生领域，严格落实惠民政策。一是严格城乡低保核查，共核销转出城乡低保266户386人，新增城乡低保151户182人，全乡城市低保为37户70人，农村低保为753户1040人，五保户为24户32人，高龄津贴为75人；残疾人口为301人（其中，一、二级残疾143人，三四级残疾158人）。二是加大民政临时救助，加大孤儿、残疾人、精神病人和重病患者等特殊群体的救助力度，共发放救灾款780户15万元，发放临时救助575户32.2万元。三是规范“两统筹”对象，对全乡劳务移民、自发移民的农户进行了梳理汇总，转移居民养老保险910人和居民医疗保险2175人。

【廉政建设】 一是制定完善规章制度，印发《田老庄乡差旅费报销管理制度》《田老庄乡财务管理工作制度》等相关制度，教育全体党员干部严格遵守纪律，履行岗位职责。二是扎实做好信访工作，强化思想认识，建立健全信访接访机制，对群众反映强烈的21件信访问题进行了处理，办结率100%。三是加大纪委办案力度，重点查办自治区扶贫办督导调研组反馈的关于石塘岭村产业扶持资金兑付有关问题。四是切实履行督查督办职责，对扶贫产业兑付程序、干部工作作风、驻村工作队管理等问题进行重点督查，对工作作风不实、缺乏责任心的村第一书记、支部书记、村主任进行约谈。

（马 波）

马高庄乡

【概况】 2019年，全乡实现农村居民人均可支配收入9080元，同比增长12.7%。全乡1049户3883人实现稳定脱贫，综合贫困发生率下降到0.53%，顺利通过市级、县级初审和自治区第三方评估。实施劳务移民87户，其中自发移民63户

【生态建设】 开工建设“黄草原”片区3.06万亩节水工程，完成三北防护林和天然林资源保护文冠果种植项目2万亩，全乡文冠果种植面积累计达到5万亩以上，追求经济效益和生态效益双赢目标。

【基础建设】 完成白阳洼毛家墩社至邱家渠村7.3千米村级道路建设工程，群众出行难问题得到了有效解决。完成乡民生服务中心和赵家树、邱家渠村村级便民服务中心建设，进一步方便群众出行。

【种植结构调整】 实施产业转型升级，大力

培育发展黄草塬片区“万亩中药材”、沟滩流域“万亩秋杂粮”、乡中心片区“万亩覆膜玉米”、何渠流域万亩文冠果4个万亩特色种植基地，依靠基地带动共完成小麦1.8万亩、玉米2万亩、马铃薯0.8万亩、小杂粮1万亩、西甜瓜0.3万亩、文冠果4.3万亩种植，牛、羊饲养量分别达到0.9万头、3.9万只。

【对口扶贫】 抢抓闽宁协作、中核集团央企帮扶、驻村帮扶等对口帮扶工作机遇，积极调整产业结构，培育可持续增收产业。何渠村探索“农户+支部+公司”的产业发展模式，引导183户党员群众种植亚麻籽4620亩，种植文冠果10984亩，亩均增收300元以上；乔家湾村投资9万元带动33户贫困群众种植红葱310亩，引进浙江台州致光农产品销售公司，带动43户贫困群众发展土豆种植1400亩，初步形成“千亩土豆百亩红葱”的产业发展新业态。

【社会事业】 落实教育优先发展战略，强化尊师重教，完成10名学生辍学劝返；切实做好医疗卫生工作，实现贫困户家庭医生签约全覆盖，强化人口计生工作长效机制；积极开展各类文化体育活动，实现村图书室免费开放，举办赵家树村首届“龙源杯”农民篮球邀请赛，完成全乡7个村的送戏下乡演出12场次；积极实施“七五”普法宣传工作，开展法律法规宣传“七进”活动7场次；深入推进惠民惠农财政补贴资金“一卡通”发放工作，及时足额规范发放各类惠民惠农财政补贴资金1397万元。落实社会救助政策，不断扩大城乡居民基本养老保险和医疗保险覆盖面，养老保险和医疗保险参保率均达到100%，发放低保金500万余元和救灾款、临时救助金、高龄补贴金、重度残疾人护理补贴、困难残疾人生活补贴等民生资金。

【基层治理】 推进基层综合治理，先后召开禁毒联席会议12次，刷写禁毒宣传标语20条，将禁毒责任全面落实。大力开展扫黑除恶专项斗争，刷写标语、发放宣传册、召开主题党日活动等，动员全体党员和广大群众广泛参与。认真落实安全生产工作“一岗双责”制，杜绝各类重特大安全事故发生。

【生态环保】 全年环境整治共投入资金35万元，环境面貌展现新颜。强力推进村庄改厕，完成666户农村改厕任务。召开河长制协调会12次，对全乡17名河长制保洁员实行分段定点管理。大力开展“爱国卫生日”活动，采取护林员、保洁员、公益性岗位等双管齐下的方式，保持村社整洁卫生。开展禁牧封育专项行动，累计拆除废旧羊圈34个、窑洞4孔，收缴围羊圈铁丝6圈，生态环境逐步好转。

【行政治理】 以扎实开展“不忘初心、牢记使命”主题教育为契机，梳理出13个专项整治问题并取得明显成效，年内解决了土地纠纷等一批群众反映的热点问题。严格遵守中央八项规定精神和区、市、县若干规定，重大事项提请乡党委会研究决定、向乡人大报告制度，自觉接受人大法律监督、纪委监委纪律监督，广泛接受社会舆论监督。是年，办结人大建议案8件。推行行政执法“三项制度”，实现行政村法律顾问全覆盖，“三公”经费和一般性支出持续下降。巡视、督察各类问题，整治和查处侵害群众利益的不正之风和腐败问题9个，问责处理4人，营造风清气正环境。

（刘仲西）

张家塬乡

【概况】 2019年，全乡以脱贫攻坚工作统领经济社会发展全局，扎实统筹推进各项工作，经济社会各项事业取得了可喜发展。围绕全县脱贫攻坚“766”专项行动，扎实开展“百日攻坚”行动，找差距、补短板、挖潜力、创优势，是年有建档立卡822户2420人，贫困发生率由2014年的27%下降至3%，预计年底未脱贫人口可降至38户89人，贫困发生率为0.93%。

【社会保障】 认真落实社会保障政策，实现脱贫61户175人。对标“三保障”，实施自来水入户 1011户，安装净水器94户，实现安全饮水全覆盖；完成危房改造575户，在张家山、海棠湖、张家塬3个村实施移民点建设，安置居民130户355人；在苏家岭村新建幸福大院，安置居民15户，实现了贫困群众安全住房有保障；实施健康扶贫政策，开展大病救治、慢病签约服务、重病兜底保障等，病人自付比例下降为6.74%；加大教育扶贫，劝返辍学学生2名，落实雨露计划31户资金4.65万元；落实建档立卡户护林员、公益性卫生保洁员、巡河员等公益岗位，人均年收入达6000~10000元，成为贫困群众基本收入；兑付各类扶贫项目资金603.751万元，比例占计划97.88%，增强贫困户发展后劲。

【生态环境】 严格落实“绿水青山就是金山银山”的绿色发展理念，一是发挥土地资源优势，种植文冠果0.6万亩，在汪家塬村、折腰沟村、张家塬村等村道种植树种1.9万余株。二是严格落实禁牧封育政策，捣毁“私设羊圈”34座，拆除“回乡放羊房屋”4座，有力地震慑了非法放牧行为。三是压实环境综合整治责任，确定每周五为整治日，以村干部和党员为带头人，以公益性岗位人员为主干，对各村辖区内垃圾进行统一清理，实现了乡村卫生清洁的初步目标。四是落实河长制，全年累计巡河100余次，长度达到80余千米，保护了河流水质。

【产业发展】 按照“一乡一业、一村一品”的产业发展思路，优化产业结构，大力发展旱作保墒农业，紧盯小杂粮、覆膜种植、种草养畜三大优势特色产业，打造了汪家塬村、张家塬村2个专业示范村建设。推广林下经济文冠果套种小杂粮、红葱模式、覆膜西瓜、绿色生态鸡饲养，种植优质小杂粮2.5万亩，培育致富带头人20名，培育专业合作社2个。先后开办月嫂、中式烹饪、挖机等技能培训班，参训达540人，大力提高群众劳务技能。强化劳务输出渠道，共输出建档立卡户劳动力800人次，劳务收入达1000万元。抓好金融扶贫工作，为建档立卡贫困户贷款1186.9万元，贴息10万余元，为群众发展解决资金短缺。在折腰沟村开展乡村振兴战略试点工作，完成10个特色旅游窑洞建设，积极发挥莲花山全国非物质文化遗产作用，大力发展旱塬生态观光业、旅游业。

【基层治理】 维修乡民生服务中心和折腰沟村、犁铧嘴办公场所，提升便民服务水平。依照公平公正宗旨，由乡民政所牵头对城乡低保进行大核查，取消低保309人，新增132人。新建3所标准化幼儿园，开展“少生快富”工程和孕检服务工作。开展移风易俗活动，加强禁毒宣传，巩固无毒乡村成果。大力开展扫黑除恶专项斗争。

【基础建设】 立足基础设施短板，全力助推全乡脱贫摘帽。一是对全乡6个村级卫生室进行了翻修，将乡卫生院进行了扩建。二是对贫困村基础设施建设积极对接，完成3所幼儿园、旅游驿站、生态林场、折腰沟村旅游客服中心等基础设施建设工程。建设建成汪家塬东沟，新建农村道路20多千米。三是完成汪家塬、张家塬、海棠湖3个行政村集中安置点的基础设施配套工程，优化人居环境。

（宋瑞娟）

兴隆乡

【党建工作】 2019年，兴隆乡切实履行主体责任，全力抓实党建工作。定期召集乡党委会议，坚持村级“周例会”、乡党委班子中心组学习及乡干部周二、周五学习等制度和主题党日等活动。扎实开展“不忘初心、牢记使命”主题教育活动，安排部署学习贯彻落实中共十九大精神和习近平新时代中国特色社会主义思想。开展村级组织活动场所规范化建设，创建冯川村村务公开、民主管理示范村，修订完善辖区6个基层党建、党风廉政、移风易俗、脱贫攻坚等相关规章制度并制版上墙。推进“三大三强”行动、实施“两个带头人”工程，培养入党积极分子9人，发展党员6人，充实村级后备力量37人、致富带头人51人。

【脱贫攻坚】 抓实产业扶贫，大力实施“双到”资金、整村推进、巩固提升、闽宁协作、企业帮扶、金融扶贫、“421”奖补等各类产业发展补助资金发展养殖业、种植业和劳务产业，共培育黄花菜和小杂粮近5000亩经济作物。强化养殖业，见犊补母705头，全乡培育肉牛养殖10头以上大户219户、舍饲养羊100只以上大户302户。抓就业扶贫，加强信息沟通，实现200余名农村劳动力在家门口稳定务工就业。落实公益岗247个，实现稳定收入10000元。开展职业培训、农村技能培训和科技培训共18期，培训农村劳动力1305人。抓实教育扶贫，“雨露计划”资助中高职在校学生106人次，累计发放助学金15.9万元，劝返辍学学生17名，劝返率100%。抓生态补偿扶贫，落实农牧民奖补、农资综合补贴、粮食直补、良种补贴，高速公路宽幅林带租赁补贴等共计3878万余元。

【社会保障】 抓实兜底保障脱贫，落实农村低保1571人、残疾503人、高龄150人、五保47人、孤儿35人等保障政策。落实失地农民保障503户1763人310.288万元。抓实健康扶贫，为所有建档立卡贫困户办理城乡居民基本医疗保险，参保率达100%，基本医疗实现全覆盖。

【基础建设】 抓基础设施建设，在黄谷川健康运动小镇租赁土地7600亩，在王大套村租赁土地3200亩种植枣林、苹果林，每亩每年租赁费均为45元。抓实农村安全饮水，安装保温井1944座，新建新区待拆迁区2处、冯川村集中供水点2处，新增新生村增压泵1座，自来水井子清淤218户，更换分水器80户、锁闭阀360户、水表428户，维修破损管道54户，为23户安装了净水器，实现饮水全覆盖。对照贫困村退出的13项指标和贫困户退出的5项标准，实现村村通硬化路、沥青路，村级活动场所均在200平方米以上，村村都有标准化卫生室、文化活动服务中心，村集体收入都在6万元以上。投资530万元建设王团村沟南“连心桥”，使撂荒的万亩旱耕地成为脱贫群众增收的新引擎。全力配合协调做好新区医院停车场、罗山大道贯通S101、圣雅戈天然石膏深加工建设等重点项目、重点工程的征地拆迁工作。

【农业产业】 着眼增收抓产业，汇聚各方力量助发展，切实增强脱贫富民工程可持续性。一是争取闽宁协作，壮大村集体经济，新建高标准设施农业蔬菜大棚23座，实现每年产值70万元，解决群众就近稳定务工45人，使产业扶贫成为治本之策。二是依托矿山资源优势，招商引资3亿元在新生村西山洼新建宁夏圣雅戈天然石膏深加工项目，安置劳动力56人。三是依托现有58家养殖合作社和21家家庭农场的规模，积极争取扶贫小额贴息信贷规模，促进养殖业蓬勃发展。完成见犊补母500头以上，新发展养殖肉牛10头以上大户200户、舍饲养羊100只以上大户300户。

【生态环境】 集中开展人居环境专项整治，加快建设美丽乡村。采取政府购买服务的形式，对镇区的环境卫生全天候的清扫，累计投入3220人次，车辆1020个台班，清运生活垃圾1918吨，清除乱堆乱放柴垛、杂物141处。结合“三化”治理，清理整治户外广告28处、占道经营19处。健全落实“河长制”工作职责，对边沿沟、红果子沟等违法占用河道行为集中进行整治。

【社会治理】 注重化解信访积案，全力抓实民生保障，统筹推进社会各项事业。全面深入开展平安创建，全力打好扫黑除恶攻坚战。召开扫黑除恶专项工作会议6次，开展扫黑除恶主题宣传活动8次，发放宣传资料5000余份，向县扫黑办摸排上报2起涉恶事件。梳理摸排“大棚房”问题4处。强化防汛、防火和非煤矿山、食品安全、交通道路等工作措施，开展各类安全生产大排查大整治活动3次，强化防汛、防火和非煤矿山、食品安全、交通道路等工作措施。开展农村矛盾纠纷大排查、大化解活动，调处各类矛盾纠纷127件，接待来访群众580多人次，化解信访问题46件，化解处理了一批信访遗留问题。继续加大禁毒工作力度，开展全国禁毒示范乡镇创建工作。

【反腐倡廉】 落实政治责任，提升工作效率，把巡视巡察反馈问题整改落到实处。配合县委第一巡察组的巡察工作，所反馈的9个方面28个问题问题全面完成整改，19项整改任务已完成整改并长期坚持。以“干部作风提升年”活动为契机，对2019年的各项重点工作，开展工作督查检查14次、脱贫攻坚督查24次，查处重复享受危房改造3户，追回资金4.5万元。持续开展厉行节约、公车管理、干部到岗、资金拨付等有关规定执行情况检查10次，收集案件线索4起，办结 3起，立案1件，办结中央第20督导组交办信访件11件，办结自治区第一巡视组交办信访件4件。

（铁 梅）

石狮开发区管理委员会

【农村经济】 大力发展集体资源型经济，壮大村集体经济，为每村注入资金100万元，村级集体经济均超过5万元。

【党建工作】 加强党的政治建设，推进全面从严治党向纵深发展。一是围绕学习贯彻习近平新时代中国特色社会主义思想，深入开展“不忘初心、牢记使命”主题教育。党员领导干部带头学习，开展党工委中心组理论学习14次，班子成员讲党课10余次，确定调研题目6个，形成报告6篇，解决整改突出问题10个。二是落实从严治党责任，建立党工委书记抓党建及党风廉政建设的责任清单和班子成员严格履行党风廉政“一岗双责”责任。三是集中开展整顿整治工作，提升基层党组织组织力，抓好意识形态工作领导权，认真贯彻落实党的民族政策和宗教工作基本方针。

【脱贫攻坚】 按照“调结构、抓服务、促发展”的思路，通过坚持项目带动战略、大力发展特色种养业、加强流通服务业、加大招商引资力度等有效措施，促进经济社会平稳发展，地区生产总值达7.15亿元，同比增长11%；农民人均可支配收入达到10200元，同比增长11%。全年未脱贫有41户105人，贫困发生率下降到0.35%。通过村级访谈和对60户样本户进行调查测评，干部和群众代表对帮扶工作的认可度为98%。

【社会保障】 依照“一收入、两不愁、三保障”的原则，评定边缘户412户1696人，落实建档立卡户护林员岗位31人、公益性卫生保洁员岗位150人、巡河员岗位20人，人均年收入为1万元；增加农村低保420户530人，提高低收入生活水平，人均收入超5000元。按照“宜养则养、宜种则种、宜工则工”的原则，扶持贫困户产业发展，扶持项目资金达718万元。联接贯通840户群众家中自来水管网，实现自来水全覆盖；劝返辍学学生27名，其中建档立卡户4名）；突出解决农民危房，新建142户，C级加固98户，辖区危房问题基本解决；对核准患病628人的住院费用397.9万元，共计报销费用354.4万元，报销比例达89.1%。

【基础建设】 围绕“三率一度”（漏评率、错退率、综合贫困发生率和群众满意度）目标，加大基础设施建设，力求补齐公共服务短板。全年实现行政村通村道路硬化全覆盖、农户安全饮水实现全覆盖、行政村三相电全覆盖、供电户户通、行政村网络信号全覆盖。修缮村卫生室，开展一般伤病诊治和公共卫生服务任务，建立村级农民健康档案。

【产业发展】 一是优化种植结构，提升产业培育。在黄石村、黑家套子村采取“企业+合作社+基地+农户”的模式，种植雨露香梨和娃娃菜1450亩；在满春村种植采摘园，对枣树进行修剪嫁接改良，并种植雨露香梨、红梅杏、葡萄、桑葚等1560亩；发展林下生态鸡养殖6万余只，林下种植辣椒等蔬菜和苦荞等小杂粮1500亩；在黄石村实施高效节水灌溉项目，种植玉米3000余亩，解决水短缺节水灌溉问题。二是扩大养殖规模，注重效益。新建标准化养殖圈棚3.2万平方米，新增10头以上的养牛户120户、养羊50只以上的养羊大户240户，建成3个养殖专业村。辖区牛饲养量达2.3万头，存栏1.2万头，出栏1.1万头，基础母牛0.5万头，羊饲养量达23.4万只，出栏14.6万只，存栏8.8万只。

【生态建设】 推进农村“厕所革命”，组织人力、机械对辖区内主干道路和村巷道进行清理，共动用人工2.8万人次，租用机械850台次，清理垃圾3万余吨，清理沟渠30千米，清理农业废弃物650吨，清理乱堆乱建55处，清理残垣断壁89处，村庄植树1万余株，制作横幅标语120处。推行河长制工作，开展“携手清四乱 保护母亲河”专项行动，共排查出“四乱”问题5起，其中乱占河道问题2起，乱堆问题1起，乱建问题1起，乱采问题1起。三是推进“大棚房”问题专项清理整治行动，共排查疑似问题83个，发现疑似图斑34个，做处理20个，完成占地总面积207.76亩的整改。

【社会治理】 一是把政法综治和平安建设工作有机融合形成合力，对84起矛盾纠纷全力调解，调解率为100%，调解成功率达100%。二是将扫黑除恶专项斗争与整顿软弱涣散基层党组织相结合，开展经常性纪律教育和日常监督检查，推进了扫黑除恶专项斗争有力开展和党建工作重点任务的落实。三是依法打击非法信访等违法行为。四是全面落实禁毒摘帽攻坚和示范创建工作，实施堵源截流、大收戒、社区戒毒康复、就业安置、重点整治、社会宣传措施，安置社区戒毒（康复）就业44人，安置就业率达100%。五是加强安全生产监督管理及铁路护路联防工作，开展安全生产大检查10余次，发放《中华人民共和国铁路法》和《铁路运输安全保护条例》宣传单5000份，全年未发生安全生产事故及火车途停事件。

【精神文明】 加强普法宣传教育，推进民主法制建设。落实“24字”社会主义核心价值观教育，开展村民道德文化建设和反邪教警示教育。开展“扫黄打非”工作，实施“依法治村”“法律进村入户到人”“村民自治示范村”“民主法治示范村”等创建活动。健全各项规章制度，完善村规民约，实行村务公开、财务公开、政务公开，积极推行民主选举、民主决策、民主管理和民主监督。开展“星级文明户”“乡贤”“最美同心人”“最美家庭”等评选活动，增强人民群众跟党走的凝聚力、向心力，提高群众的幸福满意度。

（马伏才）

豫园社区

【社区服务】 坚持便洁、有利、高效的服务宗旨，组织社区干部对孤、老、残、弱人员和离退休人员登记造册，完善信息，全年共办理残疾证（含年审）540人次。开展对18周岁以上人员的健康档案的建立，定期进行健康讲座。落实计划生育政策，共发放宣传册等资料5000多份，免费发放避孕套600多盒。建立卫生常态化管理机制，实行分工包片，做到日产日清，不留死角。加强城镇居民医疗保险宣传，缴纳养老保险金5050人，为社区部分老年人提供养老保险待遇资格认证，和“4050”人员办理养老保险和医疗保险补贴。认真落实城市最低生活保障制度和优抚政策，以亲民、惠民、富民为宗旨，为24人解决城市低保和1名独居老人提供住房并给予临时救助，帮助11名下岗失业人员解决工作。

【基层治理】 加强社区各项管理，定期开展矛盾纠纷排查活动，摸排社区矛盾纠纷，清查流动人口，了解刑满释放人员、吸毒人员的动向。节假日期间，社区干部轮流值班，协调居民小区之间的矛盾纠纷，确保治安稳定，全年未发生重大刑事案件、集体上访事件和安全事故。

（马淑霞）

富兴社区

【党建工作】 从思想作风、工作作风和领导作风建设入手，以提高领导班子的综合素质为抓手，认真学习中共十九大精神和习近平系列重要讲话精神，在政治上、思想上、行动上和党中央保持高度一致。发挥社区党支部的领导核心作用，坚持三会一课制度，做到年初有计划、年终有总结，建立健全基层党组织基础台账，有党员53名。全年召开党员大会12次，支委会12次，利用党支部大会和民主生活会形式，对社区党员干部进行“反腐倡廉”教育，力求使广大党员干部时刻做到自觉、自省、自警、自励。

【基层管理】 组织社区干部定期开展矛盾纠纷排查活动，摸排社区矛盾纠纷，清查流动人口，了解刑满释放人员、吸毒人员的动向，排查邪教组织，排除不稳定因素。修改居委会章程、居民公约等制度，完善定期走访、每月例会等制度，积极探讨居民议事制度和民主监督制度，力争用制度管事，用制度管人，做到社区开展工作规范化、制度化。

【社区服务】 一是组织社区干部对孤、老、残、弱人员和离退休人员详细登记造册，争取扶贫帮困资金，解决生活问题。二是会同医院、社区卫生服务站做好辖区内18周岁以上人员的健康档案，对一些患慢性病人进行跟踪调查，定期上门服务，定期进行健康讲座。三是与社区服务中心联合举办科普、消防、安全、环保等图片展，放映了十余场露天数字电影。四是及时了解掌握居民反映的热点，如路面修复、下水道堵塞，卫生死角等系列问题，及时与有关部门进行沟通、设法解决。五是做好居民纠纷调解工作，制止多起违章搭建。六是搞好社区业余文艺队伍建设，开展腰鼓队、太极拳队、舞蹈队等活动，参加晨练人数已达100多人，基本上做到活动天天有，歌声处处在。七是落实计划生育政策，开展各类宣传活动，共发放宣传册等1000多份，免费避孕套300多盒。

（杨海峰）

新华社区

【概况】 新华社区成立于2004年6月，坐落于县城豫南西一巷58号，有工作人员8人。管辖范围东至豫海南街、西至豫海湖畔、南至南环路、北至长征西街，与豫海镇城二村交叉居住。占地面积约3平方千米，居民住宅小区7个，总人口3107户，11445人（因棚户区改造，现以住宅小区住户为主），商业网点383家，医疗机构2家，学校2所，幼儿园1家，直管党员48名。低保301户、669人。社区先后获“同心三星级基层党组织”“五星级和谐社区”“吴忠市最美志愿服务社区”“全区民族团结进步示范社区”“防震减灾示范社区”等称号。

【党建工作】 2019年结合“不忘初心、牢记使命”主题教育活动，组建了义务巡逻队、家庭纠纷调解队、文明劝导志愿队等组织，先后走访居民1700多户5200多人，征求到环境卫生、城市低保、社区建设等意见建议180多条，成立“学雷锋”志愿服务，开展结对帮扶、冬季送温暖等主题实践活动，通过慈善公益活动为贫困大学生发放行李箱，为困难群众发放大米、油等生活用品，把党的温暖送到居民家中。

【基层建设】　一是建章立制，夯实自治基础。设立居民代表大会，建立居民自治小组，制定《社区自治章程》等一系列的组织和章程。建立限时办结、居务公开等多项制度及新华社区党建网和QQ平台、微信平台，增强社区自我管理、自我服务和自我教育的功能。二是整合资源，携手共驻共建。充分挖掘和发挥辖区各类资源，主动搭建社区建设的平台，与共建单位签订共建协议，邀请辖区单位探讨、解决社区建设的热点和难点问题、营造全方位参与社区建设的良好氛围。三是推行居务自治、接受各级监督。建立和完善各项规章制度，在重大问题上召开居民代表大会，征求意见，对居民反应强烈的低保问题、廉租房等问题成立居民议事会。严格执行《居务公开制度》，设置了“居务公开栏”，定期公布社区的有关事项和居民关心的问题，加强了居民对社区事务的了解，实现社区“自我管理、自我监督”。

【社区服务】　一是健全就业服务网络，协助县劳动就业局举办公益性岗位岗前技能培训、下岗职工再就业培训5期750余人，解决就业岗位180个，提高了辖区居民就业能力。二是完善服务基础设施建设，设立社会保障工作站、残疾人工作站、残疾人康复站、日间照料中心，成立组织、配备专门人员，建立各项制度，开展健康检查和健康咨询等活动，为200多名环卫工人免费体检。

【精神文明】　一是深入推进“创建文明县城”活动，大力宣传“三城联创”的必要性和重要性，发放宣传资料1200余份，制作板报12期，动员居民关心支持、参与卫生整治工作，引导和组织居民参与文明县城创建活动。二是大力开展文体活动，创建发展舞蹈队、体操队等文体队伍，为红色梦想艺术团搭建活动平台，多次参加县、镇举办的文体活动，举办“三八”舞动百人广场舞、“五四”青年唱红歌比赛、“温馨你我他 和谐千万家”邻里节等活动，丰富了居民生活，增强了社区的知名度。三是开展“最美家庭”“文明家庭”“好婆婆·好媳妇”“道德模范”“移风易俗光荣户”等精神文明评比活动。

【基层治理】　多措并举，创建安定有序的社区环境。一是健全治安防范体系，建立警务室、义务巡逻队、治保会，形成比较高效的“群防、群治”网络。开展法制宣传和“七五”普法活动，进一步提高居民法律意识和法制水平。二是加强流动人口管理，对出租房和流动人口进行管理、登记、办证，建立了台账，掌握基本情况，落实管理机制。三是完善帮教工作机制，社区成立帮教工作领导小组，对辖区内84名吸毒人员实行了双四色动态管控。四是积极消除安全隐患，发现隐患及时整改。五是积极发挥人民调解作用，加强了矛盾排查和信访工作力度，做到早发现、早解决，将矛盾化解在基层，化解在萌芽状态，做到“小事不出小区、大事不出社区”。

（丁 莉）

豫西社区

【党建工作】　认真组织学习，加强党员思想教育，扎实开展党建工作。通过紧扣思想建设、政治建设、紧扣作风建设及反腐败斗争，从而切实提升理论武装的引领力、切实提升自觉看齐的向心力、切实提升拒腐防变的免疫力、切实提升真抓实干的执行力，组织开展党员作风建设活动，在元旦、春节、开斋节等重要时间节点，重申和强调“十个严禁”等纪律要求，进一步改进工作作风，克服形式主义、官僚主义。认真开展“不忘初心、牢记使命”主题教育活动，培养和发展新党员1人，培养入党积极分子5人，不断地增强党员队伍的凝聚力和战斗力。

【基层治理】 加强社区人民调解委员会组织领导，深入开展以防激化为重点的人民调解工作，切实做好维护社会稳定工作，重点做好申诉等合法解决纠纷方法的宣传工作，使广大群众能够了解、掌握和选择正确的诉求表达方式，预防和减少群体性上访、进京上访、越级上访事件发生，推进依法治理工作。是年，共接受居民纠纷多起，其中邻里纠纷2起，家庭纠纷2起，其他纠纷8起，成功调解成功12起，调解排查率100%，调成率100%。抓好社区戒毒康复工作，社区2名禁毒专干定期入户宣传毒品知识，签订禁毒责任书，共建立8类工作台账。开展普法宣传活动，抓好预防青少年犯罪工作。

【社区服务】 以关注服务民生为根本宗旨，努力做好民政低保、劳动保障、计划生育等项工作。是年，安排公益性岗位23人，为零就业家庭解决实际困难；养老金参保人数达到1100人，完成参保任务；医疗保险参保人数达到5088人，完成率98.80%；开展计划生育工作，实施孕前检查65对，完成率100%；登记退伍军人信息，登记在册现役军人，完善悬挂光荣之家登记牌。统筹兼顾，完成了其他社会性事务工作。

（顾 娟）

永春社区

【概况】 永春社区成立于2017年11月，占地面积5.5平方千米，东至清水街，南与兴隆村相接，西至省道101，北至清水河，位于县城新区，共有7个住宅小区，7100多户，2.7万余人。其中劳务移民户约占20%、人数约占24.5%，主要居住在新区家园A、B、C和清水一号。社区有工作人员7名，直管党员24名，为星级党组织、星级社区。

【党建工作】 2019年，为决胜全面建成小康社会，社区党支部大力开展“联合党委”协商议事，以党建为引领，始终紧盯劳务移民的脱贫增收，本着“就业帮扶，真情相助、不让一个困难群众掉队”的原则，狠抓培训就业创业，大力促进 脱贫致富，同时增强移民群众的内生动力，努力实现“培训一人、就业一人、脱贫一户”的目标，全面促进新老居民大融合、大发展。永春社区有建档立卡贫困户1371户6681人，其中未脱贫17户83人，监测户8户47人。

【脱贫攻坚】 坚持和创新闽宁协作扶贫模式，采取结对帮扶、社会帮扶等措施，落实帮扶资金50万元，建设劳务移民培训中心，安装电子屏，积极推进劳务移民参与实用技术培训，提升移民群众的劳动技能水平和致富能力。组织实施转移劳动力768人，组织培训462人，激发劳务移民创新生动力，培育新型职业劳务移民，促进移民增收致富。

（周 军）

人物·荣誉

2019年任职副处级干部简介

张　伟　男，汉族，1977年7月出生，宁夏中卫人，2003年7月参加工作，2000年3月加入中国共产党，研究生学历。现任自治区大柳树水利枢纽工程前期工作办公室主任、党支部书记，2019年3月任中共同心县委副书记（挂职）。

洪建群　男，汉族，1970年4月出生，浙江浦江人，1990年7月参加工作，1998年6月加入中国共产党，大学学历。曾任吴忠市利通区工信局局长。2019年10月任中共同心县委副书记、政法委书记、党校校长、吴忠市委党校同心分校校长、吴忠行政学院同心分院院长。

郑永璘，汉族，1973年10月出生，福建永春人，1992年8月参加工作，1996年10月加入中国共产党，中央党校大学函授学历。曾任福建省永春县政府副县长，党组成员。2019年2月任中共同心县委常委、政府副县长（挂职）。

马千里　男，回族，1994年参加工作，宁夏青铜峡人，2017年12月任同心县政府副县长，2019年5月任中共同心县县委常委、政府副县长。

陈治明，汉族，1972年9月出生，四川射洪人，1990年12月参加工作，1993年4月加入中国共产党，大学本科。2019年5月任中共同心县委常委、武装部政治委员、党委书记。

张宏志　男，汉族，1976年8月出生，宁夏同心人，1998年7月参加工作，2003年1月加入中国共产党，中央党校研究生学历。曾任同心县住房和城乡建设局党组书记、局长，县城市管理综合执法局局长，县人民防空办公室主任，2019年11月任中共同心县委常委、县住房和城乡建设局党组书记、局长，县城市管理综合执法局局长，县人民防空办公室主任。

宋继忠　男，汉族，1976年9月出生，宁夏吴忠人，1996年7月参加工作，2000年12月加入中国共产党，大学学历。2019年5月任同心县政府副县长、政法委副书记、公安局党委书记、局长、督察长。

陈　岗　汉族，1977年11月出生，河北唐山人，2000年7月参加工作，2005年6月加入中国共产党，宁夏大学化工设备与机械专业本科。2019年6月任中国建设银行宁夏区分行公司投资银行业务部高级客户经理、同心县政府党组成员、县委财经委员会副主任。

组织机构及负责人名录

（2019年1月1日至12月31日）

中国共产党同心县委员会

书　记：马洪海（回族，吴忠市委常委，宁夏吴忠人）

副书记：丁　炜（宁夏中宁人）

周玉平（回族，挂职，2月离职，宁夏海原人）
郭耀峰（满族，11月离职，宁夏吴忠人）
张　伟（3月任职，挂职，宁夏中卫人）
洪建群（11月任职，浙江浦江人）
常　委：薄怀涛（挂职，山东莒南人）
谢国旺（5月离职，宁夏盐池人）
丁　俊（回族，11月离职）
牛进宏（5月离职，宁夏西吉人）
杨学礼（回族，宁夏吴忠人）
王　钧（回族，宁夏吴忠人）
马久麟（回族，宁夏吴忠人）
张　媛（女，宁夏大武口人）
李建国（3月离职，挂职，宁夏西吉人）
王　刚（回族，宁夏吴忠人）
郑永璘（2月任职，福建永春人）
马千里（回族，5月任职，宁夏青铜峡人）
陈治明（5月任职，四川射洪人）
张宏志（11月任职）
县委办公室主任：周文禄（回族）

同心县人大常委会

党组书记、主任：王自成（宁夏青铜峡人）
党组成员、副主任：周启诚（回族）
副主任：杨　森（回族）
党组成员、副主任：陈宁雅（女，回族）
倪秉武
党组成员、人大办公室主任：李岩（回族）

同心县人民政府

县　长：丁　炜（宁夏中宁人）
副县长：薄怀涛（挂职，北京市人）
丁　俊（回族，11月离职）
李建国（挂职，3月离职，宁夏西吉人）
郑永璘（挂职，2月任职，福建人）
马千里（回族，5月任职，宁夏青铜峡人）
康　峰（回族）
马俊文（回族）
杨晓娟（女，宁夏吴忠人）
宋继忠（5月任职，宁夏吴忠人）
县长助理：颜伟煌（挂职，4月离职，福建永春人）
林生根（挂职，4月任职，福建永春人）

政协同心县委员会

党组书记、主席：田成川（回族，宁夏海原人）
副主席：田梅音（女）
马成海（回族）
马宗新（回族）
秘书长：杨彦德（回族）

同心县人民法院

党组书记、院长：母连山（回族，宁夏西吉人）
党组副书记：张生权（11月离职）
党组成员、副院长：周　宁（回族）
杨　溥（回族）
党组成员：王金国（回族）
马巧燕（女，回族）
马自应（回族）
审判委员会专职委员：罗彦昌（回族）
石怀录（回族）

同心县人民检察院

党组书记、检察长：马万清（回族，宁夏吴忠人）
副检察长：罗彦芳（女，回族）
马维荣（回族）
检委会专职委员：康秀芳（女，回族）

同心县纪委（监察委员会）
纪律检查委员会

书　记：王　钧（回族，宁夏吴忠人）
副书记：马建堂（回族）
　　　　马学文（回族）
常　委：丁月丽（女，回族）
　　　　张　琳（女）
　　　　马　军（回族，3月任职）
　　　　马建军（回族，3月任职）
办公室主任：李　全
案件监督管理办公室主任：马琪（回族，11月离职）
信访室主任：马　琴（女，回族）
第一纪检监察室主任：马晓东（回族）
宣教（政策法规研究）室主任：丁萍萍（女，回族，3月任职）
党风政风监督室主任：李　婧（女，回族，2月任职）
案件审理室主任：杨　婧（女，回族，3月任职）
案件监督管理室主任：周　军（回族，11月任职）
派驻第一纪检监察组组长：周立本（回族，11月任职）
派驻第二纪检监察组组长：李春义（回族，11月任职）
派驻第三纪检监察组组长：金小奎（回族，11月任职）
派驻第四纪检监察组组长：马　琪（回族，11月任职）
派驻第五纪检监察组组长：马建国（回族，11月任职）
派驻第六纪检监察组组长：马玉孝（回族，11月任职）
派驻第七纪检监察组组长：荆玉贵（11月任职）
派驻第八纪检监察组组长：张生权（11月任职）

同心县监察委员会

主　任：王　钧（回族，吴忠市人）
副主任：马建堂（回族）
　　　　马学文（回族）
委　员：丁月丽（女，回族）
　　　　张　琳（女）
　　　　马　军（回族）
　　　　吴玉伟（回族，3月任职）

同德慈善产业园管委会

党工委书记：丁　炜（宁夏中宁人）
党工委副书记、主任：马　涛（回族）
党工委副书记、纪工委书记：白启宝（回族）
管委会副主任：马俊杰（回族）
　　　　　　　白　钰（回族）
党政办公室主任：白钰（回族，3月离职）
副主任；杨晓声（回族，3月任）
规划建设科副科长：马　军（回族，8月任职）
招商服务科副科长：周　波（回族，8月任职）
羊绒与产业科副科长：李宗华（回族）
　　　　　　　　　　白　莹（女，回族）

县委工作机构
县委办公室

办公室主任、机要局局长、督查室主任、保密局局长、档案局局长：周文禄（回族）
办公室副主任：马英迪（回族）
　　　　　　　王　坤（回族）

档案局

局　长：丁立军（回族，5月离职）
　　　　周文禄（回族，5月任职）
副局长：马　玲（女，回族，5月离职）

档案馆

馆　长：丁立军（回族，5月任职）
副馆长：马　玲（女，回族，5月任职）

县人大常委会工作机构
办公室

主　任：李　岩（回族）
副主任：杨　虎（回族，8月离职）
　　　　马福祥（回族，8月任职）

法制工作委员会

主　任：杨文宏（回族）

财政经济工作委员会

主　任：白明玺（回族，9月离职）
　　　　马春生（回族，9月任职）

教科文卫工作委员会

主　任：马春生（回族，8月离职）
　　　　杨　虎（回族，8月任职）

代表联络与选举工作委员会

主　任：李海云（回族）

农业与环境资源工作委员会

主　任：丁凤英（女，回族）

县人民政府工作机构
县人民政府办公室

主　任：马逢倡（回族，1月离职）
　　　　周宪珑（回族，1月任职）
副主任：马洪明（回族，12月离职）
　　　　马汉礼（回族，12月离职）
　　　　纪永彬（回族，2月离职）
　　　　锁　伟（回族）
　　　　苏志云（回族，6月离职）
　　　　周建宝（回族，8月任职）

信访局

局长（主任）：马汉礼（回族，1月离职）
　　　　　　　周宪珑（回族，1月任职）
　　　　　　　苏志云（回族，6月任职）
副局长：马如贵（回族，6月离职）

法制办

主　任：马逢倡（回族，1月离职）
　　　　周宪珑（回族，1月任职）

外事侨务办

主　任：马逢倡（回族，1月离职）
　　　　周宪珑（回族，1月任职）
副主任：马洪明（回族，12月离职）

县政协工作机构
办公室

主　任：杨彦德（回族）
副主任：马俊生（回族）

提案与委员联络委员会

主　任：丁　祥（回族，2月离职）
　　　　白金川（回族，3月任职）
副主任：杨登龙（回族）

经济委员会

主　任：马尚兰（女，回族，3月任职）
副主任：苏俊秀（回族，3月任职）

教科文体委员会

主　任：马尚兰（女，回族，3月任职）
副主任：李　宏（回族，3月任职）

社会治理委员会

主　任：马　俊（回族，3月任职）
副主任：马敦祥（回族，3月任职）

县委部门工作机构

组织部

部　长：马久麟（回族，吴忠市人）
副部长、县直机关工委书记：吴秀红（女）
副部长、离退休党工委书记：白金祥（回族）
副部长、县非公组织和社会组织工委书记：
　　高耀祖（回族）
副部长：冶鹏玉（回族，2月任职）
部务委员：马　旭（回族，2月离职）
非公和社会组织工委专职副书记：
　　王志华（回族，5月离职）
　　马树福（回族，5月任职）
党员教育和网络信息化中心主任：
　　马　忠（回族，2月离职）

老干部局

党支部书记、局长：白金祥（回族）
副局长：杨　琴（女，回族）

党校

党校校长：郭耀峰（满族、11月离职，吴忠市人）
　　洪建群（11月任职，浙江浦江人）
党总支书记：马剑龙（回族，11月离职）
党校常务副校长、行政学校校长：马全荣（回族）
副校长、行政学校副校长：白耀明（回族）
　　张　蓉（女、回族，8月任职）

宣传部

部　长：杨学礼（回族，吴忠市人）
副部长、文明办主任、新闻出版局局长：
　　苏润涛（回族）
副部长：海　燕（女，回族，2月离职）
　　姚正科（回族，2月离职）
　　马彦仁（回族，2月任职）
　　苏　涛（回族，8月任职）

互联网信息管理中心

主　任：苏 涛（回族）

精神文明建设委员会办公室

主　任：苏润涛（回族）

统一战线工作部

部　长：王　刚（回族，吴忠市人）
副部长：锁国武（回族，1月离职）
　　马兴福（回族）
　　杨玉明（回族，1月任职）
　　马海军（回族，2月任职）
　　马进新（回族，5月任职）

宗教局

局　长：马兴福（回族，兼）

政法委员会

书　记：郭耀峰（满族，11月离职，吴忠市人）
　　　　洪建群（11月任职，浙江浦江人）
副书记：谢国旺（5月离职，宁夏盐池人）
　　　　马千里（回族，5月离职，宁夏青铜峡人）
　　　　宋继忠（5月任职，吴忠市人）
　　　　马　俊（回族，1月离任）
　　　　刘小平（1月任职，宁夏中宁人）
　　　　丁　军（回族）
秘书长：马　俊（回族，1月离职）
　　　　刘小平（1月任职，宁夏中宁人）

政策研究室

主　任：柳向荣（1月离职）
　　　　纪永彬（回族，1月任职）
副主任：马　慧（女，回族，5月离职）

网络安全和信息化委员会办公室

主　任：马文义（回族）
副主任：赵小平

机构编制委员会办公室

主　任：张晓琴（女，回族）
副主任：田彦福（回族，11月离职）
　　　　马　东（回族）
　　　　周玉亮（回族，11月任职）

巡查工作领导小组办公室

主　任：马治龙（回族）
副主任：康　冰（回族）

政府部门工作机构

发展和改革局

局党组书记、机关党委书记、局长：马希明（回族）
机关党委副书记、纪委书记、副局长：
　　　　马　军（回族，5月任职）
局党组成员、副局长：马瑞成（回族，5月任职）
局党组成员：马全宝（回族）

粮食局

局　长：马希明（回族，兼）

教育局

教育工委书记：杨　林（回族，6月任职）
教育局党组书记、局长：杨林（回族，1月任职）
县教育工委副书记：马占银（回族，5月任职）
　　　　石彦玉（回族，6月任职）
教育纪工委书记：石彦玉（回族，6月任职）
教育局副局长：马应才（回族，5月离职）
　　　　石彦玉（回族，5月任职）
　　　　马占银（回族）
　　　　李素霞（女）

同心县第一中学

党支部书记：丁生俊（回族）
校　长：金　平（回族）

同心县回民中学

党支部书记：苏厚慎（回族）
校　长：张　岱

同心县豫海回民中学

党支部书记：马义民（回族）
校　长：马彦彪（回族）

科技局

局　长：徐莉芳（女，宁夏平罗人）
副局长：白继章

工业和信息化局

党组书记、局长：张宏志（1月离职）
　　　　　　　　白启宝（回族，1月任职）
副局长：贺　军（回族，挂职）
　　　　庞　悦（女，回族）

公安局

党委书记、局长：谢国旺（4月离职，宁夏盐池人）
　　　　宋继忠（4月任职，吴忠市人）
政　委：李治国（回族）
副局长：马进全（回族，3月任职）
　　　　张治中
　　　　勉力义（回族，3月任职）
纪检组长：马玉孝（回族）
党委委员：孙　涛

禁毒办
主　任：谢国旺（4月离职，宁夏盐池人）
　　　　宋继忠（4月任职，吴忠市人）
常务副主任：张治中（3月离职）
　　　　　　勉力义（回族，3月任职）
专职副主任：买小云（回族）

民政局

党组书记、局长：周治江（回族）
副局长：丁艳玲（女，回族，1月离职）
　　　　施　静（女）
　　　　马　强（回族）

老龄工作委员会办公室
副主任：马　瑾（女，回族）

司法局

局　长：刘小平（1月离职，宁夏中宁人）
　　　　李存明（回族，1月任职）
副局长：李克修
　　　　马汉云（回族）

财政局

党组书记、局长：马　顺（回族）
副局长：马永泽（回族）
　　　　马英武（回族）
　　　　杨　宁（回族）

人力资源和社会保障局

党组书记、局长：马文明（回族，1月离职）
　　　　　　　　陈连卿（1月任职）
副局长：王占全（宁夏中宁人）
　　　　丁　勇（回族）
　　　　罗仲凯（回族）

同心县就业创业和人才服务局
局　长：王占全（宁夏中宁人）
副局长：马会忠（回族，9月离职）

同心县社会保险事业管理局
局　长：马建亚（回族）
副局长：蔡明礼（回族，10月离职）
　　　　李永科（回族）
　　　　白　彪（回族，5月离职）

同心县劳动保障监察执法局
局　长：马力民（回族）

自然资源局

党组书记、局长：丁　文（回族）
党组成员、副局长：张晓梅（女，回族）
周文江（回族）
王英明
马自英（回族）
党组成员：苏慧忠（回族）
罗振旺（回族）
党组成员、生态林场场长：杨治中（回族）

住房和城乡建设局

党组书记、局长：杨玉明（回族，1月离职
张宏志（1月任职）
副局长：马淑萍（女，回族）
锁国俊（回族，1月离职）
张春国

交通运输局

党组书记、局长：马文保（1月离职）
杨晓忠（回族，1月任职）
副局长：王　宁（1月离职）
王耀祖（回族）
冯仕平（2月离职）
马永泽（回族，2月任职）

公路段

党支部书记：王有贵（回族，9月离职）
吴彦奎（9月任职）
段　长：冯仕平（2月离职）
吴彦奎（8月任职）

公交公司

经　理：马继周（回族）

水务局

党组书记、局长：杨　林（回族，1月离职）
王　真（回族，1月任职）
党组副书记、纪委书记、副局长：
杨立峰（回族，5月任职）
副局长：马　旭（回族，1月离职）
杨　军（回族，1月离职）
马佐明（回族）

防汛抗旱指挥部办公室

党支部书记：马洪强（回族）
主　任：马汉峰（回族）

农业农村局

党组书记、局长：陈连卿（1月离职）
马吉芳（回族，1月任职）
副局长：杨有国（回族）
苏慧林（回族，2月离职）
王月珍（女，2月离职）
杨志勇（回族，2月任职）
李　宏（回族，2月离职）
陈月红（女，2月任职）
党组成员：苏辉林（回族）

文化旅游体育局

党组书记、局长：马 峰（回族）
副局长：丁玉军（回族，1月任职）
姚正科（回族，2月任职）
冯仕平（2月任职）
电视台台长：丁玉军（回族，兼）

卫生健康局

党组书记、局长：杨少平（回族）

纪委书记、副局长：马正录（回族）
副局长：杨志勇（回族，2月离职）
施景才（2月离职）
马海红（女，回族，2月离职）
马正录（回族，2月任职）
杨　硕（回族，2月任职）

老龄健康服务中心
专职副主任：马　瑾（女，回族）

县人民医院
党委书记、院长：马汉俊（回族）
副院长：张小东
李　波
马瑞军（回族）
工会主席：杨文明（回族）

县中医院
党支部书记、院长：金自才（回族）
副院长：石俊雄（回族）
高　俊（回族，宁夏海原人）

县妇幼保健计划生育服务中心
党支部书记、主任：马登海（回族）
副主任：马秀英（女，回族）
杨晓英（女，回族）

县疾病预防控制中心
党支部书记、主任：王生全
副主任：黑耀月（回族）

县卫生计生监督执法所
党支部书记、所长：金彩兰（女，回族）
副所长：文学军（回族）
张平福

退役军人事务局

局　长：马汉礼（回族）
副局长：丁艳玲（女，回族）
包怀军（3月任职，宁夏海原人）

应急管理局

党组书记、局长：马汉骏（回族）
副局长：马海谦（回族）
顾义强（回族）

审计局

党组书记、局长：周宪瑜（回族）
副局长：金学武（回族，2月离职）
韩树明（回族）
马　毅（回族）

市场监督管理局

党组书记、局长：王　真（回族，1月离职）
马　啸（回族，1月任职）
党组成员、副局长：王　芳（女，2月离职）
海　贤（回族）
马幸福（回族）
纪　力（回族）
马红梅（女，回族）

统计局

局　长：马良东（回族）
副局长：王晓萍（女，回族，2月离职）
石　岩（回族）
周晓玲（女，回族，2月任职）

扶贫开发办公室

主　任：杨国林（回族）
副主任：金　哲（回族）
　　　　杨　毅（回族）
　　　　丁学林（回族，2月任职）
　　　　马建伟（回族，3月任职，挂职）
　　　　马墩祥（回族，3月任职，挂职）
　　　　马长生（回族，3月任职，挂职）

医疗保障局

局　长：马文明（回族）
副局长：马海红（女，回族）

医疗保险服务中心

主　任：马维敏（回族）

审批服务管理局

局　长：周文华（女，回族）
副局长：马洪明（回族）

地震局

局　长：海　坚（回族，6月离职）
　　　　蔡明礼（回族，8月任职）
副局长：马正云（回族）
　　　　杨　伟（回族，5月任职）

环境保护局

党组书记、局长：锁国武（回族）
副局长：王　宁
　　　　张金贤（回族）

机关服务中心

主　任：马　锋（回族，3月离职）
　　　　王志华（回族，5月任职）
副主任：马　高（回族，8月离职）
　　　　马　俊（回族，9月任职）

供销合作社

理事会主任：马宗礼（回族）
监事会主任：马文保（回族，3月任职）
理事会副主任：黄克忠（宁夏彭阳人）

群团工作机构

总工会

党组书记、主席：陈宁雅（女，回族）
常务副主席：金玉文（回族，8月离职）
　　　　　　马俊生（回族，8月任职）
副主席：贺志林（回族）
　　　　马淑红（女，回族）
　　　　严　勇（兼职，宁夏中宁人）
　　　　马　福（回族，挂职）
　　　　李晓红（女，回族，挂职）
经审会主任：马　红（女，回族）

团　委

党组书记、团委书记：买　兰（女，回族）
副书记：罗晓娅（女，回族）
　　　　张兴煜（3月任职，挂职）
　　　　白　龙（回族，10月任职，挂职）
　　　　高永强（11月任职，挂职）
　　　　黑　平（回族，兼职）

妇　联

主　席：周桃花（女，回族，8月离职）

海　燕（女，回族，8月任职）
副主席：海　燕（女，回族，8月离职）
周冠英（女，回族）
马一平（女，回族，8月任职）

科　协

主　席：周文华（女，回族，2月离职）
丁　祥（回族，2月任职）
副主席：施景才（2月任职）

文　联

主　席：马占祥（回族）
副主席：吴　玲（女）

残　联

理事长：潘鸿翔
副理事长：马　吉（回族）

伊　协

会　长：黑保章（回族）
副会长、秘书长：杨彦学（回族）
副会长：杨克斌（回族）

工商联

党组书记：马文清（回族，2月离职）
马海军（回族，2月任职，宁夏海原人）
主　席：郭吉龙
副主席：杨红艳（女，回族）

乡镇（开发区）·社区

豫海镇

党委书记：马少伟（回族）
人大主席：李海军（回族，1月离职）
罗　宁（回族，5月任职）
政府镇长：马吉云（回族）
副书记：罗　宁（回族，5月离职）
李耀德（回族，5月任职）
纪委书记：王　皎（女，回族）
组织委员：马晓菲（女，回族）
政府副镇长：马　俊（回族）
丁生福（回族）
周　波（回族，5月任职）

河西镇

党委书记：马文义（回族，2月离职）
苏泽云（回族，2月任职）
人大主席：金秀梧（回族，5月离职）
海吉涛（回族，5月任职）
政府镇长：马泽新（回族）
党委副书记：海吉涛（回族，5月离职）
马　慧（女，回族，5月任职）
纪委书记：丁　安（回族，5月离职）
组织委员：倪小江（5月离职）
牛丽萍（女，回族，5月任职）
政府副镇长：马伏科（回族，5月离职）
马慧贞（女，回族）
丁　安（回族，5月离职）
杨　军（回族，5月任职）
杨　洁（回族，5月任职）

丁塘镇

党委书记：周宪珑（回族，1月离职）
李海军（回族，1月任职）

人大主席：海　坚（回族，5月任职）
政府镇长：马卫国（回族）
副书记：杨宗海（回族）
副书记、派出所所长：锁晓鸿（回族）
纪委书记：李玉东
组织委员：马晓媛（女，回族）
政府副镇长：马秀梅（女，回族）
马占文（回族）
贺秀龙（回族）

韦州镇

党委书记：周　华（回族）
人大主席：海　彬（回族，5月离职）
张　龙（5月任职）
政府镇长:杨志兴（回族）
副书记：白景云（回族，5月离职）
周　波（回族，5月任职）
纪委书记：丁　林（回族）
组织委员：苏海峰（回族，5月离职）
马　林（回族，5月任职）
政府副镇长：王　祯（女，甘肃天水人）
苏泽军（回族）

下马关镇

党委书记：董占平
人大主席：杨旭东（回族，5月离职）
金秀梧（回族，5月任职）
政府镇长：贺　伟（回族）
副书记：马如贵（回族）
王　震（挂职，4月任职，中卫市人）
纪委书记：苏志云（回族，5月离职）
马金贵（回族，5月任职）
组织委员：周　波（回族，5月离职）
政府副镇长：杨有清（回族）
李　珺（女，回族，5月离职）
马永伏（回族，5月任职）
张晓飞（回族，6月离职，永宁县人）
马　高（回族，8月任职）

预旺镇

党委书记：王新海（回族，宁夏海原人）
人大主席：白明堂（回族）
政府镇长：李耀贵（回族）
副书记：马赞新（回族）
马国斌（回族，2月离职，挂职）
谭兴发（回族）
王　刚（4月任职，挂职）
纪委书记：曹　坚（5月离职）
丁雪林（回族，6月任职）
组织委员：虎　新（回族）
政府副镇长：马　蕊（女，回族）
罗永渊（回族）
马　锋（回族）
马会忠（回族，8月任职）

王团镇

党委书记：周学军（回族）
人大主席：李岳春（回族，宁夏海原人）
政府镇长：马　鑫（回族）
副书记：王生仁
纪委书记：马　晓（回族）
组织委员：马彦仁（回族，2月离职）
马晓辉（回族，5月任职）
政府副镇长：张　文
周　洋（回族）
王瑞娟（5月离职，宁夏永宁人）
张育才（5月任职，宁夏海原人）
田　俊（回族，8月任职）

田老庄乡

党委书记：苏泽云（回族，2月离职）
　　　　　白耀文（回族，2月任职）
人大主席：罗尚奇（回族，宁夏海原人）
政府乡长：白耀文（回族，2月离职）
　　　　　杨　明（回族，2月任职）
党委副书记：李　林（回族，5月离职）
　　　　　　纪雪蓉（女，回族，5月任职）
纪委书记：李国云（回族，3月离任）
　　　　　李宏辉（回族，3月任职）
组织委员：苏林萍（女，回族，3月离职）
　　　　　锁耀福（回族，5月任职）
政府副乡长：刘津军（天津市人）
　　　　　　纪雪蓉（女、回族，5月离职）
　　　　　　马伏科（回族，5月任职）

马高庄乡

党委书记：马立军（回族）
人大主席：金自峰（回族，宁夏中宁人）
政府乡长：陈连吉
副书记：马瑞成（回族，5月离职）
　　　　马　东（回族，5月任职）
纪委书记：丁萍萍（女，回族）
组织委员：马　东（回族）
政府副乡长：顾义廷（回族，2月离职）
　　　　　　白　彪（回族）
　　　　　　杜希玲（女）
　　　　　　金小平（回族，8月任职）

张家塬乡

党委书记：周会玲（女，回族）
人大主席：马汉文（回族）
政府乡长：马崇博（回族）
党委副书记：施进锋
纪委书记：黑彦和（回族）
组织委员：马瑞祥（回族）
副乡长：张颖青（固原市人）
　　　　杨建国（回族）

兴隆乡

党委书记：马海军（回族，2月离职）
　　　　　王建云（2月任职）
人大主席：马丽莉（女，回族）
政府乡长：王建云（2月离职）
　　　　　马斌文（回族，2月任职）
党委副书记：张　龙（5月离职）
　　　　　　李　林（回族，5月任职）
纪委书记：马汉杰（回族）
组织委员：马娟花（女，回族）
政府副乡长：马　奎（回族）
　　　　　　马秀梅（回族，5月离职）
　　　　　　李　珺（女，回族，5月任职）

石狮管委会

党工委书记：杨　辉（回族）
管委会主任：锁成明（回族）
党工委副书记、纪工委书记：马伏才（回族）
管委会副主任：丁　鹏（回族）
　　　　　　　李鸿兰（女，回族）

区市属部门

税务局

党委书记、局长：苏吉生（回族）
副局长：金　龙（回族）
　　　　韩　鑫（回族）
　　　　金　钟（回族）
　　　　田希文（回族，宁夏海原人）
　　　　张瑞华（宁夏盐池人）

人行同心支行

行　长：马　进
副行长：周　文（回族）
　　　　丁永贵（回族）

建行同心支行

行　长：苏生贵（回族，3月离职）
　　　　李　怡（3月任职，宁夏固原人）
副行长：刘瑞平（宁夏中卫人）
　　　　杨晓霞（女，回族）
　　　　刘富财（宁夏中宁人）
　　　　杨存林（回族）

农行同心支行

行　长：李功武（宁夏银川人）
副行长：吴建勇（福建漳州人，挂职）
　　　　马建明（回族）
　　　　马佐辉（回族）

工行同心支行

行　长：金文浩
副行长：钟　河
　　　　宋　杰

农发行同心支行

行　长：刘国华（宁夏盐池人）
副行长：丁学林（回族）

邮政储蓄银行同心支行

行　长：李　军（回族，吴忠市人）

同心农村商业银行

董事长：白义军（回族，宁夏固原人，2月离职）
　　　　张　念（5月任职，宁夏固原人）
行　长：马　文（回族）
监事长：王学辉（5月离职，宁夏银川人）
　　　　李　彬（6月任职，宁夏银川人）
副行长：周　虎（回族）
　　　　马玉江（回族）

宁夏银行同心支行

行　长：王彦峰（1月离职，宁夏中宁人）
　　　　李光锋（2月任职，宁夏中宁人）
副行长：陈少军

宁夏同心津汇村镇银行

行　长：罗进玉
副行长：陈少军

宁夏同心阿拉伯语学校

校　长：文俊卿（回族）
副校长：马学梅（女，回族）
　　　　马元明（回族）

社会经济调查队

队　长：丁　洪（回族）
副队长：罗永林（回族）

气象局

局　长：杨　波（宁夏中卫人）
副局长：周颖梅（女，回族）

供电公司

书　记：马景贤（回族）
总经理：白海军（回族，2月离职）
　　　　丁　鹂（回族，2月任职）
副总经理：周　亮（回族）
　　　　　虎　俊（回族）

中国电信同心分公司

总经理：马安庆（回族）
副总经理：马力虎（回族）

盐业局

局　长：张永林
副局长：马忠虎（回族）

烟草专卖局

局　长：党小云（宁夏盐池人）
副局长：马　宁（回族）

转播台

台　长：李文贵（回族）

住房公积金管理中心同心分公司

主　任：杨晓东（回族）

道路运输管理所

书　记：杨凤忠（回族）
所　长：周　武（回族）
副所长：苏吉祥（回族）
　　　　鄢　林（回族）
　　　　虎福东（回族）

公安消防大队

大队长：李　力
教导员：冯凌波

武警县中队

中队长：李　炜
指导员：杨军成

兰州集团公司固原车务段同心车站

书　记：李　刚
站　长：安志刚

同心县邮政分公司

总经理：温彦兴（8月离职，宁夏盐池人）
　　　　唐永辉（8月任职，宁夏盐池人）
副总经理:丁小波（回族，3月离职）

新华书店

经　理：孙晨虎（宁夏中宁人）

中石油宁夏吴忠销售分公司

书　记：马一波
经　理：苏建明（回族）

中国人民财产保险公司同心支公司

经　理：杨正新（回族）

中国人寿保险有限公司同心支公司

经　理：郭　军（7月离职，吴忠市人）
　　　　陈兵印（7月任职，宁夏海原人）

中国平安财产保险同心支公司

经　理：丁　波（回族）

中国太平洋人寿保险同心支公司

经　理：丁玉柱（回族）

中国移动通信集团同心分公司

经　理：买吉英（回族）

中国联通公司同心县分公司

经　理：金学军（回族）

宁夏广播电视网络公司同心分公司

总经理：洪　将（回族）

新闻人物简介

李进祯，男，回族，中共党员，1965年8月生，宁夏中卫人，生前系宁夏回族自治区同心县兴隆乡人民政府民生保障服务中心主任。他30年如一日，在平凡的岗位上默默奉献。特别是在脱贫攻坚工作中，白天忙于资金对接拨付，晚上加班整理账目，确保脱贫攻坚对象精准、拨付精准。经常牺牲休息时间，帮助群众理思路、找项目、办贷款、促增收。长期带病坚持工作，弥留之际念念不忘的仍是那份难以割舍的职责，展现了一名基层党员干部靠得住、冲得上、顶得牢的先锋模范风采。被评为全区脱贫攻坚优秀共产党员。

2019年，在同心工作过的李进祯等3名宁夏人入选全国“最美奋斗者”建议人选名单。此次表彰是根据中央统一部署，为隆重庆祝中华人民共和国成立70周年，广泛开展先进模范学习宣传活动，中央宣传部、中央组织部、中央统战部、中央和国家机关工委、中央党史和文献研究院、教育部、人力资源和社会保障部、国务院国资委、中央军委政治工作部共同组织开展“最美奋斗者”学习宣传活动，引导人们永远铭记各行各业奋斗者为党和人民作出的重要贡献，永远铭记新中国筚路蓝缕、艰苦卓绝的奋斗历程，永远铭记英雄模范承载的爱国奉献奋斗精神，在全社会大力唱响礼赞新中国、奋斗新时代的昂扬旋律。

先进人物简介

勉力义，男，回族，38岁，中共党员，大学本科学历，二级警督警衔，先后荣立个人一、二、三等功、被授予“宁夏十佳缉毒卫士”“第十一届宁夏五四青年奖章”“宁夏十佳民警暨侯金知式优秀民警”、第五届“自治区道德模范”等称号。在勉力义的带领下，禁毒大队连续五年获全区禁毒综合考评及缉毒执法考核两项第一，被评为2013—2017年度全区社会治安综合治理“先进集体”，被自治区公安厅授予集体二等功，被同心县人民政府授予集体三等功。大队民警个人荣获二等功6人次，三等功12人次。2019年4月入选“中国好人榜”。

丁秋菊，女，43岁，回族，中共党员，宁夏同心霞光公益慈善发展中心志愿者。她是一位独自抚养两个孩子的单亲妈妈，也是一位癌症晚期患者。2013年，丁秋菊被确诊为子宫癌晚期，她一边与病痛做斗争，一边热心参与公益事业，播撒爱心，成为霞光公益慈善发展中心的骨干成员。她和两个孩子仅靠低保救助生活，除留下必要的生活开销，把剩下的钱都用在救助贫困家庭、弱势群体和爱心公益上。在救助孤儿的冬季温暖行动和关爱孤寡老人的敬老孝老活动中，许多救助对象都住在大山深处，交通十分不便，丁秋菊拖着病体，忍受着全身的疼痛，与其他志愿同行们深入帮扶家庭实地了解情况、核实信息、捐送物资，没有放弃过一次帮助别人的机会，她的事迹感动着身边的每一个人。2019年被评为自治区道德模范。

先进个人名录

国家级先进个人名录

表1

获奖人	单　位	获奖名称	授奖单位
李进祯	原兴隆乡干部	全国最美奋斗者	中央精神文明委员会
勉力义	公安局	中国好人榜	中央精神文明委员会

省（部）级个人名录

表2

姓　名	单　位	获奖名称	授奖单位
李进祯	兴隆乡（逝世）	最美奋斗者（提名）	中央宣传部、中央组织部、中央统战部、中央和国家机关工委、中央军委政治部。
勉力义	公安局	全国禁毒先进个人	国家禁毒委员会
丁秋菊	豫海镇	自治区第六届道德模范	自治区精神文明委员会
罗彦昌	法　院	全区法院先进个人	自治区高级法院
田进虎	法　院	“飓风行动”先进个人	自治区高级法院
石　岩	统计局	第四次全国经济普查自治区级先进个人	区第四次全国经济普查领导小组
马　林	统计局	第四次全国经济普查自治区级先进个人	区第四次全国经济普查领导小组

市厅级个人名录

表3

姓　名	获奖单位	获奖名称	授奖单位
杨　静	法　院	全市优秀共产党员	吴忠市委、市政府
王晓亮	检察院	全市优秀共产党员	吴忠市委、市政府
康　娟	田老庄乡	全市优秀共产党员	吴忠市委、市政府

续表3

姓　名	获奖单位	获奖名称	授奖单位
蔡　蕾	气象局	2019年重大气象服务先进个人	宁夏气象局
王晓亮	检察院	宁夏回族自治区十佳公诉人	自治区检察院
杨　琼	检察院	宁夏回族自治区十佳公诉人	自治区检察院
王晓亮	检察院	吴忠市优秀党员	吴忠市委、市政府
洪　军 马世博 田　地	公安局	公安工作先进个人	自治区公安厅
马晓林	公安局	记个人三等功	自治区公安厅
张耀波	公安局	记个人嘉奖一次	自治区公安厅
马会云	公安局	记个人嘉奖一次	自治区公安厅
田吉明	公安局	记个人三等功	自治区公安厅
尹海龙	公安局	记个人二等功一次	自治区公安厅
苏玉萍	县交警队	主题演讲优秀奖。	公安部机要部门
杨晓霞	县建行	2019年宁夏区分行巾帼标兵	建行宁夏分行
刘富财	县建行	2019年度宁夏区分行优秀共产党员	建行宁夏分行党委
杨　芳	县建行	2019年度宁夏区分行优秀基层行长	建行宁夏分行
马红霞	县建行	2019年度宁夏区分行敬业奉献标兵	建行宁夏分行
苏　静	县建行	中国建设银行总行思想政治工作先进工作者	建行宁夏分行
苏　静	县建行	宁夏区分行新闻宣传和声誉风险管理先进个人	建行宁夏分行
马　凯	县建行	宁夏区分行系统先进个人	建行宁夏分行
马　凯	县建行	宁夏区分行优秀党务工作者	建行宁夏分行党委
马飞建	县建行	《建设银行报》2019年优秀通讯员	建行宁夏分行党委
马飞建	县建行	2019年度宁夏区分行优秀共青团干部	建行宁夏分行
马飞建	县建行	2019年宁夏区分行优秀撰稿人	建行宁夏分行党委

县委、县政府表彰的先进个人

【同心县第五届民族团结进步模范个人】（76人）周亮，回族，县纪委科员。尹小莉，女，回族，县委办公室信息员。高耀祖，回族，组织部副部长、非公有制经济和社会组织党工委书记。马勇，回族，县委政法委办公室主任。丁锋，回族，县委网信办干部。马翠芳，女，回族，县编办科员。马世鹏，回族，县政府办公室科员。赵娟，女，县发展和改革局办公室副主任。姬雅楠，女，县工业信息化和商务局科员。曹永志，县教育局教育考试中心副主任。杨克文，回族，县公安局出入境管理大队队长。尹学勤，县公安局指挥中心副主任。严小明，县司法局科员。蔺文英，女，县财政局国库支付中心主任。马伟龙，回族，县就业创业和人才服务局四级主任科员。童仲文，县社保局养老保险科科长。马国昱，回族，县住房和城乡建设局办公室主任。王耀祖，回族，县交通运输局副局长。马淑红，女，回族，县水务局工程师。金宇，回族，县农业农村局农艺师。马耀东，回族，县文化旅游体育广电局干部。杨英，女，回族，县卫生健康局干部。周宪瑜，回族，县审计局局长。仇智娟，女，县市场监督管理局科员。马林，回族，县统计局办公室主任。丁鹏程，回族，县扶贫办办公室综合业务干事。王亚飞，县机关服务中心办公室主任。马良，回族，县法院一级科员。杨晓声，回族，县工业园区党政办公室副主任。杨克斌，回族，县伊斯兰教协会副会长。张昱，退休老干部。丁振华，回族，豫海镇政府干部。黄志武，豫海镇豫园社区党支部书记。阿曼古丽，女，维吾尔族，豫海镇城北村居民。马国林，回族，豫海镇月泉清真寺教长。李耀文，回族，豫海镇新区清真大寺管委会主任。马慧贞，女，回族，河西镇政府副镇长。丁良全，回族，丁塘镇政府干部。金燕，女，回族，丁塘镇新庄子村妇联主任。丁玉成，回族，丁塘镇湾段头大寺管委会主任。金义刚，回族，韦州镇庆华村支部书记兼主任。张仲芳，女，韦州镇旧庄村妇联主任。金秀梧，回族，下马关镇党委委员、人大主席。计永波，下马关镇党总支书记。马小霞，女，回族，下马关镇南安村党支副书记、村主任。虎新，回族，预旺镇党委组织委员。李静，女，回族，预旺镇政府镇长助理。周玉新，回族，王团镇政府干部。王桂英，女，回族，王团镇罗家河湾村支部书记。石光秀，回族，王团镇南大寺教长。罗尚奇，回族，田老庄乡人大主席。康娟，女，回族，田老庄乡政府干部、套塘村支部书记。丁生虎，回族，马高庄乡政府干部。马文福，回族，马高庄乡沟滩村党支部书记。丁永福，回族，张家塬乡干部。倪万千，张家塬乡范堡子村农民。苏致杰，张家塬乡莲花山三霄观管委会主任。马斌文，回族，兴隆乡人民政府乡长。李玉林，回族，兴隆乡禁毒专干。马伏才，回族，石狮开发区党工委副书记、纪工委书记。勉兴云，回族，石狮开发区果园寺教长。杨宝芸，女，豫海高级中学教师。张小芸，女，实验小学教师。丁维宾，回族，第五中学总务主任。马红玲，女，丁塘镇中心学校教师。吴焕，下马关镇中心学校教师。马玉红，女，回族，预旺镇中心学校教师 马元斌，回族，王团镇中心学校教师。金明光，回族，石狮中学教师。李进录，回族，县中医院副主任医师。白维舟，县疾病预防控制中心副主任医师。贺海风，县妇幼保健院工会主席、办公室主任。陈占文，张家塬乡卫生院医师。杨坚，回族，荣华生物科技有限公司总经理。白青龙，回族，益德馨服饰有限公司。马小兵，回族，宁夏大斌家纺科技有限公司总经理。

【2019年度全县教育工作个人（230名）】

（一）十佳教师（50名）：同心中学：白银江。县回民中学：顾淑梅。豫海回民中学：段玉芳。县职业技术学校：余晓霞。县第二中学：杨 锋。县海如女子中学：李永霞。县石狮中学：杨艳。县第五中学：杨梅。县豫海初级中学：杨小平。县王团中学：马泽山。县丁塘中学：周 峰。县河西中学：买廷荣。县河西纪家九年一贯制：马强。县第三中学：马小兰。下马关中学：马海兰。韦州中学：马文国。县思源实验学校：锁紫瑢。县第一小学：周晓琴。县第二小学：杨兴艳。县实验小学：马兰 、陈小兰。县第三小学：王彦兰。县第四小学：杨学红。县第五小学：金丽霞。县南安实验小学：陈娟妹。县第八小学：马海娟。县特殊教育学校：李淑琴。县豫海中心学校：马小龙。县兴隆中心学校：李春梅。县石狮中心学校：李宝霞。县丁塘中心学校：丁小霞。县王团中心学校：李霞、杨彦虎。县河西中心学校：马 彬。县下马关中心学校：康福军。县韦州中心学校：苏岩毅、陈玉娟。县预旺中心学校：金小贵。县马高庄中心学校：马兰。县张家塬中心学校：倪梅琴。县田老庄中心学校：买红艳。县第二幼儿园：金小燕。县第三幼儿园：马文燕。县新区幼儿园：金鹏梅。县石狮惠安兴隆幼儿园：李晓叶。县下马关新园幼儿园：马东清。县预旺小太阳幼儿园：白银萍。县王团中心幼儿园：马霞。县河西新星幼儿园：马小英。同心县丁塘新华幼儿园：马兰花。

【2019年度全县教育十佳班主任（50名）】

同心中学：金济博、杨秀川。县回民中学：李杰、马玉虎。豫海回民中学：马晓斌、田仕宝。县职业技术学校：马倩。县第二中学：余淑红、马娟。县海如女子中学：马 倩、李 霞。县石狮中学：杨小芬、杨志。县第五中学：马鑫。县豫海初级中学：铁磊。县王团中学：丁海龙。县丁塘中学：马晓梅。县河西中学：文芳。县河西纪家九年一贯制：杨斯佳。县第三中学：李学贵。县下马关中学:王兴梁。韦州中学:王俊峰。同心思源实验学校：马利。同心县第一小学：马冬梅、温润花。县第二小学：周春霞、马娟。县实验小学：贺秀萍。县第三小学：李玉琴。县第四小学：马娟。县第五小学：周艳红。县南安实验小学：康晓娟。县第八小学：吴燕。县特殊教育学校：马丽萍。县豫海中心学校：李莉。县兴隆中心学校：马彦强。县石狮中心学校：马叶秋、杨巧丽。县丁塘中心学校：杨梅、赵静。县河西中心学校：周丽萍、杨志虎。县王团中心学校：海宗辉。县下马关中心学校：王宝林、赵凤娟、县韦州中心学校：李 娜。县预旺中心学校：李涛玲。县马高庄中心学校：朱双军。县张家塬中心学校：刘毅霞。县田老庄中心学校：文红。

【2019年度全县先进教育工作者（30名）】

发改局：杨天雁。教育局：杨国栋、吴梅萍、石玉梅、张正璞、马晓娟。财政局：康 军。住建局：吴应俊。豫海镇：马晓菲。河西镇：马慧贞。丁塘镇：马 进。韦州镇：苏泽军。下马关镇：孙海强。预旺镇：虎 新。王团镇：张育才。石狮管委会：李鸿兰。田老庄乡：刘津军。马高庄乡：王德秀。张家塬乡：马瑞祥。兴隆乡：李春梅 。职业技术学校：闫 云。县石狮中学：李宁成。县第三中学：宝进辉。下马关中学：曹 磊。韦州中学：苏厚国。县特殊教育学校：金振江。豫海中心学校：周雪梅。县石狮管委会中心学校：马 飞。县丁塘中心学校：丁少波。县河西中心学校：马兴礼。

【2019年度全县教坛新秀（50名）】 同心中学：丁丽萍、杨启帆 。同心回中：马佳宜、罗晓。豫海回民中学：白 灵。县职业技术学校：杨花萍。县第二中学：李风兰、买亚蓉。县海如女子中学：姚晓霞、马世兰、纪少都、马海莹。杨小兰、马晓红、马欣悦。县石狮中学：王 芳、王 敏。县第五中学：马慧灵。县豫海初级中学：马霄双。县豫海初级中学（纪家一贯制）：马 林、金正伏。同心思源实验学校：张雪梅、马春燕。同心第三中学：朱晓琴。下马

关中学：刘亚男。韦州中学：马正秀、夏蕊、马洁。丁塘中学：马珍、苏桔。河西中学：马小艳。县第一小学：杨东波、马彩花。县第二小学：张秀珍、杨洋。县第八小学：邹淑荣、王玉红。县实验小学：金孟佳。县南安实验小学：丁小燕。县特殊教育学校：金婧。县第三小学：杨雪莲。县第四小学：王美英。县韦州中心学校：海彩霞。县预旺中心学校：白琳琳。县马高庄中心学校：牛洁萍。县下马关中心学校：雷兴燕。县兴隆中心学校：马文霞。县王团中心学校：马海燕。县河西中心学校：马丽。县丁塘中心学校：周爱华。

【2019年度全县立德树人突出贡献奖（10名）】同心中学：冯庆科、白丽娟。回民中学：马学德、马斯祥。豫海回民中学：陈树军。县第二中学：马国福。县海如女子中学：杨永祥、马建全。县豫海初中：马成贵。县下马关中心学校：咸双林

【2019年度全县高中教育教学质量提升先进个人（30名）】 同心中学：纪瑞礼、安梅、马彩霞、石梅花、马婧茹、马飞、杨静、马晓玲、马慧燕、马炜。回民中学：杨辉、文晓花、白琼、马彦宁、杨成、马彦德、王颖、杨梅英、李启瑞、马超兴。豫海回民中学：马元、杨宗文、周占军、周少华、王慧、杨惠贤、周峰、黑晓楠、顾巧霞、杨建萍。

【2019年度全县初中教育教学质量提升先进个人（50名）】 丁月霞、康金兰、金宪文、丁亚娜、杨小琴、张维成、丁学珊、马莹、马园园、王淑华、马国莲、高正燕、田治富、苏晓雅、金明星、马娟、马林、杨晓婷、杨成、顾占才、丁艳、周晓琴、杨栋、马花、杨兰、马金花、马自云、马琴、李莉、杨晓丽、马全礼、仇柿平，王淑敏、王金凤、苏泽良、李红利、苏明伟，韦州中学、杨鹏飞、杨琼、马小娟、丁小梅、白雪、马希俊、马玲、马萍、丁晓艳、魏文霞、马国海、马静、马瑜。

【2019年度同心中职工作先进个人（10名）】王玉霞，教育局。王欢，同心职业技术学校。丁玉明，同心石狮中学。金龙，同心第五中学。纪明伟，同心豫海初级中学。罗佳丽，同心王团中学。杨小娟，河西镇中学。李世珍，同心纪家一贯制。贺登尧，同心第三中学。马学武，韦州中学。

【2019年度同心小学教育教学质量提升先进个人（50名）】 县第一小学：张浩、丁月红、马晓平。县第二小学：纪晓凤、杨洋、马文娟。县第八小学：周娟、周彩霞、杨爱忠。县实验小学：马彩燕、马小红、杨娜。县南安实验小学：马彦国、王小慧、马丽娟。同心思源实验学校：马冬梅、丁伟宏。县第三小学：苏润喜、张玉萍。县第四小学：王晓燕、金冬萍。县第五小学：张暖、马雪花。县特殊教育学校：杨维俊。县豫海镇中心学校：李月荣。县石狮中心学校：周俊叶、马萍、白海娟。县王团镇中心学校：李成俊、马淑芬、周玲。县丁塘镇中心学校：马瑞文、金素香、李治芳。县河西镇中心学校：罗小艳 李永花 周海霞。县兴隆乡中心学校：田生宝、杨志龙。县韦州镇中心学校：马永兵、张欣艳 、张永升。下马关镇中心学校：锁良耀、王晓玲、赵明霞。预旺镇中心学校：李乃芳、沙鹏。马高庄乡中心学校：田文斌。张家塬乡中心学校：马力。田老庄中心学校：马自平。

【同心县教育世家（5个）】 （一）张廷义之家：张廷义（张家塬中心学校退休教师），儿子：张兴奎（县同心中学），孙女：张朔雨（县第二小学）。（二）杨科之家：杨科（县教育局退休干部），儿子：杨晓林（县回民中

学），孙女：杨孟芳（县回民中学）。（三）张启明之家：张启明（原汪家塬九年一贯学校退休教师），儿子：张　勇（同心县第二小学），孙子：张海鹏（同心思源实验学校）。（四）锁成祥之家，锁成祥（丁塘中心学校退休教师），儿子：锁少军（同心思源实验学校），孙女：锁　芳（县丁塘中学）。（五）李正祥之家：李正祥（王团中心学校退休教师），儿子：李宗英（县河西镇中心学校），孙女：李嘉佳（吴忠市第九小学）。

【同心县最美乡村教师（70名）】 折　振、马玉润、张学海、马国良，县石狮中学。王晓梅、马　耀、马　俊、马国全、马晓娟、马　武，石狮中心学校。田兴清、王正波，豫海镇中心学校。买占强、张玉明，兴隆乡中心学校。马宝虎、田小华、周晓莲、马雅琴，丁塘镇中心学校。马美玲、马凤琴、白晓萍、李　芳、马小花、马生宝、陆　军，丁塘中学。周玉海　金燕　马淑香　周文龙，河西镇中心学校。纪明奇、周　健、金小花、杨　哲、马　林、赵宗贵、王芳、杨海霞，河西中学。金　凤、罗进财、马金平、买耀玺、杨彩芳、王有华、王正宝、马晓峰、王耀伟，王团镇中心学校。马富国、杨进国，王团镇中学。文俊海，田老庄乡中心学校。刘国文，张家塬乡中心学校。马桂花，马高庄乡中心学校。马桂红、李富鹏，预旺镇中心学校。陈志敏，同心第三中学。胡彩霞、白星、白素诚、 高正莉、高正哲、张　有、陈敏锋，下马关镇中心学校。张艳霞、靳正鹏、张兆海，下马关中学。苏　云、马红霞、苏　云、金耀云，韦州镇中心学校。丁秋燕、苏学峰，韦州镇中学。

【同心县最美乡村功勋教师（30名）】 丁寿明，石狮中学。杨格忠、杨发贵，石狮中心学校。张林贵，兴隆乡中心学校。谢树军、马立征、杨淑琴，丁塘镇中心学校。丁玉洪，丁塘中学。石玉堂、周海霞、马汉云、杨永军，河西镇中心学校。金　彪，河西中学。张正武、杨占国、王有林，王团镇中心学校。马占录，王团镇中学。马景林，田老庄乡中心学校。张广武，张家塬乡中心学校。李培显，马高庄乡中心学校。马忠兰、白　瑛，预旺镇中心学校。马忠智，同心第三中学。张　兰、吴金凤、张彩云，下马关镇中心学校。吴文兴、下马关中学。王美霞、海生勃，韦州镇中心学校。魏伟，韦州镇中学。

【同心县宣传思想文化工作先进个人（18人）】 苏　峰，宁夏日报驻站记者。谷　刚，吴忠日报驻站记者。马　吉，县纪委监委科员。马　旭，县委组织部部务委员。白明栋，县委网信办干部。马树福，团县委副书记。马雪儿，县工信商务局科员。王英明，县住建局副局长。马长生，县扶贫办副主任。罗　宁，豫海镇党委副书记。杨宗海，丁塘镇党委副书记。王生仁，王团镇党委副书记。马瑞成，马高庄乡党委副书记。施进锋，张家塬乡党委副书记。马伏才，石狮开发区党工委副书记。丁洪，县社会经济调查队队长。贺永泽，县文化馆馆长。买晓仙，县旅游服务中心干部。

【全县优秀通讯员（22人）】 张杰龙，新华网驻宁夏记者。 杨　丽，宁夏新闻网编辑。苏晓霞，县法院立案庭庭长。杨娇媛，县检察院政工科副科长。丁璞，县委办公室科员。马进新，政府办公室副主任科员。田　俊，县委宣传部科员。马　凯，县委统战部办公室主任。马晓娟，县委政法委护路专干。马　吉，县残联副理事长。马 薇，县司法局科员。王小平，县人社局科员。丁月花，县农业农村局办公室副主任。马学贵，县卫健局办公室主任。韩利丹，河西镇宣传干事。李 霞，田老庄乡办公室科员。马春香，兴隆乡宣传干事。强国民，县电视台记者。马东平，县电视台记者。丁红娟，县电视台记者。马 荣 县电视台记者。黑忠礼，农村商业银行职工。

【全县优秀文艺创作者（8人）】 马瑜，县音乐家协会副主席、同心夜莺合唱团团长。杨英俊，县作家协会理事。李永宏，县美术家协会主席。马银江，县花儿艺术家协会副主席。马金凤，县舞蹈家协会主席。马彦文，县书法家协会副主席、秘书长。田彦兰，县民间艺术家协会主席。田 坤，县民间艺术家协会副主席。

【同心县2015—2018年度“同心青年五四奖章”（15个）】 优秀青年医务工作者，马成国。优秀青年教育工作者，周冬晖。优秀青年警务工作者，马俊涛。优秀青年法律工作者，杨 钊。优秀青年科技工作者，买世瑜。 优秀青年文化工作者，纪少丹。优秀青年少先队干部，马 媛。优秀青年致富带头人，李克平。优秀青年检察官，王晓亮。优秀青年团干部，张晓飞。优秀青年企业家，马小兵。优秀青年志愿者，杨小军。优秀青年养殖脱贫户，田学良。优秀青年务工脱贫户，马少明。优秀青年车间脱贫户，李风琴。

【同心县2015—2018年度“全县优秀共青团员”（10个）】 马文君，豫海镇新华社区残疾专干。丁晓芳，河西镇同德村扶贫车间志愿者。杨 睿，下马关镇平远村扶贫车间志愿者。 邵小风，下马关镇南安村扶贫车间志愿者。马宏林，预旺镇柳树堡村团支部书记。马敏樱，职业技术学校教师 。石文欣，回民中学学生。李海平，第五中学学生。张亚娟，丁塘中学学生。 孟小红，第三中学学生。

【同心县2015—2018年度“全县优秀共青团干部”（10个）】 张晓迪，豫海镇团委副书记。王瑞强，预旺镇团委副书记。孙 静，田老庄乡团委副书记。马保万，张家塬乡团委副书记。海永梅，同心中学团委副书记。马 来，豫海回民中学团委副书记。勉 瑞，同心海如女子中学团委副书记。 铁 磊，同心豫海初级中学团委书记。马 杰，韦州中学团委副书记。买东，同心县石狮中学团委书记 。

【同心县2015—2018年度“全县五四红旗团委（团支部）”（15个）】 同心石狮开发区团工委、同心金融团工委同心海如女子中学团委、下马关中学团委 、王团中学团委、豫海镇豫园社区团支部、韦州镇韦一村团支部、下马关镇三山井村团支部 、兴隆乡王大套村团支部、同心大学生西部计划志愿者团支部、同心中医医院团支部、同心第三中学九年级（1）班团支部、同心河西中学2016级团总支部、同心豫海初级中学九年级（1）班团支部、同心丁塘中学八年级（2）班团支部。

【同心县第六届“道德模范”（16人）】 李国云，田老庄乡原党委委员、纪委书记。周英，县人民法院法官。金录国，县农业农村局干部。马玉成，县自然资源局干部。洪晓明，宁夏同心阿语学校教师。张 波，海如女子中学教师。金鹏梅，第二幼儿园教师。顾生秀，县人民医院儿科主任。苏 静，建设银行同心支行职工。白晓花，中医院护理部主任。丁木兰，联通公司同心分公司职工。马兰芳，豫海镇豫西社区居民。康伏兰，丁塘镇长沟村村民。马秀梅，南安实验小学教师。计兰花，下马关镇窖坑子村村民。杨成龙，县城市管理综合执法大队协管员。

【同心县第三届“美德少年”（10人）】 马仁杰，第二小学二年级（9）班学生。杨 朔，第二小学二年级（9）班学生。张麦燕，特殊教育学校六年级学生。李万福，河西镇安溪同德小学三年级（2）班学生。李晓燕，河西镇安溪同德小学三年级（2）班学生。毛妍萍，下马关镇田园小学三年级（1）班学生。邢佳乐，张家塬乡汪家塬小学四年级（1）班学生杨晓娜，石狮管委会惠安兴隆小学五年级（1）班学生。杨 雪，第三中学七年级（5）班学生。李 兰，王团中学八年级（4）班学生。

【全县移风易俗光荣户（16户）】 杨惠洁，豫海镇富兴社区居民。苏克斌，豫海镇新华社区居民。马彦平，河西镇石坝村村民。田梅花，河西镇上河湾村村民。李希珍，丁塘镇张滩村村民。马静玉，韦州镇马庄村村民。白青松，下马关镇北关村。宋振忠，下马关镇五里墩村。杨 文，预旺镇北关村村民。马耀奎，王团镇罗台村村民。杨彦华，王团镇前红村村民。李存忠，王团镇圆枣村村民。杨占挥，田老庄乡石塘岭村村民。马全宝，马高庄乡赵家树村村民。陈连财，张家塬乡张家塬村村民。马启荣，石狮管委会惠安村村民。

【全县“十星级民风建设模范户”（27户）】 李海强，豫海镇富兴社区居民。余建仁，豫海镇富兴社区居民。黑凤英，河西镇下河湾村村民。马尚龙，河西镇农场村村民。杨学祥，丁塘镇金家井村村民。 妥彦兰，丁塘镇吴家河湾村村民。苏 朋，韦州镇石峡村村民。王瑞瑞，韦州镇河湾村村民。陆占云，下马关镇南关村村民。 陈良姝，下马关镇三山井村村民。陈发有，下马关镇赵家庙村村民。马进虎，预旺镇沙土坡村村民。李兴明，预旺镇北关村村民。白永海，预旺镇南关村村民。马国虎，王团镇倒墩子村村民。马维全，田老庄乡深沟村村民。李生银，马高庄乡何渠村村民。杨登云，马高庄乡何渠村村民。陈 文，张家塬乡海棠湖村村民。尚志勤，张家塬乡汪家塬村村民。靳正伟，张家塬乡张家塬村村民。王振虎，兴隆乡王团村村民。田进良，兴隆乡黄谷村村民。田西海，兴隆乡黄谷村村民。马小东，石狮管委会城一村村民。马彦武，石狮管委会惠安村村民。马忠山，石狮管委会满春村村民。

【同心县五一劳动奖章名单（14名）】 赵建浦，县建浦文冠果种植有限公司负责人。马 艳，豫海镇永春社区2018年度建档立卡脱贫户。康 娟，田老庄乡扶贫干部、套塘村党支部书记。康国栋，县中医院外科副主任医师。周学文，县鑫源绒业有限公司总经理。贾银录，县农业技术推广服务中心高级农艺师。马力，县扶贫办办公室主任。李 江，县自然资源局退耕办主任。马秀萍，县畜牧技术推广服务中心职工。李晓玲，下马关中学教师。苏贵云，韦州镇民政干部。马自应，县人民法院审判员。丁建华，河西镇旱天岭村党支部书记。周建良，县住建局环卫服务中心车辆维修员。

【同心县禁毒工作先进个人】 （45名，各奖励现金500元）。（一）成员单位（15名）。马英迪，县委办公室副主任。周 波，政府办公室秘书。杨登宇，县委宣传部科员。顾晓丽，县法院刑庭副庭长。金 成，县发改局科员。周 龙，县司法局下马关司法所所长。丁月花，县农业农村局办公室副主任。马维荣，县交通局科员。马晓燕， 县市监局科员。马绍华，县统计局科员。文学鹏，县税务局韦州分局局长。马立波，县邮政分公司市场部主任。马尚瑜，县公安局戒毒所科员。马 海，县公安局禁毒大队民警。杨晓龙，县公安局王团派出所民警。（二）优秀村干部（3名）。杨海峰，豫海镇富兴社区党支部书记。康国祚，下马关镇白家滩村党支部书记。马小芳，田老庄乡深沟村妇联主任。（三）“6·27工程”先进个人（14名）。铁 娟，宁夏同心县阿拉伯语学校。杨 志，同心石狮中学。虎 鹏，同心第三中学。王 华，同心第八小学。孙有玺，韦州回民女子小学。马 悦，同心海如女子中学。马兴学，河西镇中心学校。马 静，同心第四小学。张林贵，兴隆乡李堡完全小学。马彦莲，王团镇吊堡完全小学。张宗钧，同心第三小学。刘惠琴，同心第一小学。苏 文，石狮管委会沙嘴城完全小学。姚建涛，下马关南安完全小学。（四）优秀禁毒志愿者（3名）。彭立生，同心县爱心救助协会会长。李小龙，同心县禁毒志愿者。李小红，同心豫海高级中学教师。（五）优秀社区戒毒康复专职工作人员（10名）。李 扬，县禁毒办社区戒毒康复专职人员。丁 伟，豫海镇豫园社区戒毒康复专职人员。李 健，张家塬乡社区戒毒康复专职人员。马 云，韦州镇社区戒毒康复专职人员。李军，豫海镇富兴社区戒毒康复专职人员 。 李小强，预旺镇社区戒毒康复专职人员。马 科，丁塘镇社区戒毒康复专职人员。杨 坤，王团镇社区戒毒康复专职人员。杨 波，石狮管委会社区戒毒康复专职人员。张骁龙，下马关镇社区戒毒康复专职人员。

【同心县年度全县优秀共产党员（73名）】

张晓迪，豫海镇党政办公室秘书。袁双玉，宁夏哈哈乐园娱乐有限公司总经理。马国瑞，河西镇红旗村村委会会计。韩利丹，河西镇扶贫工作站副站长。马涛，河西镇党政办公室主任。马卫国，丁塘镇党委副书记、镇长。杨廷仁，丁塘镇八方村支部委员。陈金林，丁塘镇新庄子村党支部书记。韩刚，丁塘镇社保专干。苏泽军，韦州镇党委委员、副镇长。丁永霞，韦州镇文化站站长。张丽娜，韦州镇党政办公室秘书。孙三江，韦州镇农经站站长。张森惠，韦州镇旧庄村党支部书记、村委会主任。马金贵，下马关镇党委委员、纪委书记、监察办公室主任。杨斌虎，下马关镇党政办公室副主任、五里墩村党支部副书记。左新武，下马关镇刘家滩村村委会主任。贾丽萍 ，下马关镇五里墩村村委会会计。马生国，下马关镇平远村村委会会计。龚艳琳，下马关镇扶贫工作站干事。虎新，预旺镇党委委员、组织委员。徐伟宾，预旺镇党政办公室科员。马玲悦，预旺镇机关党支部副书记。刘鹏，王团镇党政办公室主任。马自贵，王团镇村镇办主任、综治办副主任。李霞，田老庄乡党政办公室主任。郭蛟，田老庄乡扶贫专干。马波，田老庄乡纪检、信访干事。马银俊，马高庄乡邱家渠村党支部副书记。刘仲西，马高庄乡武装部干事。马瑞祥，张家塬乡党委委员、组织委员。王克成，张家塬乡汪家塬村村委会会计。胡彦奇，张家塬乡折腰沟村党支部书记。马俊，兴隆乡党委委员、武装部部长。王彦仁，兴隆乡新生村党支部书记。锁成明，石狮开发区党工委副书记、管委会主任。马伏才，石狮开发区党工委副书记、纪工委书记、监察办公室主任。杨学军，石狮开发区黑家套子村党支部书记。马小龙，石狮开发区党政办副主任、组织干事。马得刚，石狮开发区砚台村党支部副书记。李强，县委办公室科员。周建宝，县政府办公室科员。马旭，县委组织部部务委员。白耀明，县委党校副校长、行政学校副校长。周光辉，县公安局原副局长、石狮中学思政辅导员。赵永喜，县统计局原局长、第八小学思政辅导员。马希秀，县水务局原设计室主任、第一小学思政辅导员。杨志宇，县纪委原副书记、回民中学思政辅导员。金振廷，县纪委原纠风办主任、王团中学思政辅导员。田俊，县委宣传部科员。丁军，县委政法委副书记。李杰，县回民中学政治课教师。杨文扬，县第五中学办公室主任。陆彦平，马关中学教科室主任、第二党支部书记。陈伟林，县第一小学体育教师。马永强，县第八小学政教室主任。马文燕，县第一幼儿园副园长。黑耀龙，县公安局扫黑办主任。马赞君，县公安局法制大队科员。马一平，县司法局机关党支部书记。余生俊，县公安局森林派出所副所长。马晓芮，县自然资源局科员。马艳琴，吴忠市生态环境局同心分局办公室科员。马淑萍，县住房和城乡建设局党组成员、副局长。周丁，县农业农村局助理农艺师。丁玉军，县文化旅游体育广电局党组成员、广播电视台台长。杨祎，县中医医院医务科主任。罗小波，县卫生健康局疾病控制与妇幼保健股干事。马淑红，县总工会党组成员、副主席。周冠英，县妇女联合会党组成员、副主席。马永杰，县税务局风险管理股股长。苏宗林，宁夏伊兴羊绒制品有限公司财务主管。马小兵，宁夏大斌家纺科技有限公司总经理。

【同心县年度全县优秀党务工作者（20名）】

马勇，豫海镇新华社区党支部书记、居委会主任。马淑霞，豫海镇豫园社区党支部副书记。周玉文，豫海镇城二村党支部书记。周金祥，河西镇菊花台村党总支部副书记。丁立育，丁塘镇长乐村党支部书记。高小宇，下马关镇党政办公室副主任。马赞新，预旺镇党委副书记、主任科员。王生仁，团镇党委副书记、主任科员。纪雪蓉，田老庄乡党委副书记。王有彪，田老庄乡五道岭子村党支部书记。马东，马高庄乡党委副书记。黑彦和，张家塬乡党委委员、纪委书记、监察办公室主任。马娟花，兴隆乡党委委员、组织委员。贺孜甄，县纪委监委党支部委员。马彦鹏，县人民法院机关党支部书记。马慧皎，县公安局政工室科员。马如云，县第三中学党支部书记、校长。王小平，县人力资源和社会保障局办公室科员。宋菊花，县气象局办公室主任。勉丽娟，宁夏同心工业园区管委会综合办公室秘书。

【同心县年度全县优秀驻村第一书记（20名）】马建国，河西镇旱天岭村驻村第一书记（中核集团兰铀公司扶贫专干）。魏娟，河西镇李沿子村驻村第一书记（民建宁夏区委会办公室调研员）。段向明，韦州镇马庄村驻村第一书记（吴忠市交通运输局办公室科员）。李玉国，韦州镇河湾村驻村第一书记（同心农商行石狮支行行长）。李永刚，下马关镇南安村驻村第一书记（宁夏公路建设管理局建设二处工程技术科科长）。马永江，下马关镇田园村驻村第一书记（宁夏吴忠监狱办公室主任）。吕纪飞，下马关镇南关村驻村第一书记（吴忠市应急管理局干部）。魏峰，预旺镇陈石塘村驻村第一书记（吴忠市民政局办公室干部）。夏玉龙，预旺镇南关村驻村第一书记（吴忠市文化体育旅游广电局科员）。徐亮，预旺镇土峰村驻村第一书记（自治区政协文化文史和学习委员会办公室主任科员）。范宗兴，王团镇张家湾村驻村第一书记（宁夏社科院机关党委专职副书记、人事处处长）。刁桂林，王团镇李家庄村驻村第一书记（吴忠市科学技术局防震减灾科科长）。常洪涛，王团镇东滩村驻村第一书记（电信公司同心分公司社会渠道经理）。马福祥，田老庄乡李家山村驻村第一书记（县人大办公室副主任科员）。马建云，马高庄乡马高庄村驻村第一书记（宁夏银行吴忠分行营业部行长助理）。马峰，张家塬乡乡长助理、驼骆崾岘村驻村第一书记（县交通运输局技术员）。刘炜杰，张家塬乡海棠湖村驻村第一书记（吴忠市人社局副科级干部）。陈金元，兴隆乡李堡村驻村第一书记（南京证券宁夏分公司高级经理）。杨伟，石狮开发区满春村驻村第一书记（自治区党委统战部办公室副调研员）。丁旭宏，石狮开发区麻疙瘩村驻村第一书记（县自然资源局副主任科员）。

【同心县2016—2018年年度考核中连续三年获得优秀等次记三等功公务员名单（50名）】

县人民法院：左小军。县人民检察院：杨红梅。县纪委监委：马学文、丁萍萍、周军。县委办：冯仲凯。县人大办：马春生、丁风英。县政府办：锁伟。县委组织部：冶鹏玉。县委政法委：王彦峰。同心县委机构编制委员会办公室：田彦福。同心县委党校：白耀明、马廷峰、黑学晋、江小丽。县档案馆：周桂兰。县工业信息化和商务局：贺军。县教育局：杨林。县公安局：杨彦龙、白荣、吴泽旭、张广东。县司法局：马成奇。县财政局：马英清。县交通运输局：马永泽。县卫生健康局：马汉俊。县审计局：顾志俊、马晓辉。县市场监督管理局：马东平、安俊。县科学技术协会：施景才。县文学艺术界联合会：马秀花。县工商业联合会：冯勤。豫海镇：罗宁、马汉文、马海霞、杨艳。河西镇：苏泽云、杨立珍、杨晓瑛、叶娟。丁塘镇：李海军、贺秀龙、海坚。下马关镇：杨学福。田老庄乡：杨明。马高庄乡：顾义廷、白学辉、金自峰。

【同心县年度考核优秀等次给予嘉奖公务员名单（238名）】 县人民法院：白顺德、贺海洋、李奎、李清、罗彦昌、马汉武、马宁、田玉宪、谢季琴、杨静、杨钊、左小军、王铿、金鑫。县人民检察院：马维荣、吴迎军、杨琼、马巧、杨红梅、马蓉、王文轩、杨铁成、李春辉、周彬。县纪委监委：马学文、马军、马琴、李春义、丁萍萍、周军、李婧、贺孜甄。县委办：马英迪、杨满才、冯仲凯。县人大办：马春生、丁风英。县政府办：锁伟、周建宝、马瑞武。县政协办：马俊生、马敦祥、苏俊秀。县委组织部：冶鹏玉、余淑蓉、杨琴。县委统战部：马海军。县委政法委：王彦峰、马勇。县委网络安全和信息化委员会办公室：赵小平、马璐、苏涛。县委机构编制委员会办公室：田彦福、马翠芳、李学琴。县委巡察工作领导小组办公室：白冰。县委党校：马全荣、白耀明、黑学晋、马廷峰、江小丽。县档案馆：马琼、马剑、余晓莉、马青才、周桂兰。县发展和改革局：马瑞成、黑立荣、马全宝、杨天雁、苏克海。县教育局：杨林、李素霞、马月树。县科学技术局：徐莉芳、陈玉芬。县工业信息化和商务局：贺军、马建策。县公安局：白荣、丁立宏、丁勇、顾佳博、虎海峰、李龙、李正伟、罗旭军、罗煜、马彬、马海儒、马化龙、马俊涛、马文喜、马晓宁、马晓泉、慕学斌、田风淮、田吉明、田卫明、吴泽旭、杨克文、杨森、杨素龙、杨彦龙、杨有国、尹海龙、尹学勤、张春梅、张广东、张旭、张治中、张忠元、金玉刚、金学武。县民政局：施静。县司法局：余晓娟、张月敏、马一平、马少辉、马成奇、黑珊、严小明。县财政局：马英清、马林。县人力资源和社会保障局：王占全、罗仲凯、马风贤、王小平。县就业创业和人才服务局：马会忠、李明、吴小红、张秋燕、顾玉霞、丁娟、马伟龙。县劳动保障监察执法局：罗永平、丁云。县自然资源局：张晓梅、杨金清、丁旭宏。县住房和城乡建设局：张春国。县交通运输局：马永泽、马文保。县水务局：王真。县农业农村局：苏辉林。县卫生健康局：马正录、马汉俊、杨硕。县审计局：周宪瑜、顾志俊、马晓辉。县市场监督管理局：马东平、马毅、苏建仁、杨宝琴、杨晓霞、安俊、田志成、王伟。县统计局：周晓玲、石岩。县扶贫开发办公室：丁学林、马瑞文。县医疗保障局：马海红。县审批服务管理局：周文华、马洪明、杨娟。吴忠市生态环境局同心分局：锁国武、马艳琴。县总工会：马淑红、贺志林、马红。共青团同心县委员会：罗晓娅。县科学技术协会：丁祥、施景才。县文学艺术界联合会：马秀花。县残疾人联合会：马生贵。县工商业联合会：冯勤。县伊斯兰教协会：杨克斌。豫海镇：罗宁、马汉文、马金、丁生福、杨艳、马海霞、张晓迪。河西镇：苏泽云、马慧、李向文、马晓红、杨立珍、杨晓瑛、叶娟、马涛、杨林。丁塘镇：李海军、海坚、贺秀龙、马秀梅、马占文、王华、杨彦新、王东升。王团镇：李岳春、王生仁、马晓辉、张育才、王静、刘鹏。同心县韦州镇：马忠芳、张丽娜。下马关镇：杨旭东、杨有清、杨学福、史茂泉、高小宇。预旺镇：李耀贵、马峰、徐伟宾、张玲霞、马宏林。田老庄乡：杨明、马波、郭蛟、李霞。马高庄乡：白彪、顾义廷、杨林、陈连吉、马成荣、白学辉、苏宗孝、金自峰。张家塬乡：马崇博、施进锋、黑彦和、马瑞祥。兴隆乡：马汉杰、杨吉贵。

先进集体名录

省部级先进集体名录

表 4

获奖单位	获奖名称	授奖单位
同心县政府	全区民政工作先进县	自治区人民政府
财政局	全国财政系统先进集体	财政部
石狮管委会惠安村	全国乡村治理示范村	农业农村部等部门
司法局丁塘司法所	全国先进司法所	司法部
建行同心分行	2019 年“全国金融先锋号”	中国金融工会全国委员会

续表4

获奖单位	获奖名称	授奖单位
统计局	第四次全国经济普查国家级先进集体	国务院第四次全国经济普查领导小组
统计局	自治区级文明单位	自治区文明委
建行同心分行	“巾帼文明岗”	中华全国妇女联合会
建行同心分行	“职工书屋”	中华全国总工会
建行同心分行	2019“全国金融系统青年五四奖章集体”	共青团中央
建行同心分行	“2018年全行社会责任百优案例”称号	中国建设银行
建行同心分行	“2018年全行扶贫突出贡献集体奖”称号	中国建设银行
工商联	2018—2019年度全国“五好”县级工商联	全国工商联合会
宁夏山谷子农副产品有限公司	“山谷子”牌黑苦荞麦被评为第二十二届中国农产品加工投资贸易洽谈会“优质产品”	第二十二届中国农产品加工业投资贸易洽谈会组委会
宁夏润德生物科技有限公司	“宁杞7号”枸杞获得优质大赛优秀奖（银奖）	2019中国北京世界园艺博览会组委会
宁夏菊花台庄园枸杞有限公司	“宁杞7号”枸杞获得优质果品大赛金奖	2019中国北京世界园艺博览会组委会

市厅级先进集体名录

表5

获奖单位	获奖名称	授奖单位
县政协	全区离退休干部先进集体	区党委组织部、老干部局、离退休干部工委
武装部	国防后备力量建设先进单位	吴忠市委、市政府、军分区
县委政法委	全区铁路护路联防工作先进集体	区铁路护路联防工作领导小组
县委政法委	全区铁路护路联防工作平安火车站	区铁路护路联防工作领导小组
审计局	全区人民满意公务员集体	自治区人力资源和社会保障厅
下马关镇	全区民族团结进步示范乡镇	区党委统战部、民族事务委员会
下马关镇	全区第四次全国经济普查先进集体	区第四次全国经济普查领导小组
新华社区	全区民族团结进步示范社区	区党委统战部
卫生健康局	2019年中国居民慢阻肺监测工作先进集体	自治区卫生健康委员会
卫生健康局	微电影《同心》获自治区第四届社会主义核心价值观电影一等奖	自治区党委宣传部
县法院	自治区维护妇女儿童权益先进集体	自治区妇联
县检察院	全区“七五”普法中期先进集体	自治区司法厅
财政局	建党98周年先进基层党组织	吴忠市委
王团镇	民族团结进步示范乡镇	自治区民委
卫生健康局	2019年中国居民慢阻肺监测工作先进集体	国家疾控预防中心
豫海派出所、禁毒大队	被公安厅评为工作先进集体	自治区公安厅

续表5

获奖单位	获奖名称	授奖单位
豫海派出所	记集体嘉奖一次	自治区公安厅
《让水》	全国优秀红色旅游文创产品	自治区公安厅
交巡警大队	春节安保维稳工作先进集体	自治区公安厅
石狮派出所	记集体嘉奖一次	自治区公安厅
新华社区	先进基层党组织	吴忠市委、市政府
豫海镇	第四次全国经济普查区级先进集体	自治区经济普查领导小组
石狮管委会	自治区铁路护路联防先进集体	自治区铁路联防护路领导小组
豫海镇	第四次全国经济普查区级先进集体	自治区公安厅
预旺镇	先进基层党委	吴忠市委、市政府
建行同心分行	2019年“先进集体”称号	建行宁夏区分行
气象局	2019年全区重大气象服务先进集体称号	宁夏气象局
地震局	2019年宁夏防震减灾先进集体	宁夏地震局
县农村商业银行	自治区巾帼文明号	自治区妇联
县农村商业银行	经营管理工作先进集体	宁夏黄河农村商业银行
县农村商业银行	县域受理生态圈建设贡献奖	中国银联宁夏分公司
县农村商业银行	支农工作先进集体	黄河农村商业银行
县农机监理站	通报表扬	农业农村厅、中财保宁夏分公司
人寿保险同心分公司	“百舸争流 首季必胜”单位优胜奖	中国人寿保险股份宁夏分公司
人寿保险同心分公司	“携手IT 共谋发展”信息技术知识竞赛最佳组织奖	中国人寿保险股份宁夏分公司

县委、县政府表彰奖励

【同心县文明单位（11个）】 政协办、政研室、编办、总工会、团县委、市监局城镇分局、市监局下马关分局、建设银行同心支行、固海扬水七泵站、河东水管所、丁塘水管所。

【同心县文明村镇（7个）】 豫海镇、马高庄乡、下马关镇、张家塬乡、河西镇农场村、韦州镇青龙山村、下马关镇五里墩村。

【同心县文明校园（27个）】 县职业技术学校、第二中学、海如女中、豫海初级中学、第三小学、第五小学、实验小学、思源实验学校、南安实验小学、特殊教育学校、河西镇中心小学、大洪沟小学、李沿子小学、刺鸦嘴子小学、王团镇中学、王团镇张家湾立邦希望小学、羊路小学、倒墩子小学、罗河湾玉湖完全小学、吊堡子完全小学、春蕾学校、韦州镇庆华小学、甘沟小学、旧庄小学、石狮管委会砚台完全小学、惠安兴隆小学、沙嘴城小学。

【同心县宣传思想文化工作先进集体（16个）】 豫海镇党委、下马关镇党委、预旺镇党委、县委党校、县委老干部局、县教育局、县公安局、县财政局、县文广局、县市监局、县文联、国家税务总局同心县税务局、人民银行同心支行、建设银行同心支行、同心农村商业银行、邮政公司同心分公司。

【全县优秀红白理事会（12个）】 豫海镇豫园社区红白理事会、河西镇上河湾村红白理事会、丁塘镇金家井村红白理事会、韦州镇马庄村红白理事会、下马关镇下垣村红白理事会、预旺镇沙土坡村红白理事会、王团镇南村红白理事会、田老庄乡石羊圈村红白理事会、马高庄乡邱家渠村红白理事会、张家塬乡张家塬村红白理事会、兴隆乡黄谷村红白理事会、石狮管委会庙儿岭村红白理事会。

【同心县五一劳动奖状名单（5个）】 公安局禁毒大队，县市场监督管理局城镇市场监督管理所，县劳动保障监察执法局，同心豫海回民中学，中核（宁夏）同心防护科技有限公司。

【同心县工人先锋号名单（5个）】 县水务局规划设计室，县人民医院神经消化内科，宁夏同心山泰钢结构有限公司下料卷制车间，宁夏伊兴羊绒制品有限公司梳绒二车间，同心生海供热有限公司司炉班。

【同心县年度禁毒工作先进集体（7个）】
（一）乡镇：豫海镇、韦州镇、河西镇。
（二）单位：发改局、司法局、审计局、县公安局河西派出所。

【同心县年度禁毒工作示范集体（11个）】
（一）毒品整治工作示范社区（1个，授予牌匾并奖励现金5000元），豫海镇豫园社区。
（二）毒品预防教育示范学校（10所，授予牌匾并奖励现金5000元），宁夏同心县阿拉伯语学校，同心第二中学，同心第三中学，同心第八小学，南安实验小学，同心回民中学，预旺中心小学，王团羊路小学，韦州回民女子小学，石狮中学。

【同心县“无毒村”名单】 河西镇（2个）：上河湾村、农场村。丁塘镇（2个）：八方村、南阳村。下马关镇（7个）：陈儿庄村、池家茆村、窖坑子村、刘家滩村、三山井村、下垣村、五里墩村。王团镇（4个）：羊路村、李家庄村、吊堡子村、圆枣村。田老庄乡（1个）：五道岭子村。张家塬乡（1个）：折腰沟村。兴隆乡（2个）：王大套村、新生村。

【同心县“毒品预防宣传教育示范学校”（10个）】 同心县第二中学、同心县回民中学、宁夏同心县阿拉伯语学校、同心县第三中学、同心县第八小学、同心县南安实验小学、同心县韦州镇回民女子小学、同心县预旺镇中心小学、同心县王团镇羊路小学、同心县石狮中学。

【同心县撤销“无毒村”名单（10个）】 豫海镇（1个）：兴隆村。丁塘镇（1个）：长乐村。下马关镇（2个）：张家树村、赵家庙村。张家塬乡（1个）：犁花嘴村。韦州镇（2个）：甘沟村、旧庄村。马高庄乡（2个）:马高庄村、沟滩村。石狮管委会（1个）：沿台村。

【同心县年度全县先进基层党组织（29个）】
中共同心县豫海镇豫西社区支部委员会、中共同心县豫海镇城二村支部委员会、中共同心县韦州镇甘沟村支部委员会、中共同心县下马关镇陈儿庄村总支部委员会、中共同心县下马关镇下垣村支部委员会、中共同心县下马关镇新园村总支部委员会、中共同心县下马关镇张家树村总支部委员会、中共同心县预旺镇土峰村支部委员会、中共同心县预旺镇北关村支部委员会、中共同心县王团镇马套子村支部委员会、中共同心县王团镇前红村支部委员会、中共同心县田老庄乡深沟村支部委员会、中共同心县马高庄乡乔家湾村支部委员会、中共同心县兴隆乡黄谷村支部委员会、中共同心县石狮开发区满春村支部委员会、中共宁夏同心工业园区机关支部委员会、中共同心县海如女子中学总支部委员会、中共同心县河西镇中心学校总支部委员会、中共同心县王团镇中心学校总支部委员会、中共同心县预旺镇中心学校支部委员会、中共同心县公安局交警大队支部委员会、中共同心县公安局禁毒大队支部委员会、中共同心县人民医院委员会、中共同心县纪委监委支部委员会、中共同心县政协机关支部委员会、中共同心县司法局总支部委员会、中共同心县预旺镇水利管理所支部委员会、中共宁夏同心祥福绒毛制品有限公司支部委员会、中共同心县豫海镇长东医院支部委员会。

【2019年度全县教育工作先进集体（20个）】（一）高考工作先进集体（各奖励以奖代补资金25万元）：同心中学、同心回民中学、同心豫海回民中学。（二）中考工作先进集体（各奖励以奖代补资金15万元）：同心海如女子中学、同心第二中学、同心第五中学、同心豫海初级中学、王团中学。（三）中职招生工作先进集体（各奖励以奖代补资金6万元）：县职业技术学校、丁塘中学、下马关中学。（四）小学教育教学质量提升工作先进集体（各奖励以奖代补资金10万元）：县第一小学、县第二小学、县实验小学、县丁塘中心学校、县王团中心学校、县下马关中心学校、县韦州中心学校。（五）幼儿园规范管理先进集体（各奖励以奖代补资金6万元）：县第一幼儿园、韦州镇第一幼儿园。

【同心县第五届民族团结进步模范集体（36个）】 县人民检察院、县委办公室、县委宣传部、县政府办公室、县公安局、县住房和城乡建设局、县水务局县总工会、县残联、县工商联、同心县职业技术学校、县城第一小学、县人民医院、王团镇中心卫生院、豫海镇人民政府、下马关镇人民政府、豫海镇永春社区河西镇上河湾村、丁塘镇李岗子村、韦州镇旧庄村、预旺镇南关村、田老庄乡深沟村、马高庄乡白阳洼村、张家塬乡张家塬村、兴隆乡王大套村、国家税务总局同心县税务局、中国建设银行同心支行、吴忠市消防救援支队同心大队、润德生物科技有限公司、宁夏华平科瑞能源化工有限公司、同心清真大寺 、豫海镇北大寺、丁塘镇丁塘村清真大寺、田老庄乡石塘岭清真大寺、下马关镇红城水娘娘庙、中核（宁夏）同心防护科技有限公司。

附录

重要文件

守好“三条生命线”，做好“四篇文章”，走出建设美丽新宁夏的同心高质量发展新路子

——在县委十三届十六次全体会议结束时的讲话

中共吴忠市委常委、同心县委书记 马洪海

（2019年12月31日）

2020年是全面建成小康社会和“十三五”规划收官之年，我们党要实现第一个百年奋斗目标，为开篇“十四五”和开启第二个百年奋斗新征程打好基础。当前国内外风险挑战明显上升，经济下行压力持续加大，在党中央的坚强领导下，宏观经济稳中向好、长期向好的基本趋势没有变。党的十九届四中全会、中央经济工作会议、中央农村工作会议专题研究坚持和完善中国特色社会主义制度、推进国家治理体系和治理能力现代化问题，部署了明年经济工作和“三农”工作；自治区党委十二届八次、九次全会和市委五届十次全会，围绕贯彻落实党中央重大决策部署，明确提出了做好当前和今后一个时期工作的总体要求、主要目标和重点任务，都为我们做好各项工作指明了方向、提供了遵循。

做好明年的工作，要提高政治站位，观大势、谋大局、抓大事，坚持问题导向、目标导向、结果导向相统一，把思想和行动统一到党中央和区市党委的决策部署上来。

一要坚决做到“两个维护”。中共中央政治局于12月26日至27日召开“不忘初心、牢记使命”专题民主生活会。会议强调，维护习近平党中央的核心、全党的核心地位，维护党中央权威和集中统一领导，是推动新时代中国特色社会主义不断发展前进的根本政治保证，要增强“四个意识”、坚定“四个自信”、做到“两个维护”，自觉在思想上政治上行动上同以习近平同志为核心的党中央保持高度一致。在当前和今后的工作中，我们要坚定不移贯彻落实习近平新时代中国特色社会主义思想，坚定不移贯彻落实习近平视察宁夏时的重要讲话精神，坚定不移贯彻落实党中央和区市党委的重大决策部署。

二要坚定制度自信。党的十九届四中全会召开前，全世界都在热议中国成功的“密码”。四中全会首次向全世界系统描绘了中国特色社会主义制度图谱，宣示了中国共产党领

导下的新中国辉煌成就的“制度密码”，彰显了中国共产党的自信和智慧，这是资本主义制度不可比拟的。我们要从新中国70年取得的世所罕见的经济快速发展和社会长期稳定两大奇迹，从同心70年翻天覆地的变化中，激发中国特色社会主义制度强大生命力巨大优越性的自豪感，进一步坚定制度自信，从而更加坚定“四个自信”。在当前和今后的工作中，我们要树立制度思维，强化制度意识，善于从制度机制建设上找方法、找抓手、找切入点和突破口，以制度建设推动和保障高质量发展，在高质量发展中坚持和完善制度。

三要牢记习近平嘱托。在自治区党委十二届八次全会上，陈润儿书记指出，习近平视察宁夏时的重要讲话是新时代宁夏各项事业发展管方向、管根本、管长远的行动指南。贯彻落实习近平视察宁夏时的重要讲话，是全区各级党组织和广大党员干部的政治责任和崇高使命。早在2008年4月，时任国家副主席的习近平到同心看望宗教界人士时强调，要全面贯彻党的民族宗教政策，进一步落实民族区域自治法和宗教事务条例，不断巩固和发展党同宗教界的爱国统一战线，着力维护和加强民族团结，充分发挥各族干部在改革发展稳定中的骨干和表率作用。在当前和今后的工作中，我们要反复深入学习习近平视察宁夏时的重要讲话精神，牢记习近平嘱托，对标对表、校准航向，切实增强贯彻落实的思想自觉政治自觉行动自觉，着力推进经济持续健康发展、着力保持社会和谐稳定、着力巩固和发展党的执政基础。

四要坚决守好“三条生命线”。自治区党委十二届八次全会提出，贯彻落实党的十九届四中全会精神和习近平视察宁夏时的重要讲话精神，关键是要守好三条生命线、走出一条高质量发展新路子，这是宁夏主动服务全国发展大局、积极融入国家发展战略的政治责任和战略任务。“三条生命线”是自治区党委站在政治高度和战略高度，对贯彻落实习近平视察宁夏时提出“三个着力”要求的具体化，是对促进民族团结、维护政治安全、改善生态环境重要作用的新定位，充分彰显了这三大任务的极端重要性。在当前和今后的工作中，我们要把“三条生命线”作为考量高质量发展的硬杠杠，坚决守好守牢。明年元月份要在全县开展守好“三条生命线，走出一条新路子”解放思想大讨论活动。“大讨论”活动要结合“不忘初心、牢记使命”主题教育常态化，做到有的放矢，有针对性，真正把习近平新时代中国特色社会主义思想、习近平视察宁夏时的重要讲话精神和自治区党委重大决策部署落到实处。

五要在“四篇文章”上狠下功夫。陈润儿书记今年11月28日在吴忠调研指导工作时，从宁夏发展全局的高度，深刻审视吴忠发展的特征，提出要做好调、转、增、融“四篇文章”。调整结构、转型升级、增强发展动能、城乡融合，是我们当前发展的短板，也是今后发展的方向所在、出路所在。在当前和今后的工作中，我们要把调、转、增、融作为推进高质量发展的“纲”，重塑同心高质量发展“版图”，全力谱写“四篇文章”的“同心篇”。

六要对县情再认识。国内外风险挑战和经济下行压力将会以各种方式传导给我们。我们要在全面准确领会党中央和区市党委决策部署精神的基础上，认清县情的新变化，攻坚克难，趟出高质量发展的新路子。

新时代的同心将进入一个新的历史发展阶段，将是同心由摆脱绝对贫困迈向共同富裕的新阶段。一是在这个新阶段的起始点上，我们有坚实的发展基础。从2009年到2019年的10年间，全县地区生产总值年均增长10%以上。2009年全县GDP20.3亿元，截止到2019年年底全县的GDP将突破90亿元大关，取得这样的成绩，我们大大缩短了与全区、全市的差距，实现了新的跨越。我县从2009年全区9个山区县的倒数第三，到现在稳居顺数第三，全面夯实经济发展基础；地方公共财政预算收入由6000多万元到接近3亿元，增长了近5倍；城乡居民人均可支配收入年均分别增长9.8%、12.9%，特别是农村居民人均可支配收入，由2009年的2994元到今年突破万元大关；社会消费品零售总额年均增长10.4%；贫困发生率由2014年的33.3%降至目前的0.61%，累计减贫超过10万人。县城建成区面积由不到8平方千米拓展到38.6平方千米，城镇化率由26%提高到43%，经济可持续发展的承载力、自然资源的承载力、人的全面发展的承载力大幅提升，昔日的“半个城”蝶变成“一河两城”的大县城，城市框架拉开，城市承载功能显著增强。农业朝“特而优”的方向加快推进；工业增势强劲，特别是2010年—2019年，规模以上工业增加值增速一直在两位数上运行，2019年稳定增长25%以上，2020年也将保持在20%以上。明年多个工业项目投产，将保证全县净增工业产值80亿元左右。我们要认识到，有党的坚强领导和中国特色社会主义制度的显著优势，有多年奠定的基础，积蓄的能量，同心发展虽然“形”有波动、但“势”仍向好，要有底气和定力，必须坚定高质量发展的信心。历经10年时间，同心发生了深刻变化，已具备加快发展的条件，一定要明确方向，做好顶层设计，一年接着一年干、一任接着一任干，把同心建设成为环境优美、宜业宜居、创新创造的发展高地。二是在这个新阶段的起始点上，我们也将面临各种困难和挑战。习近平讲，问题是时代的声音，我们始终要坚持问题导向。从整体来看，县域经济体量小，固定资产投资后劲不足，产业发展的层次和水平总体还不高，创新驱动能力还不强，基础设施和公共服务还有短板，部分企业经营困难，特别是羊绒企业处境艰难，生态环境还很脆弱，“十三五”收官还有许多工作要做，制约高质量发展的瓶颈不少。发展任务和困难问题交错叠加，这些都考验着我们的作风、担当和能力，必须付出极大心血和努力。特别是固定资产投资，必须一茬接着一茬抓，同心县固定资产投资至少在百亿元以上，其中基础设施投资要占三分之一，产业投资要占50%以上。当年的产业投资就是未来的产业方向、产业规模、产业效能。三是在这个新阶段的起始点上，我们的精气神不能松懈。当前，要特别注意防范出现两种思想认识误区。第一是认为只要摘掉贫困县的帽子，就可以放松精神了。自治区第三方评估结束以后，许多同志担当不足了，劲头松懈了，存在着慢作为、不作为的现象，影响同心的发展。同心的发展来之不易，容不得半点懈怠、经不起半点波折，在座的每一位同志都是同心10年发展的见证者，同心的路平了、灯亮了、水净了、房暖了，老百姓养老有保障了，同心的出路唯有加快发展，唯有科学发展、绿色发展、高质量发展，要走出一条高质量发展的新路子。这10年，同志们付出了大量的心血和汗水，李进祯、李国云等很多同志牺牲在脱贫攻坚一线，许多同志身体大量透支，才取得这样的成绩。但就脱贫攻坚而言，明年我们的任务依然艰巨，迎接的检查考核依然很多，既要确保563户1727名贫困群众百分之百脱贫，还要确保边缘户、监测户、已脱贫的人口稳定脱贫，防止因灾、因病返贫。同志们决不能有松松劲、泄泄气的想法，决不能刀枪入库、马放南山。要发扬连续作战的精神，保持靶心不移、重点不散、力度不减。习近平讲，2020年现行标准下的贫困人口脱贫一个不落。越到最后越是难中之难、艰中之艰、困中之困、贫中之贫，需要付出更加艰辛的努力，要在巩固提升脱贫成果上下更大的功夫，要持续发力防松劲，严把标准防闯关，巩固成果防返贫，坚持“四个不摘”，全面做好返贫人口和新发生贫困人口的监测和帮扶工作，确保脱贫成果经得起检验，高质量全面打赢脱贫攻坚收官战。第二是认为只要摘掉贫困县的帽子，全面建成小康社会就没什么大的问题。打赢脱贫攻坚战只是全面建成小康社会的底线任务和标志性指标，摘掉贫困县的帽子不等于已经建成了全面小康社会。对于每个县区来讲，存在的差距是不一样的，同心县人均GDP相当于吴忠市的60%、也接近全区的60%，纵向比较取得了巨大进展，但横向比较差距依然很大。同心县上世纪90年代GDP年均增量为1个亿，2000年到2001年GDP年均增量是2亿元—3亿元，2010年到2019年GDP的年均增量是8亿元-9亿元或者10亿元，以这样的速度追赶太慢，没有绿色GDP的同心是无法发展的。所以，要补的短板多，完成任务的难度大，我们已无路可退，必须背水一战，决战决胜，逐项逐条填平补齐短板弱项。

我们既要坚定信心、鼓足勇气，更要认真研究问题，找出准短板弱项。要辩证看待县情，在挖潜力、扬优势、找突破上坚定发展信心，在跳出同心看同心、摈弃思维定式上开阔发展思路，在紧盯宏观政策走向、项目资金投向、产业发展导向上抢抓发展机遇；要以与时俱进的战略眼光分析形势和环境变化，以符合实际的战术手段破解难题，化危为机，补齐短板弱项，赢得发展主动，推动高质量发展。

经县委常委会认真研究，2020年全县工作的总体要求是：以习近平新时代中国特色社会主义思想为指导，深入学习贯彻落实中共十九大和十九届二中、三中、四中全会精神，认真贯彻落实习近平视察宁夏时的重要讲话精神，全面贯彻落实自治区党委十二届八次、九次和市委五届十次全会精神，紧扣全面建成小康社会目标任务，着力推进经济持续健康发展，着力保持社会和谐稳定，着力巩固和发展党的执政基础，坚持稳中求进工作总基调，坚持以新发展理念为引领，坚持以供给侧结构性改革为主线，坚持以改革开放为动力，全力做好稳增长、促改革、调结构、惠民生、防风险、保稳定各项工作，坚决打好三大攻坚战，持续实施三大战略，守好促进民族团结、维护政治安全、改善生态环境“三条生命线”，做好调、转、增、融“四篇文章”，走出一条高质量发展的新路子，不断增强人民群众的获得感、幸福感、安全感，确保与全国全区同步全面建成小康社会，为建设好经济繁荣民族团结环境优美人民富裕的美丽新宁夏不懈奋斗。

预期发展目标是：地区生产总值增长8%；全社会固定资产投资增长5%；规模以上工业增加值增长20%以上；地方公共财政预算收入增长5%，地方公共财政预算支出增长5%；社会消费品零售总额增长6%；城镇居民人均可支配收入增长8%；农村居民人均可支配收入增长11%；主要约束性指标全面完成区市下达任务。

县委工作要点已明确了全县2020年发展目标和任务，丁炜县长就明年的经济工作做了具体安排，我完全同意。为如期实现奋斗目标，下面，我再强调五个方面的意见。

一、提高政治站位，深入学习宣传贯彻党的十九届四中全会精神

党的十九届四中全会，是我们党站在“两个一百年”奋斗目标历史交汇点上召开的一次十分重要的会议，是在新中国成立70周年之际、我国处于中华民族伟大复兴关键时期召开的一次具有开创性、里程碑意义的会议。全会通过的《决定》，深刻阐明了坚持和完善中国特色社会主义制度、推进国家治理体系和治理能力现代化的重大意义、总体要求、总体目标、根本保证，集中了全党智慧，体现了全党意志，反映了人民意愿，是一篇马克思主义的纲领性文献和政治宣言书，是新时代坚持和完善中国特色社会主义制度、推进国家治理体系和治理能力现代化的行动纲领。习近平在全会上的重要讲话，深刻回答了一系列方向性、根本性、全局性重大问题，鲜明提出了一系列新思想、新论断、新要求，为坚持和完善中国特色社会主义制度、推进国家治理体系和治理能力现代化提供了科学指南和根本遵循。

世界上所有国家最大的最根本的竞争就是制度竞争，互相比较的是制度的优越性。道路决定方向、旗帜决定导向，在世界经济低迷增长期，唯有中国共产党领导下的中国一枝独秀，持续不断地快速增长。70年的时间，中国共产党人把科学社会主义变成了中国特色社会主义，70年的时间在人类历史的长河中弹指一挥间，中华民族五千年的历史中只有在近代170多年陷入积贫积弱。70年的时间，我国发生了翻天覆地的变化，根本保障就在于中国特色社会主义道路、中国特色社会主义理论、中国特色社会主义制度、中国特色社会主义文化。习近平在中共十九大报告指出，中国特色社会主义进入新时代，意味着近代以来久经磨难的中华民族迎来了从站起来、富起来到强起来的伟大飞跃，迎来了实现中华民族伟大复兴的光明前景；意味着中国特色社会主义道路、理论、制度、文化不断发展，拓展了发展中国家走向现代化的途径，给世界上那些既希望加快发展又希望保持自身独立性的国家和民族提供了全新选择，为解决人类问题贡献了中国智慧和中国方案。党的十九届四中全会以中国特色社会会主义制度13个方面的优势深刻回答了中国共产党好，中国特色社会主义好。所以，大家要学习好宣传好贯彻好党的十九届四中全会精神。我们既要坚定信心，又要认识到位，进一步完善，所有制度都是为了践行共产党人全心全意为人民服务的宗旨，都是为了提高制度竞争力、增强制度优势。

学习宣传贯彻党的十九届四中全会是当前和今后一个时期的重大政治任务，我们要全面领会，吃透精神，把握精髓，融会贯通，把学习贯彻四中全会精神与学习贯彻习近平视察宁夏时的重要讲话精神、自治区党委十二届八次、九次全会和市委五届十次全会精神结合起来，与同心实际结合起来，以更高的政治站位、强烈的政治担当、过硬的政治能力，把四中全会确定的目标任务落到实处。学习宣传党的十九届四中全会精神，实际上就是回答坚持和巩固什么，完善和发展什么，遵守和执行什么。

要毫不动摇坚持和巩固中国特色社会主义制度。新中国70年取得的历史性成就充分证明，中国特色社会主义制度是当代中国发展进步的根本保证，是一套行得通、真管用、有效率的制度体系。党中央《决定》全面阐述了我国国家制度和国家治理体系13个方面的显著优势，这是我们坚定中国特色社会主义道路自信、理论自信、制度自信、文化自信的基本依据。全县各级党组织和广大党员干部要深入学习领会，在坚持和巩固、学懂弄通做实上下功夫。特别是要把握根本，充分认识中国共产党领导是中国特色社会主义最本质的特征，是中国特色社会主义制度的最大优势，自觉在思想上政治上行动上同以习近平同志为核心的党中央保持高度一致，任何时候任何情况下，中国特色社会主义制度的根本方向不能动摇、本质属性不能动摇、基本框架不能动摇，决不能在根本性问题上犯颠覆性错误。在实际工作中，无论决策部署，还是抓工作落实，都要以中国特色社会主义制度为纲，要广泛组织宣传宣讲，让党的十九届四中全会精神家喻户晓、深入人心。

要与时俱进完善和发展中国特色社会主义制度。党的十九届四中全会用“13个坚持和完善”，对我国国家制度和国家治理体系建设作出了系统规划和战略部署。中央的《决定》和自治区党委的《实施意见》为我们做好县域治理提供了遵循。我们要对党的十八届三中全会以来全县的改革任务完成情况进行梳理，巩固深化已完成的，继续推进尚未完成的。更要紧密结合同心实际，研究制定我县《分工方案》，紧紧围绕经济发展、民生改善、民主法治、社会治理、民族宗教、基层政权等重点，把“顶层”和“分层”、“守制”和“创制”、“深化”和“转化”结合起来，认真谋划制度机制建设，发挥制度指引方向、规范行为、提高效率、维护稳定、防范风险的重要作用。

坚定不移遵守和执行中国特色社会主义制度。制度的生命力在于执行。各级领导干部要增强制度意识，维护制度权威，强化制度执行，严格按照制度履行职责、行使职权、开展工作。要立标杆、作表率，当好守规的带头人、执规的铁面人，坚决同一切漠视制度、无视制度、违反制度的现象作斗争，带动广大党员干部自觉尊崇制度、严格遵守制度、坚决捍卫制度。要构建全覆盖制度执行监督机制，把制度执行和监督贯穿到乡村治理、部门治理、单位治理全过程，坚决杜绝制度执行上做选择、搞变通、打折扣的现象，严肃查处有令不行、有禁不止、阳奉阴违的行为，确保各项制度落地生根见效。把制度执行力和治理能力作为干部选拔任用、考核评价的重要依据，引导各级干部提高运用制度的干事创业能力。大家要学习好，领会好，分析好，切实做到学懂弄通做实，同时要结合马克思主义唯物史观、剩余价值学说、社会主义学说，好好通读，触类旁通，把理论和实际有机结合起来。

二、坚决守好“三条生命线”，筑牢高质量发展根基

自治区第十二次党代会提出了建设经济繁荣民族团结环境优美人民富裕的美丽新宁夏的目标，实现这个目标以“三个着力”为措施，着力推进经济持续健康发展，着力维护社会和谐稳定，着力巩固和发展党的执政基础。守好三条生命线，走出一条高质量发展新路子，是自治区党委十二届八次全会提出来的，主要是深入贯彻落实习近平视察宁夏时提出的“三个着力”要求。守好促进民族团结、维护政治安全、改善生态环境的生命线，走出一条高质量发展的新路子，这是当前和今后一个时期指导宁夏经济社会发展的“纲”。“三条生命线、一条新路子”有机统一、相辅相成，守好“三条生命线”是基本前提、是重要保障；走出一条新路子是物质基础、是重要路径。

要坚决守好改善生态环境的生命线。同心县地处宁夏中部干旱带核心区，既要守护好罗山，也要治理好清水河同心段，在构筑宁夏中南部生态安全屏障上主动担当，牢固树立绿水青山就是金山银山的理念，大力实施生态立区战略，推进绿色发展。要严守生态保护红线，严把环境质量底线，严控资源消耗上线，完成生态保护红线、永久基本农田、城镇开发边界三条控制线划定和落地，用最严制度保护生态环境。要突出精准治污、科学治污、依法治污，打赢污染防治攻坚战，打好蓝天、碧水、净土“三大保卫战”。要加强生态建设，持续开展大规模国土绿化行动，突出“清水河流域生态保护、生态移民迁出区自然修复、村庄及主干道路绿化”三大重点，提质县城绿化，提标村庄绿化，提量通道绿化，严格执行禁牧封育政策。宜林则林、宜树则树、宜灌则灌、宜草则草，每年至少要完成10到20万亩的植树造林，30万亩到100万亩的草原植被恢复。自然资源局一定要做好冬季森林防火工作。自然资源局、农业农村局尽快拿出意见方案，扫黑办、各乡镇积极配合，清理所有乡村主干道被侵占的土地，明年开春时大量植树造林。

三、全力做好“四篇文章”，走出高质量发展新路子

调、转、增、融有机统一、相辅相成，“调”是方法，“转”是要求，“增”是关键，“融”是方向，都是从供给端发力，统一于高质量发展。要加强党对经济工作的领导，探索建立产业政策、产业培育、产业分析、产业预警、产业维护联动机制，有效应对市场“蝴蝶效应”，全面提高经济治理效能。大力发展实体经济，推动资源要素向实体经济集聚、政策措施向实体经济倾斜、工作力量向实体经济加强，拿出亮眼的高质量发展成绩单。

围绕调整经济结构，做好“调”的文章。要深入推进供给侧结构性改革，既要调优产业结构、产能结构、产品结构，也要调优各产业内部结构，向结构要效益、向结构要动力、向结构要市场。不“调”就没有出路。目前我县三次产业占比为15：35：50，形成了一个看似比较完美的三二一产业结构，但这种表面好看的产业格局凸显出了第二产业发展的严重不足，在工业化初级阶段，工业经济这样的占比是不行的，要提升工业和建筑业在国民经济中的比重。但发展工业，不能把宝压到一边去，要调整优化轻重工业的结构。目前我县重工业占比60%以上，结构不合理，有风险。今年工业增长很好，但如果银山能源化工停检修，如果庆化洗煤场有困难，工业就会大幅下滑。一定要把羊绒抓起来。今年羊绒产业下滑了接近40%，就靠这几家企业在拉动。我们没有遍地开花，所以工业的基础并不牢固。要在环保的前提下，轻重工业齐头并行。农业上调的空间也很大，要调优种养结构、调大经营规模、调强加工能力、调长产业链条。第三产业方面，生活性服务业不够，生产性服务业短缺，都需要加快发展。

围绕转变发展方式，做好“转”的文章。近年来，我们坚持在转型中发展、在发展中转型，加快推动转型升级，取得了一定成效。比如，园区整合优化和改革创新的力度比较大，促进了企业对标提升。但同时园区用地也很紧张，园区内的企业，产业关联性不强，集中度不高，还存在“小而散”的问题。我们水资源短缺，但水资源利用率不高，尤其是灌区大水漫灌的现象十分突出。种养业规模化程度低、链条短。有机枸杞加工转化率还不高，企业大单子不敢接，润德深加工转化率20%过一点。要推动粗放发展向集约发展转变，坚定深加工是必然趋势，逐步改变大基地小车间的现状、只卖原料不卖商品的做法，有机枸杞、中药材、圆枣、特色养殖业都是有深加工的余地和前景的。要在打破现状、破解难题上出招数。不“转”就没有出路。要把产业作为“生命体”对待，着眼全产业链，提高培育、维护、保养能力，打造健康、可持续发展的产业机体。

围绕增强发展动能，做好“增”的文章。我们经济发展有了一定基础和潜能，但增长的动能和后劲还不足。特别是科技创新驱动能力还不强，规模以上企业、科技型企业、标杆企业少，R&D投入强度仅达到0.41%。未来的发展，核心力量在创新，唯有创新才能切实增强发展动能。不“增”就没有出路。要推进科技创新、业态创新、模式创新、管理创新。要引进人才，深化产学研合作，发挥创新的乘数效应。要积极争项目引资金，为蓄势增能提供支撑和保障。要进一步优化营商环境，深化改革，激发经济发展活力。

围绕城乡融合发展，做好“融”的文章。中国特色社会主义进入新时代，我国社会主要矛盾已经转化为人民日益增长的美好生活需要和不平衡不充分的发展之间的矛盾。根本表现在城乡的不平衡、城乡的不充分。目前，我县城镇化率是43%，低于全市7.2个百分点、低于全区15.9个百分点。现在越来越多的农村人口进入县城和集镇，有的乡镇、村，常住人口很少，很多群众穿梭在城乡之间。县城已经突破12万人。针对这种情况，我们要考虑的是，如何把城镇化和乡村振兴很好地衔接起来，既让进城的农民公平享受公共服务，还要让没有进城的农民享受到和城里人差别越来越小的公共服务。因此要促进城乡基础设施和公共服务均等化，促进一体化发展。还要结合农村集体产权制度改革，考虑农民进城，农村集体组织成员的权利怎样保障的问题，等等。不“融”没有出路。“融”的文章在同心就是推进城乡一体化发展。

做好调、转、增、融“四篇文章”，走出一条高质量发展新路子，要集中抓好七个方面的工作。

一要提档增效抓农业。要大力发展高效节水农业，始终在调优粮经饲草结构上下功夫，明年农业农村局要研究解决灌区籽粒玉米调减问题，要调减10万亩以上，调减可以采取政策引导，调减一亩补贴多少钱，把节约的水用于东部，要用一定的利益联结机制来解决或者利益导向来解决。要继续在“一乡一业、一村一品”上下功夫，利用既有资源，着眼市场需求，挖掘本地潜力，走特色化、差异化发展路子。要围绕做大做强传统养殖业，发展壮大村集体经济，有条件的乡镇要在所辖的村集中有限的资金，整合5到6个村、8到10个村进行规模化养殖。未来5到10年牛羊肉价格只会往高走不会下降，这是一种趋势，要抓住有利时机。农业农村局、园区要加快招商引资，在同心五个水库旁边布局五个万头奶牛场，建设一个高端的牛奶加工基地，形成一二三产业利益联结机制，要把大户和千家万户联结起来，形成新的利益联结机制。一定要把中药材、枸杞、圆枣、黄花菜深加工做深做透，这样我们才能形成一个坚实的基础。中国经济进入新常态，食品支出占总支出也就是恩格尔系数全国水平是28%，这就是从温饱向吃饱吃好转变。我们要抓住这个机遇，提供多样化、个性化、绿色化产品，做好绿色、高端、有机、无公害产品的深加工。在这方面大家一定要坚定信心。

二要提质扩量抓工业。围绕“轻新健”产业布局，依托园区，实施“142”工程，壮筋健骨，打造“工业肌肉”，培育新增长点，做大做强以制造业为主的实体经济。规划打造精细化工产业园区百亿板块，新能源、煤炭、羊绒、建材4个50亿板块，农副产品加工、服装纺织加工2个10亿板块。持续推进园区改革创新，全面清理整治“散乱污”企业，盘活“僵尸”企业。加快拓展区基础设施建设步伐，进一步完善配套设施，提升园区承载功能，全力打造绿色低成本智慧园区。

三要提速升级抓三产。易捷庄园在同心找不到1家正规、有实力的机械化服务企业，只能自己花钱买机械设备。要大力培育发展农业产前产中产后的生产性服务业，统一播种、统一施肥、统一防护、统一收割。工业上只是卖产品，没有把销售平台建立起来，要通过建立销售平台，整合资源，做大销售。现代服务业发展缓慢，电商尽管有，但是小打小闹，要提高发展水平。数字经济基本没有，要培育发展。金融服务业还是传统的服务业，搞点存贷差，实体经济还是以间接融资为主，要提高直接融资的比重。我们有良好的资源，红色文化资源、旱塬观光资源、民俗文化资源等，但是旅游业还没有真正发展起来，这些既是我们现在的短板，也是我们未来发展的前景。要整合改造，挖潜激活，扶持信息、家政、物业、养老、物流等服务业快速发展，促进三次产业融合发展。只要持续不断的抓，同心一定能够发展起来。

四要实施创新驱动战略。创新是推动高质量发展的第一动力，同心发展不足的一个重要原因就是创新不足，必须把创新摆在发展全局的核心位置，加大创新投入，搭建创新平台，促进成果转化，推动全方位创新。加快培育一批创新型企业、引进一批创新型人才、建设一批创新型平台、形成一批创新型成果。要加强奖励扶持，鼓励企业与科研院所合作，建立枸杞、文冠果、中药材、酿酒葡萄等专家服务基地，培育富硒品牌，申请同心红葱地理标志保护，认证枸杞、芦笋、小杂粮等绿色产品，对枸杞、芦笋、小杂粮进行绿色产品认证，叫响同心特色品牌。完善“两头严中间松”科研机制，柔性引进人才，吸引支持人才在同心创新创业就业。着力培育自治区农业高新技术企业和科技型中小企业。要在创新发展上求突破，无论是制度创新、科技创新，还是管理创新、业态创新、产品创新、模式创新，等等。只要肯创新，总能创出一条路来。

五要加大项目实施力度。我县属投资拉动型经济，没有项目，发展难以为继。必须坚定不移争项目引资金，坚持项目带动战略不动摇。没有大家千方百计争取50亿元左右的项目资金，是支撑不了同心发展的；每年招商引资落地资金没有达到50亿元左右，同心是无法发展的。上争资金50亿元、招商引资到位资金50亿元，只有这两个50亿元落地到位，才能不断改善基本公共服务，不断增强经济发展动力。要千方百计扩大有效投资，多点发力稳投资，引进成长前景好、绿色环保、带动发展的大项目，谋划实施一批高质量项目，力争把今天的投资变成今后的产业结构，把今天的投资规模变成今后的产业规模。明年要实施131个项目，完成投资110亿元以上。要提前做好项目实施准备工作，争取实现首季开门红。

六要不断优化营商环境。好的营商环境，是涵养一切创新与发展的土壤。环境好，能够集聚资源；环境不好，现有的资源也会流失。我们现在的营商环境并不好，很多时候把企业引来后就再不管了，出台的政策没有延续性，糊弄老百姓，老百姓干了，不给签字，怕担责任。要持续深入推进“放管服”改革，既要把减税降费落到实处，还要把“不见面、马上办”提高到90%左右，创造一个公平的法治环境、和谐的人文环境、优良的投资环境、完善的政策环境，营造一个安商重商亲商的良好氛围。要打造“诚信政府”，毫不动摇地把我们的营商环境创造好，该落实的要兑现，营商环境说到底就是公平的政策环境。真正落实招商引资“一站式”办理和全程代办服务机制，牢固树立“围墙内的事企业说了算、围墙外的事我们帮着办”的服务意识。

七要促进城乡一体发展。坚持全县“一盘棋”，把集约发展作为城市规划、建设、管理、经营的重要着力点，县城要继续改造提升老城区的基本服务功能，新区要提标内涵式发展，提高县城宜居宜业的基本公共服务能力和保障水平。既要促进产城融合、城乡融合，还要把脱贫攻坚和乡村振兴有机结合起来，把县城的基础设施向周边城镇发展，城中的水电暖气都要向周边的乡镇辐射。选择5个乡镇、20个中心村，集中进行基础设施和公共服务配套建设，持续改善提升农村人居环境，让老百姓逐步聚集，打造一个“1+5+20+N”的乡村振兴发展模式，不搞面面俱到，不搞遍地开花，把其他空出来的地方搞生态建设。所以，乡村振兴根本是业态和重要农产品的振兴。要促进城乡产业发展协同互补、基础设施互联互通、公共服务共建共享，各类要素在城乡自由流动，形成以城带乡、城乡一体发展新格局。

陈润儿书记对吴忠市提出的调转增融这四篇文章，实际上就是怎样来推动和实现高质量发展，这方面我们还要持续深入地进行研究，进行贯彻落实，竭力完成。要以高质量发展持续保障和改善民生，把稳定就业作为民生之先，把促进增收作为民生之要，把社会事业作为民生之基，把社会保障作为民生之底。围绕人民群众的操心事、烦心事、揪心事，坚持尽力而为、量力而行，办好民生实事，解决民生难事，规划民生大事。坚持共建共治共享，加强社会治理创新，深化“平安同心”建设，坚持和发展新时代“枫桥经验”，持续推进禁毒人民战争，围绕长效长治纵深推进扫黑除恶专项斗争，严厉打击各类犯罪活动，严格落实安全生产责任，加强和改进食品药品安全监管，切实增强人民群众获得感幸福感安全感。

四、坚定不移全面从严治党，着力巩固和发展党的执政基础

要坚持党对一切工作的领导，充分发挥县委总揽全局、协调各方的作用，不断提高各级党委（党组）把方向、谋大局、定政策、促改革的综合能力。

一要始终把党的政治建设摆在首位。坚持以党的政治建设为统领，切实增强“四个意识”，坚定“四个自信”，做到“两个维护”，自觉在思想上政治上行动上同以习近平同志为核心的党中央保持高度一致。严明党的政治纪律和政治规矩，严格落实新形势下党内政治生活若干准则，严肃党内政治生活。二要筑牢党执政的思想基础。我们有“党政军民同心”的光荣传统，要继续发扬传统，强化思想引领，夯实思想根基。坚持用习近平新时代中国特色社会主义思想武装头脑、指导实践、推动工作。坚持把不忘初心、牢记使命作为加强党的建设的永恒课题，作为全体党员、干部的终身课题，让初心和使命在广大党员、干部内心深处铸牢、在思想深处扎根。坚持以社会主义核心价值观为引领，深入实施公民道德建设工程，用李进祯、李国云等先进模范、身边典型教育群众、引领群众。弘扬主旋律，传播正能量，讲好同心故事，展示同心形象，更好地统一思想、凝聚力量。三要建牢党执政的组织基础。坚持以提升组织力为重点，强化政治功能，下大力气解决基层党组织弱化、虚化、边缘化的问题。持续深化农村党建“三大三强”行动和“两个带头人”工程，扎实推进机关党建“三强九严”工程，积极构建城市基层党建“五联五化”机制，开展非公企业和社会组织“双强六好”创建活动。加强党员教育管理，持续整顿党员信教参教问题。四要加强高素质专业化干部队伍建设。认真贯彻新修订的《党政领导干部选拔任用工作条例》，突出基层导向和实干导向，深入实施“百名年轻干部墩苗育才工程”，实施“干部专业化能力提升计划”，打造信念、政治、能力、作风、廉洁“五个过硬”干部队伍。健全完善人才工作体制机制，构建以柔性引才和智力援助互为支撑的引才育才体系。加大本地人才培养支持力度。五要持之以恒正风肃纪。严格落实中央八项规定及实施细则精神，深挖细查隐身变异、改头换面的“四风”问题。党员干部，特别是领导干部要时刻自重自省自警自励，做到慎独慎初慎微慎友。加大执纪监督问责力度，坚决杜绝“形象工程”“政绩工程”，坚决杜绝不作为、慢作为、假作为，大力整治形式主义、官僚主义。运用“四种形态”，抓早抓小、防微杜渐。六要巩固发展反腐败斗争压倒性胜利。坚决做到县委决策部署到哪里、监督检查就跟进到哪里。构建党统一指挥、全面覆盖、权威高效的监督体系，把党内监督同国家机关监督、民主监督、司法监督、群众监督、舆论监督贯通起来，增强监督合力。发挥巡察“利剑”作用。紧盯重大工程、重点领域、关键岗位，严格依纪依法审查调查。持续整治群众身边腐败和作风问题。完善警示教育常态化长效化机制，一体推进不敢腐、不能腐、不想腐。

五、以主动作为敢于担当的劲头和魄力，全面准确落实党中央和区市党委决策部署

全县各级党组织和广大党员干部要以对党和人民事业高度负责的政治态度、政治责任、政治担当，以“无我”的境界，全力谋发展抓落实。

一要进一步解放思想，锐意创新谋发展。思路决定出路。每个地方都有自己的特色和相对优势，我们与发达地区的差距，从本质上讲是思想认识上的差距。当前，我们正处在爬坡过坎、转型跨越的关键时期，要在习近平新时代中国特色社会主义思想指引下，打破陈旧观念，破除偏见束缚，研究新情况，解决新问题。要结合“大讨论”活动，加强调查研究，立足同心看同心、跳出同心看同心，紧紧围绕守好“三条生命线”、做好“四篇文章”，深入思考走高质量发展新路子的措施和办法。要深入思考，为什么别人能行，我就不行；有的工作我们做的不比别人差，为什么出不了彩；有的工作我们做的相当不错，为什么出不了经验，等等。以更高的站位、更宽的视野、更大的力度，创新理念、创新思路、创新举措，真正把解放思想体现在认识问题和分析问题上，体现在思路谋划和工作部署上，体现在人民群众获得感、幸福感、安全感更加充实、更有保障、更可持续上。

二要进一步真抓实干，担当作为谋发展。习近平指出，当干部就要有担当，有多大担当才能干多大事业，尽多大责任才会有多大成就。领导干部要不忘初心，牢记使命，争当敢为人先、敢于试错、突破桎梏束缚的“猛将”，脚下有力、肩上有担的“干将”，一心为民、对党忠诚、善于解决复杂问题的“闯将”。以居安思危的政治清醒、坚如磐石的战略定力、勇于斗争的奋进姿态，敢于闯关夺隘、攻城拔寨。以“功成不必在我、功成必定有我”的精神境界，勇于担当作为解难题，增强解难题的担当，涵养解难题的能力，保持解难题的韧劲。遇到重大风险挑战、重大工作困难、重大矛盾斗争，要第一时间进行研究、拿出预案、推动工作，决不能回避、绕着道走，更不能胆怯、惧怕。要把抓落实作为开展工作的主要方式，“抓”与“不抓”不一样，“虚抓”和“实抓”不一样，“抓半截”和“抓到底”不一样，要动脑子、想办法，真抓实抓抓到底，扭住不放解决工作中的突出矛盾和问题，切实把党中央和区市县党委决策部署的各项任务一项一项抓好。

三要进一步奋力追赶，争先进位谋发展。行百里者半九十。轻轻松松、敲锣打鼓成就不了事业。要对标党的十九届四中全会精神和习近平视察宁夏时的重要讲话精神，对标自治区党委十二届八次、九次全会和市委五届十次全会部署，聚焦脱贫攻坚、全面建成小康社会、“十三五”收官等方面存在的短板不足，认清同心在全区22个县区战队中的位次，准备付出更为艰巨、更为艰苦的努力。气可鼓而不可泄、劲可提而不可松、力可聚而不可散，增强“追”的雄心、树立“赶”的壮志、激扬“比”的豪情。以为党为民的责任感、刻不容缓的紧迫感、不甘落伍的荣誉感、“错过机遇就有可能错过一个时代”的危机感，把脱贫攻坚精神、主题教育成果转化成干事创业、担当作为的精气神，发扬“钉钉子”精神，下足“绣花”功夫，跳起来摘桃子，跑起来接接力棒，爬沟过坎、滚石上山，踏石留印、抓铁有痕，久久为功，善作善成。

新征程要有新作为，新使命呼唤新担当。我们要更加紧密地团结在以习近平同志为核心的党中央周围，高举习近平新时代中国特色社会主义思想伟大旗帜，坚定信心、锐意进取，真抓实干、奋发作为，确保与全国全区同步全面建成小康社会，确保“十三五”规划圆满收官，走出高质量发展新路子，为建设好经济繁荣民族团结环境优美人民富裕的美丽新宁夏而努力奋斗。

同心县2019年全面深化改革工作综述

2019年，同心县以习近平新时代中国特色社会主义思想为指导，深入学习贯彻中共十九大和十九届二中、三中、四中全会精神，深入学习贯彻中央改革决策精神，全面落实区市党委改革部署，明确任务，细化措施，靠实责任，突出重点，蹄疾步稳推进全面深化改革工作。各项改革任务稳妥有序推进，取得了良好成效。

（一）高度重视，切实加强党对全面深化改革工作的领导。县委高度重视全面深化改革工作，切实履行党委抓改革工作职责，形成县委深改委统揽抓、县四套班子主要领导领衔抓、改革专项领导小组紧盯抓、改革牵头单位主动抓、改革办督促抓的良好工作机制。

强化组织领导。一是县委将县深改领导小组升格为县委全面深化改革委员会，市委常委、县委书记担任委员会主任，政府县长和县委副书记分别担任副主任，县委副书记兼任改革办主任（县委改革办设在县委政研室）。二是建立县四套班子主要领导领衔督办2019年重点改革事项机制，四套班子主要领导分别领衔督办高质量发展、乡村振兴、深化“放管服”改革、优化营商环境、工业园区整合优化和改革创新、预算绩效管理、“互联网+医疗健康”、民营经济发展、“互联网+教育”改革工作。三是成立了11个专项改革小组，由县领导担任组长。

周密部署工作。一是县委常委会先后研究了机构改革、高质量脱贫摘帽、生态环境保护、“放管服”改革和优化营商环境、乡村振兴、新时代基层民政工作、坚持发展“枫桥经验”、河（湖）长制、纪委监委深化派驻机构改革、基层党组织建设、融媒体中心建设、改革强警等涉改事项。二是召开四次县委深改委会议，传达学习中央深改委会议精神。先后安排部署全县2019年深改工作，听取全面深化改革工作进展情况汇报，审议相关改革方案。专题研究《同心县城镇供热体制改革工作方案》《同心县全面深化新时代校长教师队伍建设改革实施方案》《同心县农业综合行政执法改革方案》《同心县文化市场综合行政执法改革方案》，部署推进公车改革、供销体制改革、政法领域改革、殡葬体制、养老服务改革等任务。今年以来，先后研究出台了《同心县“互联网+医疗健康”建设实施方案（2019—2022年）》《同心县开展依法治理宗教事务暨落实乡村两级责任制试点工作方案》《同心县机构改革方案》《同心县关于推动高质量发展的实施方案》《关于支持非贫困村和农村非建档立卡边缘户发展致富的实施意见》《关于新时代文明实践中心建设试点工作的实施方案》《同心县农村环卫市场化服务体系改革方案》《同心县纪委监委派驻纪检监察机构改革实施方案》《2019年度全县政法领域全面深化改革任务清单》《同心县农村集体产权制度改革实施方案》等38个改革方案。三是县人大常委会党组提请县委常委会研究审定《同心县关于人大预算审查监督重点向支出预算和政策拓展的实施意见》；县人大常委会专题主任会议听取了县政府全面深化改革工作情况报告；县人大常委会召开改革事项推进会，专题研究人大常委会主要负责同志领衔督办的重点改革事项。四是县政府常务会、专题会研究了深化“放管服”改革优化营商环境、厕所革命、扶持壮大村集体经济、深化河（湖）长制、融媒体建设、工程建设项目审批制度改革、农村环卫市场化改革、新时代文明实践中心、人民调解、农业水价改革、《同心县乡村振兴战略（2018—2022）》、机构改革、政府购买公共服务、养老服务、生态保护、殡葬改革、减税降费、安全生产、食品安全等60余项涉改事项。县政府召开专题会，政府县长丁炜围绕减税降费、稳定和扩大就业、深化“放管服”改革优化营商环境、推进创新驱动发展四个方面进行了安排部署。

调研督促指导。一是吴忠市委常委、县委书记、深改委主任马洪海多次专题调研“放管服”改革及优化营商环境工作，要求审批服务管理局紧紧围绕“便民利企”抓好审批服务工作，对各类审批服务事项流程再优化，提高服务效率和质量。要实行派驻单位分管领导每周到政务大厅坐班1-2次制度，让信息多跑路、局长多跑路、人民群众少跑腿。同时多次在县委改革办呈报的改革事项落实情况通报上批示，指导指示，推动工作。比如在县委改革办起草的2019年各改革专项小组牵头改革事项清单上批示“深改办，重在落实，重在督办，重在质量，重在结果，重在成效”；在2019年7月份改革落实情况通报上批示：“请耀峰同志阅办，近期召开专门的会议，对工作进展滞后的部门要明确整改，迎头赶上，年度任务必须高质量完成”；在2019年8月份改革事项落实情况通报上批示：请各乡镇、各部门对号入座、对标找差，注重从经济社会发展需要出发，从老百姓身边事改起，近期推出已确定的改革事项的政策性创新，要处理好顶层设计和分层对接关系，搞好上下左右、方方面面的配套，注重各项改革的协调推进，使各项改革相得益彰、发生“化学反应”，把制度优势转化为治理效能，在深化改革上取得实实在在的成效。二是县长丁炜多次调研优化营商环境、政务服务、乡村振兴等改革事项。为改革殡葬管理，推动新时代殡葬和移风易俗工作，着力解决乱埋乱葬、习俗陈旧落后等问题，现场办公，专题研究殡葬改革工作。三是原县委副书记、县委改革办主任郭耀峰，原常务副县长丁俊，县委常委、组织部部长马久麟多次组织召开市场监管、生态环境保护、文化市场、交通运输、农业五大领域综合行政执法改革协调会。

扎实工作，稳妥推进全面深化改革。（一）自治区党委深改委2019年改革要点落实情况。一是自治区党委深改委72项改革事项中，部分事项我县既不是牵头单位、也不是配合单位，其他改革事项按照进度推进落实，取得良好成效（具体落实情况见附件1）。二是试点改革任务落实情况。同心县承担国家级改革试点两项。1、农村土地承包经营权抵押贷款试点。2015年12月，同心县被国务院列为全国农村承包土地经营权抵押贷款试点县。同心县深入推进农村土地承包经营权抵押贷款试点，加强服务管理，规范土地流转，破解了长期以来土地经营权不能抵押贷款的难题，在降低群众融资成本、满足群众融资需求、防范银行信贷风险、促进农民增收等方面取得了初步成效。2019年新增农村土地承包经营权证2041户，累计达到52983户，发放农村土地承包经营权证抵押贷款1934笔9668.5万元。2、农民工返乡创业试点。2016年同心县被国家发改委确定为支持农民工返乡创业试点县，经过近三年的试点，同心县不断完善就业创业政策，加大扶持力度，树立创业典型，形成了农民工返乡创业兴业的良好局面。制定了《关于进一步推进农民工等人员返乡创业工作的实施方案》。2019年，返乡农民工557人（个体418人、小微企业139人）。三是还有个别改革事项，比如，低保审批权限下放乡镇（街道）改革以及宅基地所有权、资格权、使用权“三权分置”方面，虽然同心县属配合单位，但相关厅局今年计划在其他县区试点，同心县暂无法推进实施。同时，有的改革事项同心县虽然不是牵头和配合单位，但同心县创造条件，积极推进落实。比如在建立健全党内激励关怀帮扶机制方面，同心县制定出台《同心县党内关怀帮扶专项资金使用管理办法（试行）》，开设同心县党内关怀帮扶专项资金账户，已注入50万元启动资金。还如，在进一步完善农业保险制度机制方面，我县全面落实“扶贫保”政策，累计投入资金3075万元，为全县建档立卡贫困户投保农作物、肉牛、肉羊等，探索形成了保险扶贫模式，构建了保产业风险、保稳定脱贫的综合保障网络。

（二）开展的改革工作。同心县探索开展了提升组织力、“思政课”、完善小农户和现代农业有机衔接的政策供给、创新项目建设管理、深化政府采购制度、政府购买服务第三方绩效评价、城乡环卫一体化、规范发展校外培训机构、建立健全律师参与重大信访事项制度机制、综合治理执行难、公益诉讼、打造新时代民政工作“同心样板、河西模式、同德做法”、供热管理体制、文冠果管护机制改革等26项相关改革工作，取得了良好成效（相关改革落实情况见附件2）。

（三）相关亮点工作。

1、改革创新“思政课”。同心县讲好开学第一课，教育引导中小学生扣好人生“第一粒扣子”。近年来，同心县紧紧围绕“培养什么人”“怎么培养人”“为谁培养人”的问题，创新推进中小学校党建工作，召开全县中小学思想政治教育大会，率先在全区县一级建立名誉校长讲开学第一课制度，县委书记带头，27名县级领导、107名乡镇党委书记和村党支部书记担任各中小学名誉校长、37名退休老干部担任思想政治辅导员，从2018年秋季学期开始，在全县范围内开展名誉校长、思想政治辅导员开学第一课活动171场次。人民网《宁夏同心：讲好开学第一课 爱国教育永传承》进行报道。

2、以改革创新劲头攻坚贫困堡垒，确保高质量打赢脱贫摘帽攻坚战。今年同心县为实现高质量脱贫摘帽，县委和政府紧扣农户“一收入两不愁三保障”，采取“一事一策”的思路，改革创新，破解难题，全力落实脱贫攻坚责任、政策、工作。

（1）围绕增“收入”，深入推进农业供给侧结构性改革，着力培育“4+X”产业体系（大力发展有机枸杞、草畜、中药材、圆枣4个主导产业，积极培育小杂粮、芦笋、黄花、葡萄、生态鸡等特色产业），推动主导产业做大做强，特色产业做精做优，新兴产业从无到有，扎实推进产业扶贫，促进贫困群众增收。今年“润德庄园”6大系列40余款产品代表宁夏枸杞，亮相新中国成立70周年宁夏专场新闻发布会，菊花台庄园、润德生物科技产品分别荣获2019年中国北京世界园艺博览会国际竞赛优质果品大赛金奖和银奖。

（2）围绕保“两不愁”，突出抓好贫困群众安全饮水，创新举措，“五项机制”保水，“集雨场+水窖+潜水泵+净化器”方式全面解决居住分散群众用水问题，全县实现“从喝水难到有水喝从有水喝到喝上安全水”的历史性跨越。2019年以来，同心县为加快推进农村饮水安全工程建设，成立了8个水利行业脱贫攻坚突击队，采取“倒排序”方式，以村为单位逐户摸清饮水安全情况并实施了农村饮水安全巩固提升工程。对具备自来水入户条件的农户入户安装自来水；对居住分散、自来水无法入户的，采取“集雨场+水窖+潜水泵+净化器”方式解决（即水窖取水加压，安装饮用水净化器，水质达到安全饮水标准），彻底解决了全县12个乡镇142个行政村101996户339725人的安全饮水问题。这一做法得到了2018年省级扶贫开发成效考核组充分肯定，也被西藏自治区组团学习借鉴和采用。

（3）围绕强“三保障”，在教育上，同心县始终把教育扶贫作为阻断贫困代际传递的根本途径，着力优化支出结构，县城建设上不搞大开发，让利大教育。2019年暑假期间，同心县开展了第三轮“千名教师进万家”活动，分“大走访、大排查、大劝学”三个阶段进行，组织全县近3500名教师深入全县12个乡镇、142个行政村、5个居委会逐户逐人核对，落实文化户口“一人一册”，劝学巩固“一人一案”，确保2019年秋季开学完成清零目标。“同心县县城建设不搞大开发，让利大教育”做法被国务院扶贫开发领导小组脱贫攻坚督查组点赞。同心县组织控辍保学、技能培训等典型做法登上了学习强国平台和人民网、新华社等媒体，宁夏日报“建设美丽新宁夏 共圆伟大中国梦”专栏以《同心教育扶贫应扶尽扶》为题对该项工作进行了专题报道。

在危房危窑改造上，改革创新，采取“九九四”举措打赢安全住房保障攻坚战。按照“九个一批”思路（原址翻建一批、维修加固一批、政府代建一批、租赁补贴一批、周转房安置一批、社会援建一批、亲属合住一批、难题破解一批、集中养老解决一批）、采取“九项措施”（解决超面积建房、一宅多户等9类遗留问题和特殊情况）、通过“四种”建设方式（自建、集中建、就近改建、幸福院），解决了近9万人的安全住房问题，农村危房全面清零。同心县危房改造工作受到国务院大督查通报表扬。

3、深化科技管理体制改革，试行科技项目“包干制”，建立科研项目立项和验收“两头严”、实施过程管理“中间松”机制，加大科技创新力度，深入推进农业供给侧结构性改革。

（1）宁夏润德生物科技有限责任公司枸杞种植被评定为第九批国家级农业综合标准化示范项目。积极创建自治区第九批国家级综合农业标准化示范项目第三阶段工作，进一步推进农业标准化建设。企业共建立产品标准、投入品标准、种植标准等清单47项，切实提高了企业的农业标准化能力，促进了农业增效、农民增收，村民人均收入突破8000元，比移民前收入提高了4倍。实施三年来，项目共投入资金3836.24万元，其中国家标准委补助经费共49万元，县人民政府补助配套资金38万，已全部到位。2019年，该项目顺利通过自治区市场监管厅的终期验收。

（2）同心县下马关镇窖坑子村2019年被农业农村部确定为“全国种子认证试点示范”基地。宁夏吴忠市天启有限公司同心公司在同心县下马关镇窖坑子村流转土地4000亩，引进马铃薯新品种6个（希森6号、丽薯6号、V7、陇薯7号、华颂7号、F8斯凡特），建成我区最大的马铃薯种薯繁育基地和主食化基地，2019年被农业农村部确定为“全国种子认证试点示范”，该基地已成为美国辛普劳（中国）、百事（中国）马铃薯主食化专用品种标准化生产基地。培育出全区首家出口美国的马铃薯产品，供应美国百事（泰国）公司主食化专用型马铃薯“大西洋”1000吨、美国辛普劳（中国）公司主食化专用型马铃薯“夏波蒂”400吨。

3、同心县稳步推进民政工作改革创新，倾力打造新时代民政工作“同心样板、河西模式、同德做法”。同心县为加强新时代基层民政工作，提高为民服务能力，以“推动五个加强、实施六个提升、强化四个创新”为抓手，健全完善“1+5”制度体系，构建纵向到底、横向到边的民政服务体系，倾力打造“同心样板、河西模式、同德做法”，全力推进民政工作高质量发展。这一做法，受到了自治区主席咸辉同志的充分肯定。原国家民政部长黄树贤来同心县蹲点调研，以“剖析村、蹲点乡、抓住县、带动市、联系省”为工作方法，以同德村为剖析村，以兜底脱贫攻坚和社会治理为重点，加强基本民生保障，创新基层社会治理，切实增强基层民政服务能力。2019年5月10日在河西镇召开了原民政部长黄树贤参加的区、市、县、乡、村五级民政工作座谈会，对宁夏各级民政部门的工作给予充分肯定。

同心县探索推进婚俗改革暨婚姻登记规范化建设工作。同心县在全国婚俗改革暨婚姻登记规范化建设工作座谈会上做了交流发言。2019年10月16日全国婚俗改革暨婚姻登记规范化建设工作座谈会在河南省洛阳市召开，出席会议的领导有民政部社会事务司司长王金华，参加此次会议的有各省（区）民政厅社会事务处领导、部分县市区代表共50余人。同心县民政局局长周治江代表同心县作了题为《推动婚俗改革 强化管理服务助力打赢脱贫攻坚战》的交流发言。

同心县网格化管理打通为民服务“最后一千米”。同心县河西镇创新基层治理网格化新模式，按照“网中有格、格中有人、人在格中、事在格中”的原则，创建“包村领导+包村干部+驻村工作队长+村党支部书记+村委会主任+社长+网格员+群众”的八级网络构架，将全镇各行政村划分为若干网格，变被动管理为主动服务，全天候、全覆盖收集群众关心关注的问题，建立和完善“巡查—发现—处置—协调—解决—反馈—监督—问责—评估”的工作闭环，做到有针对性地为群众宣传政策、答疑释或、解决困难，和群众面对面沟通，开展零距离、多元化服务，真真打通了服务群众“最后一千米”。河西镇网格化管理模式作为亮点工作被宁夏新闻网宣传报道。

同心县农村“幸福院”模式提升群众幸福指数。为了坚决打赢打好脱贫攻坚战，解决部分移民迁出村留守、独居、特困对象和分散供养五保困难老年人住有所居问题，同心县按照就近设置、方便老人、功能实用、自愿参与的原则，整合各类资金，动员号召诚信企业，在加快自身发展的同时，认真履行社会责任，积极参与脱贫攻坚，集资集中援建了黄家水、苏家岭、黄谷3处“农村幸福院”，共建设了安居房38套。每户按照42平方米的建设标准，配套卫生间、厨房、火炕、太阳能等辅助设施，把农村幸福院建设成了汇聚爱心的纽带、传递亲情的桥梁。圆了38户移民迁出区“老人户”等遗留人口安全住房梦，有效提升了农村留守老人的获得感、幸福感。

全区首家“互联网无人律所”在同心正式上线运行。为了向人民群众提供高效、便捷、普惠法律服务，构建全领域、跨时空、高质量法律服务平台，打造“智慧司法、数字法治”同心升级版，同心县建成全区首家“互联网无人律所”。无人网上律师事务所能够实现“一卡在手，法律服务全有”，群众只需一张身份证，系统自动验证身份信息，就可与全国多达3万余名签约律师实现免费一对一视频互动，专业律师在线解决群众法律诉求和问题。无人律所实体3平方米，在相对私密的环境中，能充分保障群众的隐私，受到群众的广泛好评和认可（同心“互联网无人律所”被区内外多家主流媒体宣传报道）。

同心县技能培训和创业担保贷款工作做法作为典型经验向全国推广。一是创业带动就业，激发内生动力。同心县以创业者实现创业愿望为突破口，突出重点，强化创业促就业，取得了明显成效。二是按照“创业培训+创业担保贷款+创业就业+跟踪指导服务”模式开展创业培训，6个月内进行1–2次创业后续跟踪指导服务，确保创业成功率。三是采取“随申随贷、整村推进、上门服务、集中办理、跟踪监管”的模式，减少贷款环节，简化申贷手续，降低反担保条件，将贷款对象扩大到全民，筹集担保资金3494万元，发放创业担保贷款9448笔5.76亿元，创业带动就业2.03万人。四是聘请第三方评估机构，全面评估创业担保贷款发挥的经济效益和社会效益。五是健全制度，数据联动，贷前全方位核实审查，贷中、贷后创业指导服务和效能跟踪回访，创业担保贷款零代偿、回收率100%，实现了“贷得出、用得好、收得回”的良性循环。

“四四四五”技能培训，提升就业竞争力。同心县紧紧围绕培训什么、谁来培训、怎么培训、如何就业等方面，扎实开展贫困群众技能培训，实现贫困家庭至少有一人掌握一技之长。一是探索“四单”培训模式。采取学校列单、学员点单、企业订单、政府买单“四单”方式培训，变“要我培训”为“我要培训”。二是建立“四级”培训流程。建立“开班申报、实施培训、结业鉴定、引导就业”四级培训流程，采取“建档立卡群众+培训+就业基地”方式，开展精准脱贫订单式培训，实现了培训一人、就业一人、脱贫一户。三是采取“四种”培训方式。采取“田间地头”、“农家小课堂”、“村部夜校”、“分段培训”等方式培训。

（李 玲）

2019年同心县委、县政府及县委办公室、政府办公室发布重要文件目录

发文标题	发文文号
同心县委办公室 人民政府办公室 政协办公室印发《同心县政协2019年度协商计划》的通知	同党办发〔2019〕10号
关于印发《同心县机构改革方案实施意见》的通知	同党办发〔2019〕11号
关于做好全县党政机关机构改革有关工作的通知	同党办发〔2019〕12号
印发《关于上好全县中小学思想政治教育"开学第一课"的实施方案》的通知	同党办发〔2019〕13号
关于印发《同心县委巡察工作协作配合规程》的通知	同党办发〔2019〕14号
关于切实强化扶贫结对帮扶工作的通知	同党办发〔2019〕15号
关于进一步健全完善县级领导包抓督导脱贫攻坚工作机制的通知	同党办发〔2019〕16号
关于开展大调研工作的实施意见	同党办发〔2019〕17号
关于印发《全国"两会"期间信访维稳工作方案》的通知	同党办发〔2019〕18号
关于开展同心县经济社会高质量发展调研活动的通知	同党办发〔2019〕19号
印发《关于加强新时代人民政协党的建设工作的实施意见》的通知	同党办发〔2019〕21号
印发《关于加强和改进人民政协民主监督工作的实施意见》的通知	同党办发〔2019〕22号
关于印发《2019年同心县全面从严治党党风廉政建设和反腐败工作主要任务分工方案》的通知	同党办发〔2019〕23号
关于印发《县委常委会2018年度民主生活会整改清单》的通知	同党办发〔2019〕24号
关于印发《同心县2019年扶贫项目资金专项监督检查工作方案》的通知	同党办发〔2019〕25号
关于下达同心县2019年"两大任务"目标任务的通知	同党办发〔2019〕26号
关于印发《同心县纪律检查委员会监察委员会机关职能配置、内设机构和人员编制规定》的通知	同党办发〔2019〕27号
关于印发《同心县委政策研究室职能配置、岗位设置和人员编制规定》的通知	同党办发〔2019〕33号
关于印发《同心县委机构编制委员会办公室职能配置内设机构和人员编制规定》的通知	同党办发〔2019〕35号
关于印发《同心县委巡察工作领导小组办公室职能配置 、 岗位设置和人员编制规定》的通知	同党办发〔2019〕36号
关于印发《同心县人民政府办公室职能配置、内设机构和人员编制规定》的通知	同党办发〔2019〕37号
关于印发《同心县发展和改革局职能配置、岗位设置和人员编制规定》的通知	同党办发〔2019〕38号
关于印发《同心县教育局职能配置、岗位设置和人员编制规定》的通知	同党办发〔2019〕39号
关于印发《同心县科学技术局职能配置、岗位设置和人员编制规定》的通知	同党办发〔2019〕40号
关于印发《同心县工业信息化和商务局职能配置、岗位设置和人员编制规定》的通知	同党办发〔2019〕41号
关于印发《同心县民政局职能配置、岗位设置和人员编制规定》的通知	同党办发〔2019〕42号
关于印发《同心县财政局职能配置、岗位设置和人员编制规定》的通知	同党办发〔2019〕44号
关于印发《同心县人力资源和社会保障局职能配置、岗位设置和人员编制规定》的通知	同党办发〔2019〕45号

发文标题	发文文号
关于印发《同心县自然资源局职能配置、岗位设置和人员编制规定》的通知	同党办发〔2019〕46号
关于印发《同心县住房和城乡建设局职能配置、岗位设置和人员编制规定》的通知	同党办发〔2019〕47号
关于印发《同心县交通运输局职能配置、岗位设置和人员编制规定》的通知	同党办发〔2019〕48号
关于印发《同心县水务局职能配置、岗位设置和人员编制规定》的通知	同党办发〔2019〕49号
关于印发《同心县文化旅游体育广电局职能配置、岗位设置和人员编制规定》的通知	同党办发〔2019〕51号
关于印发《同心县卫生健康局职能配置、岗位设置和人员编制规定》的通知	同党办发〔2019〕52号
关于印发《同心县应急管理局职能配置、岗位设置和人员编制规定》的通知	同党办发〔2019〕54号
关于印发《同心县市场监督管理局职能配置、岗位设置和人员编制规定》的通知	同党办发〔2019〕56号
关于印发《同心县统计局职能配置、岗位设置和人员编制规定》的通知	同党办发〔2019〕57号
关于印发《同心县扶贫开发办公室职能配置、岗位设置和人员编制规定》的通知	同党办发〔2019〕58号
关于印发《同心县医疗保障局职能设置、岗位设置和人员编制规定》的通知	同党办发〔2019〕59号
关于印发《同心县审批服务管理局职能配置、岗位设置和人员编制规定》的通知	同党办发〔2019〕60号
关于印发《十三届县委第四轮巡察工作方案》的通知	同党办发〔2019〕61号
关于印发《同心县2019年国土绿化实施方案》的通知	同党办发〔2019〕62号
关于做好清明期间防火防灾工作的紧急通知	同党办发〔2019〕64号
关于印发《同心县党的建设领导小组2019年工作要点》的通知	同党办发〔2019〕67号
关于2018年度全县效能目标管理考核结果的通报	同党办发〔2019〕68号
关于印发《“喜迎新中国70华诞·同心共筑中国梦”2019我要走全国徒步联动日（同心站）活动方案》的通知	同党办发〔2019〕71号
印发《关于做好生态环境机构监测监察执法垂直管理制度改革工作的通知》的通知	同党办发〔2019〕72号
关于印发《同心县2019年农村人居环境整治工作实施方案》的通知	同党办发〔2019〕73号
关于印发同心县委全面深化改革委员会同心县委财经委员会《2019年工作要点》的通知	同党办发〔2019〕75号
关于印发《同心县2019年教育扶贫实施方案》等9个脱贫攻坚工作方案的通知	同党办发〔2019〕77号
印发《关于新时代文明实践中心建设试点工作的实施方案》的通知	同党办发〔2019〕79号
关于印发《同心县“青春心向党·建功新时代”主题宣传教育实践活动实施方案》的通知	同党办发〔2019〕80号
印发《同心县关于解决形式主义突出问题为基层减负的任务清单》的通知	同党办发〔2019〕81号
关于印发《同心县2019年精准扶贫人身类“扶贫保”工作实施方案》的通知	同党办发〔2019〕83号
同心县落实自治区纪委监委调研扶贫领域腐败和作风问题专项治理反馈问题整改方案	同党办发〔2019〕84号
关于印发《同心县贯彻落实<自治区2019年优化营商环境总体方案（“1+16”）>责任清单》的通知	同党办发〔2019〕85号
印发《关于推动落实高检院“一号检察建议”切实保障未成年人合法权益的实施方案》的通知	同党办发〔2019〕88号
关于印发《同心县配合中央扫黑除恶专项斗争督导工作实施方案》的通知	同党办发〔2019〕90号
关于印发《同心县河湖沟道及矿产资源专项整治“飓风行动”实施方案》的通知	同党办发〔2019〕91号

发文标题	发文文号
关于呈报《同心县公务员职务与职级并行制度实施方案》的请示	同党办发〔2019〕93 号
关于印发《同心县村（社区）党组织书记县级备案管理实施办法》的通知	同党办发〔2019〕94 号
中共同心县委办公室关于县委书记　副书记和常委工作分工的通知	同党办发〔2019〕95 号
关于《中央扫黑除恶第 20 督导组下沉吴忠市督导反馈意见涉及同心县问题整改方案》的报告	同党办发〔2019〕96 号
关于印发《同心县质量强县建设行动计划（2019–2021）》的通知	同党办发〔2019〕100 号
关于印发《贯彻落实<中国共产党重大事项请示报告条例>的责任清单》的通知	同党办发〔2019〕103 号
关于印发《同心县加强新时代基层民政工作提高为民服务能力实施方案》的通知	同党办发〔2019〕104 号
关于印发《同心县农村环卫市场化服务体系建设改革方案》的通知	同党办发〔2019〕106 号
关于废止有关规范性文件的通知	同党办发〔2019〕108 号
关于印发《同心县全面深化新时代校长教师队伍建设改革实施方案》的通知	同党办发〔2019〕109 号
关于印发《同心县诚信形象提升实施方案》的通知	同党办发〔2019〕110 号
印发《关于进一步强化疾病预防控制推进健康扶贫工作的实施方案》的通知	同党办发〔2019〕111 号
关于印发《同心县乡村振兴战略规划（2018–2022 年）》的通知	同党办发〔2019〕112 号
关于印发《同心县贯彻落实<中国共产党农村基层组织工作条例>任务清单》的通知	同党办发〔2019〕114 号
关于成立同心县应急管理指挥部的通知	同党办发〔2019〕116 号
关于印发《同心县城镇供热体制改革工作方案》的通知	同党办发〔2019〕118 号
关于印发《同心县乡村产业振兴工作方案》等 5 个方案的通知	同党办发〔2019〕119 号
关于认真贯彻落实《宁夏回族自治区党政机关办公用房管理办法》的通知	同党办发〔2019〕123 号
关于印发《同心县 2020 年春节走访慰问活动实施方案》的通知	同党办发〔2019〕125 号
关于认真学习宣传贯彻自治区党委十二届八次全会精神的通知	同党办发〔2019〕126 号
关于做好 2020 年元旦春节期间有关工作的通知	同党办发〔2019〕128 号
印发《关于贯彻落实<2019–2023 年全国党员教育培训工作规划>的具体措施》的通知	同党办发〔2019〕129 号
政府工作报告任务分工	同政发〔2019〕1 号
关于进一步加强村镇规划建设管理的实施意见	同政发〔2019〕53 号
关于撤销合并王团镇堡子掌等建制村的通知	同政发〔2019〕54 号
关于公布中心城区公共服务用地基准地价成果的通知	同政发〔2019〕96 号
关于调整县政府领导班子成员工作分工的通知	同政发〔2019〕128 号
关于 2019 年度粮食安全省长责任制落实情况自评报告	同政发〔2019〕138 号
关于上报 2020 年老旧小区改造基础设施建设项目计划的报告	同政发〔2019〕120 号
关于印发同心县深入推进大棚房问题专项清理整治行动工作方案的通知	同政办发〔2019〕2 号
关于成立同心县重点建设项目工作领导小组的通知	同政办发〔2019〕5 号 5
关于对 2018 年度受到国家级自治区层面表彰的工作给予表扬的通报	同政办发〔2019〕8 号
工业园区联席会议制度	同政办发〔2019〕10 号

发文标题	发文文号
关于印发同心县2019年审计项目计划的通知	同政办发〔2019〕11号
关于印发同心县联合整治保健市场乱象百日行动方案的通知	同政办发〔2019〕24号
关于进一步清理整治不规范地名的通知	同政办发〔2019〕25号
关于印发《进一步推进农村假冒伪劣食品 整治行动实施方案》的通知	同政办发〔2019〕32号
关于印发棚户区改造依法强制拆迁方案的通知	同政办发〔2019〕36号
关于成立退役士兵社会保障接续工作领导小组和联席会议制度的通知	同政办发〔2019〕37号
关于全面推行行政规范性文件合法性审核机制的实施意见	同政办发〔2019〕38号
关于印发同心县美丽河湖建设行动方案的通知	同政办发〔2019〕42号
关于印发同心县2019年河湖长制重点工作及责任单位任务分工方案的通知	同政办发〔2019〕44号
关于印发行政规范性文件合法性审核制度的通知	同政办发〔2019〕47号
关于印发《2019年食品安全监管工作要点》和《食品药品安全"十三五"规划》的通知	同政办发〔2019〕50号
关于调整县人民政府领导分工的通知	同政办发〔2019〕51号
关于印发同心县贯彻落实减费降税工作实施方案的通知	同政办发〔2019〕52号
关于印发《同心县进一步促进生猪养殖发展实施意见》的通知	同政办发〔2019〕54号
关于印发2019年"四个一"示范带动工程实施方案的通知	同政办发〔2019〕61号
关于印发同心县2019年农村厕所革命实施方案的通知	同政办发〔2019〕62号
印发同心县改善环境空气质量整改方案的通知	同政办发〔2019〕63号
关于印发同心县2019年政务公开工作要点的通知	同政办发〔2019〕66号
关于印发2019年国家重点生态功能区县域生态环境质量监测评价与考核工作实施方案的通知	同政办发〔2019〕70号
关于印发同心县特色经济林文冠果产业扶贫项目实施方案的通知	同政办发〔2019〕73号
同心县工程建设项目审批制度改革实施方案	同政办发〔2019〕74号
2019年农作物秸秆综合利用项目实施方案	同政办发〔2019〕75号
关于加强扶贫小额信贷用途监管的实施方案	同政办发〔2019〕82号
同心县政府信息公开查阅场所建设实施方案	同政办发〔2019〕84号
关于印发进一步加强同心县农贸市场规范管理实施意见等5个文件的通知	同政办发〔2019〕85号
关于印发同心县行政执法三项制度实施细则的通知	同政办发〔2019〕86号
同心县2019年美好环境与幸福生活共同缔造活动试点工作实施方案的通知	同政办发〔2019〕90号
关于印发加强最低生活保障管理工作的意见等5个文件的通知	同政办发〔2019〕92号
关于印发《同心县皮革厂解决历史遗留问题职工安置方案》的通知	同政办发〔2019〕93号
同心县人民政府关于印发禁养区划定方案的通知	同政办发〔2019〕94号
关于印发建立同心县公平竞争审查工作联席会议制度的通知	同政办发〔2019〕95号
同心县重污染天气应急预案	同政办发〔2019〕96号
同心县进一步加快服务业发展实施方案	同政办发〔2019〕98号
关于印发同心县森林草原防火应急处置预案的通知	同政办发〔2019〕100号
关于建立残疾儿童康复救助制度的实施方案	同政办发〔2019〕102号
关于印发关于推进乡镇及以下集中式饮用水水源地生态环境保护工作方案的通知	同政办发〔2019〕103号

媒体中的同心（节选2019年）

同心县向脱贫摘帽发起“总攻”

2019年，打赢打好脱贫攻坚战，实现脱贫摘帽是同心县的头等大事和首要任务。该县号召全县干部群众紧紧围绕脱贫摘帽总目标，振奋精神、担当作为，

以决战之势向脱贫摘帽发起全面“总攻”，确保如期实现脱贫摘帽目标，为推进乡村振兴战略打下坚实基础。

同心县要求全县各乡镇、各部门党委（党组）按照立下的“军令状”，集中优势力量，挂图作战，迎难而上，一个问题一个问题去消灭，一个村一个村去推进，确保全面小康道路上一个都不能少、一项都不能丢、一步都不能迟；坚持“销号工作法”，以“绣花功夫”补齐短板，以问题为导向，围绕“两不愁三保障”和“两率一度”的标准，在规定时间节点补齐短板；大力宣传脱贫攻坚的重大意义、决策部署、方针政策，及时总结宣传基层的好经验、好做法、好典型，最广泛地动员和凝聚全社会力量参与脱贫攻坚；集全县之智、倾全县之力，充分发挥各级党员干部的牵引力，切实用好驻村帮扶工作队的助推力，全面激发广大群众的内生动力，唤醒贫困群众的自信力，全党动员、全民动手，全社会参与、大格局作战，构建全县干群攻坚脱贫、各类资源聚焦脱贫、社会力量共助脱贫、贫困群众自主脱贫的大扶贫新格局，凝聚起打赢脱贫攻坚战的最强大合力。

原载于《吴忠日报》　1月8日

（谷刚）

致富“路”上故事多

去年12月30日一大早，同心县马高庄乡沟滩村年过五旬的村民田学珍穿戴一新，和家人一起进城购物。他说：“我们村离预旺镇近，中间就隔着城阳沟，可穿过这条沟硬是要走40多分钟。以前老人上了岁数腿脚不便，基本就被‘困’在村子里了。”

公路通，百业兴。如今，一条条通往村里的公路如毛细血管一样延伸到群众家门口，也架起了村民的“致富桥”。村民卖瓜果蔬菜不再受道路的影响，随时都可以将农产品运出去换成钱，而且孩子们上学也方便了。

罗山大道石家窑至石沟驿段公路是省道308线的重要组成部分，项目全长17.553千米，起点为罗山大道K28＋145处，路线由西向东布设，与黄同路平面交叉，后跨苦水河、花水沟、盐环定扬黄灌溉渠，下穿银西高铁（规划），终点止于国道211线上。项目建成后，将打通罗山大道和国道211线之间的通道，缩短利通区至灵武市、盐池县等地的距离，完善区域公路网结构。

原载于《吴忠日报》　1月9日

心系国土 情牵人

作为人大代表，李建真始终把“人民”二字刻在心中，用他的话说：“人民是衣食父母，我的焦点就是人民，民情民意始终是我关注的对象。”自当选为市人大代表以来，他总是从繁忙的工作中挤出时间深入调查研究，参加代表活动，履行代表职责，先后收集人民群

众的各种意见和要求近百条，经过归纳整理，及时向各级人大常委会和政府及有关部门提出建议和意见。特别是2018年，在参加区、市、县人大代表视察同心县重点工程过程中，他针对同心县李家山小流域综合治理项目存在的问题，提出了建设性的整改意见，有效预防了该项目过程中造成新的水土流失问题。

“在职一天就要尽职一天，每走一步都应留下脚印。”李建真心里装的是群众，想的是群众，就是要当好群众的“回音壁”。他深入群众中间，与群众沟通交流，不断了解群众的呼声和期盼。对群众反映强烈的意见，逐条记录整理，广泛查阅资料，充分了解政策，努力为群众做好法律政策的解读。2018年，李建真在了解到同心县王团镇羊路村村民有种植文冠果、红梅杏脱贫致富的想法后，他积极联系县林业局加以落实。

履行代表职责，发挥表率作用。李建真说：“我将时刻牢记代表使命，行使人民赋予的权力，密切联系群众，知百姓事，解百姓难，帮百姓忙，暖百姓心，当好人民代言人。”

原载于《吴忠日报》　1月10日

（李建真）

热心老马的助残梦

家住豫海镇园艺村的马东明，7岁时不幸患上小儿麻痹症，右腿残疾。1988年，初中毕业的他怀揣10元钱离家到县城学习裁剪技术。克服常人难以忍受的痛苦，凭着精工细作，马东明靠着服装加工脱了贫。1996年3月，他创办了银南地区福利服装裁剪培训中心，热心帮助下岗残疾职工学习服装裁剪技术，手把手培训了600多名残疾学员，拓宽了他们的就业门路。

在同心县回春物业管理有限公司工作期间，马东明多次与市场监管部门、城建部门联系，为残疾人减免各项费用，还先后多次组织有专业技术的残疾人回报社会，免费为民众理发、修手机、修家电、修鞋、做衣服、修理自行车，让他们用双手创造幸福，回馈社会。正因为如此，马东明曾多次被评为“十佳个体户”“优秀个体劳动者”等，并受到区、市、县残联的多次表彰。

今后，马东明还将继续行走在帮扶残疾人的路上，他要用自己的力量让身边的残疾人走向致富大道。

原载于《吴忠日报》　1月10日

以产业发展引领贫困地区稳定脱贫

1月8日至9日，自治区党委副书记、自治区主席咸辉先后来到同心县、海原县，对脱贫攻坚、民生保障和“大棚房”清理整治工作进行调研。咸辉强调，要坚持以习近平新时代中国特色社会主义思想为指导，全面落实党中央和国务院的部署要求，以务实的工作作风，以朴素的为民情怀，突出打赢打好脱贫攻坚战，扎实做好民生保障各项工作，推动自治区经济社会高质量发展。

咸辉先后来到同心县王团镇圆枣村闽宁协作扶贫车间、宁夏伊杨万头安格斯肉牛繁育基地、中核防护科技公司，与企业负责人和务工群众深入交谈，了解企业生产经营情况等。咸辉勉励务工群众，要进一步解放思想、转变观念，珍惜岗位、勤奋工作，变“我去打工”为“我要上班”，努力实现农民向产业工人的转型。

原载于《宁夏日报》　1月10日

（周一青）

打赢打好脱贫攻坚战
扎实做好民生保障工作

1月8日至9日，自治区党委副书记、自治区主席咸辉来到同心县，就脱贫攻坚、民生保障和“大棚房”清理整治工作进行调研。咸辉强调，要坚持以习近平新时代中国特色社会主义思想为指导，全面落实党中央和国务院的部署要求，以务实的工作作风，朴素的为民情怀，突出打赢打好脱贫攻坚战，扎实做好民生保障各项工作，推动自治区经济社会高质量发展。

咸辉先后来到同心县王团镇圆枣村闽宁协作扶贫车间、宁夏伊杨万头安格斯肉牛繁育基地、中核防护科技公司，与企业负责人和务工群众深入交谈，了解企业生产经营情况等。咸辉勉励务工群众，要进一步解放思想、转变观念，珍惜岗位、勤奋工作，变“我去打工”为“我要上班”，努力实现农民向产业工人的转型。

天寒地冻，咸辉对山区群众的生产生活十分挂念。咸辉来到同心县王团镇圆枣村建档立卡户杨术珍家中，仔细询问其生产生活情况。当得知杨术珍的孩子们外出务工、自己在家从事养殖，日子一天天好起来后，咸辉鼓励他早日奔小康，过上好日子。咸辉说，看到乡亲们家里暖融融的，我们的心里就踏实了。咸辉对该村的驻村干部提出要求，要保重身体、真情帮扶，最大限度地激发贫困群众的内生动力，一起闯出脱贫致富新天地。咸辉还到同心县生海供热有限公司了解供热情况，叮嘱相关负责人加大民生保障力度，做好供暖、供水、供电等工作，加大节日期间市场供应力度，确保群众生产生活安全，让群众感受到党和政府的温暖。

原载于《吴忠日报》　1月11日

（谷　刚）

同心农商行为各项业务发展谋新局

为有效巩固2018年各项业务经营发展成果，抢抓2019年初旺季市场营销有利时机，提升市场占有份额，持续推进“三个银行”战略纵深发展，同心农商行于岁末年初早谋划、早部署、早落实，紧跟黄河银行党委部署安排，为2019年各项业务发展谋划布局良好开端。

早落实，贷款储备工作“底气足”。为确保今年春耕备耕和“赢在春天”工作见实效、出实果，该行在年末制定了贷款储备政策，利用年末闲散时间进行贷款核实和贷前调查，对年初到期贷户进行全面回访，现已储备潜在发展贷款1.2亿元，一方面缓解了春耕备耕贷前调查工作的压力，另一方面为全年工作取得开门红奠定了扎实的基础。

通过以上措施，该行对今年各项工作铆足劲、加足油、冲好锋，全力以赴实现“赢在春天”开门红，为黄河银行系统“三个银行”战略发展作贡献。

原载于《吴忠日报》　1月11日

（黑忠礼）

同心100名建档立卡家庭高中女生获资助

近日，团同心县委举办彩虹公益“春蕾计划”助学金发放仪式，向全县100名建档立卡家庭高中女生每人发放助学金1200元。

据了解，此次发放的助学金是宁夏青少年发展基金会联合甘肃彩虹公益服务中心，在自治区深度贫困县（区）执行的中国儿童少年基金会“春蕾计划”资助高中女生项目，向同心县在内的五个县区团委推荐的500名“建档立卡”家庭高中女生每人发放2018至2019学年度助学金1200元。

获助学生表示，一定会牢记这份人间大爱，认真刻苦学习，用优异的学习成绩回报党和政府的关怀。

原载于《吴忠日报》　1月24日

（谷刚）

小康路上一个也不掉队

1月23日，在同心县丁塘镇新华村的一个养殖小院中，残疾人周金鹏穿梭自如，一点也看不出他视力上有缺失。

“我是先天性视网膜受损。”周金鹏告诉记者，由于视力问题，他不能外出打工，只能在家从事养殖。

搞养殖，新华村得天独厚。

前些年，新华村规划建设了养殖园区。周金鹏拿出2万元，加上国家贴补的2.5万元，搬进园区中的一处养殖小院。

记者看到，周金鹏的小院里停放着农用车、堆放着草料，小院北侧是养殖圈舍，旁边是供养殖者住宿的砖瓦房。

“这里能养殖，能住宿，方便得很。”目前，共有周金鹏等95户村民入驻养殖园区，绝大多数为建档立卡贫困户。

靠着6万元贴息贷款，周金鹏买了母牛。在140平方米的圈舍中，6头牛悠闲地啃食着玉米秸秆，“这是家里种下的。”周金鹏种着5亩玉米，解决了部分饲料问题，牛粪又可肥田。受视力所限，周金鹏要付出比常人更多的艰辛，“饲料颜色看不清，配料添料要媳妇在一边盯着看。”

近年来，新华村成立各类种植养殖合作社，解决了80余名残疾群众的就业问题，人均年收入2万元。

“小康路上一个也不能掉队。”杨子忠介绍，面对残疾人这一特殊困难群体，新华村不抛弃不放弃，想方设法帮助他们开展产业脱贫，激发他们的致富内生动力。

原载于《宁夏日报》 1月24日

同心县发放扶贫小额贷款9.54亿元

近年来，同心县持续加大金融扶贫力度，建立政银合作助推脱贫攻坚例会制度，县委、县政府主要领导定期调度金融扶贫，通过政策引导、政银对接、划片包干、绩效评价，调动金融机构精准扶贫的积极性。2018年，同心县金融机构累计发放扶贫小额贷款9.54亿元，完成自治区下达任务6.984亿元的137%；扶贫小额贷款余额2.52万笔11.5亿元，覆盖率91.5%。发放农村承包土地经营权抵押贷款3770笔1.84亿元。

原载于《吴忠日报》 1月29日

（马进新）

同心“夜莺”唱响香港摘桂冠

在中国香港议香园大剧院举办的“2019世界舞台春节联欢晚会香港盛世录制暨第二十九届世界大舞台中国文艺交流走进港澳”文艺比赛上，同心县夜莺合唱团用一首首动听的原创红歌，为当地市民留下动人音符，并荣获一等奖。

文艺比赛中，夜莺合唱团演唱的两首原创曲目风格独特、曲调高亢热情、一气呵成，再现了1936年中国工农红军西征时，同心县回汉儿女与红军同心同向，为人民谋幸福、为民族谋复兴的艰苦奋斗岁月，用歌声唱出了旱塬儿女热爱伟大的党、伟大祖国的心声，传递了正能量，弘扬了主旋律。

原载于《吴忠日报》 2月1日

（谷刚）

带着乡亲奔跑逐梦
——南京证券帮扶同心县李堡村走笔

“满屏都是祝福的微信。”虽然一一回复挺费时，但冒万成内心被欣慰填得满满的。

春节期间，这位驻村第一书记每天都能收到同心县兴隆乡李堡村村民尤其是建档立卡贫困户的微信祝福。两年的汗水没有白流。

2017年3月，南京证券宁夏分公司副总经理冒万成开始担任李堡村驻村第一书记。该村是兴隆乡规模最大的贫困村。“工作量之大、程度之复杂远超我想象。以至于刚到李堡村时，完全是两眼一抹黑，无从下手。不破楼兰终不还，履职伊始我就下定决心。”冒万成说。

脱贫攻坚，千头万绪。但让冒万成记忆犹新的还是几位贫困户的“蜕变”故事。“老大难”装修新房娶妻“师傅，腻子刮厚实些，吊顶造型设计新颖一些。”“造型多，费用也高。”

精诚所至，金石为开。

福州邦基国际贸易公司与同心县政府达成协议：拟出资1000万元入驻李堡村开办工厂，解决200人到300人的就业问题，预计每年可为李堡村增收600万元工资性收入，并可大幅增加村集体收入。目前，企业已成功注册，预计今年6月试投产。

村支书李小军说，在冒万成牵线搭桥下，南京证券与同心县三级党委开展联创共建活动。其中，南京证券宁夏分公司及辖区各党支部与宁夏股权托管交易中心开展党员下基层等多种活动，结对帮扶李堡村15户贫困户，送政策、送技术、送信息、送农资；南京证券为李堡村捐助50万元实施太阳能路灯项目；向李堡村251户贫困户发放慰问金；为贫困儿童捐助200套羽绒服，向李堡小学捐赠468套运动服、468本图书、40台电脑；为251户建档立卡贫困户实施整村推进、危房改造、棚圈建设……

“我不是一个人在战斗，有公司做我的坚强后盾，有全村干部群众坚定的支持，我有信心把乡亲们的脱贫梦想变成现实。”冒万成说。

原载于《宁夏日报》 2019年 2月15日

爱是霞光 是温暖力量
——这个公益团队扶危济困不简单！

山势越来越陡峭，行至山腰时，家用轿车已是“力不从心”，一行人于是换乘皮卡车继续前行。山路狭窄崎岖，爬坡时猛踏油门，下坡时紧踩刹车，尘土飞扬之中，一道道山梁被艰难翻过……

蓝天寥廓，山峦绵延，沿途没有住户，也未遇到行人，车子寂静地行走在山野里。 日前，霞光公益团队驾车驶往同心县王团镇张家湾村，救助一户住在山上的困难家庭。 3年来，霞光公益团队八度探访这户人家。

小善渐而大爱生 2015年8月8日，霞光公益团队负责人马彩霞注册成立同心霞光公益慈善发展中心。该公益组织以同心为中心，在固原、银川、西安、广州等地设立分会，以“感动一部分人，带动一部分人，帮助一部分人”为核心理念，实施“贫困老人助养”“自强少年行”等多个公益项目，开展“一对一”定点帮扶。

马云淡然解释道。对于霞光成员而言，公益是一种态度、一种习惯、一种生活方式，他们举手投足间散发着暖意，自己却浑然不觉。公务员、警察、教师、律师、学生……霞光公益成员来自各条战线，犹如各色光束汇成一抹七彩霞光，给人温暖与力量。

（马彩霞）

爱是霞光是温暖力量
——同心县绿色守护者的生态脱贫路

寂静的小院内，锁成贵拌好饲料给鸡喂食。春日的一个晌午，记者来到同心县生态林场田老庄乡两个护林点。一处处废弃院落的房顶上、断墙边，野草随风摇曳，周围格外寂静。田老庄乡沟壑纵横，年均降水量259毫米左右，蒸发量却高达2325毫米以上，干旱缺水是其最大的自然特征。该乡是同心县地域面积最大的乡镇，境内退耕还林7万亩，草原生态奖补面积53万亩。

近年来，获益于生态移民政策，当地绝大部分居民已陆续迁往他地，农院废弃，土地退耕还林，人类的喧嚣逐渐沉寂下来。然而，却有极少数人选择留守故园，成为生态护林员，日夜陪伴着这片世居之地。

同心县生态林场场长杨治中介绍，全县共有59个护林点，下辖1290名生态护林员、97名护林员，保护着全县近70万亩林地资源。为开拓增收脱贫渠道，生态林场通过发展林下经济增收一批、实施退耕还林工程增收一批、实施文冠果种植工程增收一批、实施庭院经济脱贫一批，取得了良好的生态效益、社会效益和经济效益。

近年来，同心县在保护现有林地资源的同时，还在移民迁出区广泛栽植柠条、文冠果等各类抗旱作物；目前又在韦州镇、马高庄乡等地建设5个生态林场分厂，多措并举呵护当地生态环境。今年3月初，杨治中被任命为同心县生态林场场长，上任伊始就为生态林场选址建设等事务奔波着。作为生态林场场长，杨治中和40余名林场员工、1290名护林员一道扎根深山，不绿青山誓不休。这些执着的人拥有一个共同的名字——同心护林人。他们构成了同心旱塬大山深处最美最和谐的底色。

同心县里悟“同心”

山大沟深，干旱缺水。

宁夏同心县，曾被联合国粮食开发署划定为最不适宜人类生存的地区之一。党的十八大以来，实施乡村振兴战略，同心县的变化十分惊人：单就14万亩枸杞来说，2018年产量就已达840万公斤，产值超过5亿元。红果果见证军民鱼水情，武警同心中队官兵对此体会尤深。

一家人，一条心

1936年10月，我党领导下的第一个民族自治政府——陕甘宁省豫海县回民自治政府，在这里正式建立，开创了我国民族区域自治的先河。

82年过去了，同心县的乡村振兴写下了辉煌一页：截至2018年底，100个贫困村有88个出列，14个深度贫困村有6个退出，23609户90103人脱贫，贫困发生率降至4.65%。

武警同心中队前身为豫海县回民游击大队，马和福烈士是第一任主官。中队现任指导员安军介绍，至今，每逢重大节日活动，中队都会第一个点大队长马和福的名字，大家齐声答“到”，目的就是不忘初心、牢记使命，让红色基因代代相传。

当武警同心中队官兵走进苦水台村共建新农村的时候，更感到肩头责任重大：今年是同心县脱贫摘帽冲刺年，子弟兵有责任、有义务支援地方脱贫，力争年内剩余12个贫困村全部退出，8个深度贫困村全部出列，综合贫困发生率控制在0.5%以内。

一个目标，一起拼

苦水台村是个移民新村，从山沟里刚刚搬出来的老百姓有两大特征：一穷二散。建村之初，全村71个党员，开党员大会却成了村党支部第一书记罗正刚的头疼事儿。武警同心中队给村党支部送来了桌椅、电脑、图书等办公用品，并与他们开展党支部联建，帮助普及电脑知识，鼓励和扶持党员争当致富带头人。

短短4年间，村民年人均可支配收入就由2011年刚搬来时不足2700元，增加到2015年底的5100元。

又是一年野菊花开的季节，联合国粮食计划署派员前来调研时，听到苦水台村变迁的动人故事，建议将“苦水台”更名为“菊花台”。

跟往事干杯说再见，只因“网事”进村富了农家。

枸杞丰产不丰收，咋办？还是武警官兵办法多：挂到网上卖！而今，经武警官兵带动，全县一大批具有特殊地理标识的农产品，通过网络打入知名连锁超市，还获得不少国家、地区的市场“准入证”，菊花台村实现了脱贫攻坚的“整村销号”。

“枸杞子果红艳艳，武警和咱心相连……菊花台的水呀苦变甜……”丰收季节，再访菊花台村，甜蜜的“花儿”从不远处的枸杞树间传来。

中国军网（2019.9.19）

（姜国权、余晓莉）

同心县2019年国民经济和社会发展统计公报

同心县统计局　同心县社会经济调查队

2019年，县委、县政府始终坚持稳中求进工作总基调，坚持新发展理念，坚持以供给侧结构性改革为主线，以脱贫攻坚为目标，统筹推进稳增长、促改革、调结构、惠民生、防风险、保稳定各项工作，奋力推进经济社会高质量发展，全县经济运行总体平稳、稳中有进，经济社会保持健康发展。

一、综合

初步核算，全年实现地区生产总值918329万元，按可比价格计算，比上年增长10.0%。其中，第一产业增加值138223万元，比上年增长4.0%；第二产业增加值324280万元，比上年增长17.0%；第三产业增加值455826万元，比上年增长7.2%。按常住人口计算，全县人均生产总值27174元，比上年增长9.3%。三次产业结构为15∶35∶50。

2010年—2019年地区生产总值及增长速度

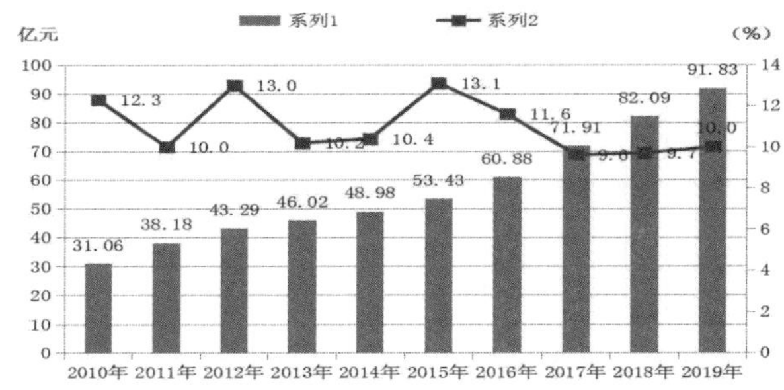

2019年地区生产总值及增长速度

指　标	绝对值（万元）	比上年增长（%）
全县生产总值	918329	10.0
第一产业	138223	4.0
第二产业	324280	17.0
工　业	262064	24.0
建筑业	62265	–5.5
第三产业	455826	7.2
批发和零售业	64760	8.4
交通运输、仓储和邮政业	29999	–7.5
住宿和餐饮业	9542	7.1
金融业	45978	2.4
房地产业	35651	2.4
营利性服务业	61537	17.5
非营利性服务业	203194	10.2

二、农业

全年实现农林牧渔业总产值302623万元，

比上年增长3.7%。其中，种植业产值155144万元，比上年增长7.8%；林业产值4268万元，比上年增长2.2%；畜牧业产值135196万元，比上年下降0.9%；农林牧渔服务业产值8015万元，比上年增长3.0%。

2010年—2019年农业总产值及增长速度

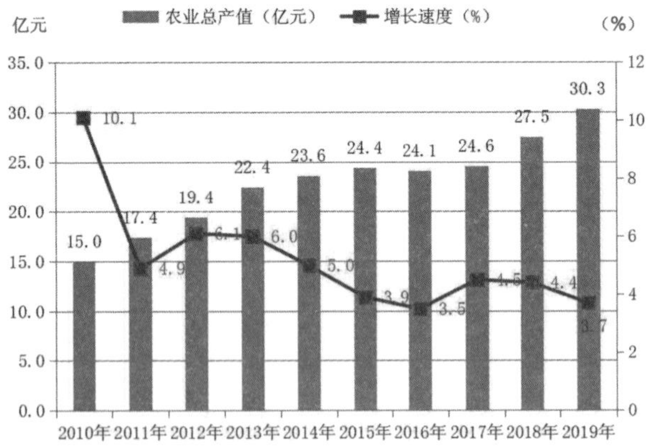

全年粮食播种面积116.3万亩，比上年下降3.3%。其中，小麦播种面积30.6万亩，比上年下降20.5%；玉米播种面积43万亩，比上年增长6.2%；马铃薯播种面积9.7万亩，比上年下降11%。全年粮食总产量33万吨，比上年增长0.4%。其中，小麦产量2.2万吨，比上年下降42.8%；玉米产量25.8万吨，比上年增长6%；马铃薯产量1.8万吨，比上年增长2.3%。

全年生猪存栏0.5万头，比上年下降4.3%，出栏0.6万头，比上年下降2.2%；牛存栏5.5万头，比上年增长5.4%，牛出栏5.4万头，比上年下降2.7%；羊只存栏73.6万只，比上年增长22.4%，羊只出栏88.2万只，比上年增长15.6%；家禽存栏4647百只，比上年下降11%，家禽出栏6292百只，比上年增长5.9%。全县肉类总产量2.6万吨，比上年增长9.6%。

三、工业和建筑业

全年全部工业增加值比上年增长24%。其中，规模以上工业增加值比上年增长28.3%。规模以上工业企业实现销售产值624391万元，比上年下降11.0%，工业产品销售率为77.7%。

2010年—2019年规模以上工业增加值增长速度

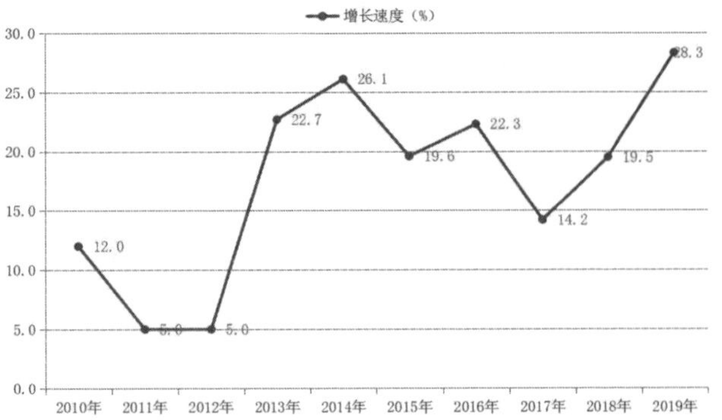

全年规模以上工业企业总资产2433099万元，比上年增长5.5%；流动资产1097581万元，比上年增长5.9%；实现营业务收入652834万元，比上年下降0.1%；实现利润47469万元，比上年下降41.9%。

2019年，全县具有资质的总承包和专业承包建筑业企业11家，全年完成建筑业总产值100933.6万元，比上年增长10.8%，建筑业企业房屋施工面积284934平方米，比上年增长13.6%，房屋竣工面积109104平方米，比上年增长125.1%。

四、固定资产投资

2019年，全年全社会固定资产投资比上年下降19.1%，在总投资中，县属投资461337万元，占全部投资的60.4%，比上年下降23.2%。在县属投资中，5000万元以上项目完成投资304644万元，比上年下降6%。

2010—2019年固定资产投资增长速度（%）

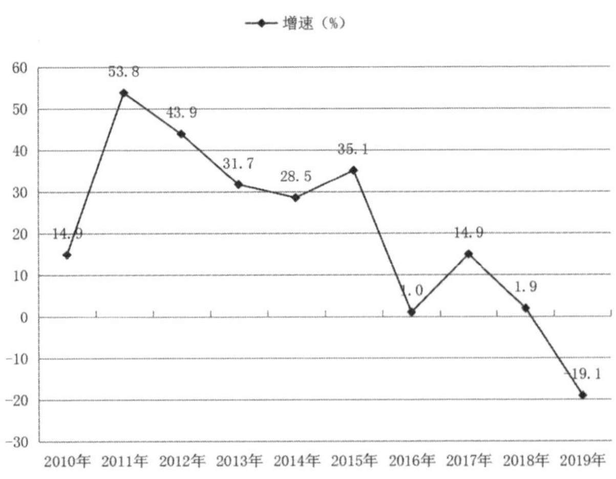

全年完成房地开发投资187751万元，比上年增长131.1%，其中，商品住宅开发投资140195万元，比上年增长146.2%。

全年商品房销售面积为335977平方米，比上年增长10.5%。其中，住宅销售面积276899平方米，比上年增长2.4%；商品房销售额135208万元，比上年增长23.2%。其中，住宅销售额101563万元，比上年增长9.2%。

五、批发、零售、住宿、餐饮业

全年实现社会消费品零售总额286500万元，比上年增长4.3%。按销售单位所在地分：城镇消费品零售额 239371万元，比上年增长4.5%；乡村消费品零售额47129万元， 比上年增长3.3%。按登记注册类型分：国有经济71139万元，比上年增长3.7%；集体经济143万元，比上年增长4.4%；私营经济31314万元，比上年增长9.7%；个体经济166657万元，比上年增长3.8%；其他各种经济17247万元，比上年增长3.3%。

2010—2019年社会消费品零售额增长速度

分行业看，批发零售贸易业实现245645万元，比上年增长2.7%；住宿和餐饮业实现零售额40854万元，比上年增长15.6%。

2010—2019年公共财政预算支出及增长速度

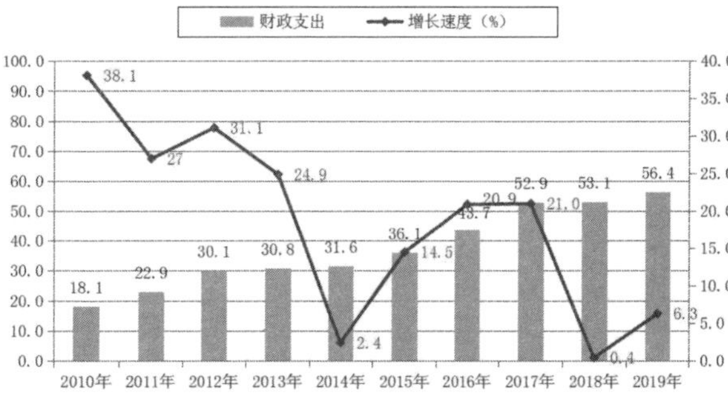

六、财政、金融和保险

全年完成地方公共财政预算收入28255万元，比上年增长8.4%。其中：增值税、企业（个人）所得税等主体税种分别完成7294万元、2462万元，比上年同期分别下降 1.7%和33.8%。

全年公共财政预算支出567026万元，比上年增长6.9%。其中，一般公共服务支出27866万元，比上年增长32.2%；公共安全支出12927万元，比上年增长13.8%；教育支出85149万元，比上年增长2.1%，科学技术支出712万元，比上年下降9.2%；社会保障与就业64845万元，比上年下降6.7%；医疗卫生支出50106万元，比上年增长5.6%；节能环保支出23369万元，比上年下降30.3%；城乡社区事务支出51970万元，比上年下降7.5%。

2010—2019年公共财政预算收入及增长速度

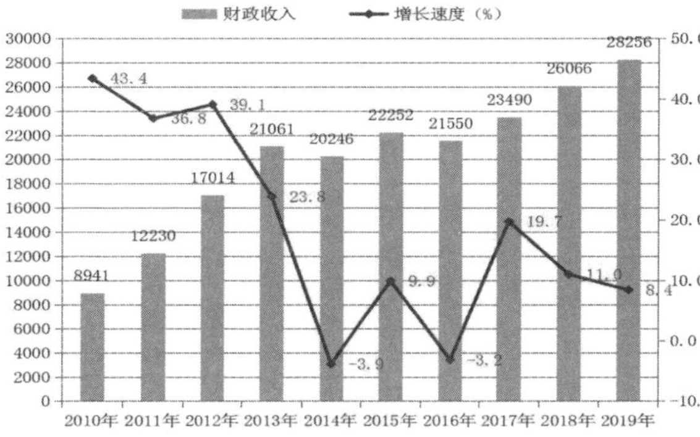

年末金融机构各项存款余额134.2亿元，比上年增长3.1%。其中，住户存款余额66.5亿元，比上年增长4.8%。金融机构各项贷款余额110.4元，比上年增长3.7%。其中，住户短期贷款45.4亿元，比上年增长2%；中长期贷款16.6亿元，比上年增长18.6%。

2010－2019年城乡居民储蓄存款余额（亿元）

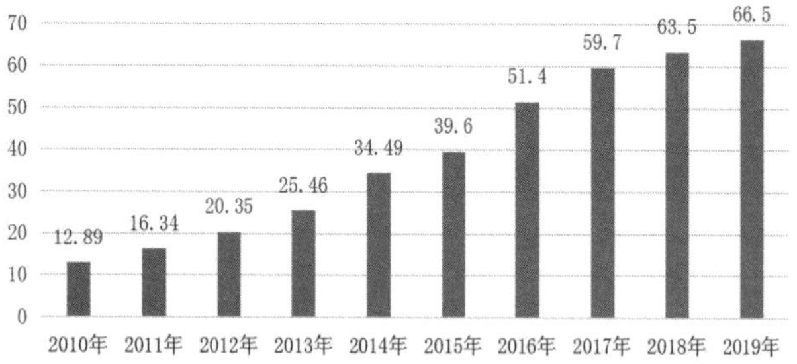

全年实现保费收入21961万元，比上年增长10.9%。其中，财产险收入13779万元，比上年增长17.8%，人寿险保费收入8182万元，比上年增长0.8%。全年各项赔款支出8703万元，比上年增长12.5%，其中，财产险赔款支出7032万元，比上年增长30.8%，人寿险赔款支出1671万元，比上年下降29.2%。

七、教育、卫生和文化

全年有各级各类学校126所，（不含各类幼儿园73所），在校学生68623人，其中，小学109所，在校学生39892人；普通中学15所，在校学生27154人；中等职业学校2 所，在校学生1296人。全年有教职工4008人，其中，专任教师3890人。

全年共有卫生机构179个，其中：综合医院7个，中医院1个、乡镇卫生院11个、疾病预防控制中心1所、妇幼保健所1所、卫生监督所1所。全县有卫生技术人员1452人，其中：执业医师和执业助理医师474人，注册护士600人。卫生机构现有病床数1356张，每千人拥有床位数4张。

年末有文化馆1个，公共图书馆1个，广播电台1个，电视台1座。广播综合人口覆盖率96.4%，电视综合人口覆盖率98.2%。

八、人口、人民生活和社会保障

年末全县常住人口339003人，其中城镇人口139703人，城镇化率达41.21%。人口出生率为19.71‰，比上年下降0.41个千分点；人口死亡率为6.43‰，比上年上升0.86个千分点；人口自然增长率为13.28‰，比上年下降1.27个千分点。

2019年末，全县户籍人口382532人。其中，乡村人口261568人，占总人口的68.4%；城镇人口120964人，占总人口的31.6%；回族人口331442人，占总人口的86.6%。2019年末城镇登记失业人数613人，失业率为3.8%。

2019年，城镇单位在岗职工工资总额为111294.4万元，比上年增长2.1%，城镇单位在岗职工年平均工资91202元，比上年增长17.8%。全年城镇居民人均可支配收入25661元，比上年增长7.8%。其中，工资性收入18100元，比上年增长5.8%；经营净收入4976元，比上年增长18.1%；转移净收入1956元，比上年增长12.5%；财产净收入629元，比上年下降29.7%。人均消费性支出15789元，比上年增长2.4%。

2010—2019年城镇居民可支配收入及增长速度

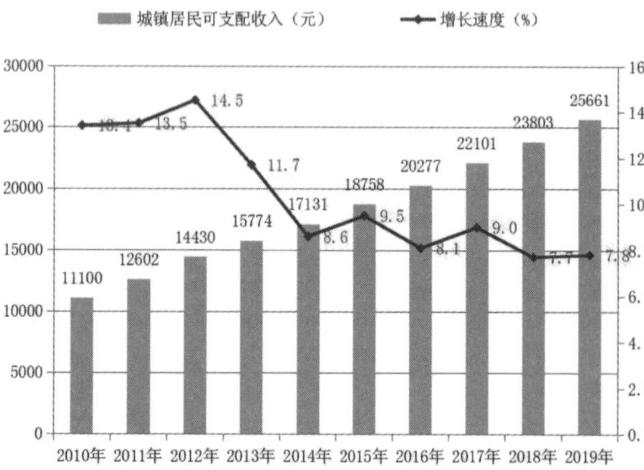

2019年农村居民人均可支配收入10278元，比上年增长11.9%。其中，工资性收入3882元，比上年增长13.7%；经营净收入4013元，比上年下降6%；转移净收入2360元，比上

年增长59.2%；财产净收入23元，比上年增长24.5%。人均消费性支出9099元，比上年增长11.8%。

2010—2019年农村居民可支配收入及增长速度

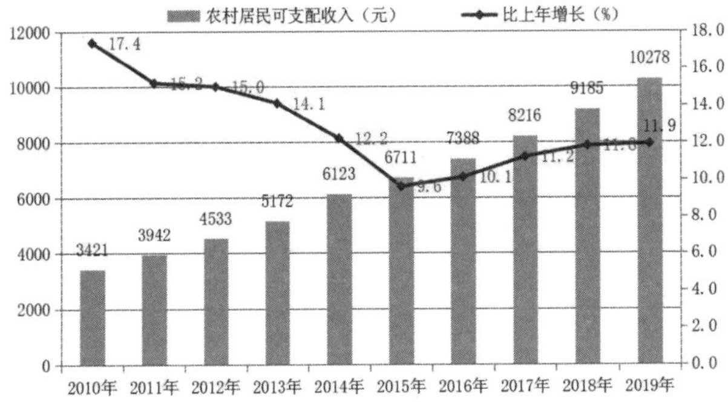

2019年参加基本养老保险人数170488人，其中，参保职工13566人，参保离退休人员11116人。参加城镇失业保险的人数9846人，比上年增长2.2%。参加基本医疗保险人数329190人，其中，参加城镇职工基本医疗保险16742人，参加城乡居民基本医疗保险312448人。2018年末，全县享受低保救济的困难群众达49963人，比上年上升12.3%。其中，享受城市低保的人数达8901人，比上年下降4.2%；享受农村低保的人数达41062人，比上年增长16.6%。

2019年全县共有养老服务机构7个，床位数1386张，收养人员144人。

九、能源、环境与安全生产

初步核算，2019年全县能源消耗量为26.23万吨标准煤，比上年下降6.86%。单位GDP能耗0.336吨标准煤/万元，比上年下降15.3%。

2019年城市面积达到38.6平方千米，建成区面积16.7平方千米，城市拥有道路长度137.28千米，面积254.89万平方米，年末城市绿化覆盖面积697.38公顷，比上年增长3.73%。

2019年供水总量424.45万立方米，比上年增长13.67%，全年供天然气总量708.6万立方米，液化石油气490吨，集中供热面积332.57万平方米。

2019年，全县发生生产安全事故4起，（其中：道路交通事故3起），死亡4人，亿元GDP安全事故死亡人数为0.131人/亿元。

注：

1、本公报各项统计数据为初步统计数。

2、公报中地区生产总值、各产业增加值绝对数按现价计算，增长速度按可比价格计算。

3、农业总产值增长速度为可比价，农业数据为社会经济调查队抽样调查数。

4、常住人口是指在本乡镇居住半年以上的人口，或虽居住不满半年但离开户口登记地半年以上人口以及户口待定人口。

5、户籍人口是指公民依照《中华人民共和国户口登记条例》，已在其经常居住地的公安户籍管理机关登记了常住户口的人。

6、医疗卫生机构包括村卫生室。

7、2013年国家统计局实施了城乡一体化住户调查改革，统一了城乡居民收入名称、分类和统计标准。2010—2012年为老口径计算的农村居民人均纯收入绝对数及增速，2013-2019年为新口径计算的农村居民可支配收入绝对数及增速。

资料来源：本公报中登记失业率、养老保险、医保等数据来自县人力资源社会保障局；户籍人口来自公安局；财政数据来自财政局；金融数据来自人民银行；教育数据来自教育局；医疗数据来自卫生和计划生育局；城乡居民人均可支配收入、农业、畜牧业数据来自经济社会调查队；低保数据来自民政局；环境保护和安全生产数据来自建环局、安监局；其他数据均来自统计局。

（同心县统计局提供）